KB157090

GB

한길그레이트북스

인 류 의 위 대 한 지 적 유 산

GB
한길그레이트북스

인류의위대한지적유산

알렉시스 드 토크빌

미국의 민주주의 II

임효선 · 박지동 옮김

한길사

G B
HANGILGREATBOOKS

인류의위대한지적유산

De la démocratie en Amérique

—

Alexis de Tocqueville

—

Translated by
Lim Hyo-sun • Park Zi-dong

Published by
Hangilsa Publishing Co., Ltd.
Seoul, Korea

로키산맥 가운데 로브슨산(위)과 루이스호
로키산맥은 북아메리카 서부를 북서쪽에서 남동쪽으로 뻗어내린 험준한 세계적인 대산맥이다.
『미국의 민주주의Ⅰ』제1장 '북아메리카의 외형'에서 토크빌은 미국에서 자유주의가
다수지배와 공존할 수 있게 된 데에는 무한한 자연의 축복과 깊은 관련이 있다고 보았다.

1882년 W. F. 할셀 그림, 『메이플라워호』
1620년 9월 최초의 뉴잉글랜드 이민인 필그림 파더스(순례시조) 102명이
영국 플리머스를 출항하여 미국에 건너갔을 때 탔던 배가 메이플라워호이다.
이 배는 2개월 후 북아메리카의 프로빈스타운에 입항하여 수리와 보급을 받은 후
12월 21일 매사추세츠주(후에 플리머스)에 도착하였다.

필그림 파더스의 상륙
1620년 영국의 플리머스를 출발한 청교도들은 지금의 매사추세츠주 남동부의
코드곶에 도착하여 식민지를 건설하였다. 미국에서 자유와 평등이 공존할 수
있었던 것은 청교도들이 미국에 건너올 때 가져온 자유에 대한 이해가
기독교적이었기 때문이라고 토크빌은 보고 있다.

뉴잉글랜드 메인주의 어촌
뉴잉글랜드는 미국 북동부 대서양 연안 지역을 가리키는 말로써 1620년 제임스 1세의
박해를 피해 청교도 102명이 플리머스에 정착을 시작한 후 1686년 영국의 자치령이 되어
총독의 지배하에 있다가 독립하여 오늘에 이르고 있다.
토크빌은 『미국의 민주주의 I』에서 뉴잉글랜드의 기원과 그 현재의 사회적 조건에 대한
빠른 묘사로 시작하고 있다.

미국의 초대 대통령인 조지 워싱턴(위쪽)과 제3대 대통령이자 미국독립선언문의 기초자인 토머스 제퍼슨
토크빌은 미국의 외교는 민주주의에 의해 수행되고 있으며, 그 당시까지도 수범이 되고 있는
외교정책의 경향을 형성하게 한 인물이 두 사람 있는데 첫번째 인물이 조지 워싱턴이고,
두번째 인물이 제퍼슨이라 하였다. 그리고 토크빌은 1801년 대통령에 당선된 토머스 제퍼슨을
이때까지 민주정치가 배출한 인물들 가운데 민주 정치를 가장 강력하게 옹호한 인물이라고 보았다.

미국독립선언서 원전, 미국의회도서관 소장
1776년 7월 4일 제2회 대륙회의에서 북아메리카 13개 식민지가 영국으로부터 독립한다는 것을
공표한 선언이다. T. 제퍼슨이 원안을 기초하고, J. 애덤스, B. 프랭클린이 초안을 작성하였다.

독립선언서에 서명하는 13개 식민지 대표자
필라델피아에서 열린 제2회 대륙회의에서 T. 제퍼슨, B. 프랭클린 등은 독립선언을 가결하여
1776년 7월 4일 독립을 선언하였다.

제임스타운성을 쌓는 식민자들
제임스 강안에 상륙한 필그림 파더스 일행은 선주민인
인디언의 습격에 준비하여 성의 건설을 서둘렀다.
1개월 뒤에 성이 완성되었지만 기아나 질병 등으로
사망하는 사람이 있었다.

1781년 10월 미국의 독립혁명 때
요크타운에서 항복하는 영국군
1776년 7월 T. 제퍼슨이 기초한
'독립선언'을 발표해 전쟁은
내란상태에서 독립을 위한
전쟁으로 발전하였다.
미국군은 어렵게 영국군에
맞서 1777년 새러토가 전투에서
영국군의 항복을 받아냈는데,
이때 프랑스는 1778년 체결한
미프동맹조약에 의해
경제군사원조를 제공하여
이 혁명에서 승리를 거두었다.

1890년대 조지아주에서 면화를 생산하는 흑인노예
1619년 20명의 흑인노예들이 네덜란드 선박에 의해 버지니아로 실려온 이후
1641년에 매사추세츠 식민지에 처음으로 노예제도가 확립되었으며
그뒤 다른 식민지로 확산되었으나 독립혁명기 이후 펜실베이니아에서부터
처음으로 흑인노예가 해방되었다.
그러나 토크빌은 흑인노예를 해방시킨 뒤에도 위협을 통해 노예들이 투표할 수 없거나
다른 권리를 행사할 수 없도록 한 사실을 통렬히 비판했다.

미국의 초창기 문학작가들
앞줄 가운데 다리를 꼬고 앉아 있는 사람이 W. 어빙(1820년, 『스케치북』),
왼쪽에서 다섯번째가 N. 호손(1850년, 『주홍글씨』),
여섯번째가 H. W. 롱펠로(1847년, 『에반젤린』),
오른쪽에서 두번째가 J. F. 쿠퍼(1823년, 『가죽각반 이야기』),
다섯번째가 R. W. 에머슨(1836년, 『자연론』)이다.
토크빌은 미국의 소설가들도 다른 것을 제조하는 생산자들과 유사하며
미국사람들은 문학을 비난받을 어떤 것으로 간주한다고 보고 있다.

옮긴이 **임효선**(林孝善)은 경기도 용인에서 태어나 성균관대학교 정치학과를
졸업하고 미국 러트거스 대학교 대학원에서
정치학 박사학위를 받았다. 현재 성균관대학교 정치외교학과 교수로 있다.
주요 논문으로는 「근대적 국가개념과 정통성의 부재문제」「조선조 정치사상의 성격」
"The Idea of Natural Mutualism: The Ancient Chinese World-view" 등이 있으며
저서로는 한길사에서 펴낸 『삶의 정치사상』과 『고대 한국정치와 국가』(공저, 법문사)
『현대 한국정치의 이해』(공저, 성균관대학교 출판부) 등이 있다.

옮긴이 **박지동**(朴智東)은 서울대학교 정치학과를 졸업하고
같은 대학교 신문대학원을 수료했으며 고려대학교 신문방송학과 대학원에서
석·박사학위를 받았다. 동아일보 기자로 근무했다.
광주대학교 신문방송학과 교수를 지냈으며, 지금은 광주대학교 명예교수로 있다.
한길사에서는 『현대고급영문법해석연구』 5권을 펴냈으며
그외에도 많은 번역서가 있다.

GB
한길그레이트북스

인류의위대한지적유산

A. 토크빌

미국의 민주주의 II

임효선 · 박지동 옮김

미국의 민주주의 II·차례

제2부

민주주의가 아메리카인의 감정에 미치는 영향 ——————— 661

제**❶**부
민주주의가 아메리카
지식인의 행동에 미친 영향

1. 아메리카인의 철학적 방법

문명세계에서 아메리카합중국만큼 철학에 관심을 기울이지 않는 나라는 아마 없을 것이다. 아메리카인들은 그들 자신의 고유한 철학상의 어떤 학파를 가지고 있지도 못할 뿐 아니라, 또한 그들은 유럽 각지에 산재해 있는 여러 학파에 대해서도 별로 관심을 갖지 않는다. 그리고 이들 여러 학파의 명칭조차 그들에게는 별로 알려져 있지 않다. 그렇지만 합중국 주민의 거의 모두가 동일한 사고방식을 가지고 있으며, 그 방향 또한 동일한 법칙들에 의거하고 있다는 것은 쉽게 간파할 수 있다. 즉 그러한 법칙들에 관해 어떤 정의를 내리기 위해 애쓰는 일도 없이 전국민에게 공통되는 철학적 방법을 가지고 있다.

내가 말하고자 하는 아메리카인들이 갖는 철학적 방법의 중요한 특징은 대략 다음과 같다. 즉 제도나 관습 및 가훈(家訓)이나 계급상의 견해, 그리고 국민적 편견의 속박으로부터 탈피하는 것, 전통을 단지 하나의 정보의 수단으로서만 받아들이며 현존하는 여러 현실을 단지 다른 방식으로 더 좋게 하는 데 참고할 교훈으로서만 받아들이는 것, 수단이나 방법에 구애됨이 없이 결과를 추구하는 것, 그리고 형식을 통해서 본질을 파악하는 것 등을 말한다.

그러나 더 나아가 이 여러 특징들 중에서 나머지 모든 것을 포용할 만한 가장 중요한 것을 찾아내고자 한다면, 나로서는 모든 아메리카인들이 대부분의 심리작용에 있어서 그들 자신의 개인적인 노력에 의한 이해에만 집착한다는 것을 지적하지 않을 수 없겠다.

그래서 아메리카는 데카르트의 개념들을 가장 적게 연구하고서 가장 잘 활용하는 나라들 중의 하나가 되었다. 이것은 놀랄 만한 일이 못된다. 아메리카인들은 데카르트의 작품들을 별로 읽지 않는데, 그것은 사회여건상 그들이 어떤 사변적인 연구를 할 수 없기 때문이다. 그런데도 아메리카인들은 데카르트의 공리를 따르고 있는데, 이것은 바로 그 사회여건이 그들로 하여금 그의 공리를 아주 자연스럽게 수용하도록 하기 때문이다.

민주사회를 동요시키는 계속적인 변화 가운데서 세대와 세대를 연결하는 끈은 느슨해지거나 파괴되었다. 모든 사람은 이미 조상이 남긴 관념을 따르지 않게 되었으며, 심지어는 그것에 관해 관심조차 갖지 않는다.

이러한 사회상태에 살고 있는 사람들은 그들이 소속해 있는 계급이 갖는 견해로부터 그들의 신념을 도출해낼 수 없게 된다. 왜냐하면 이제 더이상 어떠한 계급도 존재하지 않게 되었으며, 설사 지금도 계급이 존재한다 하더라도, 그것이 유동적인 요소로 구성되어 있어서 그 구성원에 대한 실질적인 지배력을 행사할 수 없게 되었기 때문이다.

한 사람의 지식이 다른 사람의 지식에 미칠 수 있는 영향의 문제에 있어서, 한 나라의 모든 시민이 동등한 기반 위에서 상호간 긴밀하게 접촉할 수 있는 나라에서는 그 영향이란 크게 제한되어 있을 수밖에 없다. 그리고 그러한 나라에서는 그 시민 중 어떤 다른 사람에게서도 다툴 여지가 없는 위대성이나 우월성의 표시가 드러나 보일 수 없기 때문에, 각개 시민들은 가장 분명하고 확실한 진리의 원천을 자기 자신의 이성에서 찾게 된다. 시민 상호간의 신뢰는 파괴되었을 뿐 아니라, 어떤 사람의 권위를 믿는 성향마저 파괴되었다. 모든 사람은 자기 자신 속으로 강하게 빠져들게 되고, 또 그러한 상태에서 세계를 판단하게 된다.

아메리카인들은 그들의 관행(慣行)을 통해서 또 다른 습관을 갖게 되었는 바, 즉 그들의 판단 기준을 그들 자신에게만 고정시키는 습관이 그것이다. 그들은 실생활에서 부딪히는 모든 문제를 다른 사람의 도움 없이 해결할 수 있다고 생각함에 따라 모든 세상사는 무엇이든지 분명하게 이해될 수 있으며 이해력의 범위를 초월하는 것은 있을 수 없다는 결론을 쉽게 내린다. 이와 같이 그들은 그들이 이해할 수 없는 일이 있을 수 있다는 것을 철저히 부인하게 된다. 그래서 그들은 일상적이 아닌 일에 대해서 신뢰하는 일은 별로 없으며, 초자연적인 것에 대해서는 극단적인 혐오감까지 갖게 된다. 그들이 신뢰하게 되는 것은 그들 자신이 증명할 수 있는 일에 근거하므로, 그들은 주의를 끄는 사물에 대해서는 철저하게 파악하는 것을 좋아한다. 그러므로 그들은 사물을 최대한으로 분석하면서, 그들과 관계없는 일이나, 사물의 통찰을 방해하는 것은 무엇이든지 제거해 버린다. 그래서 그들은 사물을 더욱더 세밀하고 명료하게 파악할 수 있도록 한다. 이러한 심리성향으로 말미암아 형식을 배격하게 된 바, 그들은 형식이란 것을 자기들과 진리 사이를 가로막고 있는 불필요하고 거추장스러운 것으로 생각한다.

그래서 아메리카인들은 책에서 철학적 방법을 끌어낼 필요를 느껴본 일이 별로 없다. 그들은 그것을 자기 자신 속에서 찾아내왔다. 유럽에서 일어난 일에 대해서도 같은 말을 할 수 있을 것이다. 이와 같은 방법은 사회상황이 보다 더 평등하게 되고 인간이 상호유사하게 됨에 따라 그에 비례해서 유럽에서 확립되어 대중화되었다. 잠깐 이러한 변화가 일어난 시대를 연결하는 문제에 대해 생각해 보기로 한다. 16세기의 개혁자들은 고대 신념상의 일부 교리를 개인의 판단사항으로 간주함으로써 그것을 본인 이외의 다른 사람이 논의하는 것을 인정하지 않았다. 17세기에 있어서 자연과학에서의 베이컨이나 철학에서의 데카르트는 일반적으로 통용되던 공식을 거부하고 전통을 무시했으며, 그리고 여러 학파의 권위를 인정하지 않았다. 18세기의 철학자들은 마침내 같은 원칙에 따른 일반원칙을 정립하면서 개인의 신념상의 모든 대상을 각자의 개인적인 판단에 맡겼다.

루터와 데카르트와 볼테르가 같은 철학방법을 사용했다는 것이라든가, 또 그들이 단지 그 활용방법에서만 차이를 나타냈다는 것을 누가 모르겠는가? 왜 그 개혁자들은 종교적인 이념의 영역에만 그토록 철저히 머물렀을까? 왜 데카르트는 그의 방법론이 모든 사물에 적용될 수 있도록 했으면서도 오직 몇 가지 사물에만 그것을 적용하면서, 인간은 철학적인 문제에 있어서는 스스로 판단할 수 있지만 정치적인 문제에 있어서는 그렇게 할 수 없다고 선언했을까? 어떻게 해서 18세기에 일반적으로 행해진 철학방법상의 활용이 데카르트나 그 이전의 선구자들이 인식하지 못했거나 거부한 동일한 그 방법론으로부터 갑자기 도출되었을까? 끝으로 이 시기에 우리가 말하는 방법론이 그러한 철학파로부터 갑자기 출현하여 사회에 침투함과 동시에 지식의 일반적인 기준이 되었다고 하는 사실은 무엇에 기인하는 것일까? 그리고 그 방법론이 프랑스에서 일반화된 후 표면적으로건, 아니면 내면적으로건 모든 유럽 국가들이 그것을 채택하게 된 것은 무엇 때문일까?

여기서 지적된 철학적 방법론은 이미 16세기에 출현했던 것이며, 17세기에 접어들어 보다 정확하게 정의되고, 또 더욱 광범하게 활용되었을 뿐이다. 그러나 어느 경우에나 그것이 일반적으로 통용되었다고는 말할 수 없다. 정치상의 법률이라든가, 사회상황 및 이로 인한 정신적인 습관은 아직 이러한 철학적 방법론에 일치하지 못하고 있었다. 이 방법론은 인간이 인간의 여러 조건을 평등한 것으로 하기 시작할 무렵에 발견되었다. 이것은 일반적으로 인간의 여러 조건이 마침내 거의 평등화하고 또 인간 자체가 거의 유사하게 될 때에만 채택될 수 있었다.

그 다음으로 18세기의 철학적 방법론은 프랑스적일 뿐 아니라 민주적이다. 그래서 이것은 철학적 방법론이 어째서 전유럽을 통해 쉽게 수용될 수 있었는가 하는 것을 설명하고 있으며, 그리고 실제로 이 철학적 방법론은 전유럽에서 사회를 변화시키는 데 가장 크게 공헌해 왔다. 그것은 프랑스인들이 세계를 진동하게 했던 그들의 이전의 견해나 생활태도를 바꾸었기 때문이 아니라, 그들이야말로 낡은 것을 타파하고 새로운 것을 추구하는 데 도움을 받을 이 철학적 방법론을 일반법칙화하여 그 내용을 분명히 밝혀낸 첫 선구자였기 때문이다.

평등의 원칙이 프랑스인들보다 아메리카인들에게 덜 철저하거나 연륜이 짧은 것도 아닌데, 오늘날 어째서 이 철학적 방법론이 아메리카인들보다 프랑스인들에 의해 더욱더 엄격하게 추구되거나 빈번히 활용될까 하는 것을 생각해 볼 때 그것은 아마 두 가지 조건에 기인하는 것 같은데 이 두 가지 조건을 분명히 이해한다는 것은 가장 중요한 일이 될 것이다.

종교로 말미암아 영국계 아메리카 사회가 출현했다는 것을 잊어서는 안 되겠다. 그러므로 아메리카에서 종교는 아메리카의 모든 습관 및 애국심과 융합되어 있으며, 그리고 여기서 독특한 힘이 배출된다. 이러한 이유에 또 다른 강력한 이유가 첨가될 수 있다. 말하자면 아메리카에서 종교는 그 자체의 한계를 지니고 있다. 종교적인 여러 제도는 정치적인 여러 제도와 완전히 분리되어 존재해 왔으며, 그래서 종교적 신앙이 전혀 흔들리지 않는데도 정치적인 법률은 쉽게 변화해 왔다. 그러므로 기독교는 아메리카의 대중심리를 강하게 사로잡아왔던 것이다. 그래서 나로서는, 기독교의 동요는 연구결과로 채택한 철학적 교의의 동요일 뿐 아니라, 논의의 여지없이 신봉되어 온 종교상의 동요임을 특별히 강조해 두고자 한다. 아메리카에서 기독교의 교파는 무한히 다양화되어 있고 그리고 부단히 바뀌어왔지만, 그러나 기독교 자체는 확고부동한 위치를 잃지 않고 있으며 따라서 기독교 자체에 대해 비난하거나, 옹호하려는 사람이 아무도 없다. 아무런 검토조차 없이 기독교 신앙의 중요한 교리를 수용하고 있는 아메리카인들로서는 기독교에서 연유하거나 기독교와 관련되는 많은 도덕률을 어떤 특별한 검토 없이 당연히 받아들여야 할 의무가 있는 것이다. 그러므로 개인적으로 분석검토하는 일은 아주 작은 부분에 머무르게 되며, 인간적인 견해 중에서 가장 중요한 것들도 아무런 영향력을 행사하지 못하는 경우가 많게 된다.

내가 언급한 두번째 조건이란 것은 아메리카인들의 사회적 조건이나 헌법은 민주적이지만 그러나 아메리카인들이 민주화를 위한 혁명을 경험한 것은 아니라는 사실이다. 아메리카인들은 오늘날 우리가 보는 바와 거의 같은 상태에 있는 점령지에 도착했던 것인데, 이것은 아주 중요한 사실이 아닐 수 없다.

어떠한 혁명이든 간에 혁명이란 기존의 신념에 동요를 일으키며 권위를 약화시키고, 일반적으로 인정받고 있는 이념에 대해 회의하는 법이다. 다소의 차이는 있겠지만 모든 혁명은 인간을 자기들 마음대로 행동하게 하는 결과를 낳게 되며, 동시에 인간 개개인에게 거의 무한대에 가까운 전망을 펼쳐 보이는 경향이 있다. 혁명이 일어나 구사회를 구성하던 여러 계급간의 오랜 갈등을 해소하는 사회의 평등화가 이루어질 때는 보통 질투라든가 증오, 무자비, 교만, 과대망상 등이 인간의 마음을 사로잡게 되고, 당분간 이것들이 인간의 마음을 지배하게 된다. 이것은 또 평등화가 그 자체와는 별개로 인간을 분열시키는 경향을 강하게 지니고 있으며, 동시에 다른 사람의 판단을 상호 불신하게 하여 그 자신 이외에는 어느 곳에서도 진실을 발견할 수 없게 하는 것이다. 그래서 모든 사람은 자기의 길을 자기가 개척하면서 모든 문제에 대해 자기 자신의 견해를 확립하는 것을 자랑으로 여기게 된다. 이제 인간은 더이상 이념에 의해서는 결합할 수 없고 오직 이해관계에 얽매이게 된다. 그래서 인간의 여러 견해는 일종의 지적 혼란에 빠지게 되어, 하나하나 흐트러져서 한데 모으거나 결합시킬 수가 없을 것처럼 된다.

이와 같이 평등이 이루어지면 존재하게 되리라고 생각했던 정신적인 독립은 평등이 확립되던 초창기나 그 힘겨운 노력의 과정에 예상됐던 것처럼 그렇게 고귀하지도 굉장하지도 않았다. 그러므로 평등으로 말미암아 얻어질 지적 자유는 혁명이 초래하는 무질서상태와는 주의깊게 구별되어야 한다. 이 두 가지는 각각 분리하여 고찰됨으로써 미래에 대한 지나친 희망도 공포도 가지지 않도록 해야 한다.

나로서는 새로운 사회체제에서 살게 되는 사람들은 자주 그들의 지적인 판단에 따라 행동하리라고 생각하지만 그러나 그들이 자기의 개인적인 판단을 남용하는 일이 있으리라고는 결코 생각하지 않는다. 이것은 모든 민주국가에서 일반적으로 개인의 사상의 자유를 일정한 범위 안에서 제한하게 될 어떤 원인에 기인하는 것이다.

이 원인에 대해서는 다음 장에서 밝히려고 한다.

2. 민주국가에 있어서 신념의 주요 원천

어떤 시기에나 교조적 신념이 존재하는 것은 정도의 문제는 있다 하더라도 일반적인 현상이다. 그것은 여러 가지 방법으로 발생하거니와 또 그 대상과 형태를 바꾸기도 한다. 그러나 어떠한 상황에서건 교조적 신념이 존재하지 않는 일은 없는데, 바꾸어 말하면 인간은 끊임없이 조금도 의심하거나 따져보는 일이 없이 어떤 견해를 받아들인다. 만약 모든 사람이 자기 자신의 견해를 형성하려 하거나 또 자기 혼자 안출해낸 고립된 방법으로 진리를 탐구하려 한다면, 불과 소수의 사람도 어떤 공통의 신념에 의해 결합하지 못할 것이다.

그러나 그러한 공통의 신념이 없이는 어떠한 사회도 번영할 수 없음이 분명할 것이다. 아니 사회의 존재 자체가 불가능하다고 말할 수 있을 것이다. 왜냐하면 공통으로 소유하는 이념이 없이는 공동의 행동이 있을 수 없고, 또 공동의 행동이 없이는, 인간 개개인은 존재할 수 있을지 모르지만 사회적 집단은 존재할 수 없기 때문이다. 사회가 존재하기 위해, 나아가 사회가 번영하기 위해서는 모든 시민의 마음이 어떤 주된 이념에 의해서 집중되고 결속될 필요가 있다. 이것은 만약 시민 각자가 자기들의 신념을 공통의 원천으로부터 끌어내는 일이 없거나 기존의 어떤 신념을 받아들이는 데 동의하지 않는다면 이루어질 수 없는 일이다.

지금 고립된 상태에 있는 인간을 상정해 볼 때에도, 교조적 신념이란 인간이 다른 사람과 협력하면서 살아가는 데 필요한 것과 마찬가지로 혼자 살아가는 데에도 없어서는 안될 정도로 필요하다고 생각한다. 만일 인간이 일상적으로 이용하는 진리에 대해서 스스로 증명해야 한다면 인간의 일은 끝이 없을 것이다. 즉 인간은 예비검증에서 한 발자국도 나아가지 못하고 그의 힘을 다 소진하고 말 것이다. 이와 같이 진리의 독자적인 검증을 위해서는 인간의 수명이 짧기 때문에 그럴 수 있는 시간도 없거니와 또 지식의 한계로 말미암아 능력도 부족하기 때문에, 인간은 부득이 스스로 그 검증을 위해 시간과 노력을 기울여 본 일은 없지만 능력있는 사람들이 이미 발견해 놓았거나 혹은 대중이 일상적으로 수용하고 있는 많은 사실과 견해를 무조건 수용하지 않을 수 없게 된다. 이러한 원리에 따라 인간은 스스로 그 자신의 사상체계를 수립하는데 이것은 선택의 문제가 아니라 인간조건의 불변의 법칙이기 때문에 어쩔 수 없이 취해야 하는 행동양식인 것이다. 이 세상에서 아무리 위대한 철학자라 하더라도 그는 다른 사람을 신뢰함으로써 수백만 가지의 일을 믿고 받아들이지 않을 수 없으며, 또 그가 검증할 수 없는 수많은 진리를 수용하지 않을 수 없다.

이것은 필요에 의한 것이기도 하지만 또 바람직스런 일이기도 하다. 스스로 모든 사물을 조사하려고 하는 사람이라면 그는 개개의 사물에 대해 불과 미량의 시간과 주의력밖에 기울이지 못할 것이다. 그가 하는 일은 그의 정신을 계속 불안하게 할 것이며, 이것은 그가 진리의 심층을 파고들 수 없게 할 뿐 아니라 또 어떤 확신에 강하게 집착할 수 없게 할 것이다. 그의 지식은 공중에 뜰 뿐만 아니라 무력하게 될 것이다. 그러므로 그는 인간신념의 많은 대상 중에서 몇 가지를 선택해야 하며, 이 연구조사를 위해 선택한 몇 가지 중에서 더 좋은 것을 탐구하기 위해 많은 견해를 아무런 논의의 여지없이 수용해야 하는 것이다. 물론 다른 사람의 말에 따라 어떤 견해를 수용하는 사람이라면 그는 그만큼 그의 마음을 노예화하는 것은 사실이지만, 그러나 인간으로 하여금 자유를 유익하게 활용할 수 있게 하는 것은 건전한 복종이라는 것 또한 사실이다.

다음으로 도덕적이고 지적인 세계의 영역에서는 어떠한 상황 아래에서건 권위의 원칙이 대두하기 마련이다. 그것이 대두하는 장소는 다양하지만 어쨌든 그것이 대두하는 것은 필연적이다. 개인의 정신적 독립의 정도는 클 수도 있고 또 작을 수도 있다. 그러나 그것이 아무런 제한도 받지 않는 방종일 수는 없다. 따라서 문제는 민주주의시대에 지적 권위가 존재하느냐 않느냐 하는 것을 알아내는 데 있는 것이 아니라 그것이 어디에 존재하며, 무엇을 기준으로 하여 측정될 수 있는가 하는 데 있다.

나는 앞장에서 사회의 평등화가 어떻게 해서 인간으로 하여금 초자연적이고 동시에 매우 고상하기도 하지만 가끔 과장되기도 하는 견해에 대해 회의하도록 하는가를 밝혔다. 그러므로 사회적 평등의 시대에 살고 있는 사람은 그들이 복종하는 지적 권위를 인간성을 초월한 곳이나 아니면 인간성의 상위에 쉽게 두지 않게 된다. 그들은 보통 진리의 원천을 그들 자신에게서 찾으려고 하거나 아니면 그들과 유사한 사람에게서 찾으려 한다. 이러한 시기에는 새로운 종교는 성립될 수 없으며, 또 새로운 종교를 세우기 위한 계획이라면 그것은 불경스러울 뿐만 아니라 어리석고 불합리하기까지 하다는 것을 이것은 충분히 증명해 주고 있다. 민주사회의 시민이라면 종교적인 일에 쉽게 신뢰를 보내지 않을 것으로 생각되며, 또 현대의 예언자를 비웃고, 그들의 신념의 주요한 조정자를 같은 인간의 범주 내에서 찾으려 하지, 인간을 초월한 어떤 신에게서 찾으려 하지는 않을 것이라는 점도 분명하다.

사회계층이 불평등하여 인간이 처한 조건이 서로 다를 때는, 일반대중은 무지와 편견에 사로잡혀 있는 가운데 몇몇 개인이 탁월한 지혜와 학식과 교화력을 발휘하게 된다. 그러므로 이러한 귀족주의적 시기에 살고 있는 사람은 자연히 탁월한 사람이나, 상류계급의 견해를 표준으로 하여 자기들의 견해를 형성하게 되며, 동시에 그들은 대중의 무오류성(無誤謬性)을 인정하지 않으려 한다.

평등의 시대에는 그 반대현상이 일어난다. 사람들이 평등하고 동일한 조건의 평범한 수준에 더욱 가깝게 접근할수록 특정한 개인이나 또는 특정계급을 절대적으로 신뢰하는 일은 적어진다. 그 반면에 대중을 신뢰하는 마음은 점점 증가하고 동시에 여론은 세계를 제패하는 여왕처럼 고고해진다. 공통적인 견해야말로 민주사회의 시민에게 있어 개인적 판단에 도움을 주는 유일한 안내자일 뿐 아니라, 또 그것은 다른 사회에서 공통적인 견해가 갖는 영향력보다 훨씬 큰 영향력을 갖는다. 평등의 시대에는 인간은 그들의 공통적인 유사성으로 말미암아 상호 신뢰하는 일이 없다. 그러나 바로 이 유사성으로 말미암아 그들은 대중의 판단을 거의 절대적으로 신뢰한다. 왜냐하면 그들은 모두 태어나면서부터 평등한 판단 수단을 부여받고 있기 때문에 더 탁월한 진리란 사람 수가 더 많은 데서 이루어지리라는 것이 그럴듯하게 보이기 때문이다.

민주사회에 사는 주민이 자기 주위에 있는 모든 사람들과 자기 자신을 비교해 볼 때, 그는 그가 다른 어떤 사람과도 동등하다는 것을 알고 자랑스럽게 생각한다. 그러나 그가 자신을 동료 인간 전체와 비교해 보거나 거대한 조직체와 비교해 보게 될 때, 그는 즉각 자기 한 개인의 무가치함과 취약함을 알고 압도당하게 된다. 민주사회에서 평등은 시민으로 하여금 동료 시민으로부터 독립할 수 있도록 해주지만 동시에 그것은 전체 시민 각자에게 그렇게 해 줌으로써 결국 개개 시민을 외롭게 하며 또 다수의 영향을 쉽게 받게 만든다. 그러므로 시민사회에서 대중은 특이한 힘을 지니고 있는 바, 귀족국가에서는 이것을 상상도 할 수 없다. 왜냐하면 대중은 각개 시민으로 하여금 설득을 통해 대중적 신념을 받아들이도록 하는 것이 아니라, 개인적 지능을 압도하는 전체 의사라는 일종의 거대한 압력에 의해 대중적 신념을 강제로 받아들이게 하기 때문이다.

아메리카합중국에서, 다수는 수많은 기성 견해를 개인이 이용할 수 있도록 공급해 주는데, 이렇게 함으로써 각 개인은 자기 자신의 견해를 수립할 필요가 없게 된다. 여기서는 모든 사람이 대중을 신뢰함으로써 아무런 조사연구가 없이 철학이나 도덕, 정치에 관한 많은 이론을 채택한다. 그런데 만약 이것을 세밀히 관찰해 본다면 여기서 종교 자체는 하나의 계시의 교의(敎義)로서 작용하기보다는 공통적으로 수용된 하나의 견해로서 작용한다는 것을 알 수 있을 것이다.

아메리카인들의 이러한 정치적 법률로 말미암아 다수가 절대적인 지배력을 가지고 사회를 통치한다는 사실은 다수가 개인에게 미치는 영향력 또한 현저하게 증대시킨다. 왜냐하면 우세한 지혜를 자기의 압제자로 인정하는 것은 인간에게 철저히 관습화되어 있기 때문이다. 아메리카합중국에서 대중이 이러한 정치적인 힘을 무한하게 갖고 있다는 사실은 분명히 여론이 이 정치적인 힘이 없는 상태에서 사회구성원의 마음에 미치는 영향력보다 큰 영향력을 미친다. 그러나 그 영향력이 정치적인 힘에 기반을 두고 있는 것은 아니다. 그 기반은 평등의 원칙 자체에서 찾아야 하는 바, 평등의 상태에 있는 인간이 만들어낸 대중적인 여러 제도에서 찾아서는 안된다. 다수의 지적인 지배는 순수한 민주주의 국가보다는 왕에 의해서 통치되는 민주국가에서 아마 덜 절대적일 것이다. 그러나 어느 경우에나 아주 절대적인 것은 사실이다. 또한 평등의 시대에 인간이 어떠한 정치적인 법률에 의해 통치되든 간에 여론에 대한 신뢰는 일종의 종교로 된다는 것과 또 다수는 그 종교를 창도해 가는 예언자가 된다는 것은 예견될 수 있는 일이다.

이와 같이 지적 권위는 달라지기는 해도 사라지지는 않을 것이다. 아니

사라지기는커녕 그것은 훨씬 더 커진 힘으로 인간의 위대성이나 행복에 적합한 한계 이상으로 개인적 판단행위를 제한하는 역할을 하리라고 생각한다. 평등의 원칙의 두 가지 성향을 분명히 지적해 두고 싶다. 하나는 모든 인간으로 하여금 전혀 경험해 보지 못한 생각을 하게 하는 것이고, 다른 하나는 인간으로 하여금 전혀 아무런 생각도 못하게 하는 것이다. 그런데 나는 어떻게 해서 민주주의가 여러 가지 법률에 의해 민주사회의 조건으로 적합하게 된 정신의 자유를 오히려 제약하게 되는가를 알고 있다. 즉 계급이나 인간에 의해 과해졌던 모든 속박을 타파한 인류는 최대다수의 일반의지에 의한 속박에 얽매이게 된 것이다.

민주주의의 여러 국가가 다수의 절대적인 힘을 각 개인의 정신력을 충분히 제어할 수 있는 다양한 힘으로 대체할 수 있었다면, 사악한 사람들은 그 성격을 바꾸었을 것이다. 인간은 독립적인 생활수단을 찾아내지 못하고, 단지 새로운 노예생활을 발견했을 뿐인데, 이것조차도 쉬운 일이 아니었다. 아무리 자주 반복해도 지나치지 않는 말이지만, 바로 여기에 사상의 자유를 신성한 것으로 생각하면서도 전제정치와 전제군주를 싫어하는 사람들이 깊이 생각해 볼 문제가 있다. 나로서는 권력의 손이 내 머리를 무겁게 누른다고 느낄 때, 누가 나를 억압하는가를 알려고 하는 마음이 별로 없다. 그래서 나는 아직도 수백만 인의 손에 사로잡혀 있어서 복종하는 생활을 할 태세가 되어 있는 것이다.

3. 어째서 아메리카인들은 그들의 조상인 영국인들보다 일반적인 개념에 더 많은 적성과 관심을 가지고 있는가

신은 인간을 집단적으로 생각하지 않는다. 신은 인류를 한꺼번에 내려다보면서도 한 사람 한 사람 개별적으로 관찰한다. 그래서 신은 개별 인간에게서 그가 다른 동료 인간과 닮게 하는 유사성과 또 상호 구별되게 하는 차이점을 구분하여 파악한다. 그러므로 신은 일반적인 개념을 필요로 하지 않는다. 즉 신은 사고의 편의를 위해 여러 가지의 유사한 사물을 동일한 형식으로 묶을 필요를 느끼지 않는다.[역주1]

그러나 인간의 경우는 이와 다르다. 만약 인간이 자기 앞에 놓여 있는 모든 개별적인 사물을 하나하나 검증하여 어떤 판단을 내려야 한다면, 인간은 그 무한한 복잡성으로 말미암아 정신을 잃게 되어 더이상 아무것도 알 수 없게 될 것이다. 이러한 어려움 때문에 인간은 불완전하지만 그러나 편리한 방편을 사용하게 되는데 이것은 인간의 연약함을 도와주는 것인 동시에 또 인간의 연약함을 증명하는 것이 된다.

이제 인간은 일정수의 사물을 피상적으로 관찰하여 그 유사성을 파악한 후에, 거기에 공통의 명칭을 부여하기도 하고 분리하기도 하면서 전진해 나간다.

일반적인 개념은 인간지능의 우수성을 증명하는 것이 아니라 그 불완전성을 증명하는 것일 뿐이다. 왜냐하면 본질적으로 정확하게 닮은 존재란 없으며, 또 엄밀하게 동일한 사물도 없으며, 여러 개의 사물에 동시에 똑같이 적용될 수 있는 법칙도 없기 때문이다. 일반적인 개념의 주요 장점이란 그것이 인간으로 하여금 많은 대상에 대해 한꺼번에 신속한 판단을 내릴 수 있게 해 준다는 것이다. 그러나 이 장점과는 반대로 이러한 일반개념이 나타내는 의미는 불완전한 것에 지나지 않으며, 사물의 이해에 도움을 얻는 것만큼 그 정확성을 결여하고 있는 것도 사실이다.

사회의 여러 조직체가 문명화해감에 따라 새로운 사실에 대한 지식을 습득해가게 되고, 또 거의 무의식적으로 특이한 법칙들을 인식하게 된다. 인간이 이러한 법칙을 많이 알게 되면 될수록, 자연히 일반적인 개념을 더 많이 고안해내게 된다. 다수의 특이한 사실은 그것들을 결합시키는 공통의 끈[역주2]을 마침내 발견해내지 않고 개별적으로 분리해서는 파악될 수가 없다. 여러 개의 개별적인 것은 종(種) 개념을 형성하게 되고, 또 여러 개의

[역주1] 개념화하거나 일반법칙화하지 않는다는 뜻.
[역주2] 개념을 말한다.

종은 유(類) 개념을 형성하게 된다. 그러므로 일반적인 개념에 대한 습관과 취향은 고전문화와 광범한 지식을 갖춘 사람들에게 아주 중요한 위치를 차지하게 될 것이다.

그러나 인간이 자기의 관념을 일반법칙화하지 않을 수 없는 또 다른 이유가 있는가 하면, 그렇게 할 수 없게 하는 이유 또한 있는 것이다.

아메리카인들은 영국인들보다 일반적인 개념의 사용에 훨씬 더 흥미를 가지고 탐닉하고 있다. 이러한 현상은 처음 보기에는 대단히 특이해 보이는 바, 그것은 다음 사실 즉 두 나라가 같은 기원을 가지고 있으며 수세기 동안 같은 법률하에서 생활했으며, 그들은 아직도 끊임없이 그들의 견해와 생활태도를 상호교환하고 있다는 사실에 비추어 볼 때 더욱 그러하다. 이러한 대조는 특히 우리가 세계의 서반구에만 눈을 돌려 거기에서 살고 있는 가장 문명화된 두 국민을 비교해 보게 될 때, 더욱 인상적인 것이 된다. 영국인들의 마음은 특별한 사실들의 원인을 알기 위한 관찰을 그야말로 억지로 그만두고 마지못해 일반화시키는 것처럼 보이는 것 같다. 이와는 반대로 프랑스인들에게는 일반적인 개념에 대한 흥미가 아주 열정적이기까지 하여, 어떠한 경우에나 그러한 흥미가 최대한으로 작용한다. 나는 아침마다 잠이 깨어서 이전에는 전혀 들어볼 수 없었던 일반적이고 영구적인 어떤 법칙이 이제 막 발견되었다고 하는 뉴스를 듣게 된다. 위대한 자기 조국에 적합한 어떤 새로운 사실을 발견해내려고 노력하지 않거나, 또는 인류를 하나의 논문 안에 압축하지 못해도 별로 기분 나빠하지 않을 평범한 삼류작가와 같은 사람은 이제 없다.

대단히 문명화된 두 국민 사이의 엄청난 차이점에 나는 놀라지 않을 수 없다. 만약 내가 다시 영국으로 관심을 돌려 지난 반세기 동안에 영국에서 일어난 사건들을 관찰하게 된다면, 아마 나로서는, 영국에서 일반적인 개념에 대한 취향은 그 나라의 지난날의 체질이 약화하는 것에 비례해서 증가하고 있다는 판단을 내리게 될 것이다.

그러므로 문명의 상태만으로는 인간이 무엇 때문에 일반적인 개념에 대한 흥미를 갖게 되는지 혹은 못 갖게 되는지를 설명할 수가 없을 것이다.

인간이 처한 조건이 아주 불평등하게 되고, 그 불평등이 항구적이 될 때, 개별 인간은 너무나 상이해져서 각 계급은 별개의 모습을 취하게 된다. 그런데 한눈에 보이는 것은 이 여러 계급 중에서 오직 한 계급뿐이다. 그래서 인류라는 거대한 품속에서 모든 계급을 한데 묶는 일반적인 끈을 보지 못하는 그러한 관찰은 언제나 보편적인 인간에 기초한 것이 아니라, 특정한 인간에 기초하고 있는 것이다. 그러므로 이러한 귀족적 사회상태에 살고 있는 사람들은 자기 자신들에 관하여 일반적인 개념을 결코 만들어내지 않는다. 그래서 그것은 그들로 하여금 이러한 일반적인 개념에 대해 습관적으로 불신하게 할 뿐만 아니라, 본능적인 혐오감을 불러일으키고 있다.

이와는 반대로 민주국가에서 사는 사람은 자기 주위에서 모든 면으로 보아 서로서로 별로 차이가 없는 사람들을 보게 된다. 그래서 민주국가에서 사는 사람이 비록 어느 한 부분이 인간을 향해 그의 마음을 집중한다 할지라도 그는 반드시 전인류를 포용할 수 있을 만큼 그의 관념을 확대 팽창시키게 된다. 그에게 있어서는 그 자신에게 적용될 수 있는 사실은 모두 자기의 동료시민이나 동료인간에게도 똑같이 평등하게 적용될 수 있는 것처럼 보인다. 그가 가장 많이 관계하고, 또 가장 그의 관심을 끄는 연구에서 그의 관념을 일반법칙화하는 습관을 얻은 그 시민국가의 시민은 자기의 그러한 습관을 자기가 추구하는 모든 것에 적용하려 든다. 이와 같이 해서 모든 사물에서 일반적인 법칙을 발견하려 한다거나, 많은 대상을 동일한 공식으로 묶으려 한다거나, 또 많은 사실을 하나의 원인으로 설명하려는 갈망은 인간심성에 있어서 격렬한, 때로는 무분별하기까지 한 열정이 되는 것이다.

자기들의 노예에 대한 고대인들의 견해야말로 이러한 주장의 진실성을 분명하게 나타내 보여준다. 로마와 그리스의 가장 깊고 넓은 마음을 가진 사람까지도 인간의 보편적인 동일성이나 인간공통의 생래적인 자유권에 대한 아주 일반적이며 단순한 관념에 도달할 수 없었다. 그들은 오히려 노예제도란 자연적인 현상이며 반드시 존재해야 한다는 것을 증명하려고 했다. 아니, 오히려 고대인들 중에서, 자유인이 되기 전에는 노예였던 사람(이들 중에는 훌륭한 저서를 남긴 사람들도 많다)들조차도 노예상태를 당연하게 생각하고 있었음을 알 수 있다.

고대의 훌륭한 저자들은 모두 상전으로서 귀족계급에 소속해 있었으며, 적어도 그들의 눈에는 귀족사회란 확립된 사회로서 다툴 여지가 없는 사회체제로 파악되었다. 그들이 여러 방향으로 관심을 확대한 후에도 유독 이 부문[역주3]에 대해서는 아무런 발전을 보지 못했다. 그래서 모든 인류는 나면서부터 평등하고 동일하다는 가르침이 전파되기 위해서는 예수 그리스도의 강림이 있어야만 했다.

평등의 시대에는 모든 인간은 상호 독자적이며, 또 고립되어 있고, 연약한 존재가 된다. 다수가 벌이는 여러 가지 운동이 어떤 개인의 의지에 의해서 항구적으로 지도될 수는 없다. 바로 이러한 시기에 인간성은 항상 저절로 발전하는 것처럼 보인다. 그래서 세상에서 어떤 일이 진행되고 있는가를 설명하기 위해서, 인간은 어떤 거대한 원인을 찾아내려고 하게 되는데, 이것은 같은 방법으로 우리의 모든 동료인간에게 영향을 미쳐서 그들로 하여금 자발적으로 모두 똑같은 길을 추구하게 만든다. 이것은 또 자연히 인간으로 하여금 일반적인 개념을 착안해내게 만들고, 동시에 이에 대한 흥미를 고조시킨다.

나는 이미 인간조건의 평등화가 어떠한 방법으로 모든 인간으로 하여금 독자적으로 진실에 대해 조사·연구하게 하는가를 설명한 일이 있다. 이러한 종류의 방법은 인간심리가 일반적인 개념을 추구하게 하는 경향이 있다는 것을 쉽게 이해될 수 있게 한다. 내가 신분이나 직업이나 출생에 대한 전통적인 사고방식을 거부하게 될 때, 내가 내 자신의 독특한 이성적인 노력으로 추구해야 할 길을 찾아내기 위해 표본의 권위로부터 탈피하게 될 때, 나는 나 자신의 견해의 동기를 인간성 자체로부터 끌어내려 하게 된다. 그래서 이것은 나로 하여금 반드시 또 거의 무의식적으로 아주 일반적인 관념을 많이 취하게 만든다.

여기서 지금까지 언급해 온 것은 모두, 왜 영국인들이 그들의 자손인 미

[역주3] 인간평등의 문제.

국인들보다 관념을 일반법칙화하는 문제에 관심과 흥미를 훨씬 덜 나타내는가를 설명한 것이며, 또 그들의 이웃나라인 프랑스인들보다도 왜 덜 나타내는가를 설명한 것이었다. 동시에 오늘날의 영국인들은 왜 그들의 조상보다는 더 많은 관심과 흥미를 나타내는가를 설명하고자 했다.

영국인은 오랫동안 가장 문명화된 국민이요 또 귀족적인 국민이었다. 그래서 그들의 문명화의 조건은 그들로 하여금 끊임없이 일반법칙을 확립하도록 하였으며, 동시에 그들의 귀족적인 관습은 그들로 하여금 특이한 것에 머물러 있도록 구속했다. 바로 여기서 대담성과 소심성 및 광범성과 협소성을 동시에 지닌 철학이 발전하게끔 되었으며, 이러한 철학이 지금까지 영국사회에 팽배해 있으며, 이것은 아직도 이 나라의 아주 많은 사람들의 마음을 억누르고 있어서 침체상태에 머무르게 하고 있다.

앞에서 내가 지적한 이유와는 별개로 분명하지 못한 점은 있지만, 그래도 결코 무의미하지는 않은 또 다른 이유가 이해될 수 있을 텐데, 이 이유로 말미암아 거의 모든 민주국가의 국민들은 일반적인 개념에 대한 관심(때로는 열정이기도 하다)을 갖게 된다. 이런 종류의 여러 개념 사이에는 어떤 분명한 구분이 이루어져야 할 것이다. 그 중에는 느리긴 하지만 그래도 정밀하고 양심적인 정신작용의 산물인 것이 있는데 이러한 것이 인간의 지적 영역을 확대시킨다. 또 다른 것으로는 재빠른 기지에서 즉각적으로 튀어나오는 것이 있는데 이것은 아주 피상적이고 불확실한 관념밖에 형성해내지 못한다.

평등의 시대에 사는 사람은 호기심은 많이 갖지만 여가는 별로 갖지 못한다. 그들의 생활이 너무나 실제적이고 복잡하고 들떠 있고 활동적이기 때문에 사색을 위한 시간을 낼 수가 없다. 이런 사람들은 일반적인 개념에 의지하게 되는데, 그렇게 함으로써 특이한 사실에 대해 연구하는 수고를 덜 수 있기 때문이다. 말하자면 일반적인 개념은 좁은 범위 안에 많은 것을 담으며, 또 짧은 시간에 많은 결과를 얻어낼 수 있다. 그런데 만약 간단하고 별로 신경쓰지 않는 조사·연구로도 어떤 사상(事象) 상호간의 공통의 관계를 인식할 수 있다고 생각되면 이제 더이상의 조사·연구가 진행되지 않는다. 즉 이들 여러 사상(事象)이 어떤 점이 같고 어떤 점이 다른지에 대해 더이상 자세히 검토하지 않은 채 급히 이들 여러 사상을 하나의 공식으로 유형화해버리고 다른 주제로 넘어간다.

민주주의 시대의 독특한 특징 중의 하나는 모든 사람이 힘들이지 않고 성공하고자 하는 것과 즉흥적인 쾌락을 추구하는 것이다. 이러한 현상은 모든 사람에게 나타나는 것으로 지식인에게도 마찬가지이다. 평등의 시대에 사는 사람의 대부분은 간절하면서도 노력은 하지 않는 야심으로 가득차 있다. 즉 이들은 즉각 거대한 성공을 거두고 싶어하면서도, 힘든 노력은 피하고 싶어한다. 이러한 상충하는 성향은 곧 바로 일반적인 개념에 대한 추구로 나타난다. 즉 이들은 이 일반적인 개념을 활용함으로써 그들이 별로 수고하지 않고도 거대한 사물을 파악할 수 있으며, 동시에 큰 어려움 없이 대중의 관심을 끌 수 있다고 우쭐댄다.

그런데 나로서는 그들이 그렇게 생각하는 것이 잘못되었다고 생각할 수가 없다. 왜냐하면 그들의 책을 읽는 독자들도 마찬가지로 사물의 밑바닥까지 조사·연구하는 것을 싫어하기 때문이다. 연구성과로서 일반적으로 추구되는 것이란 노력 없이 얻는 안이한 쾌락과 정보일 뿐이다.

귀족주의 국가가 일반적인 개념을 충분히 활용하지 못할 뿐 아니라, 때로는 아무런 분별조차 없이 경멸하는 경우가 있는 것이 사실이라면, 이와는 반대로 민주주의 국가의 국민은 일반적인 개념에 과도하게 집착하여 천박할 정도로 신봉하는 경향이 있는 것도 사실이다.

4. 왜 아메리카인들은 프랑스인들만큼 정치문제에 있어서 일반적인 개념에 적극적인 관심을 갖지 않는가

나는 지금까지 아메리카인들이 프랑스인들보다 일반적인 개념에 대해 중요한 관심을 덜 나타내는 문제를 검토해 왔다. 이것은 정치문제에서 더욱 두드러진다.

　아메리카인들이 영국인보다 그들의 법률제정에 일반적 개념을 훨씬 더 많이 채택하고 있으며, 또 업무의 실천을 이론에 순응시키기 위해서 많은 노력을 기울임에도 불구하고, 아메리카의 정치기구들은 프랑스의 국민의회만큼 일반적인 개념에 대해 많은 애정을 나타내지는 않는다. 어느 때에도 아메리카인들은 18세기의 프랑스인들이 가졌던 열정적인 정열을 가지고 이 일반적인 개념에 대해 관심을 나타내지는 않았으며, 또 어떤 이론의 가치와 절대적인 진실성에 대해 맹목적인 신뢰를 나타내 보이지도 않았다.

　아메리카인들과 프랑스인들 사이의 이러한 차이는 여러 가지 원인에 기인하는 것이지만 주로 다음의 원인에 기인하는 것이 가장 중요하다. 아메리카인들은 공적 업무를 언제나 스스로 처리해 온 민주적인 국민이다. 프랑스인들은 공적 업무를 처리하는 최선의 방법에 대해 오랫동안 단지 사색만 해온 민주적인 국민이다. 프랑스인들은 그 사회적 조건으로 말미암아 정치문제에 대해 일반적인 개념을 구상하게 되었지만, 다른 형편으로 그들의 정치구조로 말미암아 실험에 의해 이 일반적 개념을 교정한다거나 또 점차로 그 결함을 간파하는 일이 불가능했다. 이와는 반대로 아메리카에서는 위의 두 가지 일이 끊임없이 균형을 이루면서 상호 보완되어왔다.

　얼핏 보아서는, 이것은 내가 앞서 말한 것에 완전히 반대되는 것 같으며, 민주주의의 여러 국가는 그들의 이론에 대한 애착을 그들의 활동적인 생활에서 오는 감동 바로 거기에서 끌어내는 것처럼 보인다. 조금만 더 주의깊게 관찰해 본다면 앞서의 주장에 모순되는 것이 아무것도 없음을 알게 될 것이다.

　민주국가에 사는 사람은 일반적(포괄적)인 개념에 열렬한 애착을 느끼는데 이것은 그들이 여가를 별로 낼 수 없고 또 일반적인 개념이 특이한 것에 대해 연구하는 수고를 덜어주기 때문이다. 이것은 사실이지만, 그러나 그들의 견해 중에서 필수적이고 관습적인 주제가 못되는 문제에 관해서만 이해할 수 있을 뿐이다. 상인들은 정밀한 검토가 없이 철학이나 정치나 과학 및 예술에 관하여 그들에게 제시되는 모든 일반적인 개념을 아주 열심히 받아들일 것이다. 그러나 상업에 관계된 것이 없다면 그들은 검토해 보지도 않고 무조건 거부한다. 이와 같은 현상은 정치에서의 일반적 개념과 관련된 정치가에게도 그대로 적용된다.

그런데 만약 민주국가의 국민이 이상할 정도로 맹목적이고 지나치게 포괄적인 개념에 빠지기 쉬운 문제가 있을 경우, 그 가능한 최선의 개선책은 그 문제를 자기들의 일상적인 실제업무의 일부로 만드는 방법일 것이다. 그렇게 되면 그들은 세부적인 면까지 파고들게 될 것이고, 그 세부적인 면을 통해 그들은 그 이론의 약점을 파악하게 될 것이다. 이러한 구제책은 힘든 일이겠으나 그렇지만 그 효과는 확실할 것이다.

이와 같이 함으로써 모든 시민으로 하여금 정치에 실제로 참여하게 하는 민주제도들은 원칙이 제시하는 정치상의 일반이론에 대한 과도한 관심을 완화하게 될 것이다.

5. 아메리카합중국에서 종교는 민주주의적인 경향을 어떻게 이용하는가

나는 앞장에서 인간은 교조적 신념없이는 살아갈 수 없으며, 심지어 교조적 신념이 인간에게 존재한다는 것은 바람직스럽기까지 하다는 것을 설명해 왔다. 나는 이제 여기에다가 모든 종류의 교조적 신념 중에서 가장 바람직스런 것은 종교문제와 관련된 교조적 신념인 것 같다는 것을 첨가하고자 한다. 그런데 이것은 굳이 현세의 이해관계 이상의 것을 고려하지 않더라도 명백할 수밖에 없다는 결론에 도달할 것 같다.

인간의 행동으로서, 그것이 아무리 특이한 성격을 지녔다 할지라도 신이나, 신과 인간과의 관계와, 인간정신의 본질이나, 인간상호간의 의무 등에 관해서 인간이 구상한 아주 일반적인 개념에 근거를 두지 않은 것은 별로 없을 것이다. 또한 어떠한 이유에 의해서도 이 일반적 개념이 다른 모든 것의 발생근원이 되지 않을 수 없다.

그러므로 인간은 신이나, 정신이나, 창조주에 대한 인간의 일반적인 의무나, 또 인간 상호간의 의무 등에 관한 고정된 개념을 얻는 데 무한한 관심을 쏟는다. 왜냐하면 이러한 제일 원리에 대한 의심은 인간의 모든 행동을 우연에 맡기는 일이 될 것이며, 동시에 이것은 인간을 어떠한 형태든 무질서와 무기력에 빠뜨릴 것이기 때문이다.

그런데 이것은 우리들 각자가 고정된 개념을 가져야 할 아주 중요한 이유가 되는 동시에, 이것은 또 불행히도 고립상태에 놓인 우리들 각자가 유일한 이성의 힘에 의해 각자의 견해를 정립하는 데 아주 어려운 원인이 되기도 한다. 일상적인 생활의 근심으로부터 특별히 벗어난 사람 이외에는, 동시에 통찰력이 있고 예민하고 사고에 의해 훈련된 사람 이외에는 어떤 사람도 아무리 시간과 관심을 쏟는다 할지라도 아주 필요한 이들 진실의 깊이는 잴 수가 없다. 사실 우리는 언제나 불확실성으로 둘러싸여 있는 철학자들을 보게 되는 바, 모든 단계에서 그들의 길을 비춰주어야 할 자연의 빛은 점점 더 희미해질 뿐 확실하지 못하며, 그들의 모든 노력에도 불구하고 인간정신이 수천 년 동안 애써 오면서도 확고한 진실을 파악하지 못할 뿐 아니라 그 오류 속에서나마 어떤 새로운 것을 제대로 발견해내지 못한 몇 가지 상충하는 관념을 찾아내는 데 그쳤을 뿐이다. 이러한 본질에 관한 연구는 인간의 평균능력을 훨씬 초과하는 것으로서, 다수의 인간이 이러한 탐구를 할 수 있다 할지라도 거기에 몰두하는 시간은 여전히 부족한 것이 사실이다.

신과 인간본성에 관한 고정된 개념은 인간의 일상생활에 없어서는 안될 필수사항임에도 불구하고, 이 인간의 일상생활로 말미암아 그러한 개념을 얻기가 어려워진다.

그러한 어려움은 어떤 것에도 비교할 수 없는 것처럼 보인다. 여러 학문 중에는 대중에게 유용하며 또 대중이 활용할 수 있는 것이 있다. 이와는 달리 어떤 학문은 오직 소수에 의해서만 접근될 수 있고 많은 사람들은 이것을 연구할 수가 없다. 그리고 이 많은 사람들은 그들의 응용능력을 초월해 있는 이런 학문에서는 아무것도 얻을 것이 없다. 그러나 내가 말하고 있는 학문에 대한 연구에는 대부분의 사람이 접근하기 어렵지만 그 학문의 일상생활에서의 실천은 모든 사람에게 필수불가결한 것이다.

그러므로 신과 인간성에 관한 일반적 개념은 개인의 판단에 의한 습관적 행동으로부터 떨어져 나가기가 아주 쉬우며, 또 권위의 원칙을 인정함으로써 얻을 것은 많지만 잃을 것은 거의 없는, 다른 모든 개념을 초월하는 개념인 것이다.

종교의 첫째 목적과 주요한 장점은 이러한 기본적인 의문 하나하나에 대해 대중에게 즉각적으로 분명하고 정밀하며 지적이고 계속적인 해답을 제공하는 일이다. 종교 가운데는 거짓되고 매우 불합리한 것이 많이 있다. 그러나 내가 지금까지 추적해온 범위 안의 종교는——많은 종교가 모든 방면에서 인간정신의 자유로운 활동을 제한하기 위한 목적에서 그 범위를 넘으려고 하지만——그 범위를 넘으려고 하지 않고 지식인에게 건전한 자제를 촉구하고 있다는 것은 확인될 수 있을 것이다. 그리고 비록 종교가 저승에서 인간을 구원하지는 못할지라도, 적어도 현세에서의 인간의 행복과 고귀함에는 대단히 공헌하고 있다는 것은 반드시 인정되어야 할 것이다.

이것은 자유로운 나라에 사는 사람에게는 그대로 적용된다. 한 국민의 종교가 파괴될 때, 회의가 지식인들의 고급능력을 지배하게 되며 모든 다른 사람들을 반신불수가 되게 한다. 모든 사람은 그들 자신과 동료인간에게 아주 흥미있는 문제에 대해 혼돈되고 변화하는 관념밖에 못 가지는 데 길든다. 그 자신의 견해는 지켜지기가 어려우며, 쉽게 버려지게 된다. 그래서 그는 인간의 운명에 관계되는 어려운 문제들을 독자적으로 해결하려는 데서 오는 절망감 때문에, 마침내 더이상 그 문제에 대해 생각하지 않게 되는 비굴성을 드러낸다.

이러한 상태는 정신을 쇠약하게 하고 의지력을 약화시키며 국민을 노예상태로 몰아넣는다. 이러한 상태는 국민이 자유의 박탈을 방치할 때 발생하는 것이지만 때로는 국민 스스로가 자유를 포기하기도 한다. 이제 더이상 종교상의 권위의 원칙이 없는 것과 마찬가지로 정치상의 권위의 원칙이 없어질 때, 인간은 이러한 무제한의 독립상태에 재빨리 당황하게 된다. 인간 주변의 모든 사물의 끊임없는 동요로 말미암아 인간은 놀라게 되고 또

기진맥진해진다. 정신의 영역에서는 모든 것이 어리둥절하기 때문에 인간은 적어도 사회구조만은 견고하고 고정적이어야 한다고 결론내린다. 그래서 인간은 이제 옛날의 신념을 다시 되찾을 수 없기 때문에 스스로 주인인 체한다.

나의 경우에는, 인간이 완전한 종교적 독립과 철저한 정치적 자유를 동시에 유지할 수 있는 것인지에 대해 의심스럽게 생각한다. 그런데 나로서는 신념이 부족한 사람은 예속될 수밖에 없으며, 그래서 자유인이 되고자 한다면 신념을 가져야 한다고 생각하고 싶다.

그러나 아마도 이러한 종교의 위대한 효용은 인간조건의 평등화가 이루어지지 않은 나라보다는 이루어진 나라에서 훨씬 더 명백히 드러나는 것 같다. 평등이란 것이 이 세상에 거대한 이익을 가져다주긴 하지만, 그럼에도 불구하고 인간에게 아주 위험한 성향을 제공한다는 것도 인정해야만 할 것이다(이 점에 대해서는 뒤에서 밝힐 것이다). 평등화는 인간을 고립시키는 경향이 있으며 모든 사람들이 자기 자신에게만 관심을 집중시키게 하는 경향이 있다. 그래서 이것은 인간으로 하여금 물질적인 쾌락에 대해 지나치게 애착을 느끼도록 한다.

종교의 가장 위대한 점은 정반대로 상반되는 원칙을 고취하는 데 있다. 인간소망의 목표란 지상의 보물을 초월해서 존재한다고 말하지 않는 종교는 없으며 그래서 당연히 인간의 영혼을 감각의 영역을 초월하는 곳으로 고양시키지 않는 종교는 없다. 또한 인간에게 위와 같은 견해에 따른 어떤 의무를 부과하지 않는 종교도 없으며, 동시에 이와 같이 함으로써 종종 인간으로 하여금 그 자신에 대한 생각으로부터 빠져나오게 하지 않는 종교도 없다. 이러한 것은 가장 거짓되고 위험한 종교에서도 찾아볼 수 있다.

그래서 종교적인 국가는 당연히 민주주의 국가가 취약한 바로 그 점에서 강력한 것이다. 그런데 이것은 인간의 조건이 보다 평등해질 때일수록 그들의 종교를 간직하는 것이 얼마나 중요한가 하는 것을 증명해 준다.

나로서는 신이 인간에게 종교적인 신념을 불어넣기 위해 사용하는 초자연적인 방법에 대해 검증할 권한도 의향도 없다. 나는 이 순간 순수한 인간적 시각에서 종교문제를 생각하고 있다. 나의 목적은 종교가 어떠한 방법에 의해서 우리가 살고 있는 이 민주주의 시대를 가장 쉽게 지배할 수 있을까 하는 문제를 연구하는 일이다.

인간정신은 독단적인 견해를 채용하기 위해서 마지못해서 그저 일반적인 문화와 평등에 종종 동의한다는 것과 또 인간정신은 오직 정신적인 문제에서만 그 필요성을 느낀다는 것을 지금까지 살펴보았다. 이것은 우선 종교란 것이 이러한 때 다른 어떤 것보다 더 주의깊게 그 자체의 영역의 범위 내에 한정되어야 한다는 것을 증명하는 것이 된다. 즉 그 영향력을 종교적인 문제 밖으로 확장하려 하면, 종교는 자칫 전혀 신봉되지 않을 위험을 초래하게 된다. 그래서 종교가 인간의 지식을 제한하려고 하는 범위는 주의깊게 설정되어야 하며, 그 경계를 벗어난 문제에 대해서는 인간정신이 완전히 자유로운 상태에서 제 기능을 발휘할 수 있어야 한다.

마호메트는 종교적인 교리뿐만 아니라 정치적인 강령, 민법과 형법 및 과학이론까지 하느님으로부터 끌어내서, 코란(Koran)으로 주입하려 했다. 이와는 반대로 기독교의 복음서(The Gospel)는 신과 인간 및 인간상호간의 일반적인 관계에 관해서만 이야기하고 있을 뿐, 그 이외의 문제에 대해서는 신앙문제로서 다루지 않는다. 다른 수천 가지 이유 이외에 오직 이 이유만으로도 이들 종교 가운데 전자는 개화되고 민주화된 시대에는 결코 오래 살아남지 못할 것이며, 반대로 후자는 이 시대에는 물론 다른 모든 시대에도 그 영향력을 계속 미칠 수 있도록 운명지어져 있다는 것이 충분히 증명된다.

이와 같은 연구에 이어서 나로서는 인간적인 생각에서 말할 때, 종교가 민주주의 시대에 그 권위를 유지하기 위해서는 정신적인 문제에만 엄격히 제한되어야 하며, 그 영향력은 신앙의 본질과 외부적 의식과 그 부과되는 의무에 완전히 의존하여야 할 것이라는 점을 알게 되었다.

평등은 인간으로 하여금 아주 일반적이며 포괄적인 개념에 집착하도록 한다는 앞서의 관찰은 원칙적으로 종교적인 관점에서 이해되어야만 할 것이다. 이 세상에서 유사하고 평등한 인간은 모든 인간을 동일한 율법에 의해 통치하며, 모든 인간에게 동일한 상태의 미래의 행복을 보장해 주는 유일신의 개념을 쉽게 받아들인다. 인류통합의 개념은 끊임없이 인간을 창조주의 단일성의 개념으로 유도한다. 이와는 반대로, 인간이 아주 불평등한 계층으로 분산되는 사회상태에서는 인간은 민족이나 계급이나 카스트(인도의 계급제도—옮긴이), 가족 등이 존재하는 수만큼 많은 수의 신을 고안해내기 쉬우며, 또 천국에 이르는 길도 수천 가지가 될 수 있다.

기독교로서도 사회적 및 정치적 조건이 어느 정도까지는 종교적 견해에 영향을 미쳐왔음을 인정하고 있다는 것은 부인할 수 없는 사실이다.

기독교가 처음 이 땅에 출현할 때, 기독교의 출현을 위해 세상을 분명히 준비하신 신은 마치 거대한 하나의 집단과 같은 많은 인류를 로마 황제의 주권 아래 모아들였다. 이 거대한 집단을 구성하는 사람들은 여러 가지 차이점에 의해서 구분되었으나, 이것만은 모두 공통적인 현상이었다. 즉 그들은 모두 동일한 법률에 복종했으며, 모든 신민은 황제와 비교하여 너무나 연약하고 하찮은 존재였기 때문에, 그들이 처한 조건과 신의 조건을 비교할 때, 그들은 모두 평등해 보였다. 이처럼 이상야릇한 인간의 상태는 반드시 인간으로 하여금 기독교가 가르치는 일반적인 진리에 귀를 기울이도록 하였으며, 또 인간정신에 얼마나 쉽게 그리고 재빨리 파고드는지를 설명하는 데 도움을 줄 것이다.

이것과는 대치하는 상태가 제국의 붕괴 후에 나타났다. 당시의 로마세계는 말하자면 수천 개의 파편으로 분해되었고, 각 민족은 이전의 개별성을 회복했다. 이들 각 민족에서 계급의 분화가 급속히 진행하였으니, 종족의 분화가 보다 날카롭게 이루어졌고, 각 민족은 계급제도에 의해서 여러 계층의 민중으로 나누어졌다. 인간사회를 가능한 한 많은 부분으로 나뉘게 하는 이러한 공통의 노력 속에서 기독교는 스스로 이 세상에 제시한 지도적인 일반개념을 간과하지 않았다. 그럼에도 불구하고 기독교는 인류의 이러한 세분화에 의해서 형성되는 새로운 경향에 대해 가능한 한 많이 적응하려고 노력하는 것처럼 보였다. 인간은 만물의 창조주요 수호자이신 유일신을 계속해서 섬겼다. 그러나 모든 국민, 모든 도시, 말하자면 모든 인간은 어떤 분명한 특권을 얻고 싶어했고, 은총의 보좌 옆에 있는 특별한 보호자의 도움을 얻고 싶어했다. 인간은 신 자체를 세분할 수는 없기 때문에 신의 대리자의 중요성을 지나치게 강조했다. 대부분의 기독교인에게 있어서 성자와 천사에 대한 존경이 거의 우상숭배와 같은 것이 되었다. 그래서 기독교는 순간적으로 스스로 극복했던 미신으로 되돌아갈 염려마저 있었다.

민족과 민족, 시민과 시민을 분리시키는 장벽이 제거되면 될수록, 모든 인간에게 동일한 방식으로 평등한 법을 적용하는 전지전능한 유일신의 개념으로 향하는 인간의 정신적 경향은(그 자체의 충동에 의한 것이기도 한 것처럼) 더욱더 강화되어 가는 것이 분명해 보였다. 그런데 민주주의 시대에는 창조주에게만 바쳐져야 할 숭배와 혼동될 정도로 삼류의 대리자들에게 존경이 베풀어지지 않도록 하는 일이 아주 중요하다.

또 한 가지 분명한 사실이 있는데, 민주주의 시대에서의 종교는 다른 어떤 때보다도 외형적인 의식이 적어야 한다.

아메리카인의 철학적 방법론에 관해서 이야기할 때, 평등의 시대에는 형식에 치우친 관념보다도 더 인간정신에 모순되는 것도 없다는 것을 밝혀 왔다. 평등의 시대에 사는 사람은 숫자를 몹시 싫어한다. 즉 그들의 눈에는 기호란 아주 자연스럽게 환히 밝혀져야 할 진실된 사실을 은폐하거나 외면하는 데 사용되는 부질없는 고안인 것처럼 보인다. 그들은 종교의식에 의해 감동받지 않으며, 공공의 예배행사에는 부차적인 중요성밖에 부여하지 않는다.

민주주의 시대에 외형적인 종교의식을 정하는 사람은 불필요하게 이러한 인간의 자연스런 성향에 역행하지 않기 위해서 이것을 주의깊게 고려해야 한다. 나로서는 형식의 필요성을 확고히 인정하는데 형식은 인간정신이 관념상의 진실에 대해 숙고하도록 하며, 동시에 그 진실들을 너그럽게 포용하고 확고하게 파악하는 데 도움을 준다고 생각한다. 또한 나는 외형적 의식이 없이는 종교는 유지될 수 없다고 생각한다. 그러나 이와는 반대로 우리가 살고 있는 이 시대에 있어서는 그 의식을 무한정 늘리는 것은 특별히 위험스러운 일이라는 확신을 얻게 되었다. 그리고 동시에 그 의식이란 종교의 본질이 되는 교리 자체를 영속시키는 데에 절대적으로 필요한 만큼에 국한되는 것이 오히려 당연하며, 종교상의 의식이란 하나의 형식에 불과하다는 확신을 얻게 되었다.[원주1] 인간이 보다 평등하게 된 시대에 있어서, 세부사항까지 규제하고 융통성이 없으며 작은 의식들로 부담을 주는 종교는 머지않아 스스로 대중의 회의를 일으켜 일단의 환상적인 광신자에게서만 그 신앙을 얻게 됨을 알게 될 것이다.

나는 다음과 같은 반대를 예상하고 있는 바, 즉 모든 종교는 그 자체의 목적을 위한 일반적이고 항구적인 진리를 내포하고 있기 때문에, 만약 모든 시대의 변화하는 경향에 적응하기 위하여 새로운 형태를 취할 때는 반드시 인간의 눈에는 그 종교의 확실성이 사라질 것이라는 생각이 든다. 이에 대하여 나는 다시, 교의(敎義)를 구성하는 중요한 견해, 즉 신학자들이 신앙개조(信仰個條)라고 부르는 중요한 견해는 거기에 관련되어 있을 뿐인 부수적인 내용과는 주의깊게 구분되어야 한다는 점을 첨가해두고 싶다. 종교는 그 시대의 특수정신이 무엇이든지 간에 전자 즉 중요한 견해를 고수해야만 할 것이다. 반면에 모든 것이 변화하고 있고, 인간사라고 하는 움직이는 무대에 익숙해진 정신이 마지못해서 어떤 점에 고정될 때에라도 위와 같은 방법으로 후자, 즉 부수적인 내용에는 얽매이지 않도록 주의해야 한다. 나에게는 형식적이고 부차적인 것의 항구성은 오직 문명사회가 고정적일 때에만 지속될 수 있는 기회를 가질 수 있는 것처럼 보인다. 이와 다른 상황에서는 그것은 위험한 것으로 생각된다.

평등에서 발생하거나 평등에 의해서 촉진되는 모든 열정 중에는 평등이 특별히 강렬하게 만들고, 그리고 동시에 모든 사람의 심장 속으로 불어넣는 한 가지 열정이 있다는 것을 우리는 알게 될 것이다. 내가 생각하기에는 그것은 곧 행복에 대한 집착이다. 행복에 대한 관심은 민주주의 시대의 지

[원주1] 모든 종교에는 그 종교의 본질 자체에 고유한 의식이 존재하며 이것은 어떠한 이유로도 변할 수 없게 되어 있다. 이러한 현상은 로마카톨릭에 유독 심한데, 거기서는 교리와 의식이 너무나 결합되어 있기 때문에 오직 한가지 관심에서의 신앙만을 형성한다.

워지지 않을 현저한 특징이 되고 있다.

이처럼 뿌리깊은 열정을 타파해야 할 종교는 결국에 가서는 오히려 그 열정에 의해서 타파된다고 생각할 수 있을 것이다. 그런데 만약 종교가 인간으로 하여금 그 모든 능력을 저 세상의 일에 대한 생각에만 철저히 몰두하게 하기 위해 이 세상에서의 행복에 대한 생각을 완전히 끊게 하려고 한다면, 아마 인간정신은 종교의 통제를 벗어나 현세적이고 물질적인 쾌락의 추구에 철저히 빠지게 되리란 생각을 할 수 있을 것이다.

종교의 주된 관심은 인간이 평등의 시대에 느끼는 행복에 대한 배타적이고 과도한 관심을 정화·조절·억제하는 데 있다. 그러나 그것을 완전히 극복하려 한다거나 혹은 제거하려 한다면, 그것은 잘못이다. 인간의 부에 대한 애착은 고쳐질 수 없고, 다만 정직한 방법으로서만이 자신들을 부유하게 할 수 있을 뿐임을 설득할 수 있을 것이다.

여기서 나는 최종적인 결론을 얻게 되는데, 이것은 말하자면 다른 모든 결론을 포함하는 것이다. 인간의 여러 조건이 평등해지고 또 상호 동화될수록 종교는 세속사에 대한 일상적인 번민으로부터 조심스럽게 벗어나면서도, 일반적으로 알려져 있는 개념이나 대중에게 존재하는 항구적인 이익에 대해 불필요하게 반대하는 일이 없도록 하는 것이 더욱더 중요해진다. 왜냐하면 여론이란 것이 현존하는 여러 세력 중에서 가장 저항하기 힘든 첫째가는 세력이 됨에 따라 종교적인 원칙은 여론의 공격에 오랫동안 저항할 수 있을 만큼의 강력한 외부적인 지원을 얻지 못하고 있다. 전제군주에 의해 통치되는 민주시민에게 이러한 현상이 사실인 것처럼 공화정에 있어서도 마찬가지이다. 평등의 시대에 왕은 가끔 복종을 요구하지만, 대중은 언제나 신앙을 요구한다. 따라서 대중에게 있어서는 무엇이 신앙에 배치되는 것일까 하는 데 관심을 두어야 한다.

나는 이 책의 상권에서 아메리카의 성직자들이 어떻게 해서 세속적인 일로부터 초연한 위치에 서 있는가 하는 문제에 대해 설명한 일이 있다. 이것은 이들의 자제심의 유일한 예는 아니지만 가장 명백한 예가 된다. 아메리카에서 종교는 특수한 영역이며, 따라서 그 영역 내에서는 성직자는 최고의 주권자이지만, 그러나 그 영역 밖으로 나가지는 않으려고 언제나 주의한다. 그 영역의 한계 내에서는 그는 정신의 통제자이지만, 그 한계를 넘어서게 되면 그는 인간을 각자에게 맡겨서 그들의 본성과 연령에 의거한 독립성과 유동성에 따라 행동하게 내버려 둔다. 나는 아메리카에서만큼 기독교가 형식이나 상징이나 의식에 의해 덜 분장되어 있는 나라를 본 일이 없다. 그리고 더욱 분명하고 단순하고 일반적인 관념을 정신에 부여하는 나라도 본 일이 없다. 아메리카의 기독교가 많은 분파로 나누어져 있긴 하지만, 그들은 모두 동일한 시각으로 자신의 종교를 파악한다. 이것은 다른 형태의 신앙에 대해서와 마찬가지로 로마카톨릭에도 적용된다. 아메리카에 있는 로마카톨릭 성직자만큼 개인적인 사소한 의식이나 신기하고 특이한 구원수단에 관심을 덜 나타내거나 성령에 철저히 매달리면서 율법서에는 덜 매달리는 로마카톨릭 성직자는 없을 것이다. 하느님에게만 바쳐질 경배가 성자에게 바쳐지는 것을 금하는 교회의 교리가 아주 분명하게 설교되고 또 아주 일반적으로 지켜지는 곳은 아메리카뿐이다. 아메리카의 로마카톨릭은 이에 대해 아주 성실하게 복종하고 있다.

모든 종교단체의 성직자에게 적용될 또 다른 주의사항이 있다. 아메리카의 성직자들은 인간의 모든 사상을 내세에 국한시키려 하지 않는다. 그들은 기꺼이 인간정신의 일부는 현재의 일에 관심을 갖도록 내버려 두며, 이 세상에서의 행복을 부차적이긴 하지만 중요한 목적으로 간주하는 것처럼 보인다. 그들은 비록 생산적인 노동에 직접 참여하지는 않는다 할지라도, 적어도 노동의 과정에 관심을 나타내며 그 결과에 찬사를 보낸다. 그리고 한편으로는 신자의 희망과 공포 중에서 가장 중요한 목표로서 저 세상에서의 일을 지적하는 것을 결코 중단하지는 않으면서도, 그들도 또 인간이 이 세상에서의 번영을 정직하게 추구하는 것을 금하지 않는다. 그들로서는 저 세상에서의 일과 이 세상에서의 일이 상호 구별되거나 모순된다는 것을 나타내 보이려하기는커녕 이들이 어떠한 점에서 가장 밀접하게 관련되는지를 밝히려고 노력한다.

모든 아메리카의 성직자들은 대중에 의해서 발휘되는 지적인 힘을 알고 있고 또 존경한다. 그래서 그들은 그것과 필요한 것 이외의 어떠한 충돌도 결코 벌이지 않는다. 그들은 어떤 종파의 언쟁에 말려들지 않는다. 그럼에도 불구하고 자기 조국과 자기 시대의 일반적인 견해를 쉽게 받아들이며, 또 그들은 그들 주위의 모든 사물이 지니고 있는 감정과 견해의 흐름에 아무런 저항감 없이 스스로 흡수되도록 한다. 그들은 동시대의 사람들을 교화하도록 노력하지만, 그들과의 연대의식을 포기하지 않는다. 그러므로 여론은 결코 그들에 대해 적대적이 아니다. 오히려 여론은 그들을 지지하고 보호한다. 그리고 그들의 신앙은 그 권위를 신앙 자체의 힘과 동시에 여론의 힘에서 끌어낸다.

이와 같이 종교는 그 자체에 정면으로 모순되지 않는 모든 민주주의적 경향을 존중하고 또 그 일부를 종교 자체의 목적을 위해 이용함으로써 종교에 대한 가장 위험스런 적인 개인적인 독립성과의 투쟁에서 성공을 거두고 있다.

6. 합중국에서의 로마카톨릭의 발전

아메리카는 세상에서 가장 민주적인 국가이며 동시에(믿을 만한 보고에 의하면) 로마카톨릭이 가장 발전한 국가이다. 첫눈에는 이것은 놀랄 만한 사실이다.

여기서 두 가지 사실이 정확하게 구분되어야 하는 바, 평등은 인간으로 하여금 그 자신의 견해를 형성하고 싶도록 만들고 또 이와는 반대로 그것은 인간에게 사회를 지배하는 세력에 있어서의 단일성과 단순성과 공평성에 대한 흥미와 관념을 불어넣어준다. 그러므로 민주주의 시대에 살고 있는 사람들은 모두 종교적인 권위를 떨쳐버리는 경향이 심하다. 그러나 그들이 이 종교적 권위에 자신이 예속되는 것을 동의한다 할지라도 그들은 적어도 그것이 단 한 가지뿐이고 획일적이기를 원한다. 공통의 중심에서 발산되지 않는 종교적 힘은 자연히 그들의 마음에 맞지 않을 것이다. 그래서 그들은 종교란 몇 가지가 있어야 한다고 생각하는 것만큼 아무런 종교도 없어야 한다고 쉽게 생각해 버린다.

전 시대의 어느 때보다도 현대에 접어들어, 로마카톨릭은 무신론으로 빠져드는 것 같고, 그리고 개신교는 로마카톨릭으로 개종되고 있는 것 같다. 카톨릭을 그 조직의 내부에서 볼 때에는 약화되고 있는 것처럼 보이나, 외부적으로 볼 때에는 증대하고 있는 것 같다. 이것은 설명하기가 어렵지 않다. 현대의 인간들은 자연히 별로 신앙을 가지려 하지 않는다. 그러나 일단 어떤 종교를 신봉하게 되면, 그들은 곧 그들로 하여금 무의식적으로 카톨릭으로 향하게 하는 잠재적인 본능이 자기 속에 존재함을 알게 된다. 로마카톨릭 교회의 많은 교리와 관행으로 인해 그들은 놀라게 되는데, 그 교리에 대해 보이지 않는 찬사를 보내며, 그 거대한 단일성에 매력을 느끼게 된다. 만약 카톨릭이 그 자체가 초래해 온 정치적 원한으로부터 마침내 벗어날 수 있다면, 카톨릭에 반대되는 것처럼 보이는 시대정신이 카톨릭의 거대하고 급속한 발전을 인정할 수 있을 만큼 아주 호의적이 되리라는 생각이 든다.

인간지식의 가장 상투적인 취약점 중의 하나는 상반되는 원칙들을 서로 조화시키며, 논리를 희생하여 화해를 추구하는 것이다. 이와 같이 자기의 종교적인 신념의 일부를 권위의 원리에 굴복시키고, 신앙의 또 다른 여러 부분을 권위의 원리로부터 자유롭게 함으로써, 그들의 정신이 자유와 복종 사이에서 제멋대로 유동할 수 있도록 하려는 사람들은 지금까지도 있어 왔고 또 앞으로도 계속 있을 것이다. 그러나 나로서는 그렇게 생각하는 사람의 수가 다른 어느 시대에 있어서보다 민주주의 시대에 적으리라는 생각이 들 때, 동시에 우리의 후손들은 더욱더 오직 두 부분으로 나누어져 한쪽은 기독교를 완전히 포기하게 되고 다른 한쪽은 로마카톨릭 교회로 복귀하리란 생각이 든다.

7. 무엇 때문에 민주국가의 국민은
범신론적 경향을 나타내는가

나는 앞으로 민주국가의 국민이 포괄적인 개념에 대해서 갖는 압도적인 관심이 어떻게 해서 정치에서 더욱 분명하게 드러나는지에 대해 밝혀보겠지만 지금 여기서는 그것이 철학에 미치는 중요한 영향을 지적해 두고자 한다.

우리 시대에는 범신론이 크게 발전했다는 것은 부인할 수 없는 사실이다. 유럽의 일부에서 나온 저작들이 이를 분명히 밝혀주고 있다. 즉 독일인들은 그것을 철학에서 드러내고 있고, 프랑스인들은 문학에서 드러내고 있다. 프랑스에서 발간된 창작품의 대부분이 범신론적 교리에서 나온 견해나 색깔을 지니고 있으며, 설사 그렇지는 않다 하더라도 적어도 그 저자에게 그러한 교리에 대한 어느 정도의 경향이 있음을 드러내 보여준다. 이것은 우연한 현상이 아니라 필연적인 이유가 있는 것으로 나에게는 보여진다.

사회의 여러 조건이 보다 평등해지고, 각 개인이 서로서로 닮게 되면서 개인의 존재가 보잘것없이 연약해질 때는 시민을 한 사람 한 사람 알아보는 일은 없어지고 다만 국민으로서 생각해 볼 뿐인 습관이 형성되며, 동시에 개별적인 인간은 무시되고 그가 속해 있는 집단만을 생각하는 습관이 형성된다. 이러한 시대에는 인간은 한꺼번에 다양한 종류의 많은 사물을 포용하려고 하며, 또 여러 가지 종류의 현상을 단 하나의 원인에 관련시키려고 끊임없이 노력한다. 이러한 단일성의 관념이 인간을 사로잡고 있고, 또 인간에 의해서 일반적으로 추구되고 있기 때문에, 만약 인간이 그것을 발견했다고 생각하기만 하면 쉽게 거기에 의지해 버린다. 피조물과 창조주 이외에는 이 세상에 아무것도 존재하지 않는다는 견해에 만족하지 아니하고, 인간은 아직도 이러한 사물의 근원적인 분화에 어쩔 줄 몰라하며, 신과 우주를 하나의 거대한 전체 속에 포함시켜 그의 개념을 확장함으로써 단일화하려고 한다. 만약에 세상에 존재하는 물질적인 것과 비물질적인 것, 보이는 것과 보이지 않는 것 모두가 거대한 신, 즉 신을 구성하는 모든 사물의 끊임없는 변화 속에서도 홀로 영원히 존재하는 신의 몇 가지 부분쯤으로서만 간주될 수 있다는 것을 설명해 줄 수 있는 철학체계가 존재한다면 그러한 철학체계는 그것이 비록 인간의 개체성을 파괴한다 할지라도, 아니 오히려 개체성을 파괴하기 때문에, 그것은 민주사회에서 살고 있는 인간에게 신비스러운 매력을 느끼게 하고 있음을 쉽게 이해할 수 있을 것이다. 인간의 모든 사고습성은 인간으로 하여금 그러한 철학체계를 구성할 수 있도록 하고, 또 그것을 수용할 수 있도록 해준다. 그것은 인간의 상상력을 발휘하게 하면서 동시에 그것을 고정시키기도 한다. 즉 인간은 인간정신의 자존심을 촉진하면서 한편으로는 그 나태함을 완화시켜준다. 나는 우주를 설명하기 위해 고안된 여러 가지 철학체계 가운데서 범신론이야말로 민주주의 시대에 있어서 인간정신을 매혹시키는 가장 적합한 것 중의 하나라고 생각한다. 인간의 진정한 위대성에 계속 집착해 있는 사람이라면 누구나 결집해서 그것과 맞붙어 투쟁해 나가야 할 것이다.

8. 어떻게 해서 평등이 아메리카인에게 인간의 무한한 완전가능성이란 관념을 갖게 하는가

평등이란 사상은 인간에게 다른 어떤 것으로부터도 형성될 수 없는 몇 가지 관념을 불러일으킨다. 그리고 그것은 또 전시대에 이루어진 거의 모든 사상을 변화시킨다. 인간의 완전가능성이란 관념을 그 예로 들겠는데, 그것은 지식인이 생각해낼 수 있는 중요한 관념 중의 하나이며, 또 그것은 인간의 여러 가지 행동에서 나타나는 결과에 의해서 어디서나 추적될 수 있는 위대한 철학이론을 형성하기 때문이다.

인간은 많은 점에서 동물과 닮았지만 한 가지 특성만은 인간에게 특이하다. 즉 인간은 발전하지만 동물은 발전할 수 없다. 인류는 처음부터 이러한 차이를 발견할 수 있었다. 그러므로 완전가능성의 관념은 이 세상의 형성과 더불어 나타났다. 즉 이것은 평등이 낳은 관념이 아니라 평등은 이 관념에 새로운 성격을 부여했을 뿐이다.

공동체를 이루는 시민이 신분과 직업과 출생에 따라서 각 계급으로 나누어질 때, 그리고 모든 사람이 우연한 일로 자기에게 주어진 직업을 억지로 따라야 할 때는, 누구나 자기 자신에게서 인간능력의 한계를 느끼게 됨으로써 아무도 더이상 자기 운명의 피할 수 없는 법칙에 저항하려 하지 않는다. 사실 귀족사회의 주민들이라고 해서 인간의 자기향상의 능력을 완전히 부인하는 것은 아니고, 다만 그들은 그것이 무한하다고 생각하지 않을 뿐이다. 즉 그들은 '개선'은 구상할 수 있지만 '변화'는 구상할 수가 없는 것이다. 그들은 미래의 사회상태가 개선되리라고는 생각하지만 본질적으로 달라지리라고는 생각하지 않는다. 그들은, 인간성은 진보하며 또 앞으로도 진보할 여지를 남겨놓고 있다고 생각하면서도, 미리 그 진보에는 어떤 극복할 수 없는 한계가 있다고 생각한다.

이와 같이 그들은 최고의 선(善)이나 절대적인 진리(어떤 국민이, 혹은 어떤 인간이 이것을 상상할 수 있을 정도로 대범할 수 있었는가?)에 도달했다고 생각하지 않는다. 그러나 그들은 인간의 불완전한 본성이 허용할 수 있는 정도까지는 아주 완벽하게 위대성과 지식을 성취했다는 견해를 가지고 있다. 그들 주위에 있는 모든 사물은 움직이지 않고, 그 정해진 위치에 머물러 있다는 환상을 가지기를 좋아한다. 그런데 이것은, 입법자는 영원한 법을 만들기를 좋아하고 왕이나 국가는 불멸의 기념비만 세우려 하며 현재의 세대는 다음에 올 세대에게 그들의 운명을 조정하는 근심을 덜어주려고 한다는 것을 의미한다.

계급제도가 사라져 사회의 여러 계급이 통합하고 생활태도나 관습이나 법률이 인간의 소란스러운 상호교류 때문에 변하고 새로운 사실이 밝혀지고 옛날의 견해가 사라지면서 새로운 견해가 나타남에 비례해서 이상적이지만 그러나 변하기 쉬운 완성의 모습이 인간의 머릿속에 떠오르게 되었다. 누구나 다 끊임없는 변화가 순간마다 일어나고 있음을 관찰하게 된다. 그래서 어떤 사람들의 지위는 더욱 나빠지기도 하는데, 여기서 인간은 국민이든 개인이든 그가 아무리 각성된 인간이라 하더라도 무오류라고 주장할 수 없다는 것을 너무나 잘 알게 된다. 그런데 또 다른 어떤 사람들의 지위는 향상되는데, 여기서는 인간은 발전할 수 있는 무한한 능력을 부여받고 태어났다는 결론을 내린다. 인간의 패배는 그에게 절대적 선을 발견한 사람은 아무도 없다고 가르치며, 인간의 성공은 그로 하여금 절대적 선을 끝없이 추구하도록 자극한다. 이와 같이 영원히 추구하고 영원히 쓰러지면서도 다시 일어나고 또 때로는 실망하기도 하지만 그러나 좌절하는 일은 없이 인간은 인간성이 계속해서 추구해 가야 할 긴 도정의 저 끝에서 아주 희미하게 보이는 무한한 위대성을 위해 끊임없이 공헌하게 된다.

인간의 무한한 완전가능성에 관한 철학이론으로부터 얼마나 많은 사실이 자연스럽게 도출되어 나오는지는 알 수 없으며, 동시에 그 철학이론이 전적으로 행동을 위해서 살 뿐 사고를 위해서 살지는 않으며, 그 철학이론에 대해 아무것도 모르면서 거기에 그들의 행동을 일치시키는 것처럼 보이는 사람들에게조차 어느 정도의 강한 영향력을 행사할 수 있을 것인가 하는 것은 의심스러운 일이다.

나는 어느 아메리카 선원에게 다가가서 그의 나라의 배들은 왜 그 수명이 짧게 건조되는지를 물었다. 그는 아무런 주저 없이 대답하기를 항해술은 매일같이 급속한 발전을 하고 있기 때문에 아무리 좋은 배라 할지라도 그것이 몇 년만 지나면 거의 쓸모없게 된다는 것이다. 이처럼 아무런 교육을 받지 못한 사람이 특별한 문제에 대해 우연히 한 말에서 나는 대다수의 사람들이 나타내는 모든 관심의 기준이 되는 일반적이고 체계적인 개념을 파악하게 된다.

귀족주의 국가는 자연히 인간의 완전가능성의 영역을 좁히기가 아주 쉬운 데 반해 민주주의 국가는 그것을 이성의 영역 이상으로 확대하기가 쉽다.

9. 아메리카인들은 민주국가의 국민에게는
과학이나 문학이나 예술에 대한 적성과 취향이 없다는 것을
증명하는 예가 되지 못한다

현대의 여러 문명국가치고 아메리카만큼 과학을 발전시키지 못한 나라는 별로 없다는 것은 인정하지 않을 수 없다. 동시에 위대한 예술가라든가 탁월한 시인이라든가 유명한 문필가가 아메리카보다 회귀한 나라도 별로 없다. 이러한 사실에 대해 많은 유럽인들은 그것을 평등이 가져오는 자연스럽고 불가피한 결과로 간주한다. 즉 그들은 만약 민주적인 사회상태와 민주적인 여러 제도가 지구 전체를 뒤덮는다면 인간정신은 그 표지등(標識燈)이 점점 희미해지는 것을 알게 될 것이며, 또한 인간은 다시 암흑시대로 빠져들 것이라고 생각했다.

내가 생각하기로는, 이런 식으로 추리하는 것은 각각 분리하여 검증할 필요가 있는 몇 가지 개념을 혼합시키는 것 같다. 즉 이것은 비록 의도적인 것은 아니라 할지라도 민주적인 것과 단지 아메리카적인 것을 혼합시키는 것이다.

첫번째로 이민 온 사람들이 신봉했고 또 그 후손들에게 전해진 미국의 종교는 형식이 단순하고 그 원칙이 아주 엄격하며 외형적인 상징물이나 허례허식에 대해 적대적이어서 자연히 훌륭한 예술에 대해 호의적이지 아니하고 문학의 즐거움에 대해서도 마지못해서 인정할 뿐이었다. 아메리카인들은 매우 오래된 인지가 발달한 국민으로서 그들은 새롭고 무제한한 나라에 도착하여 그곳에서 즐겁게 노력하면서 그 땅을 아무런 어려움 없이 비옥하게 할 수 있었다. 이러한 상태는 인류 역사상 그 유례를 찾을 수 없다. 아메리카에 있는 사람들은 누구나 다른 곳에서는 찾아볼 수 없는 재산증식의 기회를 많이 갖는다. 이윤을 추구하는 마음은 언제나 강렬하며 상상의 즐거움이나 지적인 노력으로부터 끊임없이 벗어나려 하는 아메리카인의 정신은 부의 추구말고는 아무런 충동의 지배를 받는 일도 없다. 상공계급이 존재하는 것은 아메리카합중국이나 다른 나라나 마찬가지이지만 다른 나라

와는 달리 아메리카에서는 전체 사회가 일제히 생산적인 산업과 상업에 종
사하고 있다.

그러나 만약 아메리카인들이 그들의 조상이 획득한 자유와 지식 및 그들
자신의 정열을 지닌 채 세상에 혼자 살게 되었다면, 그들은 과학이론의 개
발 없이 그 응용만으로는 장기적인 발전을 기대할 수 없다는 것을 곧 알아
차리게 되리라고 확신한다. 즉 모든 기술은 상호 보완에 의해 완성되리라
는 것을 알게 될 것이다. 그리고 그들이 자기네 욕망의 중요한 목적을 추구
하는 데 아무리 몰두한다 할지라도, 그것을 마침내 더 훌륭하게 성취하기
위해서는 가끔 그 목적에서 벗어날 필요가 있다는 것도 재빨리 인식하게
될 것이다.

더욱이 정신적인 쾌락에 대한 취향은 문명인에게는 너무나 자연스러운
것이어서 이러한 쾌락의 추구에 몰두할 수 있도록 준비되어 있지 않은 고
도의 문명국가에서도 상당히 많은 사람들이 항상 이것을 추구하고 있음을
볼 수 있다. 이러한 지적인 열망은 일단 생각하기만 하면 아주 신속히 만족
시킬 수 있을 것이다.

그러나 아메리카인들이 자연스럽게 과학이론에 관해서는 아무것도 이루
지 않으면서 유용한 기술과 생활상의 편의를 위해 그것을 특수하게 응용하
는 데만 마음을 쓰고 있던 바로 그때에, 학구적이고 문학적인 유럽은 진리
의 보편적인 근원을 탐구하는 데 몰두하고 있었으며, 동시에 쾌락에 공헌
할 수 있거나 인간의 욕망을 충족시킬 수 있는 모든 것을 이용하는 데 몰두
하고 있었다.

아메리카에서 거주하게 된 사람들은 그들이 구세계의 계몽된 여러 국가
의 머리 위에 서 있다고 생각하면서 아주 특이하게도 공통의 기원과 유사
한 습관으로 밀접하게 결합되어 있는 나라(영국을 지칭한다—옮긴이)와
그들을 동일시하였다. 이 나라의 국민 가운데서 그들은 탁월한 과학자와
유능한 기술자 및 저명한 작가를 찾아내었다. 그래서 그들은 지식축적의
노력이 없이 지식의 보고를 그들 마음대로 이용할 수 있었다. 두 세계 사이
를 가르는 대양에도 불구하고 아메리카는 유럽과 분리될 수 없다고 생각한

다. 나는 아메리카인들을 신세계의 삼림을 개척할 의무를 부여받은 영국인의 일부라고 생각하는데 바로 이때 여러 시간을 더 많이 가질 수 있고 일상생활의 고된 일에 덜 시달리는 다른 영국인들은 그들의 정력을 사고에 쏟으면서 모든 방면에 걸쳐 정신적인 영역을 확대하고 있었다.

그러므로 아메리카인의 지위는 아주 예외적인 것이어서 어떤 다른 민주국가의 국민도 같은 처지에 놓일 수 없음이 확실하다. 그들의 엄격한 청교도 혈동, 그들의 전문적인 상업성, 심지어는 그들의 마음을 과학이나 문학이나 예술의 탐구로부터 벗어나게 하는 그들의 국토, 또 이러한 지적인 탐구를 게을리하고서도 야만으로 빠지지 않도록 하는 유럽과의 밀접한 관계 등, 내가 그 중에서 가장 중요한 것만을 지적할 수 있을 뿐인 수천 가지의 원인들이 특이하게 상호작용하여 아메리카인들로 하여금 아주 실제적인 문제들에만 정신을 집중하도록 해왔다. 열정이라든가, 욕구, 교육 및 기타 모든 사항들이 아메리카 태생의 사람들로 하여금 현세적인 것에로 관심을 두도록 하는 데 협조하는 것처럼 보인다. 그 종교만이 그들로 하여금 순간적으로 산만하게나마 하늘로 향하게 할 뿐이다. 그러니까 모든 민주국가를 아메리카합중국의 예에 따라 바라보지 말고 궁극적으로 그들 자신의 특징에 따라 그들을 탐구하도록 하자.

특권을 인정하지 않는 법률이 상속재산을 평등하게 분배함으로써 국민들이 신분이나 계급으로 세분되지는 않지만, 지식도 자유도 없는 상태로 남게 되는 일을 상정하는 것은 가능한 일이다. 이것은 결코 공허한 가정이 아니다. 즉 전제군주 중에는 그 신민을 모두 평등하게 하고서 그들을 무식하도록 해두는 것이 그에게 이익이 되며 동시에 그들을 계속 노예상태로 묶어두기에도 더욱 쉽다는 것을 알아차리는 자가 있을 것이다. 이러한 부류의 민주국민[역주4]은 과학이나 문학 예술에 대한 적성도 취향도 나타내 보

[역주4] a democratic people은 부득이 민주국민으로 번역했는데 저자가 여기에서 a democratic people이라고 쓴 것은 민주주의를 '국민의 평등'을 이룩하는 정치사상이라고 극단적으로 해석한 나머지, 비록 전제군주하에서이지만 국민의 평등이 이루어졌으니 a democratic people이라고 지칭한 것 같은데 이것은 여러 면에서 이론의 여지가 있다.

이지 않을 뿐 아니라 아마 그것을 향유하는 일도 결코 없을 것이다. 이러한 상속법은 자연히 다음 세대에 대해서 많은 재산상의 손실을 가져다줄 것이고, 따라서 새로운 재산이 추가되는 일은 없을 것이다. 지식도 자유도 없는 빈자는 스스로 부자가 될 생각을 전혀 할 수 없을 것이며 부자는 자기방어의식조차 갖지 못한 채, 빈자로 전락하는 것을 방치해 두게 될 것이다. 이러한 두 종류의 공동체 구성원 사이에서 완전무결한 평등이 신속하게 이루어질 것이다. 지적인 탐구나 쾌락에 몰두할 수 있는 시간이나 취향을 가진 사람은 아무도 없게 되며, 모든 사람은 공통의 무지와 평등한 노예상태에서 마비당하게 될 것이다.

이러한 종류의 민주사회를 상정하게 될 때, 나는 내 자신이 외부로부터 들어오는 한 줄기 빛이 순식간에 사라져 없어져버리는, 침울하고 답답하고 음침한 곳에서 살고 있다는 환상을 갖게 된다. 무거운 짐이 나를 내리 누르게 되며 그래서 나는 어둠 속에서 나를 맑은 공기와 밝은 빛 속으로 이끌어줄 출구를 찾아헤맨다. 그러나 이 모든 것은 어떤 개인이나 특정계급의 손에 있는 영속적인 재산보유권에 대한 특이한 상속권을 폐지한 후 그들의 자유를 유지하고 있는 이미 각성한 사람들에게는 적용되지 않는다.

민주적인 사회에서 살고 있는 사람들이 각성할 때, 그들은 쉽게 그들의 현재의 재산을 그대로 받아들이도록 강요하는 어떤 제한을 받을 필요가 없다는 것을 알게 된다. 따라서 그들은 모두 그것을 늘릴 생각을 하게 된다. 자유로운 상태에 있는 이상, 누구나 그것을 시도하게 된다. 그러나 모두가 다 같은 방식으로 성공하는 것은 아니다. 법률이 더이상 어떤 특권을 인정하지 않는 것은 사실이지만, 자연이 특권을 인정하고 있다. 자연적인 불평등이 대단히 크기 때문에 모든 사람이 부자가 되기 위해 노력하는 순간, 곧 재산상의 불평등이 조장된다.

상속법은 부유한 가문의 성립은 금하고 있지만 부유한 개인의 존재를 금하지는 않는다. 그것은 끊임없이 공동체의 구성원을 평등한 수준으로 되돌려 놓으려 하며, 반대로 그 구성원들은 끊임없이 거기서 탈피하려 한다. 그들의 지식이 확산되고, 그들의 자유가 증대되는 것에 비례해서 재산상의 불평등은 증대하는 것이다. 우리 시대에 대두하여 그 재능과 사치함으로 유명한 어떤 학파는 모든 재산을 중앙권력의 수중에 집중시킬 것을 제의했는데, 이 경우 중앙권력의 기능은 후일 그 재산을 각 개인에게 그 능력에 따라 나누어주는 것이다. 이것은 민주사회의 존립을 위협하는 것처럼 보이는 완전하고 영속적인 평등으로부터 탈피할 수 있는 방법일지도 모른다. 그러나 모든 사람에게 평등한 교양과 독립성을 부여하여 누구나 자신의 위치를 결정할 수 있도록 하면서도, 어느 누구에게도 특권을 인정하지 않는 것이 보다 간편하고 덜 위험한 구제책이 될 수 있을 것이다. 자연적인 불평등이 곧 제 갈 길을 가게 됨으로써, 부는 일시에 가장 능력있는 사람의 수중으로 들어가게 된다.

그런데 자유롭고 민주적인 사회에는 언제나 풍요를 향유하면서 경쟁을 좋아하는 사람이 많기 마련이다. 부유한 사람들은 이전 사회의 귀족계급만큼 상호밀접한 관계를 맺지 않을 것이다. 즉 그들의 성향은 다양하며, 여가를 근심없이 완벽하게 즐기는 일이 드문 것이다. 그러나 그 계급에 속한 사람의 수는 그 이전의 어떤 시대에 있어서보다 훨씬 더 많을 것이다. 이러한 사람들은 실제생활에 대한 근심에 따분하게 얽매이지 않을 것이며, 정도의 차이는 있겠지만 지적인 탐구와 쾌락에 몰두할 수도 있을 것이다. 그런데 그들은 틀림없이 그러한 쾌락에 몰두하게 될 것인즉 왜냐하면 인간이란 한편으로 제한적이고 물질적이고 실용적인 것에로 기울게 되면, 다른 한편으로는 무한하고 정신적이고 탐미적인 것에로 기울게 되는 것이 사실이기 때문이다. 물질적인 욕망은 인간정신을 지상에 붙들어 매지만, 일단 그 끈이 느슨해지기만 하면 인간정신은 저절로 보다 높은 곳으로 향하게 마련이다.

정신적인 생산에 흥미를 느끼는 사람의 수는 더욱더 많아질 뿐만 아니라, 지적인 쾌락에 대한 취향은 점차로 귀족사회에서는 거기에 몰두할 수 있는 시간이나 능력을 가지지 못했던 사람에게까지 확대될 것이다. 재산의 상속이나 신분상의 특권 및 출생상의 특전 등이 사라질 때, 그리고 모든 인간이 그의 힘을 자기 자신으로부터만 끌어내야 할 때, 인간의 재산상의 차이가 주된 원인은 그 사람의 정신력이라고 하는 것은 분명해진다. 인간정신을 고무하거나 확대하거나 아름답게 꾸미는 것이 모두 즉각적으로 높은 가치를 인정받게 된다. 지식의 효용이 대중의 눈에까지 특별히 드러나 보이게 된다. 즉 그 매력에 대해서는 별로 취미를 느끼지 못하는 사람도 그것이 가져오는 결과는 중하게 여기게 되며, 그래서 지식을 얻기 위해 상당한 노력을 하게 된다.

자유롭고 계몽된 민주시대에 있어서는 인간을 상호 분리시키거나 혹은 인간을 제자리에 가만히 붙들어 매어둘 수 있는 것이 없다. 인간은 아주 빠른 속도로 번영하기도 하고 침몰하기도 한다. 모든 계급은 상호 밀접한 생활을 함으로써 혼합된다. 그들은 매일 상호간의 의사를 교환하면서 혼합되는 것이다. 즉 그들은 서로 모방하면서 한 덩어리가 되어가는 것이다. 이것은 만약 계급의 구분이 고정되어 있고 사회가 정지해 있었다면 결코 느껴볼 수 없었던 많은 개념이나 관념 및 욕망을 사람들에게 제시해 준다. 이러한 나라에서는 노예라 할지라도 주인이 느끼는 쾌락이나 고통에 대해 생소하지 않다. 마찬가지로 가난한 사람은 부자가 느끼는 쾌락이나 고통에 대해 생소하지 않다. 또 농촌사람은 도시사람을 닮으려 하고, 지방도시는 수도를 닮으려 한다. 어느 누구도 쉽게 자기 자신이 생활상의 단순한 물질적 근심에 빠져 있으려 하지 않는다. 아무리 초라한 공인(工人)이라 할지라도 때로는 은밀한 가운데서나마 강렬한 시선을 차원 높은 지적 영역으로 돌린다. 이제 국민들은 귀족사회에서와 같은 관념이나 태도로 독서하는 것이 아니다. 그래서 독서인의 범위는 끊임없이 확대되어 마침내 전국민을 포함하게 된다.

대중이 정신적인 활동에 관심을 두기 시작하자, 그들은 곧 정신적인 활동에서 뛰어난 것은 명성과 권력과 재산을 얻는 강력한 수단이 된다는 것을 간파하게 된다. 평등이 낳는 끊임없는 욕망은 다른 모든 방향으로 나아가기도 하지만 이 방향으로도 나아간다. 과학과 문학과 예술을 발전시키는 사람의 수는 대단히 많아진다. 지적인 세계는 거대한 활동을 하기 시작한다. 그래서 모든 사람은 스스로 지적 활동에의 길을 개척하여 대중의 눈이 그에게 향하도록 하기 위해 노력한다. 비슷한 현상은 정치적이라고 생각되는 아메리카 사회에서도 일어난다. 실제로 행해지는 일은 때로는 불완전하지만, 그래도 그것을 하려는 시도는 무수히 많다. 그리고 개인이 하는 노력의 결과는 보통 보잘것없지만, 그 하나하나를 합한 총량은 언제나 엄청나게 큰 것이다.

그러므로 민주주의 시대에 사는 사람은 자연히 과학이나 문학 예술에 무관심하다고 주장할 수는 없을 것이다. 다만 그들은 그들 자신의 유행에 따라 그것을 발전시켜 나갈 것이고, 또 그러한 일에 그들 자신의 특이한 조건이나 결함을 반영할 것이다.

10. 아메리카인들은 어째서 이론과학보다 실용과학에 더 몰두하는가

민주적인 사회상태와 여러 가지 민주제도가 인간정신의 발전을 방해하지는 않는다 할지라도, 그것이 어느 한 방향으로만 이끌고 간다는 것은 명백한 사실이다. 이와 같이 제한된 것이긴 하지만, 그 영향이 너무나 크기 때문에 이에 대해 잠깐 생각해 보는 것이 좋을 것 같다.

앞서 아메리카인들의 철학적 방법을 언급하면서 나는 여기서 활용할 필요가 있는 몇가지 견해를 표명해둔 바 있다.

평등이란 인간으로 하여금 모든 사물을 스스로 판단하고 싶은 욕망을 불러일으킨다. 즉 이것은 구체적이고 현실적인 것에 대해서는 흥미를 갖게 하지만 전통이나 형식에 대해서는 경멸하게 한다. 이러한 일반적인 경향을 파악해 보려는 것이 이 장의 특별한 목적이다.

민주국민으로서 과학을 발전시키려는 사람은 언제나 그들이 환상적인 생각에 빠지는 것을 두려워한다. 그들은 체제(system)를 불신하며, 사실(fact)에 집착하여 스스로의 감각에 따라 이를 연구하려 한다. 그들은 어떤 동료인간의 단순한 이름에 경의를 표하는 일이 없으며, 따라서 어떤 사람의 권위에 의지하는 일이 결코 없다. 아니, 이와는 반대로 그들은 주위사람이 신봉하는 어떤 교리의 취약점을 발견해 내기 위해서 끊임없이 노력한다. 과학적인 선례조차도 그들에게는 별반 의미를 갖지 못한다. 그들은 여러 학파가 갖는 어려운 이론에 오랫동안 신경 쏟는 일이 없으며, 유명인사에 대한 거창한 찬사를 별로 받아들이지 않는다. 결국 그들은 가능한 한 그들이 다루는 문제의 핵심으로 파고들면서, 그것을 통속적인 언어로 설명하고 싶어한다. 그래서 과학탐구는 보다 자유롭고 안전한 일이기는 하지만 고상한 일은 되지 못한다.

나의 생각으로는 정신은 과학을 세 분야로 나누는 것 같다.

첫째 분야는 순수하게 이론적인 원리와 추상적인 관념을 가리키는 바, 이러한 원리나 관념에 있어서는 그 응용방법이 알려져 있지 않거나 또는 먼 훗날에나 기대될 수 있는 것이다.

둘째 분야는 순수이론에 속하긴 하나 곧바로 실제응용이 가능한 일반적인 진리(truth)를 가리킨다.

셋째 분야는 응용방법과 실행수단을 가리킨다.

이러한 각 분야 중에서 어느 하나도 나머지 두 분야의 도움을 전혀 받지 않고서는 장기적으로 발전할 수 없다는 것이 이성과 경험에 의해 증명되고는 있지만, 그러나 이러한 과학의 각 분야는 각기 개별적으로 발전하고 있는 것도 사실이다.

아메리카에서는 과학의 실용적인 분야는 놀랄 만큼 잘 이해되고 있고, 또 즉각적으로 응용가능한 분야에 대해서도 많은 관심이 집중되고 있다. 이 분야에 있어서는 아메리카인은 항상 명쾌하고, 자유롭고, 독창적이고, 창조적인 정신력을 발휘하고 있다. 그러나 아메리카합중국인으로서는 어느 누구도 철저하게 이론적이고 추상적인 지식분야에 몰두하려 하지 않는다. 이 점에 있어서 아메리카인들은 모든 민주국민 중에서 지나친 정도는 아니라도 독특한 경향을 나타내고 있는 것 같다.

명상이야말로 과학문명에 아주 필수적인 것임에도 불구하고, 민주적인 사회구조는 이 명상에 가장 부적합하다. 귀족사회에서와 마찬가지로 민주사회에서 그들이 유복하기 때문에 침묵을 지키는 계급을 발견해내지는 못한다. 동시에 그 사회적 조건의 개선을 단념하기 때문에 분발하지 않으려는 계급도 발견해내지 못한다. 모든 사람은 활동하고 있는 바, 권력을 추구하는 사람도 있고 이윤을 추구하는 사람도 있다. 이러한 전반적인 혼잡과 끊임없는 이해상충 그리고 인간의 계속적인 재산증식 속에서 지능의 효과적인 활용에 필요한 조용한 분위기가 어디에 존재하겠는가? 모든 것이 혼돈상태에 있고, 인간 자신마저 그 완고한 소용돌이 속에 휩쓸려 들어가 있는 마당에, 인간이 무슨 수로 어떤 단일한 문제에 대해 깊이 생각할 수 있겠는가?

여러분은 평화로운 민주주의의 특징인 일종의 항구적인 동요와, 민주사회의 출현 및 성장에 항상 수반되기 마련인 격앙되고 혁명적인 운동을 분명히 구분해야 할 것이다. 고도로 문명화된 국민에게 폭력적인 혁명이 발생하게 되면, 그것은 그들의 감정과 관념에 커다란 충격을 주게 될 것이다. 이러한 현상은 특별히 모든 계급을 뒤흔들어놓고 모든 사람의 가슴에 지나친 욕망을 불러일으키는 민주혁명에서 더욱 두드러지게 나타난다. 프랑스인들은 봉건사회의 잔재를 청산할 무렵에 정밀과학분야에서 놀랄 만한 발전을 이룩했다. 그러나 이러한 갑작스런 발전은 민주주의에 기인하는 것은 아니고 전례 없는 혁명에 기인하는 것이다. 그 시기에 발생한 모든 일은 특별한 것이었으며 따라서 이러한 일은 일반원칙의 실험으로 생각해서는 안 될 것이다.

민주사회에 사는 사람은 명상에 빠지는 일도 별로 없거니와 명상을 높이 평가하지도 않는다. 민주적인 사회와 민주적인 제도는 대부분의 인간을 끊임없이 활동하게 한다. 그런데 활동적인 생활에 적합한 정신습관이 반드시 사색적인 생활에 적합한 것은 아니다. 행동적인 인간은 주로 그가 달성할 수 있는 범위 내의 것으로 만족하게 되는데, 이것은 만약 그가 완벽하게 완전한 것을 추구하게 될 때는 그는 결코 그의 목적을 성취할 수 없게 되기 때문이다. 이 행동적 인간은 그가 철저히 검토해 보지 않은 개념에 의지하는 일이 많은데, 이것은 그가 개념의 엄격한 정확성보다도 그 개념을 시의적절하게 사용함으로써 훨씬 더 많은 도움을 받기 때문이다. 결국 그가 지

닌 모든 원칙을 진리의 기초 위에 확립하기 위해 시간을 소비하는 것보다
는 차라리 잘못된 원칙이라 할지라도 그것을 그대로 활용하는 것이 덜 위
험스러운 것이다. 세상사란 긴 설명이나 학문적인 논증을 요하지 않는다.
즉 특이한 사건에 대한 신속한 파악이라든가, 대중의 일상적인 열정에 대
한 연구, 순간적으로 일어나는 사건들, 그리고 이러한 것들을 좋은 방향으
로 활용하는 기술이야말로 모든 세상사를 결정해 가는 것이다.

거의 모든 사람들이 활동적인 삶을 사는 시대에 있어서는, 인간은 일반
적으로 피상적인 지적 개념에 지나친 가치를 부여하면서 그러한 지적 개념
을 형성해 내는 노력에 대해서는 부당할 정도로 과소평가하는 경향이 있
다. 이러한 대중의 견해는 각 분야의 과학에 종사하는 사람의 판단에 영향
을 미친다. 즉 대중은 과학자들로 하여금 명상하는 시간을 가짐이 없이 과
학탐구에 성공해야 한다고 생각하도록 설득하며, 또 그들로 하여금 명상을
요구하는 과학탐구는 포기하도록 설득한다.

과학을 연구하는 방법에는 여러 가지가 있다. 많은 사람 가운데는 정신
적인 탐구에 대해서 이기적이고 상업적인 입장에서 관심을 갖는 사람이 있
는데, 이러한 관심은 불과 소수밖에 안되는 사람의 사심없는 열정과 혼동
되어서는 안된다. 지식을 활용하려는 욕망과 지식 자체를 추구하려는 욕망
은 전혀 별개의 것이다. 드물게 나타나기는 하지만 아직 소수의 사람에게
있어서는 진리에 대한 열렬하고 지칠 줄 모르는 사랑이 항상 솟아오른다는
것을 의심하지 않는다. 인간으로 하여금 근원적인 지식을 끌어낼 수 있도
록 진리의 추상적인 원천에 도달할 수 있게 하는 것은 바로 이러한 진리에
대한 당당하고 사심없는 열렬한 사랑이다.

만약 파스칼이 어떤 큰 이익을 바라고 있었거나 혹은 그가 명성만을 노
리고 행동했더라면, 창조주가 깊이 숨겨둔 일들을 발견하는 데 그의 모든
정신력을 집중할 수 있었으리라는 것은 상상조차 할 수 없다. 이러한 연구
에 그의 정신력을 철저히 집중하기 위해 일상생활에 대한 근심으로부터 완
전히 벗어나는 것을 보거나 40세 전의 나이에 죽는 것을 볼 때, 놀라지 않
을 수 없거니와 일상적인 생활로는 비범한 결실을 얻어낼 수 없다는 생각

을 하게 된다.

이처럼 드물게 나타나는 생산적인 정열이 귀족사회에서와 마찬가지로 민주사회에서도 쉽게 생성·발전할 수 있을 것인가 어떨 것인가 하는 것은 앞으로 밝혀질 것이다. 나로서는 솔직히 말해 그러리라는 생각이 별로 안 든다.

귀족사회에서 여론을 결정하고 사회를 이끌고 가는 계급은 항구적으로 그리고 세습적으로 대중 위에 군림하면서 자기 자신들과 인간에 대한 어떤 고상한 관념을 가지고 있다. 그래서 그들은 욕망충족을 위해 고상한 쾌락을 창안해 내거나 화려한 물품을 만들어내기를 좋아한다. 귀족계급은 가끔 폭군적이고 비인간적인 행동을 하는 때가 있지만 비굴한 생각을 하는 일은 별로 없다. 그래서 그들은 사소한 즐거움 같은 것에 대해서는 그들 자신이 거기에 빠진다 할지라도 거만할 정도로 경멸한다. 그것은 사회적 지위를 크게 향상시키는 결과를 가져온다. 귀족시대에는 보통 인간의 존엄이라든가 능력 및 위대성에 관한 장대한 관념이 호의적으로 받아들여진다. 이러한 견해는 공동체의 전주민에 대해서와 마찬가지로 과학을 발전시키는 사람에게 영향을 미친다. 이것은 인간으로 하여금 사상의 최고단계까지 이르게 하여 자연히 진리에 대해 장엄할 뿐 아니라 거의 신성할 정도로 사랑하게끔 해준다.

이러한 시대에 사는 과학자들은 결과적으로 이론분야에 완전히 몰입하게 된다. 그래서 실천에 대해서는 경솔할 정도로 경멸하는 일이 종종 있게 된다. 플루타르크는 말하기를 아르키메데스는 너무나 고상한 정신의 소유였기 때문에 병기(兵器)를 만드는 방법에 관해서는 어떠한 글도 쓰려고 하지 않았다. 그리고 기계를 발명한다거나 조립하는 과학, 즉 일반적으로 말해 실용적인 목적을 위한 모든 기술을 야비하고 저속하고 타산적이라고 생각했기 때문에, 그는 실용적 필요 같은 것은 포함되지 않으면서 아름답고 정교한 것에 관해서만 글을 쓰는 데 재능과 연구시간을 들였다. 이러한 것이 과학의 귀족적 목적이다. 민주국가에서는 그렇지 않다.

이러한 국가에 사는 사람들의 대부분은 현실적이고 육체적인 쾌락을 아주 열심히 추구한다. 그들은 항상 현재의 직업에 만족하지 않으며, 자유로이 그 직업을 떠날 수 있기 때문에 그들의 직업을 바꾸거나 재산을 증식시킬 생각만을 하게 된다. 이와 같은 성향을 가진 사람들에게는 재빨리 재산을 모을 수 있는 새로운 방법이라든가, 노동을 절약시켜 주는 기계, 생산원가를 절감시켜 주는 도구, 쾌락을 증대시킬 수 있는 새로운 방법 등, 모든 것이 인간지식의 고귀한 결실로 보인다. 민주국가의 국민이 과학탐구에 몰두하면서 이를 이해하고 존중하는 것은 주로 이러한 동기 때문이다. 귀족시대의 과학은 정신적인 기쁨을 추구하는 반면, 민주시대의 과학은 육체적인 기쁨을 추구한다.

한 나라가 보다 더 민주화되고 문명화되며 자유화될수록 이러한 과학적 재능을 촉진하는 사람의 수는 더욱 증대되며, 동시에 생산적인 산업에 즉각 응용될 수 있는 여러 가지를 발견하는 사람은 더 많은 이익과 명성과 권력까지 얻게 될 것이다. 민주사회에서는 노동계급이 공공의 업무에 참여한다. 그래서 금전상의 보수뿐만 아니라, 공공적인 명예가 그것을 받을 자격이 있는 사람이라면 그가 누구이든 그에게 주어지게 된다.

이와 같이 조직된 사회에서는 인간은 자기도 모르게 이론을 소홀히 취급하게 된다는 것을 쉽게 알 수 있을 것이다. 그럼에도 불구하고 과학의 응용은 정력적으로 강조되며, 이론분야로서는 다만 과학을 응용하는 데 필요한 범위 내의 이론과학분야만이 강조된다. 어떤 본능적인 성향으로 말미암아 인간은 보다 고상한 지식분야로 눈을 돌리려 하지만 그것은 헛된 일이다. 왜냐하면 이해타산을 따지는 마음은 그러한 고상한 분야에 대한 관심을 허용하지 않기 때문이다. 바로 이러한 점 때문에 무한하고 정력적인 활동이 발전하는 것이며 동시에 기적과 같은 일이 발생하는 것이다. 기계공학에 있어서의 일반법칙 한 가지도 제대로 발견해내지 못한 바로 이러한 아메리카인들이 세계의 양상을 바꿀 만한 기구를 항해술에 내놓았던 것이다.

물론 나는 우리 시대의 민주국가들은 인간지혜의 위대한 업적들을 소멸시키는 일만을 하도록 운명지어져 있다거나, 새로운 업적을 결코 남기지 못할 것이라는 데는 결코 동의하지 않는다. 지금까지 발전해온 역사의 현

시점에서 산업생산의 열기 속에 끊임없이 싸여 있는 많은 문명국가에서라면, 어떠한 관찰자라 할지라도 각기 다른 분야의 과학을 상호 연결하는 끈을 발견할 수 있다. 그래서 실용과학 자체에 대한 흥미라 하더라도 그것이 각성된 것이라면 이론을 소홀히 취급하지 않도록 할 것이다. 매일 반복되는 많은 응용과 실험 가운데서 때로는 일반법칙이 밝혀지지 않을 수 없을 것이다. 그래서 위대한 발명가는 별로 없다 하더라도 위대한 발견은 자주 있게 마련이다.

더욱이 나로서는 고등직업으로서 과학의 존재를 인정한다. 한편으로 민주주의 원리가 인간으로 하여금 과학 자체를 위한 과학을 발전시키도록 하지는 않는다 할지라도 다른 면으로 그것은 과학을 이용하는 사람의 수는 엄청나게 증대시킨다. 그토록 많은 군중 가운데서 진리에 대한 사랑에 불타오르는 사색적인 천재가 출현하지 말라는 법은 없을 것이다. 그러한 사람은 그가 사는 국가가 어떠한 국가이고, 또 그가 사는 시대가 어떠한 시대이든 간에 반드시 자연의 심오한 신비 속으로 파고들게 마련이다. 그는 그가 하는 일에 어떤 다른 사람의 도움을 필요로 하지 않는다. 방해받지 않는 것만으로 충분하다. 내가 말하고자 하는 바는 바로 이것인 바, 즉 여러 조건의 항구적인 불평등은 인간으로 하여금 추상적인 진리에 대한 오만하고 쓸모없는 연구에 얽매이게 하는 반면, 사회의 민주화와 민주적인 여러 제도는 여러 과학의 실용적인 효과를 직접 추구할 수 있게 해준다는 것이다. 이러한 경향은 자연스럽고 필연적인 것이다. 따라서 이에 관해 정확히 파악하는 일은 흥미있는 일이며 밝혀둘 필요가 있을 것이다.

우리가 사는 이 시대의 여러 국가를 이끌어가야 할 책임을 맡고 있는 사람들이 곧 받아들이지 않을 수 없을 이러한 새로운 경향을 희미하게나마 인식하게 된다면, 그들은 교육과 자유를 지니고 민주시대에 살고 있는 사람들이 과학에 있어서의 산업적인 부문을 발전시키지 않을 수 없음을 이해하게 될 것이며, 따라서 행정당국의 모든 노력은 바로 과학의 이 부문을 학문의 최고분야로서 지원할 뿐만 아니라 과학 자체에 대한 숭고한 열정을 발휘할 수 있게 하는 데 집중되어야만 한다. 오늘날의 인간은 이론적인 연구를 하지 않을 수 없다. 그렇지만 인간정신은 저절로 실제상의 응용을 중시하게 된다. 그래서 부차적인 결과에 대한 사소한 조사에만 끊임없이 몰두할 것이 아니라, 때로는 그러한 일에서는 벗어나 근본 원인에 대한 깊은 연구를 해야 한다.

고대 로마문명이 야만인의 침입으로 멸망했다고 해서, 문명이란 것은 야만인의 침입 이외의 방법으로는 멸망될 수 없다는 생각을 갖기가 아주 쉬울 것이다. 우리를 인도하는 표지등이 꺼진다 할지라도, 그것은 조금씩 약해지다가 저절로 완전히 꺼지는 법이다. 단지 응용에만 얽매이게 될 때 원리들은 그 빛을 잃게 될 것이다. 그래서 이들 여러 원리가 완전히 잊혀져 버리면, 그 원리들에서 나온 여러 가지 응용방법들은 착오를 면할 수 없을 것이다. 새로운 응용방법은 더이상 발명될 수 없을 것이며, 따라서 모든 사람들은 지식이나 기술이 없이 이해도 되지 않는 과정들을 반복해서 적용할 뿐인 것이다.

300년 전 유럽인들이 처음으로 중국에 도착했을 때, 그들은 그곳에도 거의 모든 기술이 어떤 완전한 단계에 도달했던 적이 있음을 알 수 있었다. 그리고 그들은 이러한 완전한 단계에 도달한 국민은 그 단계를 뛰어넘는 일은 없다는 것을 발견하고 놀랐다. 후세대에 이르러서야 그들은 그 동안 파악하지 못했던 몇 가지 고도의 과학분야를 발견했다. 그 나라는 생산적인 산업에 몰두하고 있었다. 그래서 과학적인 방법의 대부분이 그대로 보존되어 왔다. 그러나 과학 자체는 이제 더이상 존재하지 않았다. 이것은 이 민족이 이상한 정체(停滯)상태에 있었음을 설명하는 데 도움을 준다. 중국인들은 그들의 조상의 뒤를 따르면서도, 조상들이 행동하게 된 근본원인들은 잊어버렸다. 그들은 어떤 명제에 대해 그것이 가진 근본의미에 대해 아무런 물음을 제기하지 아니하고 그대로 생활에 적용했다. 즉 그들은 어떤 도구를 그대로 간직할 뿐, 그것을 변경하거나 새롭게 할 수 있는 기술은 갖지 못했다. 그래서 중국인들은 변혁을 위한 힘을 상실하였기 때문에 그들에게 있어 발전이란 불가능한 것이었다. 그들은 언제 어디서나 그들의 조상을 뒤따름으로써 잠시라도 이미 주어진 길을 이탈하여 암흑 속에서 헤매는 일이 없어야 한다는 것을 강요받았다. 인간 지식의 원천은 결코 말라붙는 일이 없었다. 그 흐름은 계속되었지만 물이 불어나거나 그 진로를 바꾸는 일이 없었다.

그럼에도 불구하고 중국은 수세기 동안 평화롭게 지냈다. 이 나라를 정복한 침략자까지도 원주민의 습관을 따름으로써 언제나 질서의 교란이 없었다. 일종의 물질적 번영이 도처에서 이루어졌다. 그러나 여기서는 혁명이란 있을 수 없는 일이었으며, 전쟁이란 알지도 못했다.

그런데 우리들은 야만인들로부터 멀리 떨어져 있다고 자만한다면 그것은 잘못이다. 왜냐하면 어떤 국가라도 문명의 파멸을 스스로 방치해 둘 때, 그것을 짓밟을 다른 국가가 나타나기 마련이기 때문이다.

11. 아메리카인들은 어떤 정신으로 기술을 개발하는가

만약 내가 평범한 재산소유나 잉여 재산의 결핍, 안락한 생활을 바라는 보편적 욕망, 그리고 이것을 이루기 위한 인간의 끊임없는 노력이 인간의 마음속에서 어떻게 해서 실용성을 미적 추구보다 우위에 서게 만드는지 증명해 보려고 애쓴다면 그것은 독자를 위해서는 물론, 나 자신을 위해서도 시간 낭비에 불과할 것이다. 따라서 위와 같은 욕망과 노력이 존재하는 민주국가는 생활의 장식에 애쓰기보다는 생활을 편리하게 하는 데 도움을 줄 기술을 개발하려 할 것이다. 그들에게 있어서는 이미 아름다운 것보다는 유용한 것을 더 좋아하는 것이 습관화될 것이며, 그래서 아름다운 것은 유용한 것이 되어야 한다고 주장할 것이다.

그런데 이 첫번째의 특징을 지적한 후, 몇몇 다른 특징들에 대해 설명을 계속하겠다.

보통 특권시대에 있어서는 거의 모든 기술이 특권이 되며, 또한 모든 직업은 타인의 참여를 용납하지 않는 분리된 행동영역이 된다. 생산업이 자유로울 때조차도, 귀족국가의 고정된 특징은 같은 기술을 가진 모든 사람을 따로 모아 하나의 특별한 계급을 형성하게 하는데, 이 계급은 같은 혈통으로 구성되어 있어서 각 구성원은 모두 서로 잘 알고 있으며 그 속에서 그들 자신의 여론이라든가 일종의 공동의 사기가 곧 형성된다. 이러한 종류의 계급이나 동업조합(guild)에서의 각 공인(工人)은 재산도 모을 뿐만 아니라 명성도 얻게 된다. 이 경우 각 공인은 그 자신의 이익이나 고객의 이익을 위해 일하는 것은 아니고 그가 속한 조직체의 이익을 위해 일하게 된다. 그런데 이 조직체의 이익이란 것은 가능한 한 최선의 기술을 개발해 내는 일이다. 따라서 귀족시대에서 기술의 목적은 속도나 원가와는 상관없이 가능한 한 물건 자체를 잘 만드는 데 있다.

이와는 반대로, 모든 직업이 모든 사람에게 개방되어 있고, 많은 사람들이 끊임없이 어떤 직업을 가졌다가 또 떠나기도 할 때, 그리고 그 구성원들이 서로 모르는 사이로서 상호 무관심하게 될 때, 사회적 유대는 파괴되며 따라서 각 공인들은 고립된 상태에서 단지 최소의 비용으로 최대의 이윤을 얻기 위해 노력할 뿐이다. 그때는 소비자의 의사에 따라 행동할 뿐이다. 그러나 동시에 이에 상응하는 변화는 소비자 쪽에서도 일어난다. 권력뿐만 아니라 부(富)가 불과 소수의 사람에게 집중되어 있는 나라에서는 이 세상의 대부분의 부의 사용이 언제나 변하지 않는 소수의 사람에게 한정된다. 이러한 귀족계급은 아무런 변화가 없이 가장 높은 곳에 고정되어 있으므로 같은 욕망에 따라 같은 방식으로 그들의 행동이 결정된다. 이 사람들은 자연히 그들의 세습적인 특권으로 말미암아 품질이 우수하고 오래 견디는 물건을 좋아한다. 이것은 그 나라의 기술에 대한 일반적인 사고방식에 영향을 준다. 이러한 나라에서는 농부들까지도 그들이 가지고 싶어하는 물건이 있는 경우, 그것을 불완전한 상태로 가지기보다는 차라리 그것이 없이 지내려 하게 된다. 그런데 귀족사회에서는 수공업자들은 제한된 수의 괴팍스러운 소비자들만을 위해서 일하는데, 그들이 바라는 보수는 주로 기술의 완전도에 달려 있다.

모든 특권이 폐지되고 여러 계급이 서로 뒤섞여 끊임없이 올라가기도 하고 내려가기도 하는 경우에는 더이상 그러한 일은 없다. 민주사회에 사는

시민들 가운데는 자기의 세습재산이 항상 분할·감소되는 경우가 많다. 그
들은 보다 번영한 환경 아래에서도 아직도 그 충족수단이 없는 어떤 결핍
을 느끼게 된다. 그들은 그것을 해결할 어떤 은밀한 방법을 찾아내려고 안
간힘을 다 쓰고 있다. 또 이와는 반대로 민주사회에서는 자기들의 재산이
증가하는 사람들도 많이 있는데, 그러나 그들의 욕망은 그들의 재산보다
훨씬 더 빨리 증가한다. 그래서 그들은 그 획득 수단을 발견하기 훨씬 전부
터 예상되는 재산의 획득을 아주 흡족한 기분으로 기대하는 것이다. 이러
한 사람들은 이미 거의 그들이 성취 가능한 범위 내에 있는 이러한 욕구의
충족을 위한 지름길을 찾기에 열심이다. 위와 같은 두 가지 원인을 종합해
볼 때, 민주사회에서는 언제나 아직 실현수단을 갖지 못한 욕망을 가지고
서 그 욕망을 버리기보다는 차라리 불만족스럽지만 그것을 기꺼이 가지려
하는 많은 사람들이 존재하는 것이다.

　공인(工人)들도 이러한 감정을 쉽게 이해하고 있는데, 그들도 사회의 같
은 구성원이기 때문이다. 귀족시대에는 소수의 사람에게 높은 가격으로 그
의 기술을 팔려고 했지만, 이제 부자가 될 수 있는 재빠른 방법은 많은 사
람에게 싼 가격으로 자기의 기술을 파는 것이라고 생각하게 된다. 그런데
상품가격을 내리는 데는 오직 두 가지 방법이 있을 뿐이다. 첫째는 좀더 훌
륭하고 신속하며 교묘한 상품생산 방법을 발견해내는 일이고, 둘째는 비록
가치는 없지만 거의 동일한 형태의 상품을 대량으로 생산해내는 일이다.
민주사회에서는 모든 기술자의 지적 능력이 이 두 가지 목적을 위해 동원
된다. 즉 그들은 물건을 더 좋게 만들 수 있을 뿐만 아니라 그것을 더욱더
빨리 그리고 값싸게 만들 수 있는 방법을 발명해내려고 노력한다. 만약 그
렇게 할 수 없을 경우, 본래의 용도에 완전히 부적합하지는 않을 정도로 상
품의 품질을 떨어뜨리는 것이다. 부자 이외에는 시계를 가진 사람이 없었
을 때는 모두 아주 좋은 시계였다. 그러나 지금은 가치 있는 시계는 별로
만들어지지 않지만 모든 사람이 다 시계를 하나씩 가지고 있다. 이와 같이
민주주의 원리는 인간정신을 실용적인 기술로 돌려놓음으로써 공인으로 하
여금 불완전한 상품을 대량으로 신속하게 만들게 하고 동시에 소비자들도

이러한 상품에 만족하도록 유도한다.

민주사회라고 해서 필요한 경우 신기한 물건을 만들어낼 수 있는 기술이 없는 것은 아니다. 만약 물건 제작에 필요한 시간과 수고에 합당한 값을 지불할 수 있는 고객이 나타난다면 가능한 일이다. 경쟁과 실험이 끊임없이 계속되는 이러한 산업활동을 통해 최고 경지의 기술에 도달하는 탁월한 기술자들이 배출된다. 그러나 그들은 자기의 능력을 발휘해 볼 기회를 별로 갖지 못한다. 즉 그들은 자기들의 능력을 양심껏 절약하고 있는 것이다. 그들은 평범한 생활에 젖어버리게 되는데, 이것은 그들로 하여금 힘든 일은 피하고 되는 대로 적당히 일하게 만든다. 이와는 반대로 귀족사회에서 공인들은 언제나 그들의 최선을 다하는 바, 만약 그들의 실력발휘가 멈추는 일이 있다면 그것은 자기들의 기술이 한계점에 다달았기 때문인 것이다.

만약 내가 가장 훌륭한 물건을 생산해내는 기술이 있는 나라에 도착하게 된다면, 나는 이 사실만으로는 그 나라의 사회상태와 정치체제에 관해 아무것도 알아차릴 수가 없다. 그러나 그 생산품이 품질은 낮고 양은 많으며 값은 싼 것을 발견하게 될 때는, 이 나라에서는 특권이 사양길에 있으며 여러 계급이 통합되어 곧 하나로 될 것임을 확신할 수 있게 된다.

민주시대에서의 기술자들은 실용적인 생산품을 전체 사회가 사용할 수 있도록 하되, 그 모든 상품이 실제로는 포함하고 있지 않은 매력적인 인상을 줄 수 있도록 노력한다. 모든 계급이 혼돈상태에 빠질 때는 누구나 실제 이상의 자기로 행세하기를 바라며 이를 위해 대단한 노력을 다 한다. 사실상 인간의 자연스런 모습인 이러한 감상적인 생각은 민주주의 원리 그 자체에 기인하는 것은 아니지만, 민주주의 원리는 인간의 정신을 물질적인 것에로 치우치게 한다. 위선은 모든 시대에 걸쳐 있지만, 사치(luxury)라는 위선은 특별히 민주주의 시대의 특징이라 할 수 있을 것이다.

이러한 인간의 허영심을 만족시키기 위해 기술은 결국 온갖 종류의 사기수단을 동원한다. 그래서 이런 상태에서의 여러 가지 고안들은 본래의 목적 자체를 망각하게 된다. 진품으로 쉽게 오해될 수 있는 모조 보석품이 만들어진다. 그래서 모조 기술이 완벽하게 되어 진품과 모조품을 구분할 수 없게 될 때 모든 보석이 다 버려져서 단순한 돌멩이가 될지도 모를 일이다.

나는 여기서 그 탁월성으로 말미암아 미술(the fine arts)이라고 불리는 기술에 대해 몇 마디 하지 않을 수 없겠다. 미술을 연마하는 사람의 수를 줄이는 것이 민주적인 사회상태나 민주제도의 필연적인 결과라고는 생각지 않는다. 그러나 이러한 원인들은 미술연마 방법에 강력한 영향을 줄 것이다. 이 미술에 흥미를 붙인 사람 가운데는 가난하게 된 사람이 많다. 이와는 반대로 아직 부유하게 되지 못한 사람 가운데는 적어도 모방으로나마 그러한 흥미를 가져보려는 사람이 또한 많다. 소비자의 수는 증가하지만, 부유하고 까다로운 소비자는 더욱더 줄어드는 것이다. 내가 이미 실용적인(the useful) 기술에서 지적한 것과 유사한 현상이 이 미술에서도 일어난다. 미술가의 생산품은 보다 다양해지지만, 각 작품의 매력은 점점 감소된다. 그들은 더이상 위대한 것을 꿈꿀 수는 없지만, 예쁘고 우아한 것을 개발해낸다. 그래서 외양(外樣)이 내실(內實)보다 더 중시된다.

귀족시대에는 소수의 위대한 미술품이 제작되지만 민주사회에서는 다수의 하찮은 것들이 제작된다. 귀족시대에는 동상이 세워지지만 민주사회에서는 석고상이 세워진다.

처음으로 뉴욕에 도착하여 이스트 리버(the East River)라고 불리는 대서양연안에 다달았을 때, 나는 그 도시에서 멀지 않은 해변가를 따라 고전 건축술로 된 것도 포함된 수많은 흰 대리석으로 된 소궁전들을 보고 놀라지 않을 수 없었다. 그런데 다음날 나의 시선을 특별히 끌었던 것을 좀더 자세히 관찰해 보기 위해 그곳에 가 본즉, 그 벽은 흰 벽돌로 되어 있었고, 그 기둥은 채색된 나무로 되어 있었다. 내가 전날 밤 찬탄해 마지않았던 모든 건축물들이 다 마찬가지였다.

더욱이 민주적인 사회상태와 민주제도는 모든 모방적인 기술에 어떤 특이한 성격을 부여하고 있는데, 이것은 쉽게 지적할 수 있다. 그들은 육체의 묘사에 치우친 나머지 정신의 묘사를 소홀히 하는 일이 많은데, 그래서 행동적이고 감각적인 표현으로 감정적이고 사변적인 표현을 대신하려 한다. 즉 한마디로 말해서 이상적인 것 대신에 실제적인 것을 숭상한다.

나로서는 라파엘이 우리 시대의 미술가만큼 인체의 복잡한 구조를 철저히 연구했는지 의심스럽다. 그는 자연을 초월하고자 했기 때문에 오늘날의 미술가들처럼 이런 문제를 중시하지 않았다. 그는 인간에게서 인간보다도 우수하고 미 자체를 드높이는 어떤 것을 만들어내고자 했다. 이와는 반대로 데이비드와 그의 제자들은 훌륭한 화가인만큼 훌륭한 해부학자였다. 그들은 그들의 눈앞에 놓여 있는 모델을 신비스러울 정도로 잘 묘사했지만, 그 모델을 초월한 어떤 것을 상상해내는 일은 별로 없었다. 그들은 자연을 성실히 추종한 반면, 라파엘은 자연보다도 더 훌륭한 어떤 것을 추구했다. 데이비드와 그 제자들은 인간의 정확한 초상화를 남겼지만, 라파엘은 그의 작품에서 어떤 신성(神性)을 느끼게 한다.

주제를 다루는 방식에 관한 이러한 논평은 주제의 선택에도 그대로 적용된다. 르네상스 시대의 화가들은 그들 자신을 초월하여, 그리고 그들이 살던 시대도 초월하여 무한한 상상을 가능하게 하는 위대한 주제를 추구했다. 오늘날의 화가들은 항상 그들의 눈앞에 놓여 있는 세밀한 사생활을 정확히 흉내내는 데 온갖 재능을 다 발휘하고 있다. 즉 그들은 이미 그 원형이 자연 속에 무수히 존재하는 사소한 대상을 항상 복사하고 있을 뿐이다.

12. 왜 아메리카인들은 하찮은 기념비들과 함께 대단히 웅장한 기념비들도 세우는가

나는 지금까지 민주시대에는 기술을 들여 만든 기념비가 수적인 면에서는 많이 생기지만, 그 중요성이 적어진다는 점을 관찰해왔다. 지금부터는 이러한 현상의 예외가 되는 것을 서둘러 지적해 두고자 한다.

민주사회에서 개인은 매우 허약한 존재이지만 이 모든 개인을 대표할 뿐만 아니라, 그들을 모두 포용하고 있는 국가는 대단히 강력한 존재가 된다. 민주국가에서처럼 시민이 하찮은 존재로 전락하는 곳은 달리 없다. 또 국가가 여기서만큼 크게 나타나 보이는 곳도 없거니와 개인이 국가의 조사를 여기만큼 쉽게 받아들이는 곳도 없다. 민주사회에서는 개인의 문제에서는 상상력이 완전히 억압되고 국가문제에서는 무한한 상상이 가능하다. 바로 이러한 이유에서 답답한 집안에서 소규모로 생활하는 사람들이 종종 공공 기념물의 건립이 거대하고 호화스럽기를 열망하는 것이다.

아메리카인들은 그들의 수도로 삼으려고 하는 곳에 거대한 도시를 건설하려고 구상했지만, 물론 그들 자신에 의하면 언젠가는 그 도시가 백만인구의 대도시가 된다고 하면서도 지금까지도 퐁투아스(Pontoise)와 인구밀도가 비슷하다. 그들은 이미 이 상상의 수도의 미래 시민에게 방해가 되지 않도록 하기 위해 주위 10마일에 걸쳐 모든 나무를 뿌리째 뽑아버렸다. 그들은 도시 중앙부에 의회(Congress)를 위한 웅장한 궁전을 건립하고 그것을 Capitol[역주5]이라는 거창한 이름으로 불렀다.

합중국의 몇몇 주에서는 매일 유럽의 여러 강대국을 놀라게 할 만한 거대한 사업을 스스로 계획하여 건설하고 있다.

이와 같이 민주주의는 사람들로 하여금 하찮은 물건을 수많이 생산해내게 할 뿐만 아니라 대규모의 기념물을 건설하도록 유도한다. 그런데 이 두 개의 극단 속에 하나의 공백이 존재한다. 따라서 이러한 거창한 건물과 같은 몇몇 산만한 표본에서는 그들이 지내온 사회상황이나 사회제도를 우리는 알아낼 수가 없다. 이것은 나의 주제를 벗어난 말이지만, 그들은 우리들로 하여금 그 나라의 위대성이나 문명, 그리고 실제상의 번영을 잘 알 수 있도록 해주지 못한다는 점을 부인하지 않을 수 없다. 어떤 힘이 나타나 전체 국민으로 하여금 단 하나의 사업을 위해 협동할 수 있도록 할 때는, 그 힘은 지식은 없지만 많은 시간을 들임으로써 몇 배의 노력으로 거대한 어떤 것을 성취할 수 있을 것이다. 그러나 이것 때문에 그 국민은 대단히 행복하다든가, 대단히 문명이 앞섰다든가, 또는 대단히 강력하다는 결론을 내릴 수도 없을 것이다.

스페인인들이 침범해 왔을 때, 멕시코시는 웅장한 사원과 거대한 궁전으

[역주5] 옛날 로마에서의 주피터 신전. 아메리카에서는 국회의사당으로 쓰인다.

로 꽉 들어차 있었지만, 그것은 코르테스가 불과 600명의 보병과 16마리의 기마로 멕시코제국을 정복하는 것을 막을 수 없었다.

만약 로마인들이 수압(水壓)에 관한 여러 법칙을 좀더 잘 알고 있었다면, 그들은 여러 도시의 폐허를 둘러싸고 있는 그 모든 수도관들을 건설하지 않았을 것이다. 그래서 그들은 그들의 힘과 부를 좀더 잘 이용할 수 있었을 것이다. 만약 그들이 증기기관을 발명했더라면, 아마 그들은 소위 로마의 길(Roman roads)이라고 불리는 그 긴 인공도로를 제국의 끝까지 연장하지는 않았을 것이다. 이러한 것들은 그들의 무지와 위대성을 동시에 나타내주는 웅장한 기념물이 되고 있다.

땅 속에 불과 몇 개의 납으로 된 관(管)을 설치하고 지상에는 몇 개의 철봉만을 건설할 수 있었던 국민이 있다면 그들은 로마인들보다는 더 훌륭한 자연의 지배자가 될 수 있었을 것이다.

13. 민주시대의 문학적 특징

만약 어떤 여행자가 아메리카합중국에 있는 어느 서점에 들어가 선반 위의 아메리카 서적들을 살펴보게 되면, 작품의 수는 대단히 많지만 알고 있는 저자의 수는 엄청나게 적을 것이다. 그는 우선 기초적인 지식을 가르치기 위한 기본서들을 많이 발견하게 될 것이다. 이 기본서들의 대부분은 유럽에서 저술된 것이며, 아메리카인들은 이를 다시 인쇄하여 그들 자신의 용도에 따라 활용하고 있는 것이다. 다음으로는 어마어마한 양의 종교서적 즉 성경이라든가 설교집, 교훈적인 일화집, 신학논쟁집, 기타 자선 단체의 보고서 등이 눈에 띄며, 끝으로 장문의 정치적인 선전 팸플릿들이 놓여 있다. 아메리카에서는 각 정당은 다른 정당의 견해와 다투기 위해 책을 쓰는 것이 아니라 하루 사이에 무서운 속도로 유포되었다가 다음날 없어져 버리는 팸플릿을 발행한다.

이러한 대수롭지 않은 서적 가운데는 그 이름이 유럽인들에게도 알려져

있고 또 당연히 알려져야 할 소수의 저자가 저술한 주목할 만한 서적들도
있다.

　아메리카는 아마 우리 시대에 있어서 문학이 가장 덜 보급된 문명국가이
긴 하지만, 그래도 많은 사람들이 정신적인 창작물에 관심을 가지고 있으
며 비록 인생에 관한 연구는 아니라 할지라도 여가시간을 재미있게 보내고
있다. 그런데 영국은 이러한 독자들에게 필요한 책의 대부분을 공급해주고
있다. 영국에서 출판된 중요한 서적의 거의 대부분이 아메리카합중국에서
재출판되고 있다. 대영제국의 문학적 재능이 신세계의 깊숙한 숲속으로 그
빛을 쏟아넣고 있다. 셰익스피어의 작품 몇 권이 없는 집은 별로 없다. 나
는 통나무집에서 처음으로 봉건시대를 주제로 한 극본인 『헨리 5세』를 읽
은 기억이 난다.

　아메리카인들은 영국의 문학적 보고를 끊임없이 끌어들일 뿐만 아니라
영국문학이 자신들의 토양 위에서 자라게 하고 있는 것이다. 창작활동에
종사하는 소수의 아메리카합중국인의 대부분이 본질적으로 영국적이며 그
형식에 있어서는 더욱더 영국적이다. 이와 같이 그들은 자기들의 모델로
생각해온 귀족국가에서 통용되는 이념과 문학형태를 민주주의의 중심부로
옮겨오고 있다. 그들은 외국으로부터 빌려온 방식으로 채색을 하는 것이
다. 그래서 그 방식들이 본국에서 실상을 제대로 드러내지 못하기 때문에
아메리카에서는 별로 인기가 없다.

　아메리카합중국 시민들은 서적의 출판이란 그들에게는 별로 어울리지
않는다고 생각하기 때문에 어떤 저자의 우수성을 스스로 평가하기에 앞서,
우선 영국에서 그 저자의 명성이 확인되기를 기다리는 것이 보통이다. 이
것은 미술에서 원화의 작가가 복사판의 가치를 평가할 자격이 있는 것과
마찬가지이다.

　그런데 정확하게 말하자면 현재 아메리카합중국 주민들은 문학이란 것
을 가지고 있지 못하다. 내가 아는 한 아메리카인으로 작가라고 하는 사람
들은 모두 저널리스트들이다. 그들은 사실상 훌륭한 작가는 되지 못하고
그들 나라의 말을 하면서 자기의 의사를 표현하고 있을 뿐이다. 이와 달리

작가들이 있긴 한데 이들은 외국인들이다. 전반적으로 일치하는 것은 아니지만, 학문의 재생이라든가 호기심의 대상에 있어서 아메리카인에 대한 관계는 그리스인이나 로마인의 모방자들이 우리들에 대한 관계와 마찬가지이다. 그들은 사람을 즐겁게는 하지만 그 나라 사람의 생활태도에 따라 행동하지는 않는다.

나는 이미 이러한 현상이 민주주의에만 그 근거를 두고 있는 것은 결코 아니고 그 원인은 민주주의 원리와는 별개의 몇 가지 특이한 요인에서 찾아져야 한다는 것을 말한 바 있다. 만약 아메리카인들이 동일한 법률과 사회조건을 견지하면서도 그 출발 기원을 달리했거나 다른 지역으로 갔더라면, 그들이 문학을 가졌으리라는 것을 의심하지 않는다. 현재 상태대로라 하더라도 마침내는 그들도 문학을 갖게 되리라는 것은 의심의 여지가 없다. 그러나 그 성격은 현재의 아메리카 문학과는 전혀 달라질 것이며 독특한 성격을 지니게 될 것이다. 이러한 성격을 미리 추적해 보는 것도 불가능한 일은 아닐 것이다.

문학이 발달되어 있는 귀족사회에서는 정부의 업무와 마찬가지로 지적인 직업이 지배계급에 집중되어 있는 것 같다. 정치적인 직업뿐만 아니라 문학적 직업이 거의 완전히 이 계급 내지는 이 계급과 가장 가까운 계급에 제한되어 있다. 이러한 현상은 다른 모든 분야에 있어서도 마찬가지이다.

소수의 동일한 사람이 동일한 시간에 동일한 일에 종사하게 될 때, 그들은 쉽게 상호간 협력하게 되며, 그들 전체를 지배하게 될 어떤 지도적인 원칙에 동의하게 된다. 이 사람들의 관심을 끄는 대상이 문학이 될 경우, 정신적인 산물은 더이상 이탈하지 못할 엄격한 규율에 따르게 될 것이다. 이 사람들이 그 나라에서 세습적인 지위를 누리고 있을 경우 그들은 자연히 그들 스스로 일정수의 고정된 법칙을 채택하게 될 뿐만 아니라 그들의 조상이 남겨놓은 모범적인 인물상을 추종하게 될 것이다. 그래서 그들이 내놓는 법은 곧바로 엄격해지면서 계속성을 지니게 될 것이다. 그들은 그들의 조상들과 마찬가지로 일상생활을 걱정하지 않게 됨으로써 정신노동에 관심을 두게 되었다. 그들은 문학을 하나의 예술로서 이해하는 것을 터득

했으며, 마침내는 문학을 위한 문학을 좋아하게 되고 그리고 문학형식에 맞는 문학을 하는 데서 학자연하는 즐거움을 만끽했다. 이것이 전부가 아니다. 그들은 편안하고 풍요한 생활을 하기 때문에 자연히 쾌락의 수단도 조심스럽게 선택하며 세련되고 섬세한 것을 즐긴다. 더욱이 평화롭고 풍요로운 생활을 오랫동안 하는 가운데 그들의 몸에 밴 일종의 연약한 마음씨로 말미암아 그들은 깜짝 놀라게 할 만한 일이라든가 예리한 일은 피한다. 열렬하게 흥분하기보다는 가벼운 기분으로 즐기기를 좋아한다. 즉 그들은 흥미로운 일은 즐길 뿐 도취되는 것을 좋아하지 않는다.

그러면 방금 말한 사람 즉 부유한 귀족들에 의해 이루어졌거나 혹은 귀족들을 위해 이루어진 수많은 문학성과를 살펴볼 때, 우리는 모든 것이 규칙적이고 정리되어 있는 문학형태를 쉽게 상상해 낼 수 있을 것이다. 아무리 하찮은 작품이라 할지라도 아주 세밀하게 구성되어 있으며, 어떠한 작품을 보더라도 그 속에 예술적 재능과 노력이 눈에 띄게 될 것이다. 모든 종류의 작품은 각각 다른 작품과는 구별되는 그 자체의 독특한 성격을 지니고 있다. 문체(文體)는 그 주제만큼 중요시되는 바, 그래서 문학형식은 그 소재만큼이나 고려된다. 말씨는 한결같이 세련되고 운율이 맞아야 한다. 정신적인 기풍은 언제나 위엄이 있어야 할 뿐, 활기에 차는 일은 별로 없다. 그리고 작가들은 그들의 창작품을 완전하게 하려고 노력하지, 작품의 양을 늘리려 하지는 않는다. 언제나 자기네들끼리만 생활하면서 자신들만을 위해 글을 쓰는 문학계급을 이루는 사람들은 다른 분야의 세계는 완전히 보지 못하게 되는 일이 종종 있는데, 이것은 그들로 하여금 거짓되고 부자연스런 문제에 치우치게 할 것이다. 그리고 그들은 자기들만 쓰기 위해 사소한 문학적 규정들을 설정해 두는데, 이것은 그들로 하여금 상식에서 벗어나 마침내는 자연의 한계를 벗어나게 할 것이다. 통속언어와는 다른 말투를 추구함으로써, 그들은 일반국민이 쓰는 조잡한 언어와 마찬가지로 순수한 언어와는 거리가 먼 일종의 귀족언어를 사용하게 된다. 귀족사회에서 갖는 문학의 일반적인 위험도 이와 마찬가지이다. 일반국민으로부터 완전히 유리된 귀족주의는 모두 무기력해지는데 이것은 정치의 영역에

서뿐만 아니라 문학의 영역에서도 마찬가지이다.[원주2]

이제 그림을 돌려서 다른 면을 생각해 보자. 즉 고대의 전통과 현대문화를 갖추고 정신적 쾌락의 추구를 무시하고 있는 것만은 아닌 민주주의에 대해서 고찰해 보자. 여기서는 각 계급이 서로 혼합되어 동일시되고 있다. 지식과 권력도 무수히 세분되어 있는 바, 표현이 적절할지는 모르겠으나 각 방면으로 뿔뿔이 흩어져 있다고 할 수 있을 것이다. 그런데 여기 지적 욕구가 충족되어야만 하는 잡다한 군중이 있다. 이들 새로운 지적 쾌락의 추구자들은 모두가 같은 교육을 받은 것도 아니며, 그들의 부모를 닮은 것도 아니다. 아니, 그들은 그들 자신으로부터도 끊임없이 달라지고 있는데, 이것은 그들이 장소상으로도 감정상으로도 그리고 재산상으로도 끊임없이 변화하는 상황 속에 살고 있기 때문이다. 그러므로 그들의 정신은 전통이나 관습에 의해 그들의 동료의 정신에 얽매이는 일이 없다. 그리고 그들은 함께 행동할 수 있을 만한 능력도 의사도 시간도 가져본 일이 없다. 그렇지만 작가는 바로 이러한 이질적이고 들떠 있는 대중으로부터 나타나는 것이다. 그리고 작가들의 수입과 명성 또한 바로 이 사람들로부터 얻어지는 것이다.

그런데 이러한 사람들에 의한 문학에서는 귀족주의 시대의 독자와 작가가 수용하고 있는 엄격한 인습적 규정들은 별로 찾아볼 수 없음을 쉽게 이해할 수 있다. 만약 어느 한 시대의 사람들이 어떤 규정에 공통으로 동의하는 일이 있을지라도 그것이 다음 세대에는 무의미해지는 것이다. 왜냐하면 민주국가에서는 각 세대마다 새로운 국민이 나타나기 때문이다. 그래서 이런 나라에서는 문학은 어떤 엄격한 규정의 제약을 받는 일은 쉽지 않으며,

---

[원주2] 이런 모든 사실은 오랫동안 평화스럽게 군주정 아래 있던 귀족국가들의 경우에 특히 사실이다. 귀족정치에서 자유가 지배적인 사조일 경우, 상층계급은 끊임없이 하층계급을 이용하지 않을 수 없다. 그리고 이용하려면, 그들에게 접근해야 한다. 이런 사태는 흔히 귀족사회에 민주정신의 편린을 이끌어들인다. 더욱이 특권지배집단 속에서는 활력이나 일상적으로 대담한 정책 또는 떠들썩하고 흥분하는 취향이 생기는데 이런 일들은 틀림없이 모든 문학행위에 영향을 미치지 않을 수 없다.

또 어떤 규정이 항구적인 일은 있을 수 없다.

민주사회에서는 문학을 하는 사람이라고 해서 모두 문학교육을 받은 것은 결코 아니다. 순수문학을 한다는 사람들의 대부분이 정치라든가 정신적인 쾌락을 이따금씩 몰래 맛볼 수 있는 직업에 종사하고 있기가 쉽다. 따라서 이러한 쾌락은 그들 생활의 중요부분이 되지 못하며, 다만 힘겨운 생활 속에서 일시적으로 요구되는 오락으로 간주될 뿐이다. 이러한 사람들은 문학의 미묘한 맛을 감상할 수 있기 위한 특별한 문학지식을 필요로 하지 않는다. 표현상의 미묘한 차이 같은 것은 문제가 되지 않는다. 그들이 문학에 바칠 수 있는 시간은 대단히 짧기 때문에 그들은 그 시간을 최대한으로 활용하려고 한다. 그들은 쉽게 구할 수 있고 빨리 읽을 수 있으며 특별한 학문적 연구 없이도 쉽게 이해될 수 있는 책을 좋아한다. 그들은 간단히 쉽게 즐길 수 있는 아름다움을 요구한다. 무엇보다도 그들은 예기치 않았던 것과 새로운 것을 원한다. 현실생활에서의 경쟁이나 부정 기타 단조로움에 젖어 있는 그들은 강하고 재빠른 감정이라든가 깜짝 놀라게 할 만한 어귀, 그리고 진실이든 혹은 거짓이든 그들을 긴장시켜서 비록 폭력적인 방법으로라도 주제 속으로 재빨리 빠져들 수 있게 할 수 있는 것을 요구한다.

더 말할 것이 무엇이 있으며, 내가 말하지 않는다고 해서 모를 사람이 어디 있겠는가? 대체로 민주주의 시대에 있어서 문학은 귀족주의 시대에서와 같이 질서나 균형, 학문이나 예술성 같은 것은 전혀 나타낼 수가 없다. 이와는 반대로 형식은 보통 무시될 뿐만 아니라 경멸되기까지 한다. 문체는 환상적이거나 애매모호한 경우가 많으며, 또 부자연스럽거나 엉성하기도 하고, 그리고 거의 언제나 격렬하고 대담하다. 저자들은 세심한 완성을 목표로 하기보다 재빠른 제작을 목표로 한다. 소형의 작품들이 부피가 큰 책들보다 훨씬 더 많다. 그리고 박학하기보다는 기지에 가득차 있으며, 심오한 맛보다는 상상에 의한 것이 더 많다. 문학행위는 사상을 거칠고 조잡하게 나타내는 것이 특징이며, 변화무쌍한 상상 또한 유별나게 많다. 저자의 목적은 기쁨을 주는 것이라기보다는 놀라게 해주는 것이며 취미를 살리기보다는 감정을 뒤흔들어놓는 것이다.

그런데 위와는 다른 길을 선택해서도 탁월한 능력만 있다면 결점이나 장점을 불문하고 독자를 끄는 데 성공할 만한 작가들이 틀림없이 나타날 것이다. 그러나 이러한 예외적인 인물은 드물며, 주제에 있어서 관습으로부터 이탈하기를 좋아하는 작가라 할지라도, 하찮은 문제에서나마 항상 관습으로 빠져들기 마련이다.

나는 지금까지 두 가지 극단적인 상황을 서술해왔는데 어떠한 국가도 전자에서 후자로 비약할 수는 없으며, 단계적으로 무수한 과정을 통해 도달할 수 있을 뿐이다. 교육받은 사람이 차례차례로 이룩하는 발전과정에는 언제나 귀족국가에서의 문학적 재능과 마찬가지로 민주국가에서의 문학적 재능도 인간정신을 지배하려는 때가 있다. 그러한 시기는 일시적이지만, 그러나 대단히 화려하다. 즉 그것은 창의력이 풍부하지만 무절제하지는 않으며, 생기발랄하지만 혼란스럽지는 않다. 18세기의 프랑스 문학이 좋은 예가 될 수 있을 것이다.

한 국가의 문학은 언제나 그 사회상태나 정치체제에 종속된다는 것을 밝히려면 더 많은 설명이 필요할 것이다. 이러한 원인들과는 별개로 문학작품에 어떤 특징을 부여하는 또 다른 몇 가지 이유가 있음을 나는 알고 있다. 그런데 이것이야말로 중요한 것처럼 나에게는 보인다. 한 국민의 정치·사회적 조건과 문학적 재능 사이의 관계는 언제나 다양하다. 어느 하나도 다른 것을 완전히 무시할 수는 없다는 것은 누구나 다 알고 있는 사실이다.

14. 문학의 상업화

민주주의는 상인계급에게 문학에 대한 흥미를 불어넣어줄 뿐만 아니라 문학 속에 상업정신을 불어넣기도 한다.

귀족사회에는 독자들의 성격이 괴팍스러울 뿐만 아니라 그 수가 얼마 되지 않는다. 그러나 민주사회에는 독자들이 수적으로 훨씬 많을 뿐만 아니라 기쁘게 해주는 것이 그리 힘들지도 않다. 그 결과 귀족국가에서는 많은 노력을 들이지 않고는 어느 누구도 성공하기를 바랄 수가 없다. 그리고 이 노력은 거대한 명성을 얻기는 하지만 돈을 많이 벌 수는 없다. 반면에 민주국가에서의 작가는 값싼 노력으로 적당한 명성과 많은 재산을 확보할 수 있다고 우쭐댈 수 있을 것이다. 이러한 목적을 달성하기 위해 그는 크게 칭찬받을 필요까지는 없고 그저 사랑받으면 충분하다.

독자 대중의 계속적인 증가와 그들의 새로운 것에 대한 열망은 아무도 높이 평가하지 않을 책의 판매까지 보장해 주고 있다.

민주시대에 있어서 대중은 마치 왕이 신하를 취급하듯이 작가들을 취급하는 경우가 많다. 그들은 작가들을 부유하게는 해주지만 경멸한다. 궁정에서 태어났거나 그곳에서 살게 되어 있는 매수된 사람에게 무엇이 더 필요하겠는가?

민주시대의 문학은 항상 문학을 하나의 단순한 장사수단으로 생각하는 작가의 무리로 감염되어 있다. 그래서 문학을 장식하는 소수의 위대한 작가들을 수천 가지의 아이디어를 파는 상인으로 간주하게 된다.

15. 그리스 및 로마의 문학에 관한 연구는 특별히 민주사회에 유용하다

고대에 가장 민주적인 공화국에서 사용되던 국민(the People)이라는 단어는 오늘날 우리가 사용하고 있는 의미와는 전혀 달랐다. 아테네에서는 모든 시민이 공적 업무에 참여했다. 그러나 그곳에는 35만 명 이상의 주민 가운데 시민은 불과 2만 명밖에 안되었다. 나머지는 모두 노예로서, 오늘날 하층계급이나 심지어 중산층에 부과되는 의무의 대부분을 이행하고 있었다. 그런데 보통선거를 실시했던 아테네는 결국 모든 귀족이 정부에 대해 동일한 권리를 갖는 일종의 귀족공화국에 불과했다.

로마에서의 귀족과 평민의 투쟁도 같은 시각에서 파악해야 할 것이다.

그것은 단순히 같은 혈통 내에서 노장파와 소장파 사이의 내부적인 불화였다. 모든 사람이 귀족계급에 속해 있었고 또 누구나 귀족적인 정신을 소유하고 있었다.

더욱이 고대사회에서는 책이란 항상 희귀할 뿐만 아니라 값이 비쌌으며 출판과 보급이 아주 어려웠다는 것이 지적되지 않을 수 없다. 이러한 사정으로 말미암아 문학적인 관심과 관습이 소수의 사람들에게 집중되었는데, 이들은 거대한 정치적 귀족주의의 선민의식으로부터 적은 수의 문학적 귀족계급을 형성했다. 따라서 희랍과 로마에서 문학이 장사수단으로 취급되었다는 것을 증명할 만한 것은 전혀 없다.

귀족국가일 뿐만 아니라 대단히 세련되고 자유로운 국가였던 이러한 사회는 물론 그 문학작품 속에 귀족문학의 특징이 되는 특별한 결점과 장점을 담고 있었다. 그런데 사실 고대작가들의 작품을 대단히 피상적으로만 관찰하더라도 우리가 충분히 알 수 있는 사실이 있는데, 즉 그들에게 주제상의 다양성과 독창성이나 그 내용상의 대담성과 쾌활성 및 일반성이 가끔 부족하기는 해도, 그들은 언제나 아주 세부적인 일에까지 세심한 정성과 정교한 기술을 발휘했다. 그들의 작품 중에서 성급하게 제멋대로 만들어진 것은 없는 것 같다. 한 줄 한 줄이 다 감식 전문가의 눈에 맞도록 씌어졌으며 이상적인 미개념에 따라 이루어졌다. 어떠한 문학도 고대의 문학만큼 민주시대의 작가에게 본래 부족한 그런 훌륭한 성격을 더욱 대담하게 부각시키고 있지 못하다. 그러므로 민주시대에는 어떠한 문학도 더 많이 연구되어서는 안된다. 이러한 연구는 다른 어떤 것보다 민주시대에 고유한 문학적 결점을 없애는 데 더욱 적합할 것이다. 그러한 자연스런 문학적 성격에 관한 한 그것을 획득하기 위해 학습할 필요가 없이 저절로 생길 것이다.

이 점을 분명히 이해하는 것은 중요한 일이다. 어떤 특별한 연구는 그것이 비록 정치적·사회적 욕구에는 적합하지 못하다 할지라도 한 국민의 문학에는 도움이 될 것이다. 모든 사람이 자기의 재산을 늘리거나 그것을 유지하기 위해 대단한 노력을 습관적으로 경주하게 되는 사회에서 사람들이 죽은 언어로 된 문학만을 가르칠 것을 고집한다면, 그 결과는 대단히 세련되긴 했으나 대단히 위험한 일단의 시민을 만들어낼 것이다. 왜냐하면 그들의 정치·사회적 조건이, 그들의 교육을 통해서는 결코 공급해준 적이 없는 결핍증을 매일 그들에게 제공할 것이므로, 그들은 그들의 생산적인 산업으로 국가를 부유하게 하는 대신에 그리스인과 로마인의 이름으로 국가를 혼란스럽게 할 것이기 때문이다.

민주주의 사회에서는 그 공동체의 안전뿐 아니라 그 개인의 이익을 위해서는 다수의 교육이 문학적이기기보다는 과학적이고 상업적이고 산업적이어야 할 필요가 있다는 것은 분명하다. 그리스어나 라틴어는 모든 학교에서 가르쳐서는 안될 것이다. 그러나 본래의 성향이나 운명에 의해서 문학을 연마하거나 그것을 즐길 준비가 되어 있는 사람들은 고전문학에 관한 완전한 지식을 습득할 수 있고 진정한 학자로 성장할 수 있는 학교를 발견할 수 있어야 하는 것도 중요한 일이다. 이러한 목적을 달성하는 데는 좋지 못한 공립학교(grammar-schools)가 많이 있는 것보다 좋은 대학 몇 개가 있는 것이 더 유리할 것인즉, 나쁜 학교에서 잘못 가르쳐진 불필요한 문제들은 오히려 필요한 연구에 있어서의 건전한 교육에 방해가 될 것이다.

민주국가에서 문학적 탁월성을 얻고자 열망하는 사람은 누구나 종종 고전문학에 대한 연구로 자신을 순화해야 할 것이다. 이보다 정신건강에 더 좋은 약은 없을 것이다. 그렇다고 해서 고대의 문학작품 가운데는 비난할 만한 것이 전혀 없다는 것은 아니고 단지 거기에는 우리들의 특이한 결점을 보완하는 데 놀랄 만큼 적합한 어떤 특별한 장점이 있다고 생각하는 것이다. 그것은 타락의 위험에 처해 있는 우리들을 지탱해 줄 수 있는 하나의 버팀대가 될 것이다.

16. 아메리카 민주주의는 영어를 어떻게 변화시켰는가

내가 지금까지 문학문제에 대해 일반적으로 설명한 것을 정확하게 이해하는 독자라면 민주적인 사회상태나 민주제도가 언어 즉 사상의 중요한 표현수단인 언어에 대해 특별한 영향력을 행사한다는 것을 이해하는 데 아무런 어려움을 겪지 않을 것이다.

아메리카 작가들의 경우 그들은 그들 자신의 나라에 산다기보다는 오히려 영국에서 살고 있다고 말하는 것이 더 정확할 것이다. 왜냐하면, 그들은 영국의 작가들을 끊임없이 연구하면서 매일 그들을 자신들의 전형으로 삼기 때문이다. 그러나 일반대중들에 있어서는 그렇지 않다. 이들은 아메리카합중국 자체 내에서 일어나는 특이한 사정들에 보다 직접적인 영향을 받기 때문이다. 그런데 귀족사회에서 사용되는 관용구가 민주사회에서의 언어로 될 때, 그것이 갖는 변화를 조사하려고 할 경우 우리는 문자언어보다는 구어체 언어에 더 많은 주의를 기울여야 할 것이다.

교육받은 영국인, 특히 표현력에 있어서 나보다도 더 유능한 재판관들은 종종 나에게 분명하게 말하기를 아메리카합중국에서 교육받은 계급이 쓰는 언어는 대영제국에서 교육받은 계급이 쓰는 언어와 현저히 다르다는 것이다. 그들은 불평삼아 말하기를, 아메리카인들은 새로운 단어를 많이 사용할 뿐만 아니라(두 나라 사이에 존재하는 차이와 거리로도 이것을 설명하기에 충분할 것이다) 이러한 새로운 단어들은 정당에서 쓰는 특수용어나, 기계공학적 용어, 기타 상업적 용어에서 특별히 취해진 것들이라 한다. 이에 대하여 그들이 주장하는 바로는 기존의 영어단어가 아메리카인들에 의해 새로운 의미로 사용되는 경우가 흔하다고 한다. 그리고 끝으로 아메리카합중국에 사는 사람들은 종종 문체를 전혀 새로운 방법으로 혼합하여 사용하며, 또 때로는 모국의 언어에서는 반드시 분리되어 사용되고 있는 것을 그들은 결합하여 사용한다는 것이다. 이러한 비평을 나는 믿을 만한 사람들로부터 여러번 들었는데 그래서 이 문제에 대해 다시 한번 생각해 보게 되었다. 이론적인 면으로 따져보고서도 나는 나에게 정보를 제공해 준 그 사람들이 실제적인 관찰에 의해 도달한 것과 같은 결론에 도달했다.

귀족사회에서는 언어는 모든 사물이 머물러 있는 휴지상태에 그대로 머물러 있어야 한다. 새로운 사실이 이루어지는 일이 별로 없기 때문에 새로운 단어 또한 만들어질 일이 별로 없다. 설사 새로운 사실이 이루어진다 하더라도, 그것은 그 의미가 전통적으로 결정되어 있는, 이미 알려져 있는 단어로 규정될 것이다. 설사 인간정신이 마침내 분발하거나 외부로부터 들어오는 빛 때문에 자극을 받는다 할지라도, 새로이 소개되는 표현방법은 그것이 민주주의에 근거를 두고 있지는 않음을 나타내 보이는 학문적·지적·철학적 성격을 갖게 된다. 콘스탄티노플의 함락[역주6]으로 과학과 문학의 조류가 서쪽으로 흘러간 후, 프랑스어는 희랍어와 라틴어에 그 어원을 갖는 수많은 새로운 단어들로 거의 직접적인 침범을 받았다. 그래서 프랑스에서는 박학한 사람에 의해 신어(新語)를 사용하는 현상이 일어났는데, 이것은 교육받은 계급에 국한된 일로서 일반국민들에게는 현저한 효과를 나타내지 못했고 다만 아주 점진적인 효과만을 가져왔을 뿐이다.

모든 유럽 국가에서 같은 종류의 변화가 계속 일어났다. 밀턴(Milton) 혼자서 600개 이상의 단어를 영어에 편입시켰는데, 이 단어들은 거의 전부 라틴어와 희랍어 및 히브리어로부터 온 것이었다. 이와는 달리 민주사회에서 일어나고 있는 끊임없는 동요는 사물의 양상을 변화시키는 것과 마찬가지로 언어의 성격을 계속해서 변화시키는 경향이 있다. 정신의 이러한 일반적 동요와 충돌 속에서 많은 새로운 관념이 형성되고, 또 오래된 관념이 없어졌다가 다시 나타나기도 하며, 미묘한 차이뿐인 무수한 의미로 세분되기도 한다. 그 결과 많은 단어가 폐기되는가 하면 또 다른 단어가 새로 사용되기 시작한다.

이외에, 민주국가는 변화 그 자체를 좋아하는데, 이러한 현상은 정치에서만큼이나 그 언어에서 나타난다. 즉 어떤 단어를 바꿀 필요가 없을 때에도 종종 바꾸고 싶은 욕망을 갖는 것이다.

민주국민으로서의 재능은 그들이 새로이 사용하는 단어의 엄청난 수에 의해 드러나 보일 뿐만 아니라, 이 새로운 단어들이 나타내는 개념의 성격에 의해서 드러난다. 이러한 사람들은 다른 모든 사물에 있어서와 마찬가지로 언어에 어떤 법칙을 규정하고 있는데, 이러한 사고방식은 다른 점과

[역주6] 1453년 동로마제국의 패망을 일컬음.

마찬가지로 널리 팽배해 있다. 그러나 절대다수의 사람들은 학문연구보다
는 상업에, 그리고 철학적 사변이나 문학적 탐구보다는 정치·경제적인 이
익에 더 많은 관심을 집중하고 있다. 그 활용을 위해 새로 만들어지거나 채
택된 단어들의 대부분이 이러한 관습을 나타내고 있다. 그 단어들은 주로
상업상의 욕구나 정당의 열정, 혹은 행정상의 세부사항을 표현하는 데 도
움을 주고 있다. 이러한 분야에서 언어는 끊임없이 성장하지만, 반대로 형
이상학이나 신학 같은 데서는 점점 그 기반을 잃게 될 것이다.

　민주국가가 새로운 표현방법을 유도해 내는 데 익숙하게 된 근거나 신어
제조방법에 관해서는 설명하기가 쉽다. 민주국가에 사는 사람들은 아테네
나 로마에서 사용되었던 말에 대해서는 별로 아는 바가 없으므로 그들은
그들이 원하는 표현방법을 찾아내기 위해 고대의 지식을 탐구하려 하지 않
는다. 그들이 비록 유식한 어원학에 의지하는 일이 있다 할지라도 그것은
바로 허영심이 그들로 하여금 그 죽은 단어들로부터 어원을 찾아내게 하는
것일 것이다. 그런데 박학하다고 해서 저절로 어원을 찾아낼 수 있는 것은
아니다. 가장 무식한 사람이 어원을 가장 많이 사용하는 경우도 가끔 있다.
그들 자신의 영역에 대해 대단히 민주적인 소망은 비천한 직업을 희랍어나
로마어로 된 명칭으로 신성화하는 일이 가끔 있다. 어떤 직업이 저속하면
저속할수록 그리고 학식으로부터 멀면 멀수록 그 명칭은 호화스럽고 박학
다식한 것 같다. 이와 같이 프랑스의 줄타기 광대는 그들을 '곡예사'
(acrobates) 또는 '줄타기 곡예사'(funambules)라는 그럴듯한 이름으로
변형시키고 있다.

　죽은 언어에 대해서 별로 아는 바가 없는 민주국가들은 살아 있는 언어
로부터 단어들을 빌려오게 되는데, 왜 그런가 하면 그들은 끊임없이 상호
교류를 가지고 있으며, 서로 다른 각 국가의 주민들은 그들이 매일 서로 닮
아감에 따라 보다 쉽게 서로 모방할 수 있기 때문이다.

　그러나 민주국가들이 여러 가지 혁신을 하고자 하는 것은 주로 그 자체
의 언어에 근거하고 있다. 그들은 자기들이 쓰는 언어 가운데서 이미 잊혀
진 단어들을 찾아내 쓰는 일도 종종 있으며, 또는 공동체 내의 특별한 집단

으로부터 그 집단에만 쓰이는 특이한 말을 차용하기도 하는데 이들은 이러한 단어들에 어떤 상징적인 의미를 부여하여 일상생활에 사용하게 된다. 이와 같이 본래 어떤 한 가지 직업이나 단체의 기술적인 언어에 속했던 많은 표현방법들이 일반적으로 통용되게 되었다.

민주국가들이 언어혁신을 위해 사용하는 가장 평범한 방법은 이미 사용되고 있는 어떤 표현방법에 어떤 특이한 의미를 부여하는 것이다. 이 방법은 아주 간편하고 신속하다. 이것을 바르게 사용하기 위해서 어떤 배움이 요청되는 것은 없고, 무지 자체가 오히려 그 사용을 용이하게 해준다. 그러나 그러한 사용은 언어에 있어서 가장 위험스런 일이다. 민주국가에서 이와 같이 한 단어의 의미를 두 가지로 만들 경우, 그들은 결국 그 단어의 기존의 의미를 새로운 의미와 마찬가지로 불투명하게 하는 일이 흔하다. 처음에 어떤 작가가 어떤 단어의 본래 의미로부터 아주 조금 달라진 의미로 사용하여, 그는 이것을 약간 변한 의미 그대로 그의 주제에 적응시키려 한다. 두번째 작가는 또 다른 방법으로 그 단어의 의미를 왜곡한다. 세번째 작가는 또 다른 목적에 맞게 그 단어를 파악한다. 그래서 어떤 단어의 의미를 확정하는 항구적인 법정판결 같은 것에 제소할 수 있는 일반적인 방법은 없기 때문에 단어의 의미는 언제나 불안정한 상태에 놓여 있는 것이다. 그 결과 작가들은 한 가지 생각을 오랫동안 심사숙고하는 일 같은 것은 별로 없고 항상 여러 가지 개념을 나타내는 것처럼 해놓고 그 중에서 어느 것을 택할 것인가 하는 것은 독자의 판단에 맡기는 것이다.

이것은 민주주의의 개탄할 만한 결과이다. 나로서는 우리의 언어가 중국어나 타타르어 혹은 휴런어로부터 수입된 단어들 때문에 비열해지는 것이 차라리 우리의 언어 내부에서 단어의 의미가 불확실하게 되는 것보다는 낫다고 생각한다. 구문상의 조화(Harmony)나 통일성(Uniformity)이란 것은 단지 부차적인 미에 불과할 뿐이다. 이러한 부차적인 미는 주로 인습적인 것으로, 엄격히 말하자면 그것 없이도 얼마든지 생활할 수가 있다. 그러나 말씨가 분명하지 못하면 좋은 언어가 될 수 없다.

평등의 원칙은 반드시 몇 가지 또 다른 언어상의 변화를 초래한다.

귀족시대에 있어서 각국이 타국과는 분리되어 자국만의 특색을 갖고자 할 때는 공통의 기원을 가진 여러 공동체끼리도 서로 소원하게 지내는 일이 가끔 있다. 그래서 같은 기원의 언어를 이해는 하지만, 그것을 같은 방식으로 계속 말하지는 않게 된다. 이러한 시대에는 각국은 많은 계층으로 세분되어 각 계층은 상호간에 별로 알지도 못하거니와 교류도 하지 않는다. 이들 각 계층은 그 계층에 특유한 습관에 젖어서 그들의 상속재산처럼 세대를 지나면서 계속될 어떤 어휘들을 채택해서 사용하게 된다. 그런데 같은 관용구가 빈자의 언어와 부자의 언어, 평민의 언어와 귀족의 언어, 학문적인 언어와 구어체 언어를 포함하고 있다. 사회의 분화가 더욱 깊고, 그 장벽이 더욱 두터울수록 이런 현상은 더 많이 나타난다. 인도의 카스트계급제도에는 놀랄 만한 언어의 변화가 있는데, 천민이 사용하는 언어와 브라만계급이 사용하는 언어 사이에는 그들의 복장 차이만큼이나 큰 차이가 있음이 분명하다.

이와는 반대로, 인간이 더이상 계급에 의해 제약되지 않을 때, 그리고 계급이 타파되고 사회의 모든 계급이 분해되어 서로 뒤섞일 때, 어떤 언어의 모든 단어들은 서로 혼합된다. 보다 많은 사람에게 부적합한 단어들은 없어지고 그 나머지들은 모든 사람이 제 마음대로 선택해서 쓸 수 있는 공통의 저장소를 이룬다. 유럽 여러 나라의 관용구를 이루었던 거의 모든 종류의 방언은 분명히 사라져가고 있다. 신세계에는 방언이란 없으며 구대륙으로부터도 매일 사라져가고 있다.

이러한 사회혁명의 영향은 언어에 있어서와 마찬가지로 문체에 있어서도 크게 느껴진다. 모든 사람이 같은 단어들을 사용할 뿐만 아니라 아무런 구분없이 사용하는 습관이 생긴다. 문체를 구성하던 규칙은 거의 폐지된다. 본래 저속하게 보였던 표현방법과 세련되게 보였던 표현방법 사이의 구분은 없어진다. 사회의 여러 계층에서 형성된 사람들은 그들이 어떤 상황에 처하든 간에 평소에 익숙해 있던 어휘와 표현방법을 그곳으로 옮겨온다. 이와 같이 단어의 기원은 개인의 기원처럼 없어진다. 그래서 언어에서도 사회에서와 마찬가지로 혼란이 온다.

　나는 단어의 분류에서 이제 더이상 어느 하나의 사회형태에만 속하지 않는 여러 규칙들이 있다는 것을 알고 있다. 그러나 이러한 여러 규칙은 사물의 본성으로부터 나오는 것이다. 어떤 어법이나 어구는 저속한데 그것은 이들이 표현하고자 하는 관념 자체가 저속하기 때문이며, 또 다른 어떤 어법이나 어구는 고상한데 그것은 이들이 표현하고자 하는 대상 자체가 본래 고상하기 때문이다. 계층간의 어떠한 혼합으로도 이러한 차이는 지워지지 않을 것이다. 그러나 평등의 원칙은 단지 사상의 형태에 있어서 인습적이고 자의적인 것은 모두 제거해버릴 것이다. 내가 방금 지적한 이 필수적인 분류는 다른 어떤 국민에 의해서보다 민주국민에 의해 아마 항상 존경받지 못할 것이다. 왜냐하면 민주국민 가운데는 교육이나 문화나 여가선용에 의해서 언어의 자연적인 법칙을 항구적으로 연구하고 싶어하는 사람이나 또는 그러한 법칙이 그들 자신의 관찰에 의해 존경받을 수 있도록 하려는 사람이 없기 때문이다.

　나는 이 이야기를 하면서 다른 어떤 것보다 민주주의적 언어의 특징이 되는 것에 관해 반드시 언급해 두고자 한다. 민주주의 국가들은 일반적인 개념에 대한 흥미와 열정을 가지고 있다는 것, 그리고 이러한 것은 그들의 특이한 장점과 결점에서 비롯된다는 것은 이미 언급한 바 있다. 민주주의적 언어에서 일반개념에 대한 이러한 호감은 포괄적인 어휘나 추상적인 어구의 계속적인 사용이나 이들을 사용하는 방법에 의해서 드러난다. 이것은 이 민주주의적 언어의 커다란 장점이자 동시에 커다란 결점이다.

　민주주의 국가들은 포괄적인 어휘나 추상적인 어구에 열정적으로 탐닉하고 있는데, 이것은 이러한 화법이 사고를 확대해주고 정신작용이 적은 범위 안에 많은 사물을 포함할 수 있도록 도와주기 때문이다. 민주주의 작가는 능력이 적용되는 대상을 구체적으로 제시함이 없이 추상적으로 능력 있는 사람에 대해 능력(capacities)이란 말을 쓰고 싶어한다. 그리고 그의 눈앞에서 순간적으로 지나가는 사물을 한마디로 표현하기 위해서는 현실(actualities)이라는 말을 쓴다. 그런데 불어로는 éventualités(현실)이란 말로 그가 말하는 시점으로부터 우주에서 일어나는 모든 것을 나타낸다. 민주주의 작가는 추상적인 언어를 보다 더 추상화하기 위해 이러한 추상적인 단어를 끊임없이 만들어내고 있다. 더욱이 그들의 어투를 보다 간결하게 하기 위해 이러한 추상적인 어휘의 대상을 인격화하고 그것이 실제의 인물인 것처럼 행동하게 한다. 나 자신의 경험 이상으로 더 잘 예증할 수 있는 것이 없을 것 같다. 나는 종종 절대적인 의미에서 평등(equality)이란 단어를 써왔다. 아니, 나는 여러 곳에서 평등을 인격화해왔다. 즉 나는 평등은 이러이러한 것을 하며, 다른 것은 못하게 하는 것이라고 말했다. 루이 14세 때의 작가들은 이런 식으로 말하지 않았을 것임이 확실하다. 즉 그들은 어떤 특별한 사물에 적용함이 없이는 평등이란 단어를 사용할 생각조차 하지 못했다. 그리고 그들은 그 말을 살아 있는 인간으로 만드는 데 동의하기보다는 차라리 그 말을 포기해버렸을 것이다.

민주주의적 언어에 많이 있으며 어떤 특정한 사실과 관계없이 모든 경우에 적용되는 이러한 추상적인 어휘는 그것이 나타내고자 하는 관념을 확대하거나 애매하게 만든다. 이 어휘들은 언어의 양식은 간결하게 하지만, 그것이 나타내는 뜻은 더욱 불분명하게 만든다. 그런데 언어에 관한 한 민주국가들은 정확을 기하기 위해 노력을 기울이기보다는 차라리 애매한 것을 그대로 두기를 좋아한다.

나로서는 정말 이러한 엉성한 문체가 이것을 사용하는 민주국가의 국민에게 어떤 비밀스런 매력을 지니고 있는지 없는지에 대해서 전혀 아는 바 없다. 민주국가에서 사는 사람들은 개별적으로 정신적인 노력을 쏟아야 하기 때문에 의심에 빠지는 경우가 굉장히 많다. 그리고 그들의 생활환경이 끊임없이 변하기 때문에 그들은 그들이 가진 재산의 고정성에 의해 자기의 어떤 견해에 강하게 집착하지 못한다. 그래서 민주국가에서 사는 사람들은 애매한 관념을 갖기 쉬우며 따라서 그들은 그러한 애매한 관념을 나타낼 만한 엉성한 표현방법을 필요로 한다. 그들은 오늘 사용하는 관념이 내일의 상황에 적합할 것인지 어떤지를 전혀 모르기 때문에 자연히 추상적인 어휘를 좋아하게 된다. 추상적인 어휘는 바닥이 이중으로 된 상자와 같은 것이다. 그래서 좋아하는 관념은 모두 그 속으로 밀어넣었다가 관찰해 보지도 않고 다시 그것을 끄집어낼 수 있다.

모든 나라에서 포괄적이고 추상적인 어휘가 언어의 기본을 이룬다. 그러므로 나는 이러한 어휘가 민주주의 국가에만 존재한다고 생각하지는 않는다. 나는 다만 민주시대에 인간은 이러한 종류의 단어를 몇 배로 더 많이 쓰는 특별한 경향이 있다는 것, 스스로도 가장 추상적인 뜻으로 이해하며 이야기의 성질상 필요하지 않은 경우에까지도 항상 사용하는 특별한 경향이 있다는 것을 말하고 있을 뿐이다.

17. 민주국가에서의 시의 근원에 관하여

시(poetry)라는 말에는 여러 가지 의미가 부여되고 있다. 이러한 정의 중에서 어떤 것이 선택되어야 할 것인가에 대해 논하는 것은 쓸데없는 번거로움만을 더 할 것이다. 그래서 나는 내가 선택한 것을 바로 말하려고 한다. 내 생각으로는 시란 이상(the Ideal)의 추구이자 묘사인 것 같다.

시인이란 존재의 일부를 삭제하면서 그림에다 어떤 상상의 손질을 가하고, 그리고 실제로 동시에는 발생하지 않는 어떤 사건을 결합함으로써 자연의 기능을 완성·확장하는 사람이다. 이와 같이 시의 목적은 사실을 그대로 재현하는 데 있지 않고 그것을 장식함으로써 더욱 고상한 모습(image)을 마음에 전달하는 데 있다. 언어의 이상적인 미로 간주되는 운문(verse)은 확실히 시와 비슷하기는 하다. 그러나 운문이 저절로 시가 되는 것은 아니다.

나는 지금 계속해서, 민주국가의 행동이나 감정 및 견해 중에 이상적인 개념이 될 수 있고 따라서 시의 자연적인 원천으로 여겨질 수 있는 어떤 것이 있겠는가 하는 것을 검토해 보고자 한다.

먼저 이상적인 미에 대한 흥미와 그 표현에서 얻어지는 쾌락이 민주국가에서는 귀족국가에서만큼 강렬하지도 못하고 또 확산되지도 못한다는 것을 인정하지 않을 수 없겠다. 귀족국가에서는 신체는 말하자면 무의식적으로 움직이는 반면, 고도의 정신작용은 휴지(休止)상태에 있는 경우가 가끔 있다. 이러한 국가에서는 국민들은 가끔 시적인 취미를 나타낼 것이며, 그들의 환상은 그들이 처한 상황을 초월하는 경우가 많을 것이다.

그러나 민주국가에서는 육체적 쾌락이라든가 생활조건을 향상시키고자 하는 생각, 경쟁상의 흥분, 예상되는 성공 등이야말로 인간을 잠시도 방심시킴이 없이 그들이 맡고 있는 활동적인 직업에서 점진적으로 노력하게 하는 자극제가 된다. 정신작용도 바로 이 점에서 강조된다. 상상력도 완전히 없어지지는 않는다. 그러나 그 중요기능은 실용적인 것을 고안해내고 현실적인 것을 드러내는 일이다. 평등의 원칙은 인간으로 하여금 이상적인 미에 대한 묘사를 못하게 할 뿐만 아니라 묘사할 만한 대상의 수를 감소시킨다.

귀족주의는 사회를 고정된 상태에 머물러 있게 함으로써 정치제도의 안정과 더불어 확고한 신앙의 견고성과 지속성에 대해 찬성하는 입장이다. 귀족주의는 인간정신을 어떤 특정한 영역의 신념에 묶어둘 뿐만 아니라 오직 하나의 신앙을 택하도록 만든다. 귀족사회의 국민들은 항상 신과 인간 사이에 중개자를 두려고 한다. 이러한 점에서 귀족적인 요소는 시에 대한 호의적인 입장이라고 말할 수 있다. 우주가 감각적으로는 알 수 없고 정신 작용에 의해서만 감지될 수 있는 초자연적인 존재로 가득찰 때 상상력이 자유로이 발동한다. 묘사하고 싶은 수천 가지의 주제를 발견해내는 시인은 동시에 그들의 작품에 관심을 가질 무수히 많은 청중을 또한 발견하게 된다.

이와는 반대로 민주시대에는 인간들이 그들의 법률문제에 있어서 유동적인 것처럼 신앙문제에 있어서도 대단히 유동적이다. 회의론이 시인의 상상력을 지상으로 끌어내려서 눈에 보이는 실제적인 문제에 집착하게 한다. 평등의 원칙이 신앙심을 방해하지 않을 때조차도 일단 단순화하는 경향이 있으며, 부차적인 것으로부터도 관심을 돌려 원칙적으로 통치권력에 집착하게 된다.

귀족주의는 자연히 인간으로 하여금 과거를 명상하게 하며 거기에 집착하게 한다. 이와는 반대로 민주주의는 오래된 것에 대해서는 본능적으로 싫어하도록 만든다. 이런 점에서 귀족주의는 훨씬 더 시에 대해 호의적이다. 왜냐하면 사물은 보통 시간적으로 멀수록 보다 확대되면서 동시에 애매해지기 때문이다. 이러한 두 가지 이유 때문에 귀족주의는 이상(理想)의 묘사에 보다 더 적합하다.

평등의 원리는 시에서 과거를 없앨 뿐만 아니라 부분적으로는 현재까지도 없앤다. 귀족국가에서는 일정한 수의 특권층이 존재하는데 그들의 사정은 말하자면 인간의 조건을 초월해 있다. 권력과 부와 명예와 기지와 세련 등 모든 면에서의 특별한 것은 바로 이 사람들에게 속하는 것처럼 보인다. 군중은 그들을 가까이서 볼 수도 없거니와 세부적인 면을 볼 수가 없다. 그래서 이 사람들에 대한 묘사는 모두가 시적이 되기 쉽다. 또 다른 면에서 귀족사회의 국민 가운데는 아주 무식하고 비천하고 노예화된 사람들이 있다. 이 사람들은 그들의 난폭성과 야비한 성격으로 말미암아 시적인 대상이 될 수 있는데 이것은 귀족들이 그 위대성과 세련성으로 말미암아 시적인 대상으로 적합한 것과 마찬가지이다. 이밖에 귀족사회를 이루는 여러 계급은 유리의 폭이 넓고 서로 잘 모르기 때문에 상황을 통해 그들의 실제의 모습에다 어떤 것은 더하기도 하고 어떤 것은 빼기도 해서 그들을 나타낼 수 있게 된다.

민주사회에서는 인간은 모두 하찮은 존재로서 서로 유사하기 때문에 각자는 그 자신을 보면서 동시에 그의 동료인간을 보게 된다. 그러므로 민주시대의 시인은 어떤 특정인을 어떤 문제의 주제로서 취급할 수가 없다. 왜냐하면 모든 면에서 분명하게 파악될 수 있는, 별로 중요하지도 못한 사물은 이상적인 관념의 정립에는 부적합하기 때문이다.

이와 같은 평등의 원리는 이 원리가 세상에 확립된 정도에 비례해서 예로부터 내려오는 시의 원천의 대부분을 고갈시켜왔다. 그러면 이것이 가져온 새로운 것을 살피도록 하자.

회의론이 천국을 텅 비게 하고 평등의 발전이 각 개인을 보다 더 평범하고 왜소하게 할 때, 시인은 즉 귀족주의와 함께 출발한 위대한 주제를 무엇으로 대체해야 할지를 아직 모르고 있는 시인으로서는 그들의 눈을 생명없는 자연으로 돌리게 된다. 그들은 신과 영웅을 볼 수 없기 때문에 강이나 산을 묘사하게 된다. 여기서 지난 세기에 그 묘사 방법상으로 묘사시(descriptive)라고 불린 시의 형태가 나타났다. 그래서 이 지구를 뒤덮고 있는 물질적이고 생명없는 대상에 대한 화려한 묘사를 민주시대에만 특별히 나타나는 시의 종류라고 어떤 이들은 생각하게 되었다. 그런데 나는 이것을 잘못이라고 생각하며 단지 과도기적인 현상에 불과하다고 생각한다.

나로서는 민주주의란 결국 인간의 상상력을 인간 이외의 모든 것으로부터 분리시켜 오직 인간에게만 집착시킨다는 것을 확신하게 되었다. 민주국가는 일시적으로는 자연의 산물을 음미하면서 스스로 즐거워할지 모르나 실제로는 오직 자기 자신에 대한 탐구에 의해서만 흥분한다. 여기서, 오직 여기서만 시의 진정한 원천이 발견될 수 있는 것이다. 그래서 바로 여기서 그들의 영감을 끌어내는 것을 등한히 하는 시인은 그들이 매혹시키고자 할 사람들에 대한 모든 지배력을 상실할 것이며, 마침내는 그들의 황홀경을 냉담하게 구경만 하는 사람들만 만나게 될 것이다.

나는 지금까지 진보의 관념과 인간의 무한한 완전가능성의 관념이 어떻게 해서 민주시대에 속하는가 하는 것을 밝혀왔다. 민주국가는 지금까지 있어 온 것에 대해서는 별로 관심을 나타내지 않고 앞으로 나타날 것에 대해 관심을 집중하고 있다. 그들의 속박없는 상상력은 이러한 방향으로 무한히 성장 발전한다. 그런데 여기에 시인의 재능이 작용할 수 있는 가장 넓은 영역이 존재하며, 이것은 그들로 하여금 자기들의 솜씨를 눈으로부터 충분한 거리를 두게 한다. 민주주의는 시인에게 과거를 차단해 버리고 대신에 미래를 펼쳐준다.

민주사회를 구성하는 모든 시민은 거의 평등하고 유사하기 때문에 시인은 그 중 어느 한 사람에 대해 심사숙고할 수가 없다. 대신에 국가가 그의 재능의 발휘를 필요로 한다. 개인의 일반적 유사성은 그들 가운데 어느 한 사람으로는 각각 시의 적절한 주제가 될 수 없게 만들면서, 시인으로 하여금 그들을 모두 같은 상(像)으로 묶게 하고 국민 자체에 대한 일반적인 조사를 하게 한다. 민주국가는 다른 어떤 면에서보다 아주 분명한 지각력을 소유하고 있는데 이 당당한 모습은 놀라울 정도로 이상의 묘사에 적합하다.

나로서는 아메리카에는 시인이 없다는 것을 쉽게 인정한다. 그러면서도 그들에게 시적 관념이 없다는 데는 동의할 수 없다. 유럽사람들은 아메리카의 광야에 대해 많이 이야기하지만 아메리카인 자신들은 그것에 관해 생각하지 않는다. 그들은 생명 없는 자연의 경이로움에 대해서는 무감각하다. 그래서 그들은 싸움터에서 죽을 때까지 그들 주위의 거대한 숲에 대해서 아무것도 모른다고 말할 수 있을 것이다. 그들의 눈은 다른 점에 머물러 있다. 아메리카 사람들은 광야를 가로질러 행군하면서 늪의 물을 빼고 강줄기를 돌리며 벽지에는 사람이 들어가 살게 함으로써 자연을 정복해간다. 그들 자신의 이 웅장한 모습은 이따금씩만 그들의 눈에 비친다. 즉 크고 작은 행동에서 그들의 마음속에 출몰하면서 항상 스쳐 지나가는 정도이다.

아메리카합중국에 사는 사람의 생활만큼 쩨쩨하고 활기 없고 사소한 이익 때문에 번민하는, 즉 한마디로 말해서 시에 반대적인 것은 상상도 할 수 없다. 그러나 그것이 암시하는 사상 중에는 언제나 시흥으로 가득찬 것이 한 가지 있는데, 이것이야말로 전체 구조에 활기를 불어넣어주는 숨은 용기이다.

귀족시대에는 개개의 국민은 개개의 개인과 마찬가지로 다른 국민이나 개인으로부터 분리되어 초연한 입장에 서 있을 수 있다. 민주시대에는 인간의 극단적인 흥망성쇠와 그들의 성급한 욕망으로 말미암아 인간은 영원히 동적인 상태에 머물러 있게 된다. 그래서 각기 다른 나라의 주민들이 혼합되어 서로서로 보고 듣고 차용하게 된다. 동일사회의 구성원만이 더욱더 유사해지는 것이 아니라 사회 자체가 서로 유사해지기 시작한다. 그래서 전체 집합이 구경꾼의 눈에는 그 개개의 시민이 하나의 국가를 형성하는 거대한 민주주의로 보인다. 이것은 처음으로 가장 폭넓은 관점에서의 인간의 모습을 나타내는 것이다. 대체로 보아 인간의 존재에 속하거나 그 변화와 미래에 속하는 모든 것은 시의 풍부한 광맥이 된다.

귀족시대에 사는 시인은 한 국민이나 한 인간의 생활에 있어서의 어떤 사건에 대한 묘사에는 분명히 성공을 거두었다. 그러나 그들의 작품 속에 인류의 운명을 포함시키는 일을 한 사람은 아무도 없었다. 이것은 오직 민주시대의 시인이나 시도할 수 있는 일일 뿐이다.

모든 사람이 국가를 초월하여 인류를 전체적으로 인식할 때, 바로 그때 신성(神性)은 인간에게 보다 더 위엄있는 모습으로 분명히 드러나는 것이다. 민주시대에 있어서 적극적인 신앙에 대한 신념이 흔들리고 그 이름이 무엇이든 간에 중재자에 대한 신뢰가 압도적이라 할지라도, 또 다른 면으로 인간은 신 자체에 대한 훨씬 더 폭넓은 관념을 가지게 되며 그래서 인간사에 대한 신의 간섭은 새롭고 더욱 당당한 모습으로 나타난다. 인류를 하나의 거대한 집단으로 파악함으로써 그 운명 또한 동일한 설계에 의해 규정된다고 생각하기 쉽다. 인간의 개별적인 행동에서 인류를 다스리는 신의 보편적이고 항구적인 계획의 실현을 인식할 수 있게 된다. 이러한 생각은 민주시대에 있어서 시의 풍부한 원천이 될 수 있을 것이다.

민주시대의 시인은 비록 그들이 신이나 악마나 천사를 유형적인 형태로 파악하려고 할지라도, 그리고 또 그들이 지상의 통치권에 저항하도록 하늘로부터 그들을 끌어내린다 할지라도, 언제나 하찮고 쌀쌀해 보일 것이다. 그러나 그들이 칭찬하는 위대한 사건을 우주를 지배하는 신의 일반적인 계획과 연결시키려고 노력한다면 그리고 최고의 지배자 곧 신의 손길을 직접 나타내 보이지는 않는다 할지라도 신의 뜻만이라도 드러내려고 노력한다면, 그들의 작품은 사람들의 이해를 얻고 칭찬까지 받을 것이다. 왜냐하면 그 시대의 사람들도 저절로 이 방향으로 상상을 전개할 것이기 때문이다.

위와 같은 방식에서 볼 때, 민주시대에 사는 시인들은 감정이나 관념의 묘사를 인간이나 업적에 대한 묘사보다 더 좋아하는 것같이 보인다. 민주시대에 사는 사람들의 언어와 의복과 일상적인 행동은 이상의 여러 개념에 반대된다. 이러한 것들은 본질적으로 시적이 되지 못한다. 달리 어떻게 시적이 되어보려 해도 이러한 것들은 시인이 이러한 것들에 대해 말하고자 하는 모든 사람에게 너무나 친숙한 것이어서 시적일 수가 없다. 이러한 사정으로 말미암아 시인은 끊임없이 내부적인 영혼을 파악하기 위해 감각적으로 쉽게 알 수 있는 외부적인 표현 밑으로 탐색하지 않으면 안된다. 그래서 인간의 비물질적인 성질 속에 숨겨져 있는 깊은 맛을 음미하는 것보다 이상의 묘사에 더 적합한 것은 없다. 나로서는 즉각적으로 흥분된 동정이나 경탄·공포·멸시 등을 불러일으킬 만큼 대조적인 것, 즉 무한히 큰 것과 작은 것, 아주 어두운 것과 놀랄 만큼 밝은 것으로 이루어진 신기한 대상을 찾아내기 위해 하늘과 땅을 헤맬 필요는 느끼지 않는다. 나는 나 자신을 바라볼 뿐이다. 인간은 무(無)에서 나와 시간을 지나면서 신의 가슴속으로 영원히 사라진다. 그는 '한 순간 나타나 있을 뿐인데 두 개의 나락에 직면하여 방황하다가 결국 거기에서 없어진다.

만약 인간이 자기 자신에 관해서 아무것도 모른다면 시를 지을 수 없다. 왜냐하면 인간이 생각하지 않고 있는 것을 묘사할 수는 없기 때문이다. 만약 인간이 자신의 천성을 명백히 안다면 인간의 상상력은 메마른 상태에서 더이상 첨가해 볼 것이 없을 것이다. 그러나 인간의 천성은 인간이 그 자신에 관해서 무엇인가를 알 수 있도록 충분히 드러나 있기도 하거니와, 동시에 아주 애매하기도 해서 모든 사람이 그의 존재에 관한 보다 완전한 관념을 획득하기 위해 영원히 찾아헤매어야 할 만큼 깊은 암흑 속으로 빠질 정도이다.

민주사회에서 시는 전설이나 오랜 전통의 기억으로 이루어질 수는 없을 것이다. 시인은 독자나 그 자신이 믿지 않는 초자연적인 존재로서 우주를 채우려고 시도하지는 않을 것이다. 동시에 시인은 선과 악을 냉담하게 구체화하려고는 않을 것이다. 이러한 원천들은 모두 그를 실망시킬 것이다. 그러나 '인간'만은 남아 있으며 시인은 이 이상 더 필요로 하지 않는다. 인간의 운명, 즉 국가나 시대를 초월하여 열정과 회의와 드물게 나타나는 행운과 상상조차 할 수 없는 불행 등을 수반하면서 국가나 시대를 초월하여 '자연'이나 '신'과 직면하게 되는 인간 자체가 이러한 민주국가에서는 시의 유일한 주제는 아니라 할지라도 중요한 주제가 된다.

이러한 사실은 이 세계가 민주주의로 전환한 이래 나타난 위대한 시인들의 작품을 생각할 때 경험적으로 확인될 수 있다. 파우스트(Faust)나 차일드 해럴드(Childe Harold), 르네(René), 조슬린(Jocelyn)과 같은 인물들을 놀라울 정도로 잘 묘사한 현대의 작가들은 개인의 행동을 기록하려고는 않고 인간정신의 보다 희미한 내면 깊숙한 곳을 확대하거나 밝혀 보려고 했다.

　민주시대의 시란 이러하다. 그렇다면 평등의 원리는 시의 모든 주제를 파괴하는 것은 아니다. 다만 그 수를 줄이면서 광범위하게 할 뿐이다.

18. 왜 아메리카의 작가나 연설가는
과장법을 쓰는 일이 많은가

　일반적으로 업무상에 있어서는 어떠한 멋도 없이 오히려 거칠다 싶을 정도로 아주 단조롭고 명백한 언어를 사용하는 아메리카인들이지만, 그들이 일단 보다 시적인 언어의 사용을 시도하게 될 때는 곧 과장하게 되는 것을 나는 종종 보아왔다. 그들은 장광설의 처음부터 끝까지 과장을 하게 된다. 그들이 아무 때나 비유적 표현을 쓰는 것을 들을 때, 순박한 것은 아무것도 말하지 않는구나 하는 생각이 든다.

　영국인들은 이와 같은 과오를 범하는 일이 드물다. 이 원인에 대해서는 별 어려움 없이 밝힐 수 있을 것이다. 민주사회에서는 각 시민은 아주 사소한 대상, 즉 그 자신에 관해 심사숙고하는 습관을 지니고 있다. 만약 그의 시야를 높이게 될 경우 그는 주로 사회의 거대한 형태나 혹은 인류의 보다 더 위압적인 모습만을 보게 될 것이다. 그의 관념은 모두 지극히 세밀하면서 선명하거나 아니면 지극히 포괄적이면서 애매할 것이다. 그 사이에 놓인 것은 공허일 뿐이다. 그래서 그 자신의 영역에서 축출될 때는 언제나 어떤 놀랄 만한 대상이 그의 주의를 끌리라는 기대를 갖게 된다. 그래서 오직 이 문제 때문에 그는 생활상의 매혹이나 흥분을 자아내는 사소하고 복잡한 근심거리로부터 잠시라도 벗어날 생각을 할 수 있다.

이것으로써 일반적으로 아주 하찮은 일에 관심을 두는 민주시대에 사는
사람들이 왜 시인에게 그처럼 광범한 개념과 제한 없는 묘사를 요구하는지
를 설명하는 데 충분하다고 생각된다.

저자들은 그들 나름으로 자기들의 경향을 반드시 따랐는데, 즉 언제나
과장된 상상을 하고 아무런 제한 없이 자기를 확대하면서 거대한 것에 도
달하기 위해 위대한 것을 포기하는 일이 적지 않다. 이런 방법으로 그들은
대중의 관심을 사로잡으려 한다. 이러한 그들의 욕망은 좌절되지 않는다.
왜냐하면 대중은 시에서 어떤 진실한 것을 찾기보다는 오직 어떤 거대한
대상만을 찾으므로 그 모든 대상을 정확히 평가할 시간도 없거니와, 그 대
상들이 어떠한 점에서 상호 균형을 취하지 못하는가 하는 것을 알아차릴
만한 정확한 감각도 갖고 있지 못하기 때문이다. 저자와 대중은 타락을 상
호 촉진시키는 것이다.

우리는 또한 민주국가에서는 시의 원천은 거대하기는 하지만 풍성하지
는 못하다는 것을 알아보았다. 그것은 곧 고갈되는 것이다. 그래서 시인은
실제적이고 진실한 것에서 이상의 요소를 찾아내지 못하고 그것을 완전히
포기한 채 괴물을 만들어낼 뿐이다. 나는 민주국가에서의 시가 활기가 없
다거나 너무 지상에 매달려 있다는 생각을 하지는 않는다. 오히려 그것은
영원히 구름 속에서 자신을 잃어버릴 것이며, 마침내 완전히 공상적인 영
역에만 머물 것이라고 생각한다. 민주시대의 시인들의 작품은 거대하기만
하고 조리가 맞지 않는 공상과 과장된 묘사, 그리고 이상야릇한 인물들로
꽉 들어찰 것 같은 생각이 든다. 그리고 그들의 머릿속의 환상적인 존재들
은 우리들로 하여금 실제세계를 싫어하게 하는 일도 가끔 있게 될 것이다.

19. 민주국가에서의 연극에 관한 몇 가지 고찰

귀족국가의 정치·사회상태를 변화시킨 혁명이 문학으로 침투하게 될
때, 우선 연극에 가장 중요한 영향을 미치는 것이 일반적이며, 이 영향은

분명할 정도로 계속된다.

연극의 관객은 어느 정도로는 혁명이 몰고 오는 인상에 충격을 받는다. 그로서는 회상해보거나 자기보다 유능한 사람에게 상의해 볼 시간조차 갖지 못한다. 그는 새로 대두되는 문학경향에 저항해 볼 엄두도 낼 수 없으며, 그 실체가 무엇인지를 알기도 전에 거기에 굴복해 버린다.

저자들은 대중의 취미가 어느 방향으로 기울기 시작하는가를 아주 재빨리 간파한다. 그들은 이에 맞추어 그들의 작품을 구성한다. 즉 무대문학은 새로이 도래하는 문학의 혁명을 예고하면서 재빨리 문학의 혁명을 완성시킨다. 만약 민주시대로 접어드는 사회의 문학을 알아보려면, 그 연극문학을 연구해 보는 것이 가장 좋을 것이다.

더욱이 무대문학은 심지어 귀족국가에 있어서까지도 문학의 민주적 요소를 가장 많이 가지고 있다. 어떠한 종류의 문학적 쾌감도 극장공연에서 얻어지는 것만큼 대중에게 전달될 수 없다. 그들을 즐겁게 하기 위해 어떠한 준비나 연구도 요구되지 않는다. 작가들은 오직 관객의 편견과 무지를 이용해서 관객을 장악하고 있으면 된다. 정신적인 쾌락에 대한 아직 정돈되지 않은 추구가 어떤 사회계층을 파고들기 시작할 때, 그것은 즉각 무대 위로 나타난다. 귀족국가에서의 극장도 언제나 귀족계급에 속하지 않는 관객들로 가득 채워져 왔다. 극장에서만은 상류계급은 중류계급 및 하류계급과 뒤섞였다. 즉 극장에서만은 상류계급은 중·하류계급의 견해에 귀를 기울이기도 하고 적어도 그들의 의견 제시를 허용한다. 극장에서는 다른 어떤 곳에서보다 예술인이나 문학인이 그들의 취미가 국민의 취미를 지배하게 하거나, 그들이 국민으로부터 어떤 영향을 받지 않도록 하는 데 항상 어려움을 겪어왔다. 극장의 하급좌석이 상급좌석을 위한 법칙을 만들어내곤 해왔다.

귀족정치가 일반 국민의 극장 지배력을 막는 것이 어렵다면, 민주원리가 법과 관습 속으로 침투하여 각 계급의 상호 혼합하고 재산뿐만 아니라 정신까지도 일치해가며 상류계급이 그 세습적인 재산과 더불어 권력과 전통과 여가시간까지 잃게 될 때, 극장에서의 일반국민의 지위는 최고도에 달할 것이다. 따라서 문학의 관점에서 민주국가에 고유한 취미나 성향은 우선 연극에서 가장 분명히 드러날 것이며, 마침내는 그것이 격렬하게 폭발할 것을 예상할 수 있다. 문어체 작품에서의 귀족주의적 문학 규범은 온건하게 점진적으로, 말하자면 합법적으로 수정되어갈 것이다. 그러나 극장에서는 그러한 규범들이 격렬하게 뒤바뀔 것이다.

연극은 민주시대의 문학에 내재하는 장점과 결점의 대부분을 나타낼 것이다. 민주사회는 많이 안다는 것을 별로 대수롭지 않게 여기며 따라서 로마나 아테네에서 일어난 일에 대해 별로 관심을 나타내지 않는다. 그들은 그들 자신에 관계된 어떤 것을 듣고 싶어하며, 따라서 현 시대에 대한 묘사를 무엇보다 요구한다. 고대의 영웅과 생활습관이 무대에서 종종 연출되고 극작가가 고대의 낡아빠진 규칙을 성실히 준수하기만 하면, 그것으로 민주시대의 여러 계급이 아직 극장에서의 지배력을 장악하지는 못했다는 결론을 보장하기에 충분하다.

라신(Racine)은 그의 희곡 『브리타니쿠스』(*Britannicus*)의 서문에서 불의 여신 베스타(Vesta)를 섬긴 선녀들 중의 주니아(Junia)를 취급하면서 아주 겸손한 변명을 하고 있는데, 아울루스 겔리우스(Aulus Gellius)에 의하면, 그는 말하기를 6세 이하나 10세 이상의 사람은 아무도 이 선녀가 될 수 없었다고 한다. 우리로서는 그가 아마 현대인들을 위해 글을 썼더라면 그러한 불쾌한 행위에 대해 아무런 사과나 변명을 하지 않았으리라고 생각한다.

이러한 사실은 그 발생 당시의 문학상태를 나타낼 뿐만 아니라, 그 사회 자체의 상태를 나타낸다. 민주주의적인 연극이 그 국가가 민주주의 국가라는 것을 증명하는 것은 아니다. 즉 앞서 우리가 알아본 바와 같이 연극에 영향을 미치는 민주적인 취향은 귀족국가에도 있기 때문이다. 그러나 귀족주의적인 정신이 무대를 완전히 지배하게 될 때, 그 사회는 완전히 귀족적이라고 하는 것은 논쟁의 여지조차 없다. 극작가들을 지배하고 있는 학식 있는 계급이 국민을 통솔하고 국가를 통치하고 있다고 분명히 말할 수 있을 것이다.

　귀족주의의 세련된 취미와 당당한 태도가 무대를 좌우할 때, 그것은 틀림없이 연극에서 인간의 성품 가운데 어떤 선택이 이루어지도록 할 것이다. 몇몇 사회조건이 사회의 중요한 관심을 끌고 그것을 묘사한 장면이 무대에서 호감을 얻는다. 어떤 덕성, 심지어는 어떤 악덕까지도 무대에서 상연될 가치가 있다고 생각되어진다. 그리고 그러한 것들은 그 외의 모든 것이 배제된 가운데서 박수 갈채를 받는다. 다른 데서와 마찬가지로 무대에서 귀족적 청중은 품위 있는 사람만이 나타나기를 바라고, 그리고 왕들의 불행에 의해서만 감동받기를 바란다. 문체에 있어서도 같은 말을 할 수 있다. 즉 귀족주의는 극작가들에게 모든 것을 나타낼 수 있는 열쇠를 제공하는 표현방식을 요구한다. 이러한 방법으로 무대는 인간의 오직 한 측면만을 묘사하는 일이 많게 되며, 심지어 자연을 초월하기 위해 인간에게서는 전혀 찾아볼 수 없는 것을 나타내려고 하는 때도 가끔 있다.

　민주사회의 구경꾼들은 그러한 호감을 전혀 갖지 않는다. 그렇다고 어떤 반감을 나타내는 일이 있는 것도 아니다. 그들은 그저 그들의 눈앞에서 전개되는 상황이나 감정 및 의견의 혼합물을 무대 위에서 보고 싶어할 뿐이다. 연극은 더욱 인상적이 되며 더욱 저속해지며 그리고 더욱 현실적이 된다. 그러나 민주시대의 극작가는 또한 인간성의 한계를 벗어나는 일이 가끔 있다. 그러나 이것은 그들의 선배들과는 다른 측면에서의 일이다. 그들은 현 순간의 사소한 특이성과 어떤 특정인의 이상야릇한 성격을 세밀하게 나타내려고 함으로써 인류의 보편적 특징을 묘사하는 것을 잊어버린다.

　민중계급이 무대를 지배하게 될 때, 그들은 주제의 선택에 있어서와 마찬가지로 주제를 다루는 방법에 있어서 아주 변덕스럽다. 모든 문학취미 중에서 연극에 대한 애착은 민주국가에서 가장 자연스러운 것이기 때문에 극장공연의 횟수뿐만 아니라, 극작가나 구경꾼의 수도 끊임없이 증가하고 있다. 아주 다른 요소로 구성되어 있고, 또 많은 지역에 흩어져 있는 이러한 군중이 동일한 규범을 공동으로 인정하거나 동일한 법규에 복종하기란 어렵다. 언제 다시 만날지도 모르는 무수한 관객 사이에서 어떤 합의를 찾기란 불가능하다. 따라서 어떤 작품에 대해 제각기의 의견을 말하기 마련이다. 모든 문학규범과 관습에 대한 권위를 의심하는 것이 일반적으로 민주주의의 결과라면, 무대 위에서 그러한 권위는 없어지고, 대신에 개별 저자와 각 개인의 변덕스러움만이 남는다.

연극은 또한 내가 앞서 민주시대의 문학에 있어서의 문체와 기술에 관해 보다 일반적으로 이야기하면서 말한 사실을 특별한 방식으로 나타내준다. 루이 14세 시대의 극작품에 대한 비평을 읽으면서, 사람들은 그때의 대중들이 이야기의 실제 가능성에 대해 얼마나 큰 강조를 두는가를, 그리고 등장인물들의 완전한 조화와 또 그들이 쉽게 설명되거나 이해되지 않는 일은 아무것도 하지 않는 데 수반하는 중요성을 알게 되고는 놀라게 된다. 그 시대의 언어 형태에 얼마나 큰 가치가 부여되는지 그리고 극작가들이 얼마나 단어들 때문에 티격태격 공박당하는지 역시 놀랄 만한 일이다. 루이 14세 시대의 사람들은 어떤 연구에서나 인식될 수 있고 무대에서는 주의를 불러 일으키지 못할 정도의 세부적인 일에 대단히 지나친 중요성을 부여했던 것 같다. 왜냐하면, 결국 한 편의 연극의 주된 목적은 상연되는 것이고 그 중요한 장점은 청중을 감동시키는 데 있다. 그러나 그 시대의 청중과 독자는 다 마찬가지였는데, 즉 그들은 극장을 떠나자마자 자기집 난롯가에서 행하는 재판에 저자를 불러내었다.

민주시대에는 극작품은 관람되기는 하지만, 읽혀지지는 않는다. 무대오락을 자주 즐기는 사람들의 대부분은 정신적인 쾌락을 추구하기 위해 극장에 가는 것이 아니고, 단지 격렬한 감정상의 흥분을 추구하러 간다. 그들은 훌륭한 문학작품을 보기를 기대하는 것이 아니라 단지 연극 자체를 보려고 할 뿐이다. 작가가 자기 나라의 말을 아주 이해하기 쉽게 쓰고 그리고 그 등장인물들이 호기심을 자극하면서 동정을 불러일으키기만 하면 청중은 만족해 한다. 그들은 더이상 가공의 이야기를 요구하지 않고 곧바로 현실생활로 돌아간다. 따라서 문체의 정확성은 별로 요구되지 않는데 그것은 규범의 주의깊은 준수가 무대 위에서는 별로 인식될 수 없기 때문이다.

이야기 구성의 실재가능성만 가지고서는 환상적인 이야기의 끊임없는 참신성·기이성이나 신속성과는 경쟁이 안된다. 그래서 그러한 것은 무시하고 대중은 이것을 용서해 준다. 만약 여러분이 청중을 감동시키는 어떤 상태로 청중을 이끌어들이는 데 성공한다면, 그들은 어떤 경로로 청중을 그리로 인도했는지 개의치 않을 것이며 또한 연극상의 규칙을 무시하고 그들의 감정을 흥분시킨 데 대해 여러분을 비난하는 일은 결코 없을 것임을 확인할 수 있을 것이다.

아메리카인들은 극장에 갈 때 내가 여기서 방금 말한 여러 가지 성향을 모두 나타낸다. 그러나 아직 그들 중에는 극장에 가는 사람이 극히 희박하다는 것을 인정하지 않을 수 없다. 지난 40년간 배우와 연극작품이 아메리카합중국에서 경이적으로 증가했지만, 이러한 종류의 오락에 탐닉하지 않는 사람이 아직 절대적으로 많다. 이것은 특이한 원인에 기인하는데 이 원인에 대해서는 이미 독자들이 알고 있을 것이므로 몇 마디의 말로서 그것을 회상시키는 것으로 족할 것이다.

아메리카공화국을 건설한 청교도들은 오락에는 반대하는 사람일 뿐만 아니라 무대오락을 특별히 싫어하는 사람들이었다. 그들은 그것을 지긋지긋한 시간 낭비라고 생각했다. 그들의 이러한 원칙이 완전히 지배하는 한 연극공연은 그들에게 완전히 소개될 수 없었다. 식민지의 제1대 조상들의 이러한 견해는 후손들의 마음에 대단히 깊은 영향을 미쳤다.

아메리카합중국에서 준수되는 습관의 극단적인 규칙성과 도덕의 철저한 엄격성은 극예술의 성장에 지금까지 별로 도움을 주지 못했다. 거대한 정치적 변화를 목격하지 못했고 또 사랑이 틀림없이 결혼에 이르는 직접적이고 손쉬운 길이 되는 나라에서는 극적인 주제가 될 것이 없다. 일요일에 교회에 가는 일 이외에는 일주일 내내 돈벌이에 시간을 소비하는 사람들은 연극의 여신(the Muse of Comedy)을 초대할 만한 어떤 것을 갖고 있지 못하다.

단 하나의 사실로서 아메리카합중국에서는 무대예술이 대단히 인기가 없다는 것을 증명하기에 충분할 것이다. 법률상 최대의 자유를 보장하고 있고 또 모든 방면에서 언어의 임의로운 사용을 허용하고 있는 아메리카인들은 그럼에도 불구하고 연극작가들을 일종의 검열 아래 두고 있다. 극장공연은 지방행정당국의 허락이 있어야만 열릴 수 있다. 이것은 사회가 개인과 얼마나 유사한가를 보여주는 좋은 증거가 된다. 즉 사회는 그 사회의 지배적인 감정에 거리낌없이 굴복하다가 나중에는 그 사회에 존재하지도 않는 격렬한 취미에 너무 많이 탐닉하지 않기 위해 안간힘을 쏟는다.

문학의 어떤 영역도 연극만큼 사회의 현 상태와 보다 친밀하고 다양한 관계를 맺고 있지는 못하다. 한 시대와 다음 시대와의 사이에 만약 중요한 혁명이 일어나 그 나라의 관습과 법률에 중대한 변화가 초래된다면, 연극은 다음 시대에는 적합할 수가 없다.

앞 시대의 위대한 저자들이 쓴 문학작품은 읽혀지겠지만, 극작품은 청중의 인기를 끌 수 없을 것이다. 과거의 극작가들은 오직 책 속에서만 살아남을 것이다. 어떤 개인의 전통적인 취미나 허영심·유행, 혹은 배우의 재능에 의해서 민주시대에도 귀족주의적 연극이 한동안 유지되거나 소생되겠지만 머지않아 사라질 것인데 이것은 전복된다기보다 방기된다고 말할 수 있을 것이다.

20. 민주시대에 있어서 역사가의 몇 가지 특징

귀족시대의 역사가는 어떤 사건을 특정한 개인의 의지와 성격과 관련짓는 경향이 있다. 그래서 그들은 가장 중요한 혁명까지도 사소한 사건의 탓으로 돌리고 싶어한다. 그들은 가장 작은 원인은 총명하게 추적하면서 가장 중대한 원인은 밝히지 않고 넘어가는 경우가 많다.

민주시대의 역사가는 정확하게 정반대의 성격을 나타낸다. 그들의 대부분은 인류의 운명에 대한 개인의 영향을 별로 인정하지 않는다. 그런데, 또한편 그들은 거대한 일반적인 원인을 모두 사소한 사건의 탓으로 돌린다. 이러한 정반대의 경향은 상호보완적인 설명을 해준다.

귀족시대의 역사가는 세계의 극장예술을 조사할 때, 즉시 전작품을 다루는 아주 소수에 불과한 저명한 배우의 수를 알게 된다. 이 위대한 사람들은

650

무대의 전면을 차지하고서 관심을 자기에게 집중시킨다. 그런데 이 배우들이 말하고 행동하게 하는 비밀의 동기를 열심히 파악하고 있는 동안, 다른 것들은 그의 기억에서 사라진다. 몇몇 사람들이 하고 있는 일의 중요성은 그에게 한 인간이 갖는 영향력에 대해 지나친 평가를 하도록 하며 그래서 자연히 역사가로 하여금 대중의 충동을 설명하기 위해서는 그것을 어떤 한 개인의 특별한 영향으로 돌리는 것이 필요하다는 생각을 하게 된다.

이와는 반대로 모든 개인이 서로 분리되어 있고 그 개개인은 허약한 존재일 때는 어느 누구도 사회에 대해 큰 힘을 행사할 수 있을 것으로는 보이지 않으며 더욱이 지속적인 힘을 행사할 수 있을 것으로는 보이지 않는다. 첫눈에 벌써 개인은 사회에 대한 어떠한 영향력도 절대적으로 행사할 수 없을 것같이 보이며 사회는 그 사회를 구성하는 모든 인간의 자유롭고 자발적인 행동에 의해서 독자적으로 발전해가는 것으로 보인다. 이것은 자연히 인간으로 하여금 많은 사람의 능력에 한꺼번에 작용하여 동시에 같은 방향으로 움직이게 하는 보편적인 이유를 찾도록 자극한다.

나로서는 심지어 민주국가에서조차 어떤 개인의 재능이나 악덕이나 덕행이 한 나라의 역사의 자연적인 흐름을 지체시키기도 하고 또 가속화시키기도 하는 사실을 아주 잘 알고 있다. 그러나 이러한 부차적이고 우연한 성질의 원인이 평등의 시대에는 귀족시대에 있어서보다 훨씬 더 다양하고 은폐되어 있으며, 복잡하고 약화되어 있어서 결과적으로 추적하기가 쉽지 않다. 그래서 이때에 역사가의 임무는 단지 일반적인 사건의 집합으로부터 한 개인이나 혹은 소수인의 특별한 영향을 분리해내는 일이다. 앞의 경우에 있어서 역사가는 그 노력 때문에 곧 지치게 되며, 그의 정신은 이 미로(迷路)에서 혼미해지며, 그리고 개인의 영향을 분명하게 인식하거나 확연하게 지적할 수 없는 그의 무능력 때문에 그는 개인이 어떤 영향력을 갖고 있다는 것에 대해서는 일체 부인하게 된다. 그는 인류의 특징이라든가 국가의 물리적 일치 혹은 문명의 특징 등에 관해 이야기하기를 좋아하게 되며 그래서 이와 같이 노력을 절약하면서 적은 비용으로 더 잘 독자를 만족시키는 것이다.

라파에트(M. de Lafayette)는 그의 회상록 어디에선가 일반적인 원인에 대한 과장된 체계는 이류정치가에게 놀랄 만한 위안거리를 제공한다고 말하고 있다. 나는 거기에다 그 효과는 이류역사가에게도 그에 못지 않은 위안거리가 된다는 것을 첨가하고 싶다. 그것은 언제나 그들의 가장 어려운 작업으로부터 그들을 구출해 줄 수 있는 몇 가지 유력한 이유를 제공해 줄 수 있으며, 그리고 그것이 역사가에게 깊은 사색에 따른 영광을 주는 동안 사실은 그들의 정신적인 나태함과 무능력을 만족시켜주는 것이다.

나로서는 항상 이 세상에서 일어나는 사건의 많은 부분은 매우 일반적인 사실에 기인하고 나머지는 특별한 영향에 기인한다는 견해를 가지고 있다. 이 두 종류의 원인은 언제나 작용하고 있는데 단지 그 산출물이 다를 뿐이다. 일반적인 사실은 귀족시대에 있어서보다 민주시대에 있어서 더 많은 것을 설명하는 데 도움이 되며 그리고 개인의 영향력 탓으로 돌릴 것은 더욱더 적어진다. 귀족시대에는 그 반대현상이 일어난다. 즉 특별한 영향력은 강해지고 일반적인 원인은 약해진다. 실제로 우리가 어떤 개인에게 여타의 모든 자연적인 경향을 차단할 수 있도록 허용하는 불평등한 조건이라는 사실 자체를 일반적인 원인으로 생각하지 않는 한 위와 같은 현상이 일어나는 것이다.

따라서 민주사회에서 발생하는 일을 묘사하려는 역사가들이 많은 사실을 일반적인 원인 탓으로 돌리는 것이나 그들의 주된 관심을 이것을 발견하는 데 쏟는 것은 옳은 일이다. 그러나 그들이 개인의 특별한 영향력을 쉽게 추적할 수 없다고 해서 그것을 전적으로 부인하는 것은 옳지 못한 일이다.

민주시대의 역사가는 중대한 원인을 모든 개개의 사건 탓으로 돌리는 경향이 있을 뿐만 아니라 또한 여러 사건으로부터 어떤 체계를 연역해내기 위해 이 사건들을 모두 결합하기도 한다. 귀족시대에 있어서는 역사가의 관심이 끊임없이 개인에게 향해 있기 때문에 사건의 결합이란 그들에게 있을 수 없다. 오히려 그들은 그러한 사건의 결합 같은 것은 아예 믿지를 않는다. 그들에게는 한 개인의 생애마다 역사라는 실은 끊임없이 끊어지는 것 같이 인식된다. 이와는 반대로 민주시대에는 역사가가 행위자보다는 행위 자체에 더 큰 중요성을 부여하기 때문에 그들은 행위에 어떤 연속성이나 방법상의 질서를 쉽게 부여한다.

훌륭한 역사적 구성물을 풍부하게 지닌 고대문학에는 단 하나의 거대한 역사적 체계가 존재하지 않는다. 반대로 현대문학에서는 아무리 초라한 것이라 할지라도 그러한 것이 많이 포함되어 있다. 고대의 역사가들은 오늘날의 역사저술가들이 과도할 정도로 이용하는 일반이론을 충분히 이용하지 못한 것처럼 보인다.

민주시대의 저술가는 또 다른 보다 위험한 경향을 가지고 있다. 개인의 행동이 국가에 아무런 영향을 미치지 못하는 경우라면, 세계는 아무런 명백한 추진력이 없이도 움직이는 것이 된다. 사회구성원 개개의 의지에 따라 개별적으로 행동하면서 결국은 전체의 움직임을 생성해내는 데 서로 협력하는 여러 가지 원인을 식별하거나 분석하는 것은 지극히 어렵기 때문에, 인간은 그저 이러한 움직임이 비의지적이며 사회는 그 사회 위에 군림하는 어떤 고차원적인 힘에, 무의식적인 힘에, 복종하게 된다고 믿게 된다. 그러나 모든 개인의 사적인 의지작용을 지배하는 일반적인 사실이 지구 위에서 발견될 수 있다고 가정하더라도 인간의 자유의지의 원리는 아직 분명해지지 않는다. 수백만에 달하는 사람을 한꺼번에 감동시킬 수 있을 만큼 아주 강렬하고 그리고 그들 모두를 같은 방향으로 눈을 돌리게 할 정도로 아주 강력한 원인은 불가항력적인 것처럼 보이는 것이 당연하며 그리고 인류가 거기에 반드시 복종하는 것을 보았기 때문에 인간은 거기에 저항할 수 없다는 추론이 불가피하다.

그런데 민주시대의 역사가들은 불과 소수의 사람이 국민의 운명에 영향을 미치는 어떤 힘을 지니고 있다는 것을 부인할 뿐만 아니라 국민이 자신의 조건을 변경시킬 수 있는 힘이 있다는 것조차 부인한다. 그래서 그들은 국민을 확고한 신의 의지라든가 혹은 어떤 맹목적인 필요성에 예속시키는 것이다. 그들에 의하면, 각 국가는 그 위치나 그 기원이나 그 조상이나 혹은 그 특성에 의해서 인간의 노력으로는 도저히 변경될 수 없는 어떤 운명에 영속적으로 예속되어 있는 것이다. 그들은 세대와 세대를 연결짓는데, 이와 같이 시대에서 시대까지, 필연성에서 필연성까지, 결국 이 세계의 기원까지 거슬러 올라가면서 연결을 시킴으로써, 인류를 단단히 묶는 철저하고 거대한 고리를 날조해낸다. 그들 생각으로는 어떤 사건이 발생했는가 하는 것을 나타내 보이는 것만으로는 불충분하다. 즉 그들은 사건이 그 이외의 다른 것으로는 도저히 발생할 수 없었다는 이유를 밝히고 싶어한다. 그들은 한 나라가 역사의 어떤 단계까지 도달했다는 것을 인정함과 아울러 그 나라는 지금까지 걸어온 그 길을 따를 수 밖에 없었다는 것을 확인하려 한다. 결국 그 나라가 어떻게 함으로써 더 나은 길을 걸을 수 있었을까 하는 것을 증명해 보이기보다는 그러한 주장을 전개하는 편이 더 쉬울 것이다.

귀족시대의 역사가들 특히 고대의 역사가들의 저술을 읽으면서, 인간은 그의 운명의 주인이 되고 동료인간을 통치하기 위해서는 자기 자신의 주인이 되어야 한다는 것을 느끼게 된다. 그러나 우리 시대에 나온 역사서적을 읽으면서는 인간은 자기 자신에 대해서조차 완전히 무력하며 더욱이 자기 주위의 모든 사람에 대해서는 더욱 무력하다는 생각이 든다. 고대의 역사가들은 어떻게 지휘, 명령하는가를 가르쳤지만 오늘날의 역사가들은 어떻게 복종해야 할 것인가만을 가르친다. 오늘날 역사가들의 저술에서는 저자는 가끔 위대하게 나타나지만 인간성은 언제나 보잘것없는 것으로 나타난다.

민주시대의 역사가들에게 이토록 매력적인 필연성의 교리가 저자에게서 부터 독자에게까지 전파되어 결국 그 사회의 전대중을 오염시키게 되어 대중의 마음을 사로잡게 되면, 이것은 곧 현대사회의 활동에 중대한 지장을 초래할 뿐만 아니라 기독교도들을 회교도 수준으로 끌어내리게 될 것이다.

더욱이 나는 이러한 교리가 우리가 현재 처하고 있는 이 시대에는 특별히 위험스럽다고 생각한다. 현대인들은 그들 각자가 자신의 연약함으로 말미암아 모든 방면에서 제한되어 있다고 느끼기 때문에 인간의 자유의지를 의심하기가 아주 쉽게 되어 있다. 그러나 그들은 사회로 단결되어 있는 인간은 강력하고 독립적임을 기꺼이 인정하고 있다. 이러한 원리가 간과되는 것을 방치해두지 말아야 할 것인데 우리 시대의 위대한 목적은 인간의 재능을 고양시키는 일이지 인간의 연약함을 가속화하는 일은 아니기 때문이다.

21. 아메리카합중국 의회에서의 웅변에 관하여

귀족국가에서는 사회의 모든 구성원이 상호 연관되어 있으며 동시에 상호 의존하고 있다. 각 계급을 구별하는 척도는 모든 사람을 자기의 적당한 자리에 머무르게 하며 전체 사회의 종속관계를 유지하는 끈으로 작용한다. 귀족국가의 정치적 집회에서는 위와 같은 현상이 항상 발생한다. 각 정당은 자연히 특정한 지도자 밑에 놓이게 되며 본능적으로 지도자에게 복종하는 바, 이것은 단지 다른 곳에서 몸에 밴 습관의 결과일 뿐이다. 그들은 일반 사회의 생활태도를 더 작은 모임에도 그대로 적용한다.

민주국가에서도 가끔 대단히 많은 시민들이 같은 견해를 취하는 경향이 있다. 그러나 개개의 시민은 자기 자신의 의견에 따라서만 서로 다른 방향으로 움직이거나 혹은 자신이 움직이고 있다고 자부하기도 한다. 이 사람들은 자기의 행동을 개인의 충동에 의해서만 조정하는 데 익숙해 있어서 외부로부터의 명령에 기꺼이 복종하는 일은 없다. 이러한 독립적인 취향과 습관은 국가의 여러 위원회에서도 그대로 나타난다. 설사 그가 동일한 목적의 수행을 위해 다른 사람과 결합하는 데 동의한다 할지라도, 적어도 그는 자기 자신의 생활양식에 따라 그 공통의 성공을 위해 공헌할 수 있도록 자유롭게 되어 있어야 한다고 생각한다. 그래서 민주국가에 있어서 여러 정당은 통제를 절대로 용납하지 않으며, 공중이 커다란 위험에 처한 순간을 제외하고는 결코 다루기가 쉽지 않다. 그러한 경우라 할지라도 지도자의 권위는 단지 사람들로 하여금 그 상황에 맞추어 말하고 행동하게 할 수 있을 뿐, 그들을 침묵하게 할 수는 거의 없다.

귀족국가에서는 정치집회의 구성원이 동시에 귀족계급의 구성원이다. 각 구성원은 확립된 높은 지위를 그 자신의 권리로서 누린다. 그래서 그의 눈에는 그가 그 정치집회에서 차지하는 지위는 국가에서 차지하는 지위보다 덜 중요한 때가 가끔 있다. 이것은 그가 공공업무의 토론에서 아무런 역할을 하지 못하는 데 대해 위로가 되며, 동시에 별로 중요하지 않은 역할을 하기 위해 지나치게 서두르는 것을 막아준다.

아메리카에서는 일반적으로 어떤 정치집회에서 지위를 차지해야만 대표가 되는 일이 있다. 그래서 그는 그곳에서 중요한 역할을 담당하고자 하는 열정에 끊임없이 사로잡혀 있다. 그래서 그는 자기의 의견을 동료의원에게 끊임없이 억지로 강요하려는 건방진 욕망을 느끼게 된다. 그 사람 자신의 허영심만이 그를 이런 식으로 행동하게 하는 유일한 자극제는 아니고, 그의 선거구민의 허영심이라든가 그들을 끊임없이 무마해야 할 필요성이 또한 그러한 자극제가 된다. 귀족국가에서는 입법부의 의원은 그의 선거구민에 엄격히 의존하는 일이 별로 없다. 그는 그들에게 일종의 불가피한 대표가 되는 경우가 흔하다. 그래서 선거구민이 스스로 대표에게 엄격하게 의존하는 일이 흔하다. 그리고 만약 그들이 그를 부인하는 일이 생긴다 하더라도 그는 다른 곳에서 쉽게 선출될 수 있으며, 혹은 공무생활로부터 은퇴하여 한가한 생활의 기쁨을 여전히 누릴 수 있다. 아메리카합중국과 같은 민주국가에서 대표자는 선거구민의 마음을 지속적으로 장악하고 있기가 힘들다. 하나의 선거인단이 아무리 작다 할지라도 민주정치의 변화에 따라 그 선거인단의 양상 또한 끊임없이 변한다. 그래서 끊임없이 환심을 살 필요가 있게 된다. 대표자는 그의 지지자들을 결코 신임할 수 없으며, 그래서 만약 그들이 그를 내버리기라도 하면 그는 뿌리없는 나무가 된다. 왜냐하면 그의 본래의 지위는 그에게 가깝지 않은 사람에게도 그가 쉽게 알려질 수 있을 정도로 충분히 고양되어 있지는 않기 때문이다. 또한 국민 가운데 완전한 독립성이 팽배해 있는 상태에서는 그는 그의 친구들이나 정부가 그가 잘 모르는 선거인단에 의해 재선출될 수 있도록 그의 출마를 허용하리란 것을 바랄 수 없을 것이다. 그래서 그의 운명의 씨앗은 오직 자기 자신의 이웃에만 뿌려질 수 있다. 국민을 통솔하고 세계의 운명에 영향력을 행사할 수 있을 만큼 자기를 성장시키기 위해서는 세상 한 모퉁이에서부터 출발하지 않으면 안된다. 이와 같이 민주국가에서는 정치단체의 구성원이 자기의 당보다도 자기의 선거구민을 더 의식해야 하는 반면 귀족국가에서는 선거구민보다 자기의 당을 더 의식하는 것은 당연한 일이다.

그러나 선거구민을 위해 말하게 되는 것이 항상 대표자가 소속해 있는 당에 봉사하기 위한 발언이 될 수 있는 것은 아니다. 당의 일반적인 이익을 위해서는 그 구성원들이 자기가 완전히 이해하지 못하는 큰 문제에 대해서는 발언하지 말아야 한다. 큰 문제에 방해가 되는 작은 문제에 대해서는 별로 이야기하는 일이 없어야 한다. 그리고 끝으로 대부분의 경우 전혀 말하지 말아야 한다. 침묵을 지키는 것이야말로 무관심한 대변자가 공공의 이익에 바칠 수 있는 최대의 유용한 봉사인 것이다.

그러나 선거구민들은 그렇게 생각하지 않는다. 지역구 주민은 대표자의 장점을 대단히 높이 평가하기 때문에 그가 국가의 정치에 참여할 수 있도록 하기 위해 그를 대표자로 선출한다. 인간이란 자기를 둘러싸고 있는 하찮은 것들에 비하면 더 크게 보이게 마련이듯이, 대표자가 지닌 생각은 그 선거구민 가운데 인재가 없음으로 해서 더욱 돋보이게 마련이다. 그래서 선거구민이 자기들의 대표자에게서 기대해야 할 것이 적으면 적을수록, 그들은 더 많이 기대하는 현상이 종종 일어난다. 그가 아무리 무능하다 할지라도 그들은 그가 부여받은 지위에 맞게 괄목할 만한 성과를 거둘 것을 반드시 요구하게 된다.

국가의 입법자로서 그의 지위와는 별개로, 선거인들은 또한 그들의 대표가 의회에서 당연히 선거구민의 보호자가 되어야 한다고 생각한다. 그들은 거의 그를 지지자 개개인의 대리로 생각하게 되며 그래서 국가의 이익을 위한 일보다도 자기들의 사적인 이익을 위해서 더 열심히 일해야 한다고 생각한다. 이와 같이 선거인들은 그들이 뽑은 대표자는 웅변가여야 하며 가능한 한 자주 발언을 해야 하고 그리고 그가 자제해야 할 경우에는 그의 몇 번 안되는 웅변 속에 그들의 사소한 불평사항과 더불어 국가적인 큰 문제들에 대한 탐구를 압축해 넣도록 노력해야 한다고 확신한다. 그래서 설사 그가 빈번하게 발언할 수는 없다 할지라도, 기회있을 때마다 그가 할 수 있는 일이 무엇인가를 확인시켜야 한다. 그리고 그의 능력을 낭비할 것이 아니라 그의 선거구민과 자기 자신에 관한 완전무결한 개요를 제공할 수 있도록 하기 위해 긴장하고 있어야 한다. 이렇게 해야 선거구민은 다음 선거에서 그를 다시 선출할 것이다.

이러한 상황은 능력은 적지만 훌륭한 사람을 절망상태로 몰아붙일 것이다. 왜냐하면 그런 사람은 자기의 능력을 알고서 자발적으로 나서려고 하지 않을 것이기 때문이다. 그러나 이와 같이 강요되어 대표자는 발언하기 시작하고 이것은 그의 친구들을 크게 놀라게 한다. 그래서 그는 가장 뛰어난 웅변가 속으로 무분별하게 뛰어들게 되고, 이것은 논의를 복잡하게 만들고 의회를 지치게 만든다.

대표자로 하여금 선거구민에 보다 더 의존하게 만드는 모든 법률은 입법부의 행위에 영향을 미칠 뿐 아니라, 내가 다른 곳에서 지적했듯이, 언어에도 영향을 미친다. 이러한 법률은 사건 자체에 영향을 미침과 동시에 사건을 다루는 방식에도 영향을 미친다.

자기의 선거구민을 위해 적어도 한 차례의 연설이라도 하지 않고서 고향으로 돌아갈 결심을 할 수 있거나, 혹은 합중국을 구성하는 24개주 특히 자기가 대표하는 지역에 관계되는 어떤 유용한 제안을 자기의 열변 속에 담을 수 있을 때까지 어떠한 방해도 참아낼 수 있는 국회의원은 아마 없을 것이다.

순조로운 상황과 좋은 법률이라면 아메리카인들이 선출하는 국회의원보다 훨씬 우수한 사람들을 민주국가의 국회의원으로 선출하는 데 성공할 수 있을 것이다. 그러나 국회에 출석한 능력이 모자라는 사람들이 수단을 다 동원하여 대중에게 자기 자신을 강요하는 것을 막을 도리는 없다. 이러한 병폐는 완전한 치료가 불가능한 것처럼 보이는데, 왜냐하면 이것이 의회의 기술적인 문제에도 근거하지만 의회의 구성원이라든가 국가의 구성 자체에 근거하기 때문이다. 아메리카합중국 주민들은 이 문제를 이러한 관점에서 파악하고 있다고 생각하는 것 같다. 즉 그들은 의회생활의 오랜 경험을 통해 좋지 못한 발언을 삼가도록 하기보다는 그러한 발언을 용기있게 경청함으로써 자기들에게 이익이 된다고 생각한다. 그들은 피할 수 없는 악에 몸을 맡기는 것처럼 거기에 몸을 맡긴다.

나는 지금까지 민주국가에서의 정치집회에 있어서의 논쟁에 관한 사소한 측면을 검토해 왔다. 이제 좀 거창한 문제를 제시해 보고자 한다. 지난 150년간 영국의회 안에서의 의사진행이 영국 밖에서 큰 반향을 불러일으킨 일은 전혀 없었다. 의원들에 의해 표현된 견해나 감정이 영국과 가장 가까운 나라에 있어서조차 큰 관심을 불러일으키지 못했다. 반면에 혁명기에 있는 아메리카의 작은 식민지의회에서 일어난 최초의 논쟁들은 전유럽을 떠들썩하게 했다.

이것은 특별하고 우연한 상황에 기인할 뿐만 아니라 동시에 일반적이고 지속적인 원인에 기인하기도 한다. 나로서는 민주국가의 의회에서 위대한 웅변가가 국가의 중대문제를 논의하는 것보다 더 경탄할 만하거나 강력한 것은 없다고 생각한다. 어떠한 특수한 계급도 자기 계급의 이익을 수호할 임무를 띠고 있는 사람을 대표자로 파견할 수 없으므로, 웅변가의 연설은 언제나 전체 국가의 이익수호를 위한 것이고 적어도 전체 국가의 이름을 내걸고 연설을 하게 된다. 이것은 그의 사고를 확장시켜주고 동시에 그의 어학 능력을 향상시켜 준다. 그곳에서는 선배가 별 비중을 차지하지 못하고 또 어떤 재산에 수반하는 특권은 더이상 존재하지 않으며 어떤 개인의 고유한 권리 또한 인정되지 않기 때문에, 인간은 논의 중의 특별한 문제를 해결하기 위해서는 인간성으로부터 추출된 보편적인 진리에 의지하지 않으면 안된다. 그러므로 민주국가에서의 정치논쟁은 그것이 아무리 작은 것이라 할지라도 종종 인간에게 매력을 주는 어느 정도의 깊이를 지니고 있다. 그 문제들이 어디에서나 똑같은 '인간'의 문제를 다루기 때문에 모든 사람의 흥미를 불러일으킨다.

이와는 반대로 가장 위대한 귀족국가에서조차 가장 일반적인 문제는 거의 언제나 어느 특수한 시기의 관행이나 혹은 특수한 계급의 이익을 배경으로 하여 논의된다. 그래서 이것은 그 계급만의 관심을 끌든가 혹은 기껏해야 그 계급이 소속해 있는 사람들의 관심을 끌 뿐이다. 프랑스의 정치적

논쟁이 가끔 세계적으로 불러일으키는 거대한 효과는 프랑스 국민의 위대
성이나 프랑스 국민에게 귀를 기울이는 각 국민의 호의적인 성향에 기인하
는 것만큼 바로 위의 사실에도 기인한다. 프랑스의 웅변가들은 자국민만을
향해서 연설을 할 때에도 결국은 인류를 향해 연설하게 되는 경우가 가끔
있다.

제❷부
민주주의가 아메리카인의
감정에 미치는 영향

1. 왜 민주국가는 자유보다 평등에
   더 열렬하고 지속적인 호감을 나타내는가

내가 말할 필요조차 없는 일이지만, 사회의 평등화에 의해 얻어지는 첫 번째의 가장 강렬한 정열은 바로 그 평등에 대한 호감이다. 따라서 내가 다른 것에 앞서서 이러한 감정에 관해 이야기해도 독자들은 조금도 놀라지 않을 것이다.

누구나 말해온 바와 같이 우리 시대, 특히 프랑스에서 이 평등에 대한 정열은 매일 인간의 가슴속에서 그 영역을 넓혀가고 있다. 현대인은 자유보다 평등에 훨씬 더 열렬하고 완강하게 집착한다고 하는 것은 수백 번 지적되어 온 바이다. 그러나 나는 그러한 사실의 원인이 충분히 분석되었다고 생각하지 않으므로 그것을 밝혀보려 한다.

자유와 평등이 만나서 혼합되는 극한점을 상상해 볼 수는 없다. 모든 국민이 정치에 참여하며 그리고 그들 각자는 정치에 참여할 동등한 권리를 소유하고 있다고 가정해 보자. 어느 누구도 자기의 동료와 크게 다르지 않으므로 전제군주와 같은 권력을 행사할 수 없다. 인간은 완전히 평등하기 때문에 완전히 자유롭다. 민주국가는 이러한 이상적인 상태를 지향한다. 이것이 평등이 지상에 구현할 수 있는 유일하고 완전한 형태이다. 그러나 똑같이 완전하지 않으면서도 민주국가가 구현하고 있는 수천 가지의 다른 형태도 있다.

평등의 원리는 정치적인 영역과는 관계없이 민간 사회에서도 확립될 수 있다. 같은 종류의 쾌락을 추구할 수도 있고, 같은 종류의 직업에 종사할 수도 있으며, 같은 장소에 드나들 수 있는 평등한 권리가 있다. 한마디로 모든 인간이 정치에서 같은 역할을 담당하고 있지는 않을지라도 같은 방식으로 생활하고 같은 수단으로 재산을 모을 수 있다. 정치적 영역에는 비록 정치적 자유는 존재하지 않을지라도 일종의 평등은 확립되어 있을 수 있다.

인간은 한 사람 이외에는 모두가 평등한 존재인데 그 한 사람이란 무차별적으로 모든 사람의 주인이며 그의 권력의 대행자를 그들 가운데서 평등하게 선택한다. 아주 거대한 평등이, 다소간 자유로운 제도 혹은 심지어 자유라고는 전혀 없는 제도에 결합될 수 있는 몇 가지 다른 결합 방법이 쉽게 상상될 수 있다.

인간이 완전히 자유롭지 못하고서는 철저하게 평등해질 수 없고 따라서 평등이 그 극한점에 가서는 자유와 결합한다고 할지라도 그래도 이 두 가지를 구분해야 할 이유는 충분히 있다. 사실 인간이 자유에 대해서 갖는 흥미와 평등에 대해서 느끼는 흥미는 별개의 것이다. 그래서 나로는 민주국가에서 이 두 가지가 동등하지 않은 것이란 말을 첨가하지 않을 수 없다.

자세히 관찰해 보면, 어느 시대에나 모든 다른 사실들과 관계되어 있는 어떤 특별하고 우월한 사실이 존재한다는 것을 알게 될 것이다. 이 사실은 거의 언제나 어떤 풍부한 관념이나 압도적인 정열을 창출해내는데, 이것은 그 시대의 모든 감정과 견해를 좌우한다. 이것은 주위의 작은 냇물이 모여드는 큰 냇물과 같다.

자유는 여러 시대에 여러 가지 형태로 나타났다. 그것은 어떤 사회조건에 배타적으로 결합되어 있지는 않았다. 따라서 민주정치에만 국한되어 있는 것은 아니다. 그래서 자유는 민주시대의 특수한 성격이 될 수는 없다. 그 자체로서 민주시대를 특징짓는 특수하고 우세한 사실은 바로 사회조건의 평등이다. 민주시대에 있어서 인간을 지배하는 열정은 바로 이 평등에 대한 호감이다. 민주시대의 사람들이 인간의 평등에서 어떤 매력을 찾고 있는지, 또는 사회가 그들에게 제공하는 어떤 다른 이익보다 평등에 강하게 얽매일 만한 특별한 이유를 그들이 지니고 있는지 하는 것은 물을 필요가 없다. 평등은 그들이 살고 있는 시대의 특수한 성격일 뿐이며, 이 말만으로 그들이 다른 무엇보다도 평등을 더 좋아하는 이유를 설명하는 데 충분하기 때문이다.

그러나 이 이유와는 별개로 인간으로 하여금 항상 습관적으로 자유보다는 평등을 더 좋아하게 하는 몇 가지 다른 이유가 있다.

설사 한 인간이 자기 몸에 배어 있는 평등에 대한 애착심을 제거하거나

감소시키는 데 성공할 수 있다 할지라도 그것은 오랫동안의 힘든 노력에
의해서만 가능하다. 그들의 사회상태가 변해야 하고 법률이 폐지되어야 하
고 견해가 바뀌어야 하고 습관이 달라져야 하고 생활태도가 붕괴되어야 한
다. 그러나 정치적 자유는 훨씬 더 쉽게 잃어버릴 수 있다. 즉 그것을 견고
하게 유지하기 위한 노력을 게을리하는 것은 곧 그것이 사라지도록 내버려
두는 것이 된다. 그래서 인간은 평등이 자기들에게 고귀하기 때문에 매달
리는 점도 있지만, 그것이 영원히 지속되리라고 생각하기 때문에 매달리기
도 한다.

초과상태의 정치적 자유가 개인의 평온과 재산과 생활을 더럽힌다고 하
는 것은 마음이 좁고 생각하기를 싫어하는 사람의 눈에도 분명히 드러난
다. 이와는 반대로 주의력이 깊고 통찰력이 뛰어난 사람만이 평등이 우리
를 위협하고 있는 그 위험을 인식할 수 있는데, 그러나 그들은 보통 그것을
지적하는 것을 회피한다. 그들은 그러한 재앙을 먼 훗날의 일로 알고서 그
러한 재앙은 현 세대는 생각조차 할 수 없는 일로서 미래의 세대에나 닥쳐
올 것이라고 말한다. 자유에 의해서 가끔 초래되는 악은 간접적이다. 그러
나 모든 사람에게 확연히 드러나 보이며, 누구나 그것에 다소간 감염되어
있다. 극단적인 평등이 초래하는 악은 서서히 드러난다. 그러나 그것은 점
점 사회체제 속으로 침투하게 되고 이따금씩 드러나 보일 뿐이다. 그런데
그것이 아주 파괴적인 상태가 되어버리면 습관화되어 더이상 느낄 수조차
없게 되어버린다.

자유에서 얻어지는 이익은 시간이 경과해야만 나타난다. 그래서 언제나
그것이 발생하는 근본원인을 잘못 이해하기가 쉽다. 평등에 의한 이익은
즉각적이다. 그래서 이것은 언제나 그 원천에서부터 추적될 수 있다.

정치적 자유는 일정한 수의 시민에게 고양된 기쁨을 주는 일이 자주 있
다. 평등은 모든 사람에게 날마다 작은 기쁨을 수없이 부여한다. 평등의 매
력은 순간마다 느껴지며 모든 사람이 누릴 수 있다. 아무리 고상한 정신의
소유자라 할지라도 그것에 무감각하지는 않으며 가장 저속한 사람들도 그
것을 좋아해서 미쳐 날뛴다. 그러므로 평등이 조성하는 정열은 강렬하고

전반적임에 틀림없다. 인간은 약간의 희생을 감수하지 않고는 정치적 자유를 누릴 수 없다. 즉 위대한 노력이 없이는 결코 그것을 획득할 수 없다. 그러나 평등의 기쁨은 저절로 제공되는 것이며, 일상생활의 사소한 사건에서도 그것을 느낄 수 있게 된다. 그리고 그것을 누리기 위해서는 생활하는 것 이외에는 아무것도 요구되는 것이 없다.

민주국가는 언제나 평등을 만끽하고 있다. 그러나 그것이 격정의 단계에 이르는 어떤 단계가 있다. 이것은 오랫동안 위협받아온 낡은 사회체제가 심각한 내부투쟁에 의해 전복되고 계급의 장벽이 마침내 무너져내릴 때 발생한다. 이때 인간은 평등을 노획물로서 가로채고 그리고는 마치 잃어버릴까 두려운 어떤 귀중한 보석에 얽매이듯 그것에 얽매인다. 평등에 대한 열정은 모든 면에서 인간의 가슴속으로 파고들고 거기서 확대되며 마침내는 인간을 완전히 사로잡는다. 이처럼 배타적인 열정에 사로잡힘으로써 그들은 가장 귀중한 이익을 손상하고 있다고 그들에게 말해 줄 필요가 없다. 왜냐하면 이미 그들은 귀가 멀어 있기 때문이다. 그들이 다른 곳을 보고 있는 동안 자유는 그들의 손에서 달아나고 있다는 것을 그들에게 증명해 보여주려고 할 필요가 없다. 왜냐하면 그들은 이미 눈이 멀어 있기 때문이다. 그들은 이 세상에서 그들이 얻고 싶어하는 오직 하나의 목적만을 인식할 수 있을 뿐이다.

지금 내가 말한 것은 모든 민주국가에 적용될 수 있다. 그러나 내가 앞으로 말하고자 하는 바는 프랑스인들만이 관계된다. 대부분의 근대국가에서는 특히 유럽대륙에 있는 모든 국가에서는, 자유에 대한 흥미와 관념이 오직 사회상태가 평등으로 기울고 있는 순간에만 그리고 바로 그 평등의 결과로서만 나타나기 시작해서 발전해 가고 있다. 절대군주는 자기의 국민에게서 계급을 없애는 가장 유능한 평등주의자였다. 이러한 나라에서는 평등이 자유를 앞질렀다. 그래서 자유는 아직 생소한 것으로 느껴질 때 평등은 이미 제자리를 굳히고 있는 상태였다. 평등이 이미 그것에 수반하는 관습과 견해와 법률을 확립했을 때, 자유는 이제 현실적인 존재로 부각될 뿐이었다. 이와 같이 평등이 이미 국민의 습관 속으로 침투하여 그 생활태도를

장악하고 생활의 아주 작은 행동에도 어떤 변화를 요구하고 있을 때 자유
는 아직도 견해나 흥미차원의 문제로 머물러 있었다. 현대인들이 자유보다
평등을 더 좋아하는 것을 이상하게 생각할 수 있겠는가?

내가 생각하기로는 민주사회는 자유에 대한 생래적인 흥미를 가지고 있
다. 방임상태가 되면 그들은 그것을 추구하고 소중히 간직하려 하며, 그리
고 그것을 빼앗길 때는 유감스럽게 생각한다. 그러나 평등에 대한 그들의
열정은 열렬하고 탐욕스러우며 지칠 줄 모르고 제어할 수 없다. 그들은 자
유 속에서의 평등을 요구한다. 그러나 그것을 획득할 수 없을 때는 노예상
태에서의 평등마저 요구한다. 그들은 빈곤과 노예상태와 야만상태는 참고
견딘다. 그러나 그들은 귀족주의는 용납하지 않으려 한다.

이것은 모든 시대에 공동으로 적용되나, 특히 우리가 살고 있는 이 시대
에는 더욱 그러하다. 이 제어할 수 없는 열정과 다투려고 하는 사람이나 권
력은 모두 타도되고 파괴될 것이다. 우리가 사는 이 시대에 있어서는 평등
없이는 자유가 확립될 수 없다. 그리고 전제정치 자체도 평등의 지원 없이
는 통치권력을 유지할 수가 없다.

2. 민주국가에서의 개인주의에 관하여

나는 이미 평등의 시대에 있어서 모든 사람이 어떠한 방법으로 자기 자
신 속에서 자기 견해를 찾아내는가 하는 것을 밝힌 일이 있다. 지금은 그들
의 모든 감정이 어떠한 방법으로 자기 자신에만 향하게 되는가를 밝혀보려
한다. '개인주의'(Individualism)라는 것은 새로운 관념에 의해서 창출된
신기한 표현이다. 우리들의 조상은 오직 '이기주의'(egoism)만을 알고 있
었다. 이기주의는 자기 자신에 대한 열정적이고 과도한 애착을 말하는데
이것은 인간으로 하여금 모든 문제를 자기 자신과 관련시키게 하고 자기
자신을 이 세상의 무엇보다도 좋아하게 한다. 개인주의는 성숙하고 평온한
감정으로서 이것은 사회의 각 구성원으로 하여금 동료인간으로부터도 분리

되게 한다. 그래서 이와 같이 그가 그 자신의 조그마한 성을 형성한 후에는 기꺼이 사회를 잊어버린다. 이기주의는 맹목적인 본능에 근거한다. 그러나 개인주의는 타락한 감정에서부터 생기기보다는 잘못된 판단에서 생긴다. 그래서 이것은 일방적인 감정에서 생기는 것과 마찬가지로 지성의 결핍에서 생긴다.

이기주의는 모든 덕성의 씨앗을 마르게 한다. 그러나 개인주의는 처음에는 공공생활의 덕성을 좀먹다가 마침내는 다른 모든 것을 공격·파괴하며 최후에는 이기주의로 전락한다. 이기주의는 옛날부터 악덕이며 어떤 형태의 사회에도 존재해 왔다. 그러나 개인주의는 민주주의를 그 기원으로 하고 있으며 그것은 사회의 평등화에 비례해서 확산되고 있다.

귀족국가에서는 가족이 수세기 동안 같은 상태에서, 그리고 같은 장소에 머물러 있기 때문에, 모든 세대가 말하자면 동시대로 된다. 어떤 사람이라도 거의 언제나 그의 조상을 알고 있으며, 그들을 존경한다. 그리고 그는 이미, 그의 먼 후손을 바라보며, 그들을 사랑한다. 그는 기꺼이 그의 조상과 후손에 대한 의무를 자기 자신에게 부과한다. 그는 앞서 살다간 사람들과 자기 뒤에 나타날 사람을 위해 자기의 개인적인 만족을 종종 희생하려 한다. 더욱이 귀족적인 제도는 모든 인간을 자기의 동료시민 중의 몇 사람과 친밀하게 연결하는 효과를 지니고 있다. 귀족국가에서의 여러 계급은 구분이 명확하고 항구적이기 때문에 그 구성원들은 자기 계급을 일반적인 국가보다 훨씬 더 현실적이고 소중하게 여겨지는 소(小)국가로 생각한다. 귀족사회에서는 모든 시민이 상하로 명확하게 구분되어 있는 자기의 위치를 차지하고 있기 때문에, 그 결과 그들 각자는 자기에게 필요한 어떤 보호를 베풀어주는 윗계급의 사람과 자기가 협력을 요청할 수 있는 아랫계급의 사람으로 나누어 생각한다. 그래서 귀족시대에 사는 사람들은 거의 언제나 자기 밖의 어떤 대상에게 집착하게 되고 자기 자신을 잊어버리는 데 익숙해져 있다. 귀족시대에는 인간의 동료의식에 대한 관념은 희박하며, 인류를 위해 자기희생을 감수하겠다는 생각은 별로 하지 않는 것이 분명하다. 그러나 다른 사람을 위해 자기를 희생할 각오를 하는 경우는 가끔 있다. 이와는 반대로 민주시대에는 인류에 대한 개인의 의무가 훨씬 더 분명해질 때에 어떤 한 사람에 대한 헌신적인 봉사는 훨씬 더 드물어진다. 인류에 대한 애정의 폭은 넓어지지만, 그 농도가 묽어진다.

민주국가에서는 끊임없이 새로운 가족이 형성되고 또 없어지는 가족도 있다. 그리고 남아 있는 가족이라 할지라도 모두 그 상태가 변한다. 시간이란 천은 순간순간 찢겨나가고 세대들의 족적은 소멸된다. 앞서 살았던 사람은 곧 잊혀지고 뒤에 나타날 사람에 대해서도 생각하는 사람이 없다. 인간의 관심은 자기 자신과 밀접히 연결되어 있는 사람에게 국한된다. 각 계급은 점점 다른 계급에 접근하여 혼합됨으로써 그 구성원들은 획일적이 되면서 계급적 동질성을 잃는다. 귀족주의는 농부로부터 왕에 이르기까지 모든 사회구성원을 연결시켰으나 민주주의는 그 끈을 파괴하고 그 고리의 마디마디를 잘라내버렸다.

사회상태가 보다 평등해짐에 따라 그들이 비록 자기의 동료에게 어떤 영향력을 행사할 수 있을 만큼 부유하거나 강력하지는 못하다 할지라도, 자기 자신의 욕구를 충족시킬 수 있을 만한 교육과 재산을 충분히 확보한 사람의 수는 증가하고 있다. 그들은 어떤 사람에게도 빚진 것이 없으며 또 아무것도 기대하는 바도 없다. 그들은 항상 홀로 지낸다는 생각을 습관화하고 있으며 그들의 모든 운명은 그들 자신의 손에 달려 있다고 생각하게 된다.

이와 같이 민주주의는 모든 사람으로 하여금 자기의 조상을 잊게 할 뿐만 아니라 후손에 대해서 무관심하며 동시대인으로부터 고립시킨다. 그래서 민주주의는 언제나 자기 자신에게만 매달리게 하며 마침내는 인간을 완전히 고독한 존재로 가둘 위험을 안고 있다.

3. 개인주의는 다른 어느 때보다도
   민주주의의 혁명이 끝날 무렵에 더욱 강해진다

귀족주의가 종식되고 민주사회의 건설이 완성된 시기는 특별히 인간 상호간의 고립과 그것에서 비롯되는 이기주의가 가장 현저하게 드러나는 때이다. 민주사회는 대단히 많은 수의 독립적인 시민을 포용하고 있을 뿐만 아니라, 방금 전에 독립상태에 접어들어서 아직 그들이 얻은 새로운 권력에 도취되어 있는 사람들로 끊임없이 가득차 있다. 그들은 주제넘게도 강한 힘을 소지하고 있다고 확신하고 있다. 그리고, 그들은 앞으로 동료인간들의 도움을 청할 일은 없으리라고 생각하기 때문에 그들 자신 이외에는 아무에게도 관심둘 필요가 없다는 생각을 공공연히 드러낸다.

귀족주의는 상이한 사회계급 사이에 화해할 수 없을 정도의 원한이 타오르는 끈질긴 투쟁이 없이 무너져내리는 일은 별로 없다. 이러한 열정은 승리보다도 더 오래 가며, 그 흔적은 다음에 닥쳐오는 민주적인 혼란 속에서 관찰될 수 있다. 가장 최근에 계급제도의 정상에 속했던 사회구성원들은 지난날의 자기들의 위대성을 곧바로 잊지는 못한다. 그래서 그들은 상당히 오랫동안 새로 형성된 사회에서 그들을 이방인으로 생각할 것이다. 그들은 이러한 사회상태에 의해 그들과 평등해진 모든 사람을 억압자로 간주하게 되며, 그 억압자들의 운명은 아무런 동정심을 불러일으킬 수 없다고 생각한다. 그들은, 전 시대에 그들과 평등했던 사람들을 볼 수 없게 되었으며 이제 공통의 이해관계 때문에 그들과 운명공동체라는 생각은 갖지 않게 된다. 그들 각자는 외로운 상태에서 자기 자신만을 돌보아야 되겠다고 생각한다. 이와는 반대로 전 시대에 최하위계급에 속했다가 갑작스런 혁명으로 동등한 계급으로 부상한 사람들은 새로 획득한 독립을 아무런 불안감 없이 누리지는 못한다. 그래서 만약 이제 그들과 동등한 관계에 놓이게 된 시대의 상위층 사람들을 만나게 될 경우 그들은 승리와 공포의 감정을 동시에 드러내면서 그들과 소원한 관계를 이루게 된다.

그런데 시민들이 가장 서로 떨어져 살고 싶어하는 것은 민주사회의 초기에 흔히 있는 일이다. 민주주의는 인간으로 하여금 동료인간에게 끌려가지 않도록 한다. 그러나 민주혁명은 그들로 하여금 서로 피하게 하며, 불평등의 상태에서 형성된 증오심을 평등의 상태에서도 영구히 간직하게 한다.

아메리카인들은 민주주의 혁명을 거치지 않고 민주상태에 도달했으며 처음부터 평등하게 태어났는데, 이것은 아메리카인들이 가진 커다란 이점이었다.

4. 자유로운 제도로써 개인주의에 의한 영향과 싸우는 아메리카인들

전제정치는 그 속성상 의심이 많기 때문에 국민의 상호 분열이야말로 그 체제를 유지할 수 있는 가장 확실한 보장책이라 생각한다. 인간의 감정 중에서 이기주의만큼 그것에 적합한 악덕은 없다. 전제군주는 자기의 신민이 그들 상호간에 서로 사랑하지만 않는다면 군주 자기를 사랑하지 않는 것도 쉽게 용서해버린다. 그는 국가를 통치하는 데 자기를 도와달라고 국민에게 요구하지는 않는다. 국민 스스로 국가를 통치하려 하지 않는 것으로 충분하다. 그는 사회의 번영을 위해 국민의 힘을 결합하려고 하는 사람을 불온하고 다루기 어려운 사람으로 낙인찍는다. 그래서 그는 언어의 본래 의미를 왜곡하여 자기 자신 이외에는 어떤 사람에게도 동정심을 갖지 않는 사람을 선량한 시민으로 칭찬한다.

따라서 전제정치가 만들어내는 악덕은 평등에 의해 나타나는 악덕과 정확히 일치한다. 유감스럽게도 이 두 가지는 상호 보완적으로 발전한다. 평등이 인간을 아무런 공통적인 유대에 의해 연결되지 않는 상태로 개별화한다면, 전제정치는 인간을 분열상태에 묶어두기 위해 장벽을 쌓는다. 전자가 인간으로 하여금 동료인간을 생각하지 않도록 만든다면, 후자는 일반적인 무관심을 일종의 공공의 미덕으로 삼는다.

그런데 전제정치는 어느 시대에나 위험한 것이지만 민주시대에는 더욱 두려운 것이 된다. 민주시대에 인간이 자유를 가장 필요로 하는 상태에 있다는 것은 쉽게 알 수 있다. 공동체의 구성원이 공공업무에 종사해야만 할 때, 그들은 반드시 자신의 이익의 테두리로부터 벗어나야 하며, 때로는 자신을 살피지 못하는 경우도 있다. 어떤 사람이 공공업무를 공적으로 처리하게 되면, 그는 곧 자기가 처음에 상상했던 것만큼 자기의 동료인간으로부터 독립되어 있는 것은 아니라는 것을 알게 되며, 그들의 지지를 얻기 위해서는 그는 가끔 그들에게 협조를 아끼지 말아야 한다는 것도 알게 된다.

민중이 통치하는 세상이 될 때는, 민중의 호의가 가지는 가치를 느끼지 않거나 혹은 그가 살고 있는 사회의 민중의 존경과 애정을 자기 자신에게 끌어들임으로써 민중의 호의를 얻으려고 노력하지 않는 사람이 없다. 그런데 타인의 감정을 산산이 흩어지게 해서 생기를 잃게 하는 열정 중에서 많은 것은 표면에서 사라져서 숨어버리지 않을 수 없다. 자존심도 감추어져야 하며 오만한 마음은 나타나지 말아야 한다. 그래서 이기심은 자기 자신마저 두려워한다. 자유로운 정부 아래에서는 대부분의 공직이 선거에 의해 결정되기 때문에 자기의 숭고한 정신이나 큰 희망이 타인의 생활에 의해 너무 철저히 제한을 받는 사람들은 그들 주위의 사람들이 없이는 아무것도 할 수 없다고 생각하게 된다. 이러한 때 사람들은 야심이 동기가 되어 주위 사람들에 대해 관심을 갖게 되며 그리고 그들은 어떤 의미로는 그들 자신을 잊어버리는 것이 그들에게 이익이 된다는 것을 알 때가 종종 있다.

나는 여기서 선거전략이나 후보자의 야비함 그리고 상대 후보자의 중상에서 나오는 어떤 반대에 직면할지 모르겠다. 이것은 선거가 잦을수록 더 많이 발생하는 반목의 기회가 된다. 이러한 악은 틀림없이 큰 것이지만 그러나 그것은 일시적이다. 반면에 그것에 수반하는 이익은 오래 남는다. 당선되고자 하는 열망은 인간으로 하여금 한동안 난폭한 적대감에 사로잡히게 하겠지만 이 욕망은 장기적으로는 모든 인간이 상호 협조하도록 유도한다. 그리고 설사 선거로 말미암아 두 친구를 갈라놓는 경우가 있다 할지라도 선거제도 자체는 만약 선거가 없다면 서로 모르는 상태에서 살아갈 수많은 사람들을 영구히 결합하게 한다. 자유는 개인적인 원한을 불러일으키지만 전제정치는 일반적인 무관심을 조장한다.

아메리카인들은 자유로운 제도로써 인간을 산산이 흩어지게 하는 평등의 경향과 싸워왔고 그래서 그것을 정복했다. 아메리카의 입법자들은 나라 전체의 문제를 다루는 대의기구가 민주적인 사회구조에 필연적으로 나타나며 또한 치명적인 무질서를 막는 데는 충분하다고 생각하지 않았다. 그들은 또한 사회의 모든 구성원에게 협력해서 행동할 수 있는 기회를 최대한으로 제공해 주기 위해, 그리고 그들로 하여금 끊임없이 상호의존성을 느끼게 해주기 위해 정치생활을 영토의 각 부문별로 나누는 것이 좋다고 생각했다. 이 계획은 현명한 것이었다. 한 나라의 전체적인 문제는 지도적인 정치인만의 관심을 끌고 있으며, 이들은 이따금 같은 장소에 모일 뿐이다. 그후에는 만나지 않으므로 그들 사이에 지속적인 유대는 확립될 수가 없다. 그러나 만약 일정한 구역의 지방사무가 그곳에 거주하는 사람들에 의해 수행되게 하는 것이 목적이라면, 동일한 인물들이 항상 접촉을 가질 것이며 그리고 어떤 의미에서는 서로 잘 알 뿐만 아니라 서로 적응시키지 않을 수 없을 것이다.

국가의 운명 속에 자신의 관심을 기울이도록 개인 영역에서 어떤 개인을 끌어낸다는 것은 어려운 일이다. 왜냐하면 그로서는 국가의 운명이 그 자신의 운명에 어떤 영향을 미칠 것인가 하는 것을 분명히 이해하지 못하기 때문이다. 그러나 만약 그의 소유지의 끝을 가로지르는 도로의 건설이 제기될 경우, 그는 당장 이 조그마한 공공업무와 자기의 중대한 개인적 업무 사이에 어떤 관련이 있음을 알게 될 것이다. 그래서 그는 비록 증명되지 않을지라도 개인적인 이익과 일반적인 이익을 연결하는 밀접한 유대를 발견하게 될 것이다. 이와 같이 공공의 복지에 관심을 갖게 하고 그것을 위해서는 언제나 그들의 상부상조가 요구된다는 것을 확신시키기 위해서는, 공공업무 중에서 중대한 것을 시민에게 맡기기보다는 사소한 업무를 맡기는 것이 훨씬 효과적일 것이다. 어떤 업무를 멋있게 처리한다면 단번에 국민으로부터 호감을 얻을 것이다. 그러나 주위 사람의 사랑과 존경을 얻기 위해서는 오랜 기간에 걸친 작은 봉사와 눈에 띄지 않는 선행, 습관화된 끊임없는 친절, 그리고 사욕이 없다는 평판의 확립 등이 요구될 것이다. 그런데 지역적인 자유는 많은 시민으로 하여금 자기 이웃과 자기 친척의 애정을 높이 평가하도록 함으로써, 그것이 인간을 분열시키는 성향이 있음에도 불구하고 인간을 영구적으로 단결시키며 동시에 상부상조하게 만든다.

아메리카합중국에서는 부유한 시민일수록 다른 사람과 분리되지 않기 위해 대단히 조심한다. 도리어 그들은 하층계급과도 끊임없이 편안한 관계를 유지한다. 그들은 이들의 말을 경청하기도 하고 또 이들에게 말하기도 한다. 민주사회에서는 부유한 사람들이 언제나 가난한 사람들의 도움을 필요로 하고 있다는 것을 알고 있다. 그리고 민주시대에는 어떤 은혜를 베푸는 것보다 예절을 갖춤으로써 가난한 사람들과 친해질 수 있다는 것도 알고 있다. 생활상태의 차이를 드러내는 이러한 은혜는 받는 사람에게 어떤 보이지 않는 불쾌감을 불러일으킬 수 있지만, 소박한 예절은 못 견딜 정도로 매혹적이 된다. 상냥함은 인간을 도취시키며 설사 세련이 덜 된 점도 반드시 불쾌하지만은 않다. 이러한 사실이 부자의 마음에 곧장 뿌리를 내리지는 못한다. 민주혁명이 지속되는 동안 일반적으로 그들은 그러한 일에 저항감을 느끼며 혁명이 완성된 직후에도 그것을 인정하려 들지 않는다. 그들은 사람들에게 착하게 행동할 준비는 되어 있다. 그러나 그들은 아직도 다른 사람들을 멀리하고 싶어한다. 그들은 그것으로 충분하다고 생각하지만 그것은 잘못이다. 그들은 이와 같이 주위 사람들의 마음을 누그러뜨리지 못하면서 재산을 소진할 가능성이 있다. 그런데 사실 이웃 주민들은 그의 재산의 희생을 요구하는 것이 아니라 그의 자존심의 희생을 요구하는 것이다.

마치 아메리카합중국에서는 모든 상상력이 부의 증대수단을 발명하고 대중의 욕구를 만족시킬 수 있는 방법을 창안해내는 데 집중되어 있는 것처럼 보인다. 각 지역에서 가장 유식한 주민들은 끊임없이 그들이 얻은 정보를 공공재산의 증식을 위한 새로운 방법을 모색하는 데 활용한다. 그래서 만약 그들이 그러한 방법을 찾아내면 열심히 그것을 대중에게 넘겨준다.

아메리카에서 통치자에게 종종 일어나는 악덕이나 취약성을 면밀히 관찰해 볼 때, 국민의 번영은 놀라움을 야기시키는데, 그야말로 의외라고 여겨진다. 선거로 뽑힌 행정관리가 아메리카의 민주주의를 번창하게 하는 것이 아니라 행정관리가 선거로 뽑히기 때문에 민주주의가 번창하는 것이다.

모든 아메리카인들이 그들의 동료시민의 복지를 위해 나타내는 애국심이나 열성이 전부 다 불성실한 것이라고 생각한다면 그것은 부당하다. 개인적인 이익이 다른 곳에서와 마찬가지로 아메리카합중국에서도 대부분의 인간행동의 방향을 결정하는 것은 사실이지만, 그것이 그 모든 것을 좌우하는 것은 아니다. 나로서는 아메리카인들이 공공의 복지를 위해 큰 희생을 감수하는 것을 보았다. 그리고 성실하게 상부상조하는 예를 수백 가지나 보았다. 아메리카합중국 주민들이 가진 자유로운 제도와 그들이 최대한으로 활용하고 있는 정치적인 권리는 모든 시민에게 수천 가지의 방법으로 그들이 사회생활을 하고 있다는 것을 일깨워준다. 그들은 순간마다 동료인간에게 자신이 유용하도록 하는 것이 자기에게도 이익이 되는 일인 동시에 인간으로서의 의무이기도 하다는 관념을 마음에 되새긴다. 시민 개개인은 이제 노예도 아니고 또 그 주인도 아니기 때문에 다른 사람들에게 원한을 품을 만한 특별한 이유를 발견하지 못하며 그래서 쉽게 친절한 감정을 가지게 된다. 처음에는 필요에 의해서, 나중에는 선택에 의해서 공중의 이익에 참여하게 된다. 의도적이었던 것이 본능적인 것으로 된다. 그래서 동료시민의 이익을 위하여 일하는 과정에 마침내 그들에게 봉사하는 습관과 취미가 형성된다.

프랑스 사람들 중에는 사회의 평등을 가장 큰 악으로, 그리고 정치적 자유를 그 다음의 악으로 생각하는 사람이 많다. 만약 그들이 전자에 복종하지 않을 수 없을 때는, 적어도 후자로부터는 벗어나기 위해 노력한다. 그러나 내가 생각하기에는 평등에 의해 나타나는 악에 맞서기 위해서는 오직 한 가지의 효과적인 방법이 있는데, 그것은 곧 정치적 자유이다.

5. 아메리카인들의 시민생활에 있어서
공공결사의 이용에 관하여

나는 다수의 전제적 행동이나 왕권의 침해에 대항하여 인간들이 자신을 보호하려는 것을 도와주는 것으로서 정치적인 결사를 말하지 않으려 한다. 그 문제는 이미 다룬 바 있다. 만약 개개의 시민이 개인적으로 더욱 취약해져서 자기의 자유를 단독으로 유지할 수 없게 됨에 따라 그것을 유지할 목적으로 동료시민과 결합하는 것을 배우지 않는다면, 평등과 함께 압제가 증대할 것은 분명한 사실이다.

여기서는 정치적인 목적과는 아무런 관계가 없이 시민생활에 있어서 구성된 공공결사에 대해서만 언급하고자 한다. 아메리카합중국에 존재하는 정치적인 결사는 그 나라에 있는 무수한 결사의 집단 가운데 오직 하나의 유형에 불과하다. 모든 시대의, 모든 조건의, 모든 성향의 아메리카인들은 끊임없이 결사를 조직한다. 모든 사람이 참가할 수 있는 상공단체가 있을 뿐만 아니라, 수천 가지의 단체, 즉 종교단체, 도덕단체, 진지한 단체, 쓸데 없는 단체, 포괄적인 단체, 제한적인 단체, 큰 단체, 작은 단체 등이 있다. 아메리카인들은 오락을 제공하기 위해서, 학교를 세우기 위해서, 여관을 짓기 위해서, 교회를 건립하기 위해서, 책을 배포하기 위해서, 다른 나라에 선교사를 파견하기 위해서 결사를 구성한다. 이와 같은 방법으로 그들은 병원이라든지, 교도소라든지, 학교를 건설한다. 어떤 새로운 사업을 시작할 때 프랑스에서는 정부기관을, 영국에서는 귀족을 보게 되는 데 반해 아메리카합중국에서는 어떤 단체를 틀림없이 발견하게 된다.

나는 이전에는 아무런 생각을 하지 못했다고 고백하지 않을 수 없는 여러 종류의 단체를 아메리카에서 접한 일이 있다. 그런데 나는 가끔 아메리카합중국 주민들이 대단히 많은 사람들이 노력할 수 있도록 공통의 목적을 제공하고, 또 그들이 자발적으로 그것을 추구하게 하는 데 성공하는 그 탁월한 기술에 대해 칭찬해 왔다. 나는 그후 아메리카인들이 그들의 법률과 관습 중에서 많은 것을 가져다 쓰고 있는 영국을 여행한 일이 있다. 이 나

라에서는 단체의 원리가, 절대로 끊임없이 그리고 교묘하게 이용되지 않는
것처럼 보였다. 영국인들은 큰 일을 혼자 하는 때가 많은 데 비해 아메리카
인들은 아주 작은 사업을 위해서도 단체를 구성한다. 영국인들은 단체를
행동의 강력한 수단으로 생각하는 것이 분명한 데 반해 아메리카인들은 행
동을 위한 유일한 수단으로 생각하는 것 같다.

　이와 같이 이 지상의 가장 민주적인 국가는 공통의 욕망에 의한 목표를
공동으로 추구하는 기술을 가장 완성된 단계에까지 발전시키고 그리고 이
새로운 과학을 대부분의 목적 추구에 적용시키고 있다. 이것은 우연한 결
과인가? 아니면 단체의 원리와 평등의 원리 사이에 실제로 어떤 관련성이
있다는 말인가?

　귀족사회에는 언제나 스스로 무력한 다수의 인간이 있고 힘이 세고 부유
한 소수의 인간이 있는데, 이 소수의 인간이 단독으로 큰 사업을 성취할 수
있다. 귀족사회에서는 인간은 이미 강하게 결합되어 있기 때문에 행동하기
위하여 결합할 필요는 없다. 부유하고 힘이 강한 시민은 모두 항구적이고
강제적인 단체의 우두머리를 이루고 있으며, 이러한 단체들은 이런 사람에
의지하거나 이런 사람들이 자기들의 계획을 집행하는 데 도움이 되는 사람
들로 구성되어 있다.

　이와는 반대로 민주국가에서는 모든 시민이 독립되어 있으며 그리고 취
약하다. 그들은 혼자서는 아무것도 할 수 없다. 그리고 어느 누구도 다른
사람의 도움을 요구할 수 없다. 따라서 만약 그들이 상부상조하는 법을 자
발적으로 배우지 않게 된다면 그들은 모두 무력한 존재가 된다. 만약 민주
국가에서 사는 사람들이 정치적 목적을 위해 단체를 구성할 권리나 의향이
없다면, 그들이 누리는 독립은 큰 위난에 처하게 될 것이다. 그러나 그들의
재산이나 문화는 오래 간직할 수 있을 것이다. 반면에 만약 그들이 일상생
활에서 단체를 구성하는 습관을 갖지 못하고 있다면 문명 자체가 위험에
처할 것이다. 개인으로서 단독으로 큰 일을 성취할 수 없는 국민은 만약 그
들이 단결된 노력으로서 그것을 성취할 수 있는 방법을 강구하지 못한다
면, 곧 야만상태로 전락할 것이다.

불행하게도, 민주국가에 그토록 필요한 단체를 부여하는 사회상태 바로 그것이 다른 어떤 종류의 국가보다도 민주국가에서 단체의 구성을 더 어렵게 만든다. 귀족사회에서 몇몇 구성원들이 단체를 구성할 것에 합의한다면, 그들은 쉽게 그렇게 할 수 있다. 각 구성원이 큰 힘을 가지고 그 단체에 가입하기 때문에 구성원의 수는 대단히 제한된다. 단체 구성원의 수가 제한되어 있기 때문에 그들은 쉽게 잘 아는 사이가 되고 서로를 이해하며 고정된 규약을 확립하게 된다. 이러한 일이 민주국가에서는 일어나지 않는다. 여기서는 그 단체가 어떤 힘을 보유하기 위해서는 그 구성원의 수가 언제나 대단히 많아야 한다.

우리나라 사람(프랑스인을 말함 ——옮긴이) 중에는 이러한 어려움 때문에 곤란을 겪는 사람이 없다는 것을 나는 알고 있다. 그들은 시민이 보다 취약해지고 무능력해질수록, 정부는 개인이 성취할 수 없는 것을 전체 사회가 성취할 수 있도록 보다 유능하고 활동적이 되어야 한다고 생각한다. 그들은 이것으로 전체적인 어려움에 대한 대답이 된다고 믿고 있으나, 내가 생각할 때는 그들은 오해하고 있다.

정부는 아메리카에서 가장 큰 회사 중의 몇몇의 역할을 수행할는지는 모른다. 그리고 합중국의 몇몇 주나 구성원들은 이미 그것을 시도해왔다. 그러나 어떠한 정치권력이 단체원리의 도움으로 아메리카의 시민들이 매일 수행하는 수많은 사업들을 완수할 수 있겠는가? 인간이 자기 혼자만으로는 가장 흔한 생활필수품을 만드는 데 점점 더 무력해지는 때가 가까워 오고 있다는 것을 쉽게 예상할 수 있다. 따라서 통치권력의 업무는 끊임없이 증가할 것이고 그리고 그 노력은 매일 그 업무를 더욱 확장시켜 나갈 것이다. 정부가 단체를 대신하면 할수록 개인은 단결에 관한 관념을 잃고 정부의 원조를 요구할 것이다. 이것은 상호 원인과 결과가 되어 끊임없이 상승작용을 일으킬 것이다. 국가행정은 마침내 개인이 혼자서는 도저히 수행할 수 없는 모든 공업경영까지 떠맡을 것인가? 그리고 만약 토지의 극단적인 세분화로 말미암아 토지가 무수히 많은 구획으로 나누어져서, 경작자의 집단에 의해서만 경작될 수 있는 때가 온다면, 정부의 우두머리가 쟁기를 잡기 위해 국가권력을 떠나는 것이 요구되겠는가? 만약 정부가 사기업의 자리를 완전히 강탈한다면, 민주국가의 도덕과 지성은 그 상업이나 공업만큼 위기에 처하게 될 것이다.

인간 상호간의 영향이 있어야만 감정과 의사는 회복되고 애정은 확대되며 그리고 정신을 발전한다. 나는 이미 민주국가에서는 이러한 영향은 거의 전무한 상태라는 것을 밝힌 바 있다. 그래서 그것은 인위적으로 조성되어야 하는데 이것은 오직 단체생활에 의해서만 이루어질 수 있다.

귀족사회의 구성원이 새로운 견해를 취한다거나 새로운 감정을 느끼게 될 때, 말하자면 흥분한 상태에서 그들이 서 있는 높은 계단에 하나의 정거장을 설치한다. 그래서 대중의 눈에 아주 잘 띄는 견해나 감정은 모든 주위 사람들의 지성이나 감정에 쉽게 받아들여진다. 민주국가에서는 자연히 통치권력만이 이와 같이 행동할 수 있는 상태에 놓여 있다. 그러나 그러한 행동은 언제나 부적합할 뿐만 아니라 때로는 위험하기까지 한 것을 쉽게 알 수 있다. 정부가 다수 인간 상호간의 견해와 감정을 활성화하고 새롭게 하는 데 적절하지 못한 것은 정부가 생산산업에 관한 모든 견해를 다루는 데 적절하지 못한 것과 마찬가지이다. 정부가 그 정치적인 영역을 넘어서서 이러한 새로운 길로 접어들려고 시도하게 되면 곧 그것은 비록 고의는 아니라 하더라도 아무런 지지를 받을 수 없는 독재를 하게 마련이다. 왜냐하면 정부는 엄격한 규정을 지시할 수밖에 없게 되고 정부가 좋아하는 견해가 강제로 실행되며 그리고 정부가 행하는 권고와 명령 사이에는 구분이 어렵게 되기 때문이다. 만약 정부가 실제로 모든 사상의 교류를 막는 데 스스로 흥미를 느끼게 되면 사정은 더욱 악화될 것이다. 그렇게 되면 침묵 속에서 모든 사람이 스스로 움츠러들게 될 것이다. 따라서 정부는 유일하게 활동의 근원적인 힘이 되어서는 안된다. 민주국가에서는 단체가, 사회의 평등화에 의해 없어진 강력한 개인의 위치를 대행해야 하는 것은 당연한 일이다.

아메리카합중국 주민 중의 몇 사람이 만약 그들이 이 세상에서 발전시키고 싶을 만한 어떤 견해나 감정을 갖게 되면, 그들은 곧 상호 지원을 위한 방법을 모색하게 된다. 그래서 그들이 서로 상대자를 찾아내면 곧 결합하게 된다. 그 순간부터 그들은 고립된 인간이 아니고 멀리서도 볼 수 있는 하나의 세력이 되며, 그들의 행동은 본보기가 되며, 그들이 하는 말은 경청된다. 내가 처음으로 아메리카합중국에서는 수십만 명이 술을 끊겠다는 것을 공개적으로 맹세했다는 것을 들었을 때, 나에게는 그것이 어떤 진지한 결정이라기보다 하나의 농담으로 들렸다. 그래서 나는 이 절제있는 시민들이 왜 화롯가에 앉아서 물을 마심으로써 만족해 할 수 없는지를 금방 알지 못했다. 나는 뒷날 이들 수십만 명의 아메리카인들이 그들 주위의 술취한 사람들의 행동에 자극받아 금주를 장려할 결심을 하게 되었다는 것을 이해했다. 그들은 사치한 것을 경멸하여 검소한 차림을 장려하기 위해 소박하게 옷을 입는 고위층 사람과 똑같은 방식으로 행동했다. 만약 이 수십만 명의 사람들이 프랑스에 살았더라면 그들 각자가 단독으로 전국에 걸쳐 있는 대폿집을 감시하라고 정부에 청원했을 것이다.

내 생각으로는 아메리카에 있는 그 어떤 단체도 지적인 단체와 도덕적인 단체만큼 우리들의 주의를 끌지는 못하리라고 생각된다. 물론 그 나라의 정치적인 단체와 산업적인 단체가 우리의 눈에 강하게 들어온다. 그러나 그 이외의 것은 우리의 관찰에 잘 안 들어온다. 설사 그러한 단체가 있다는 것을 알게 되더라도, 우리가 지금까지 그러한 종류의 단체에 관해 별로 아는 바가 없기 때문에 그것에 대해서 잘 알 수 없다. 그러나 아메리카인들에게는 전자에 못지 않게 후자도 꼭 필요하며, 때로는 그 이상으로 중요할 경우도 있음을 인정하지 않을 수 없다. 민주국가에서 단체에 관한 학문은 어머니이며, 그 이외의 학문의 발전은 단체에 관한 학문이 이룩해 놓은 발전에 달려 있다.

인간사회를 지배하는 법칙 가운데는 다른 어떤 것보다도 더 엄격하고 분명한 것이 한 가지 있다. 만약 인간이 문명화되고 싶어하거나 또는 문명상태에서 머무르고자 하면, 사회의 평등화가 이루어지는 것과 비례해서 단체구성의 기술이 성장·발전해야 한다.

6. 공공결사와 신문과의 관계

인간이 견고하고 지속적인 유대에 의해 결합할 수 없게 될 경우에 만약 당신의 도움을 필요로 하는 사람들을 설득시켜 그의 개인적 이익을 위해서도 모든 다른 사람의 노력에 그 자신의 노력을 자발적으로 결합시키도록 할 수 없다면 많은 사람들의 협력을 기대하기는 불가능하다. 이러한 일은 습관적인 면에서 보나 편리한 면에서 보나 신문에 의해서 가장 효과적으로 수행될 수 있다. 오직 신문만이 같은 생각을 같은 시간에 수천 명의 사람에게 전파할 수 있다. 신문은 굳이 찾지 않아도 되는 조언자이며, 저절로 와서 공공의 복리에 대해 간결하게 알려준다. 그러면서도 개인적인 업무를 방해하지도 않는다.

따라서 인간이 더욱더 평등해지고 개인주의가 더욱더 두려운 상태에 이를수록 신문은 더욱더 필요하게 된다. 만약 신문이란 것은 자유를 보호하는 데 도움이 될 뿐이라고 생각한다면 그것은 신문의 중요성을 감소시키는 일이 될 것이다. 신문이야말로 문명을 유지시키기 때문이다. 물론 민주국가에서 신문은 시민들로 하여금 아주 제대로 소화 안된 계획에도 휩쓸려들도록 하는 일도 종종 있지만 그러나 만약 신문이 없다면 공동의 행동은 있을 수 없을 것이다. 그러므로 신문에 의해 발생하는 폐단은 신문의 치료를 받아야 하는 폐단보다 훨씬 적다.

신문의 효과는 아주 많은 사람에게 동일한 목적을 제시하는 것뿐만 아니라 그들이 단독으로 고안해낸 계획을 공동으로 수행하기 위한 방법을 제공하는 것이다. 귀족국가에 사는 주요 인물들은 멀리서도 서로 식별할 수 있다. 그래서 만약 그들이 자기들의 힘을 결합하기를 바라면, 그들은 많은 사람을 데리고 상대방에게 가면 된다. 이와는 달리 민주국가에서는 많은 사람이 결합하기를 바란다 할지라도, 이들은 아주 하찮은 존재로서 군중 가운데 파묻혀 있으므로 서로 알아내기가 어렵거니와 도대체 자기와 결합하기를 바라는 사람을 어디서 찾아야 할지도 모르기 때문에 그것은 대단히 힘든 일이 된다. 그런데 신문은 동시에 그러나 개별적으로 일어난 관념이나 감정을 한데 모은다. 그러면 모든 사람들이 즉시 이 방향에 따라 움직인다. 이처럼 오랫동안 암흑 속에서 서로 찾아헤매던 사람들이 마침내 만나서 결합한다. 신문은 이들을 결합시켰고 또 앞으로도 계속 결합되어 있게 하는 데 필요하다.

민주국가에서의 단체가 어떤 강력한 힘을 보유하려면 구성원의 수가 많아야 한다. 그래서 그러한 단체를 구성하고 있는 사람들은 넓은 곳에 걸쳐 흩어져 있으며 그들 각자는 적은 수입과 생계유지를 위한 끊임없는 노력 때문에 그의 주거지에 매여 있는 몸이다. 그렇기 때문에 매일 서로 보지 않고도 대화할 수 있으며 만나지 않고도 공동보조를 맞출 수 있는 방법을 찾아내야 한다. 이와 같은 상황 아래서 신문이 없다면 어떠한 민주국가의 단체도 그 유지가 불가능하다.

따라서 공공결사와 신문 사이에는 어떤 필연적인 연관이 있을 수밖에 없다. 즉 신문이 결사를 만들고, 결사가 신문을 만든다. 그래서 만약 사회의 평등화가 이루어짐에 따라 결사의 수가 제대로 증가해 왔다면 신문의 수는 그 결사의 수에 비례해서 증가해 왔음이 분명하다. 이렇게 해서 아메리카에서는 최대 다수의 결사와 최대 다수의 신문을 동시에 볼 수 있다.

신문의 수와 결사의 수 사이의 이러한 관계는 나아가 정기간행물의 상태와 그 나라의 행정형태 사이의 관계를 알 수 있게 해주는데, 즉 민주국가에서 신문의 수는 행정의 중앙집권화 정도에 비례해서 증감한다. 왜냐하면 민주국가에서는 귀족국가에서와는 달리 지방행정의 집행이 그 지방의 중요 인물 몇 사람에게 맡겨질 수는 없기 때문이다. 그러한 권력은 아주 많은 사람의 손에서 폐지되기도 하고 유지되기도 해야 하는데, 바로 이 많은 사람들은 사실상 일정한 영토 안의 문제를 취급하기 위한 목적으로 법률에 의해 항구적으로 설치된 어떤 결사를 구성하고 있다. 그래서 이들은 자신들의 문제에 관한 사소한 관심 속에서도 공공의 복지에 관한 어떤 정보를 매일 그들에게 날라다줄 어떤 간행물을 필요로 하게 된다.

지방행정의 수가 많으면 많을수록 법률에 의해 권한을 부여받은 사람의 수도 더 많아진다. 그래서 이러한 요구가 빈번히 일어날수록 신문의 내용도 풍부해진다.

아메리카에서 행정권력의 특별한 세분화는 그 나라의 거대한 정치적 자유나 언론이 누리는 절대적 자유에 기인하기보다 어마어마한 수의 신문에 기인하고 있다. 만약 합중국에 거주하는 모든 주민이 선거권을 가지고 있다면(물론 의회의 입법자를 선출하는 데 그치는 선거권이지만), 그들은 대단히 중요한, 그러나 매우 드문 경우에만 공동으로 행동해야 하기 때문에 불과 몇 개의 신문만 필요로 할 것이다. 그러나 거대한 국가기구 안에 작은 결사들이 각 지역마다 각 시마다 그리고 심지어는 각 마을마다 지방행정을 위해 법률에 의해 설립되어 있다. 이와 같이 이 나라의 법률들은 모든 아메리카인들로 하여금 그들의 일상생활에서 공동의 목적을 위해 동료시민과 협력하도록 강요하고 있다. 그리고 그들 각자는 다른 사람들이 무엇을 하고 있는지를 그들에게 알려줄 신문을 필요로 한다.

나로서는 어떤 전국적인 대표기관은 없지만 많은 수의 지방행정을 가지고 있는 민주적인 국민[원주1]은 결국에 가서는 중앙집권적인 정부와 선거에 의한 입법부에 의해 통치되는 국가보다도 더 많은 신문을 갖게 되리라는 생각을 하고 있다.

프랑스와 영국에는 신문에 부과하는 세금의 면제로 신문발행 부수가 무한정으로 증가할 것이라는 생각이 팽배해 있다. 이것은 그러한 조치의 효과에 대한 너무 지나친 평가이다. 신문의 수는 그 값의 인하에 의해서가 아니라 많은 사람들이 상호교류와 결합을 원하는 정도에 의해서 증감될 것이다.

마찬가지로 나는 일간신문의 영향 증대를 보통 설명되는 원인과는 다른 보다 일반적인 원인 때문이라고 생각한다. 신문은 많은 사람에게 공통되는 감정이나 원리를 보도함으로써만 오래 유지될 수 있다. 그래서 신문은 일

[원주1] 여기서 내가 말하는 민주적인 국민이라는 뜻은 다음과 같다. 즉 귀족제의 행정은 매우 중앙집권화되어 있지만 신문의 필요성은 별로 느껴지지 않을 것이다. 왜냐하면 지방행정이 극소수인들의 수중에 부여되어 있기 때문이다. 이들은 제각기 행동하면서도 서로를 알고 쉽사리 만나서 이해에 도달할 수 있다.

상적인 독자로 구성되는 결사를 언제나 대표한다. 이러한 결사는 정도 차이는 있겠지만 성격이 규정되어야 할 것이고 다소 통제가 불가피하며 그리고 그 수가 상당할 것이다. 그러나 신문이 살아 있다고 하는 것은 적어도 이러한 결사의 싹이 독자들의 마음속에 자리잡고 있다는 증거이다.

이것으로 나는 이 장을 결론짓는 마지막 의견으로 삼으려 한다. 인간의 사회적 조건이 보다 더 평등해지고 인간이 개인적으로는 더욱더 무력해질수록, 그들은 대중의 추세에 쉽게 굴복하게 되고 대중이 취하지 않는 의견을 혼자 고집하는 일은 더욱 어렵게 된다. 신문은 결사를 대표한다. 신문은 항상 독자 개개인에게 다른 모든 사람의 이름을 빌려 의견을 말하게 되고, 개개인이 무력하면 무력할수록 영향력을 행사한다고 말할 수 있을 것이다. 따라서 신문언론의 힘은 사회조건이 보다 더 평등해질수록 더욱 증대할 것이 분명하다.

7. 민간결사와 정치결사의 관계

정치 목적을 위한 결사의 자유를 무제한으로 누리는 나라는 이 지구상에 오직 한 나라뿐이다. 동시에 이 나라는 결사권의 행사가 민간생활에도 계속해서 보장되어 있고, 문명에 의해서 획득할 수 있는 모든 이점을 바로 그 권리를 통해 확보하는 유일한 나라이다.

정치결사가 금지되어 있는 나라에는 동시에 민간결사도 드물다. 이것은 우연한 일로 볼 수는 없을 것이며 결국 이 두 종류의 결사 사이에는 자연스런 내지는 필연적인 관계가 있다는 추정이 가능할 것이다.

어떤 특정한 사람은 특정한 관심사에 공통의 이해관계를 가질 수 있다. 상업상의 일이 다루어질 수도 있고 제조업에 관한 어떤 투자도 이루어질 수 있다. 즉 그들은 만나게 되고 결합하게 되고 그래서 정도의 차이는 있겠지만 결사의 원리에 보다 친숙해지게 된다. 작은 일이 많아질수록 인간은 큰 일을 함께 처리할 능력을 더 많이 얻게 된다.

그러므로 민간결사는 정치결사를 쉽게 만든다. 그러나 이와는 달리 정치결사는 특별히 민간결사를 강화·발전시킨다. 민간 생활영역에서는 모든 사람이 자신의 욕구를 스스로 충족할 수 있다고 생각해 볼 수 있을 것이다. 그렇지만 정치에 있어서는 그러한 일은 상상조차 할 수 없다. 그런데 공공생활에 관한 지식을 가지면, 결사에 관한 관념 및 연합하고자 하는 욕망이 사회의 전 구성원에게 매일 나타난다. 어떠한 천성적인 반감이 그들의 공동행동을 방해할지라도, 그들은 어떤 당파를 위해 결합할 준비가 항상 되어 있을 것이다. 이와 같이 정치생활은 결사에 대한 호감과 그의 실천을 보다 일반화시킨다. 즉 정치생활은 그것이 없이는 언제나 분열된 삶을 살 많은 사람에게 단결의 욕망을 불러일으키는 동시에 단결방법을 가르쳐준다.

정치는 다양한 결사를 탄생시킬 뿐만 아니라, 큰 규모의 결사를 탄생시킨다. 민간생활에서는 어느 하나의 관심이 아주 많은 사람들의 공동행위를 가져오는 일이 드물다. 또 그러한 관심이 실현되게 하는 데는 많은 기술이 요구된다. 그러나 정치에서는 그러한 기회가 매일 나타난다. 그런데 결사원리의 일반적 가치가 나타나는 것은 오직 큰 단체에서의 일이다. 개인적으로 무력한 시민들은 그들의 단결을 통해 얻을 수 있는 큰 힘을 아주 분명하게 기대하지는 않는다. 그들이 이해하기 위해서는 그것이 실현되어야 한다. 그러므로 공중의 목적을 위해서는 소수의 사람을 끌어모으기보다 다수의 대중을 끌어모으기가 더 쉬운 때가 가끔 있다. 1천 명의 시민으로는 그들의 단결에서 어떤 이익을 얻게 되는지를 잘 알지 못한다. 그러나 만 명의 시민은 그것을 완전히 알게 될 것이다. 정치에 있어서 사람들은 커다란 사업을 이룩하기 위해서 결합한다. 또한 그들이 중요한 문제들에서 결사의 원칙을 활용해봄으로써, 중요성이 덜한 문제들에서도 서로 돕는 것이 자신들에게 이득이 된다는 것을 실제적으로 배우게 된다. 정치결사는 많은 개인을 동시에 그들의 개인적인 생활영역에서 끌어낸다. 그들이 아무리 나이가 지성이나 재산에 의해 본래 분열되어 있다고 할지라도, 정치결사는 그들을 가깝게 만들어 접촉을 갖게 한다. 한번 만나면 반드시 또 만날 수 있다.

인간은 자기가 소유하고 있는 것의 일부를 잃을지도 모른다는 위험을 안지 않고는 민간단체에 관계할 수가 없다. 이것은 모든 제조업이나 교역회사의 경우도 마찬가지이다. 인간이 아직 단결의 기술에 별로 익숙하지 못하고 단지 그 주요 원리에 대해서만 알고서 그 원리에 따라 처음으로 단결하게 될 때는 그들은 그들의 이러한 경험을 너무 값비싸게 사게 될까 봐 두려워한다. 그래서 그들은 강력한 성공의 수단을 사용함으로써 생기는 위험을 각오하기보다는 그러한 수단을 사용하지 않는 것을 더 좋아한다. 그러나 정치단체의 경우에는 그들이 돈을 손해볼 위험은 없다고 생각되기 때문에 거기에의 참가에는 머뭇거리는 일이 별로 없다. 그러나 어느 기간 이 정치결사에 소속해 있게 되면 그들은 반드시 그 많은 사람 가운데 질서가 어떻게 해서 유지되며, 또 어떠한 방법으로 이 단체들이 동일한 목적을 위해 조화 있고 기술적으로 발전해 가는지를 반드시 알게 된다. 그래서 정치결사는 커다란 개방학교처럼 생각될 수 있는데, 그 지역사회의 모든 구성원들이 결사의 일반이론을 배우러 그곳으로 간다.

그러나 설사 정치결사가 직접 민간결사의 발전에 기여하지는 못한다 할지라도 전자의 파괴는 후자에게 타격이 된다. 만약 시민이 오직 어떤 특수목적을 위해서만 대중집회를 가질 수 있다면, 그들의 그러한 집회를 희귀한 사건의 발생쯤으로 간주하고 그것에 대해 별로 생각하지 않을 것이다. 모든 목적을 위해 자유롭게 집회를 열 수 있어야 그들은 대중집회를 그들이 예견하는 다양한 목적을 성취하기 위해 이용할 수 있는 보편적이고 또 어떤 의미에서는 유일한 방법으로 간주하게 된다. 새로운 욕구는 무엇이든지 즉각 그에 따른 관념을 불러일으킨다. 그런데 앞에서 내가 말했듯이 결사의 기술은 행동의 어머니이며 이것은 모든 사람에 의해 연구·적용되고 있다.

어떤 결사는 금지되고 또 다른 어떤 결사는 허용될 경우, 전자와 후자를 미리 구분하는 것은 어렵다. 이처럼 의심스러운 상태에서는 사람들은 둘 모두를 삼가게 되며 여론은 어떠한 결사라도 뻔뻔스럽고 불법에 가까운 것으로 간주하는 경향이 있다. [원주2]

그러므로 결사의 정신이 어떤 한 가지 면에서는 제한을 받을 때라도 다

른 모든 면에서는 활기를 띨 것이라고 생각하는 것은 어처구니 없는 일이
다. 동시에 만약 인간이 어떤 사업을 공동으로 수행할 수 있도록 허용되면,
그것으로 그들이 그 사업을 열심히 착수하기에 충분하다는 것도 잘못된 생
각이다. 사회구성원이 모든 목적을 위해 단결하는 것이 허용되고 또 그렇
게 하는 데 익숙해질 때, 그들은 보다 중요한 목적을 위해서 단결하는 것만
큼 작은 목적을 위해서도 쉽게 단결할 수 있을 것이다. 그러나 만약 그들에
게 오직 작은 일을 위해서만 단결하는 것이 허용된다면, 그들은 그것을 완
수할 의향도 생기지 않거니와 능력도 없을 것이다. 설사 그들이 주식회사
의 경영방식대로 그들의 사업을 수행할 수 있도록 완전히 자유롭게 해준다
해도 그것은 헛된 일이다. 그들은 그들이 받은 권리를 이용할 생각이 별로
없을 것이다. 그래서 금지된 결사를 억누르는 헛된 노력에 힘을 다 쏟고 난
뒤에 장려하려는 결사를 결성하도록 설득해 봤자 소용없다는 것을 알고 놀
라게 될 것이다.

　나는 지금, 정치적 결사가 금지되는 나라에는 어떠한 민간결사도 존재할
수 없다고 말하는 것은 아니다. 왜냐하면 인간은 어떤 종류이건 공동의 사
업에 참여하지 않고는 사회생활을 할 수 없기 때문이다. 그러나 그런 나라
에서는 민간결사가 수적으로 적을 것이며, 계획도 희미하고, 운영도 서투

[원주2] 이것은 행정부가 결사를 허용하거나 금지하는 재량권을 가지고 있을 경우에는 특히 사실
　　이다. 일정한 결사들이 단지 법으로 금지되어 있고 또한 법원들은 그런 법의 침해를 처벌해
　　야 할 경우, 폐단은 훨씬 심하지 않다. 그렇게 되면 시민은 누구나 예상되는 바를 거의 미리
　　파악한다. 그는 자신이 법의 심판을 받기 이전에 스스로를 심판한다. 그리고 금지된 결사에
　　는 손을 대지 않고 법으로 인가되는 결사에 관련해서 활동한다. 이런 제약에 의거해서 모든
　　자유국가들은 결사권이 제한될 수도 있다는 점을 항상 인정해왔다. 그러나 만일 입법부가 어
　　떤 결사가 위험하고 어떤 결사가 쓸 만한가를 미리 확인해보는 권리를 어느 한 사람에게 부
　　여할 경우 또한 어떤 경우에 결사를 수립하게 하고 어떤 경우에 탄압할 것인가를 예상할 수
　　있는 사람은 아무도 없으리라는 이유로 어느 한 사람에게 결사의 사활을 모두 맡겨버릴 경우
　　에는 결사의 정신은 완전히 마비될 것이다. 이런 법들 가운데 전자는 일정한 결사들만을 대
　　상으로 하겠지만 후자는 사회 자체에 적용되어 위해를 가한다. 나는 법치를 존중하는 정부는
　　전자의 경우에 의존할 것으로 생각하지만 어느 정부라도 후자와 같은 법률을 입법할 권리를
　　가진다는 것을 용납하지 못하겠다.

를 것이란 점은 분명히 말할 수 있을 것이며, 또 그들은 어떤 큰 계획을 세우지도 못할 뿐더러 큰 계획을 집행하지도 못할 것이라는 점도 분명히 말할 수 있겠다.

　여기서 나는 자연히 다음과 같이 생각하게 되는데, 즉 정치문제에 있어서 결사의 자유는, 생각만큼은 공중의 안정에 위험스럽지 않으며 얼마동안 사회를 소란스럽게 한 후에는 결국 국가를 더욱 강화시킨다는 것이다. 민주국가에서 정치결사는 말하자면 국가통치권을 장악하려는 유일한 세력이다. 따라서 오늘날의 정부는 중세의 군주가 봉건제후를 생각한 것처럼 이러한 결사를 생각하는 것 같다. 즉 그들은 본능적으로 싫어하며 어떠한 경우에나 적대관계에 있다. 이와는 반대로 민간결사에 대해서는 처음부터 호감을 갖는데, 왜냐하면 이들 결사는 국민의 마음을 공공업무로 향하게 하지 않고 오히려 그런 문제에는 관심을 갖지 않게 하며 대중의 안정이 없이는 성취될 수 없는 목표를 추구하게 함으로써 혁명을 기피하게 하기 때문이다. 그러나 이들 정부는 정치결사가 민간결사의 확대를 촉진하여 그 수를 놀라울 정도로 늘리는 경향이 있다는 사실과, 자기들에게 위험하다 싶은 일을 피하다가 효과적인 자구책을 잃게 된다는 사실을 염두에 두지 않는다.

　아메리카인들이 자유로이 그리고 끊임없이 어떤 정치적인 원리를 발전시킨다든가, 어느 한 사람을 최고지도자로 추대한다든가, 혹은 다른 사람에게서 권력을 빼앗는다든가 하기 위해서 단체를 구성하는 것을 보게 되면, 그토록 독립적인 사람들이 어떻게 해서 끊임없이 자유를 남용하지 않게 되는가 하는 것을 이해하는 데 상당한 어려움을 겪게 될 것이다. 이와는 달리 만약 아메리카합중국에서 활동 중인 무수한 상사회사를 조사해 보게 되거나, 또는 아메리카인들이 아주 소규모의 혁명이 일어나도 혼란에 빠질 중요하고 어려운 계획의 실행에 끊임없이 종사하고 있음을 알게 되면, 여러분은 그토록 좋은 일자리를 갖고 있는 사람들이 국가를 혼란하게 하거나 그들 모두의 이익증대의 조건이 되는 대중의 평온을 파괴하는 일에 왜 결코 이끌리지 않는가를 쉽게 이해할 수 있을 것이다.

이러한 사실들을 개별적으로 관찰하는 것으로 충분할 것인가? 혹은 우리는 그들 상호간의 숨은 관계를 찾아낼 필요가 없겠는가? 정치결사에서 사회적 조건이나 지성이나 연령에 관계없이 모든 아메리카인들은 날마다 결사에 대한 전반적인 관심을 증대시키고 있으며, 또 결사를 활용하는 데 익숙해져 간다. 그러한 결사에서 그들은 대규모로 만나게 되고 대화하며 상대방을 경청하기도 하며 그리고 모든 종류의 사업을 위해 상호 자극을 받게 된다. 이와 같이 해서 얻은 관념들을 그들은 뒷날 민간생활에 응용해서 수천 가지의 목적에 활용한다. 이와 같이 위험스러운 자유를 향유함으로써 아메리카인들은 자유에서 오는 위험을 감소시키는 기술을 배운다.

국가생활 중 어느 한 순간만을 한정해서 본다면, 정치결사는 국가를 혼란하게 하고 생산활동을 저해하는 것이 분명하다. 그러나 국민의 전반적인 생활을 두고 볼 때는 정치결사의 자유야말로 그 사회의 발전과 안정에 도움이 된다는 것이 쉽게 증명될 것이다.

나는 이 책의 앞부분에서 다음과 같이 쓴 일이 있다. 즉 "정치결사에 대한 무제한적인 자유가 언론의 자유와 완전히 같아질 수는 없다. 전자는 후자보다 덜 필요할 뿐만 아니라 더 위험하다. 어떤 국가는 그것에 대한 지배를 중단함이 없이 어떤 한계 내에 제한한다. 그리고 때로는 국가 자체의 권위를 유지하기 위해서도 그렇게 할 필요가 있다." 그리고 나는 계속해서, "정치목적의 결사에 대한 무제한의 자유는 국민이 누릴 수 있는 최후의 자유이다. 그것이 무정부상태를 초래하지는 않는다 할지라도, 항상 그럴 가능성을 지니고 있다"는 것을 덧붙였다. 이와 같이 나는 어떤 국가라도 그 시민에게 정치목적의 결사에 대한 절대적인 권리를 부여할 수 있을 만큼 항상 자유로운 상태에 있지는 않다고 생각한다. 그리고 나는 어떤 나라에서건 또 어느 시대에서건, 결사의 자유에 제한을 두지 않는 것이 현명한가 하는 것에 대해서는 의심스럽게 생각한다.

어떤 나라에서는 만약 결사의 권리가 좁은 범위 내에 제한되지 않는다면 사회의 안정이 유지될 수 없고, 법률의 권위도 존중되지 않으며 정부의 존속도 불가능할 것이라고 한다. 이러한 것들은 물론 중요한 가치를 지닌다.

그래서 나는 어떤 국가라도 이러한 것을 확보·유지하기 위하여 일시적인 제한조치를 엄격하게 강구할 것이라고 생각한다. 그러나 국가는 이러한 것이 확보되기 위해서는 어떤 대가가 지불되어야 하는지를 또한 잘 알아야 할 것이다. 인간의 생명을 구하기 위하여 팔을 잘라내는 것은 있을 수 있는 일임을 이해할 수 있다. 그러나 그가 팔을 잃고 나서도 그 전과 마찬가지로 활동할 수 있다고 주장하는 것은 어리석은 일이 될 것이다.

8. 이기주의의 원리를 바르게 이해함으로써 개인주의를 극복하는 아메리카인들의 방법

이 세상이 소수의 부유하고 힘센 사람에 의해 좌우될 때에는, 그들은 인간의 의무에 대해 숭고한 이념을 부여하기를 좋아했다. 자기 자신을 잊어버리는 것이야말로 칭송할 가치가 있는 일이고, 동시에 선(善)은 그것 자체가 신의 뜻이므로 어떠한 보수도 바라지 않고 이를 행해야 한다고 그들은 말하기를 좋아했다. 이런 것이 그 시대 도덕의 표준적 견해였다.

인간이 다른 어떤 시대에 있어서보다 귀족시대에 더욱 덕성스러워지는가 하는 것에 대해 나는 의심한다. 그러나 귀족시대의 사람들은 끊임없이 덕성의 아름다움에 대해 말하고 있었고, 그리고 그 효용성은 그저 비밀리에 연구되었다. 그러나 인간의 상상력이 낮은 곳을 배회하게 된 이후, 모든 사고는 자기 자신에게 집중되고 도덕철학자들은 자기희생이라는 관념에 놀라움을 나타내게 되고 그래서 그들은 더이상 자기희생을 인간에게 요구하지 않게 된다. 그래서 그들은 사회구성원 개개인의 개인적인 이익이 전체를 위해 일하는 데 있는지 어떤지를 조사해 보게 된다. 그리고 만약 개인의 이익과 공중의 이익이 서로 일치하는 점에 생각이 다다르면 그들은 거기에 열심히 주의를 기울인다. 이러한 종류의 관찰이 점점 늘어난다. 단순한 비평에 지나지 않던 것이 일반원리가 되며 동료를 섬기는 것이 자기 자신을 섬기는 것이 된다는 것과, 자기의 개인적 이익이 곧 일반적인 선이 된다는 것이 진리로 간주된다.

나는 이미 이 책의 다른 곳에서 아메리카합중국 주민들이 어떠한 방법으로 거의 언제나 자기 자신의 이익과 동료시민의 이익을 결합하는가를 밝힌 바 있다. 여기서는 그들로 하여금 그렇게 하게 하는 일반적인 규범을 밝히는 것이 나의 목적이다. 합중국에서는 어느 누구도 덕성의 아름다움에 대해 말하지 않는다. 그러나 덕성은 유용한 것임을 주장하고 또 그것을 매일 증명한다. 아메리카의 윤리학자들은 인간이 동료를 위해 자기를 희생하는 것이 고상한 일이기 때문에 그러한 희생을 해야 한다고 말하지는 않는다. 그런 희생은 그 상대방 동료에게 좋은 일인 것만큼 자기 자신에게도 필요한 일이 된다고 말한다.

아메리카의 윤리학자들은 자기 나라와 자기 시대에 인간이 불가항력에 의해 자기 자신에게 몰두한다고 생각했다. 그래서 그 힘을 정지시키려는 모든 희망을 버리고 그들의 모든 생각을 그 방향으로 집중한다. 그래서 그들은 모든 인간이 자기 자신의 이익에 따라 행동하는 것을 부정하지 않는다. 그러나 그들은 덕성이 모든 사람에게 이익이 된다는 것을 증명하려고 노력한다. 나는 여기서 그들이 주장하는 그 이유들에 대해 언급하지 않으려 한다. 단지 그들이 동료 국민들을 확신시켰다는 것을 말해 둘 뿐이다.

몽테뉴가 일찍이 말했다. 즉 "정직 자체를 위해 정직한 길을 걷지는 않는다 할지라도, 그 길이 일반적으로 가장 행복하고 유익한 길이란 것을 경험을 통해 알았기 때문에 나는 그 길을 걸어야 한다." 그런데 이기주의에 대한 바른 이해는 새로운 것이 아니다. 그러나 오늘날 아메리카인들은 그것을 전반적으로 수용하고 있는 것이다. 즉 그곳에서는 그러한 이론이 일반화되어 있다. 그들의 모든 말과 모든 행동의 밑바닥에 그러한 이론이 깔려 있음을 알게 된다. 그러한 논리는 부자는 물론 가난한 사람에 의해서도 주장되는 때가 가끔 있다. 유럽에서는 아메리카에서보다 이기주의의 원리가 훨씬 더 심하게 작용한다. 그러나 일반적이지 못하고 그리고 공개적으로 인정되지 못하고 있을 뿐이다. 유럽인들은 사실상 그렇지도 못하면서 계속해서 무척 비이기적인 체한다.

이와는 달리 아메리카인들은 그들의 모든 행동을 바르게 이해된 이기주의의 원리에 의해 설명하기를 좋아한다. 각성된 자기보호가 어떻게 해서 상부상조하게 하며 그리고 국가의 복지를 위해 개인의 시간과 재산을 기꺼이 할애하게 하는지를 자신있게 보여준다. 이러한 점에서는 나는 그들이 자기들의 진가를 제대로 발휘하지 못한다고 생각한다. 왜냐하면 아메리카 합중국에서도 다른 곳에서와 마찬가지로 사람들이 인간 본래의 비이기적이고 자발적인 충동에 굴복하는 때가 가끔 있기 때문이다.

나는 여기서 지금까지 언급한 것에 대한 평가를 잠깐 미루고자 한다. 이 주제가 지극히 어려운 문제라고 한다면 그것은 나의 핑계이겠지만 그러한 변명은 하지 않겠다. 나로서는 독자들을 어중간한 상태에 두기보다는 차라리 나의 목적을 분명히 알게는 하고서 나의 입장에 동조하지 않는 것을 바란다.

바르게 이해된 이기주의의 원리란 어떤 고상한 이론이 아니고 그것은 분명하고 확실하다. 그것은 거창한 목표를 추구하지 않는 대신에, 그것이 겨냥하는 모든 것을 아무 힘도 들이지 않고 달성한다. 그것은 누구나 할 수 있는 일이기 때문에 모든 사람이 아무런 어려움 없이 그것을 배워서 활용할 수 있다. 그것은 놀랄 만큼 인간의 약점과 일치하므로, 쉽게 많은 사람들에게 받아들여진다. 이 원리는 어느 한 개인의 이익을 다른 사람의 이익에 의해 견제하고, 그리고 이 열정을 통제하기 위해서도 이 열정을 불러일으킨 것과 똑같은 수단을 사용하기 때문에 그 지배적 위치가 흔들리는 일은 없다.

바르게 이해된 이기주의의 원리는 자기희생이라는 위대한 행동을 불러일으키지는 않지만, 매일 자기부정이라는 작은 행동을 유발시킨다. 그것만으로 인간이 덕성스럽게 될 수는 없다. 그러나 그것을 통해 많은 사람들이 규칙을 지키고 극기·자제·예견·자기통제를 달성한다. 그리고 설사 그것이 인간으로 하여금 의지적으로 덕성을 행하게 하지는 못한다 할지라도, 습관적으로 점점 그 방향으로 나아가게 한다. 만약 바르게 이해된 이기주의 원리가 전체 도덕세계를 지배한다면, 특별한 선행은 아주 드물어질 것이 틀림없다. 그리고 부패행위 또한 줄어들 것으로 생각된다. 바르게 이해된 이기주의의 원리는 아마 인류의 평균수준을 훨씬 넘어서는 행동의 발생을 억제할 것이다. 그러나 평균수준에 훨씬 못미치는 많은 사람들은 그 자리에 머무르게 될 것이다. 결국 몇몇 개인을 중심으로 보면 그것 때문에 도덕수준이 낮아지겠지만 인류 전체를 두고 보면 향상될 것이다.

내가 생각하기에는 바르게 이해된 이기주의의 원리는 우리 시대에 살고 있는 사람의 요구에 가장 적합한 철학이론인 것 같으며 이것이야말로 중요한 자제수단이 된다고 생각한다. 따라서 오늘날의 윤리학자들은 그 방향으로 전환해야 할 것이다. 설사 그들에게 그것이 불완전하게 생각된다 하더라도, 그 필요성 때문에라도 채택해야 할 것이다.

대체로 아메리카보다 우리들 가운데 이기심이 더 많다고 생각되지는 않는다. 단지 그 차이는 거기서는 그것이 각성되어 있으나 여기서는 그러한 각성이 이루어지지 않고 있다는 점이다. 개개의 아메리카인들은 그들이 언제 다른 사람을 위해 그들 자신의 이익의 일부를 희생해야 할지를 알고 있다. 반면에 우리는 모든 것을 아끼고 싶어하다가 모든 것을 잃는 경우가 가끔 있다. 내 주위의 모든 사람들은 교훈과 실례를 통해 유용한 것은 절대로 잘못된 것이 아니라고 현대인들에게 가르치는 경향이 있는 것 같다. 어떻게 해서 정당한 것은 유용한 것이 될 수 있는가 하는 점을 그들이 이해하게 할 수 있는 사람은 아무도 없을까?

지구상의 어떠한 힘으로도 사회의 평등화에 의해 인간이 유용한 것을 추구하게 되는 것을 막을 수는 없으며 또 사회의 모든 구성원이 자기 자신에게 집착하는 것도 막을 수 없다. 따라서 개인의 이익은 그것이 설사 인간행동의 유일한 원인은 아니라 할지라도 다른 어떤 것보다도 중요한 원인이 되어야 할 필요가 있다. 그래도 각 개인이 자기의 개인적인 이익을 어떻게 이해하는가 하는 문제가 남는다. 만약 사회구성원이 보다 평등해짐에 따라 더욱 무지해지고 거칠어진다면, 이기주의가 그들을 어떤 바보행위로 유도하게 되는지 예견하기가 어렵다. 그리고 다른 사람을 위해 자기 자신을 조금도 희생하지 않으려 하다가 어떤 치욕과 불행을 당하게 될지를 아무도 미리 말할 수 없다.

나로서는 아메리카에서 공언되고 있는 것처럼 이기주의의 논리가 그 모든 부문에서 자명하다고는 생각하지 않는다. 그럼에도 불구하고 그것은 대단히 많은 진리를 포함하고 있기 때문에 만약 그들이 교육만 받는다면, 반드시 그 진실성을 알 수 있게 될 것이다. 어쨌든 교육이 중요하다. 왜냐하면 숨은 자기 희생과 본능적인 덕성의 시대는 이미 우리로부터 멀어지고 자유나 공공안녕 및 사회질서 자체가 교육이 없이는 존재할 수 없는 시대가 급속히 도래하고 있기 때문이다.

9. 이기주의의 원리를 종교문제에까지 적용하는 아메리카인들

바르게 이해된 이기주의의 원리가, 보이는 세계에서만의 문제로 취급되어서는 불충분할 것이다. 왜냐하면 그 보상을 보이지 않는 세계에서 찾아야 하는 희생도 많기 때문이다. 덕성의 효과를 증명하기 위해 아무리 탁월한 재능을 동원한다 하더라도 죽음에 관해 생각해 보지 않은 사람으로 하여금 바르게 살게 하기란 무척 어려운 일이다.

따라서 바르게 이해된 이기주의의 원리가 종교적 신념과 조화를 이룰 수 있는지 없는지를 알아볼 필요가 있겠다. 이러한 도덕체계를 가르치는 철학자들은 인간이 이 세상에서 행복하기 위해서는 자기 자신의 열정을 주시하면서 그것이 지나치지 않도록 끊임없이 제어해야 한다고 말한다. 그리고 지속적인 행복은 수천 가지의 일시적인 만족을 포기함으로써만 보장될 수 있다고도 말한다. 또 인간은 자기 자신의 이익을 위해서도 끊임없이 자기를 지배해야 한다고 말한다. 거의 모든 종교의 창시자들도 같은 말을 해왔다. 그들이 인간에게 지시한 길은 같다. 다만 그 목표가 더욱 멀 뿐이다. 희망에 대한 대가를 이 세상에서 지불하는 대신에 그것을 저 세상으로 넘긴다.

그럼에도 불구하고 종교적인 동기에서 선을 행하는 사람은 모두 보상을 바라고 그렇게 한다고는 생각되지 않는다. 나는 다른 사람의 행복을 위해 아주 열심히 일하면서 자기 자신을 항상 잊고 사는 열렬한 기독교인을 알고 있다. 그런데 그들이 행하는 모든 것은 오직 내세에서의 축복을 위한 것이라고 그들이 말하는 것을 나는 들어왔다. 나는 그들이 그들 자신을 속이는 것이라고 생각하지 않을 수 없다. 즉 나는 그들을 너무나 존경하기 때문에 그들의 그러한 말을 믿을 수 없다.

사실 기독교는 가르치기를 인간은 영생을 얻기 위해 자기보다 타인을 더 사랑해야 한다고 한다. 그러나 동시에 기독교는 가르치기를 인간은 하느님의 은총을 얻기 위해서 이웃에게 이익되게 해야 한다고도 한다. 참으로 숭고한 표현이다! 인간은 그의 지성으로 신의 뜻을 탐구하는데, 질서야말로 신의 목적임을 알게 된다. 그래서 이 원대한 계획의 수행을 돕기 위해 자기의 노력을 기꺼이 바친다. 그리고 인간이 모든 피조물의 이 완전한 질서를 위해 자기 개인의 이익을 희생함에 있어서, 그 완전한 질서를 반추하는 즐거움 이외의 어떤 다른 보상을 전혀 기대하지 않는다.

나는 이기심이 종교인의 유일한 행동동기라고는 생각하지 않는다. 그러나 이기심은 종교가 인간을 지배하기 위해 사용하는 중요한 수단이 된다는 점은 의심하지 않는다. 그리고 종교는 이와 같은 방법으로 대중을 자극하여 전파된다는 것도 의심의 여지가 없다. 나는 왜 바르게 이해된 이기주의의 원리가 인간의 종교적인 견해를 강화하는지를 분명히 알 수가 없다. 나에게는 오히려 왜 그것이 인간의 종교적인 견해를 강화하는지를 증명하는 것이 더 쉬울 것 같다. 이 세상에서의 행복을 확보하기 위해 인간은 어떠한 경우에나 자기의 본능을 억제하고, 모든 행동을 심사숙고하게 된다고 생각해 보자. 그리고 즉흥적으로 맹목적인 행동을 하지 않고 급한 성질을 제어하는 기술을 배웠다고 생각해 보자. 그리고 또 전생애에 걸친 이익을 위해 일순간의 쾌락을 아무런 힘도 들이지 않고 희생하는 데 익숙해졌다고 생각해 보자. 만약 그런 사람이 그가 공언하는 종교를 신봉한다면, 그는 종교가 부여하는 금지사항을 지키는 데 별로 어려움이 없을 것이다. 이성 자체가 그로 하여금 복종하도록 설득할 것이며, 그리고 습관은 그로 하여금 그러한 금지사항을 참을 수 있게 해 두었을 것이다. 만약 그가 바라는 목적에 대해 어떤 의심을 품고 있다 하더라도 그 의심 때문에 쉽게 좌절되지는 않을 것이다. 그래서 그는 저 세상에서 받을 유산에 대한 그의 권리를 확보해 두기 위해 이 세상에서의 이익을 희생할 각오를 하는 것은 현명한 일이라고 결심할 것이다. 파스칼이 말했듯이 "기독교가 진실이라 믿다가 당하는 손실은 누구에게나 별로 큰 것이 못된다. 그러나 기독교가 거짓이라고 믿다가 당하는 손실은 무서울 정도로 엄청날 것이다."

아메리카인들은 미래세계에 대해 짐승처럼 무관심한 척은 하지 않는다. 동시에 그들은 그들이 피하고 싶은 위험을 어린애처럼 교만하게 경멸하지도 않는다. 그래서 그들은 조금도 부끄러워하지 않고 그들의 종교를 분명히 밝힌다. 그러나 그들의 열정 속에도 설명하기 힘들 만큼 어떤 조용하고 조직적이고 사려깊은 것이 있어서 감정에 의해서라기보다 지식의 힘으로 하느님 앞으로 나아가는 것같이 보인다.

아메리카인들은 이기심에서 종교를 신봉하지만, 그들은 그 이익이 이 세상에서 나타나는 때도 있다고 생각한다. 중세에는 성직자들이 천국에 관해서만 설교했을 뿐, 성실한 기독교 신자는 이 지상에서도 행복할 수 있다는 것을 설명할 생각은 별로 못했다. 그러나 아메리카의 설교자들은 끊임없이 지상의 일에 관해 언급하고 있으며, 그들이 지상의 문제에 관심을 두지 않는 것이 오히려 매우 어려울 지경이다. 회중들을 감동시키기 위해서 그들은 항상 종교적인 생각이 자유와 평화에 얼마나 도움이 되는가를 보여주려한다. 그래서 오히려 종교의 중요한 목적이 저 세상에서의 영원한 행복을 얻는 데 있는지, 아니면 이 세상에서의 번영을 얻는 데 있는지를 분간하기가 어려울 때가 종종 있다.

10. 아메리카에서의 물질적 안락

아메리카에서는 물질적 안락에 대한 열정이 상당히 일반화되어 있다 하겠다. 그래서 설사 모든 사람이 똑같은 방법으로 그것을 느끼지는 않는다 하더라도 어쨌든 모든 사람이 그것을 느끼고 있는 것은 사실이다. 육체의 아주 적은 욕구까지도 만족하게 하고 생활상의 작은 편의까지 제공하려는 노력이 모든 사람에게 있어서 대단히 강하게 나타난다. 이와 유사한 성격이 유럽에서도 점점 분명히 나타나고 있다. 이 두 지역에서의 비슷한 결과를 야기하는 원인 가운데 몇 가지는 나의 주제와 깊이 관련되어 있으므로 상당한 주의를 요한다.

부가 세습적으로 가문에 고정되어 있을 때는 많은 사람들이 그 즐거움을 독점적으로 추구한다고 느끼지 않으면서도 생활의 즐거움을 누릴 수 있다. 인간의 감정은 어떤 가치 있는 것에 대한 정상적인 소유욕에 지배되기보다는 오히려 그것을 소유하고는 있지만 아직 완전히 만족스럽게 생각하지는 않으며, 항상 그것을 잃게 될까 염려하는 욕망에 의해서 지배된다. 귀족사회에서 부유한 사람들은 자기들의 현상태와 다른 조건은 한번도 경험한 일이 없기 때문에 그들이 처한 조건이 어떤 변화를 일으키지나 않을까 하는 염려는 전혀 갖지 않는다. 그런 변화가 그들에게 거의 일어나지 않기 때문이다. 생활상의 안락은 그들에게 있어 인생의 목적이 못된다. 그것은 단지 생활방법일 뿐이다. 그들은 그것을 생활 자체로서 간주하고 그것을 즐길 뿐, 그것에 대해 별로 생각하지는 않는다. 이와 같이 모든 사람이 행복에 대해 느끼는 자연적이고 본능적인 감정은 아무런 수고나 걱정없이 충족되기 때문에 그들의 재능은 딴 곳으로 전환하여 그들의 마음을 흥분시키고 열중시키는 어렵고 고상한 일에 전환된다.

그러므로 바로 이러한 물질적 쾌락에 있어서 귀족들은 이것을 즐기는 것을 아주 오만스러울 정도로 경멸하면서, 그러한 즐거움을 누리지 못하는 상황에서는 특이한 인내력을 발휘한다. 귀족사회를 뒤흔든 모든 혁명은 지나친 사치에 물든 사람들이 그들의 일용품들이 없이도 얼마나 쉽게 지낼 수 있는가를 보여준다. 반면에 상당한 자산을 마련하기 위해 무진 애를 써야 했던 사람들은 자기의 재산을 잃고는 살기 힘들다는 것을 보여준다.

하층계급을 살펴보면 상층계급과는 정반대의 원인에 의해서 발생하는

698

비슷한 결과를 발견하게 된다. 귀족주의가 사회를 지배함으로써 사회변동이 없는 나라에서는 결국 일반국민들은 부자가 풍요함에 익숙해 있는 것처럼 빈곤에 익숙해 있다. 부자는 아무런 노력도 없이 물질적 안락을 누릴 수 있기 때문에 그것에 대해 어떤 근심도 하지 않는다. 일반국민들은 획득할 가망이 없거나 꼭 갖고 싶어할 만큼 잘 아는 것도 아닌 물건에 대해서는 아예 생각조차 하지 않는다. 이런 사회에서는 가난한 사람들은 현실세계와는 다른 세상을 상상하게 된다. 현실생활의 불행이 머리를 가득 채우지만, 그러나 그런 불행에 구애됨이 없이 상상 속의 기쁨을 추구하여 저 먼 세상으로 상상의 나래를 편다.

이와는 반대로 계급차가 없어지고 특권이 폐지되었을 때나, 상속재산이 세분되고 교육과 자유가 광범위하게 확산되었을 때는 세속적인 안락을 얻으려는 욕망이 가난한 사람들의 머리를 채우고 그것을 잃지 않을까 하는 두려움이 부자들의 머릿속을 짓누른다. 빈약한 재산을 가진 사람들이 많이 나타난다. 이런 사람들은 비록 충분하지는 못할지라도 그런 쾌락의 취향을 가질 만전의 물질적인 만족은 누리고 있다. 그들이 그것을 확보하는 데는 반드시 노고가 뒤따른다. 또한 거기에 탐닉하면 번뇌가 반드시 따른다. 그러므로 그들은 그처럼 기쁘기는 하나 불완전하고 없어지기 쉬운 쾌락을 추구하거나 혹은 오래 유지하기 위해 언제나 긴장하고 있다.

만약 내가 평범한 신분이나 보통의 재산 때문에 자극받아 마음이 위축되어 있는 사람에게는 어떤 열정이 가장 자연스러울까 하는 것을 자문해본다면 나로서는 물질적인 번영에 대한 애착 이상으로 그들에게 특별히 적합한 것은 없다고 생각한다. 물질적인 안락을 추구하는 열정은 본질적으로 중산층의 열정이다. 이것은 이 계급과 더불어 성장·확대되며 또 이 계급에 있어서 지배적인 것이 된다. 이것은 이 계급으로부터 사회의 상층부로 상승하기도 하고 또 대중 속에서 흘러들어가기도 한다.

내가 만난 아메리카의 시민들로서는 부자들이 즐기는 향락에 어떤 동경의 눈빛마저 보내지 못하거나 부러워하지도 못할 만큼 가난한 사람은 한 사람도 없었으며, 그리고 운명이 그에게 완강히 내주지 않는 좋은 물건들을 그의 상상을 통해 미리 자기 것으로 생각하지 않는 사람도 없었다.

이와는 달리 나는 아메리카합중국의 부유한 주민에게서는 가장 풍요하고 방탕한 귀족사회에서조차 종종 나타날 수 있는 물질적인 만족에 대한 당당한 멸시를 본 일이 없다. 이들 부유한 주민들의 대부분은 한때 가난했었고, 궁핍의 고통을 맛본 적이 있으며 오랫동안 불행한 운명에 사로잡혀 있었다. 그리고 이제 승리를 획득한 이상, 경쟁에 수반됐던 열정이 드세어져 그들의 마음은 온통 40년간 그들이 추구해 왔던 사소한 쾌락들에 도취되어 있다.

아메리카합중국에도 다른 곳에서나 마찬가지로 자기가 노력해서 벌지 않고 상속에 의해 많은 재산을 물려받은 부유한 사람이 많지 않은 것은 아니다. 그러나 이런 사람들조차도 물질적인 생활에서 오는 쾌락에 대단히 집착하고 있는 실정이다. 행복한 생활에 대한 애착은 이제 이 나라의 압도적인 취향이 되었다. 열정은 바로 이 방향으로 집중되고 있고, 모든 것이 이 열정 속에 휩싸인다.

11. 민주시대에 있어서 물질적인 만족에 대한 집착이 가져오는 특이한 영향

방금 이야기한 측면에서 물질적인 만족에 대한 집착은 아메리카인들에게 끊임없이 도덕상의 부정행위를 조장하거나 가정의 평화를 교란하며 전체 사회의 안녕을 위협한다고 가정될 수 있겠다. 그러나 사실은 그렇지 않다. 민주사회에서는 물질적 만족에 대한 열정이 귀족사회와는 전혀 다른 영향을 발생시키고 있다.

신앙심이 약화되고 국가도 쇠약해진 가운데 공공업무에 싫증이 나고 또 지나친 풍요로움에 오히려 넌더리가 난 귀족사회의 분위기는 점차 감각적인 쾌락만을 추구하게 되는 일이 가끔 있다. 다른 때에는 군주의 권력이나 혹은 인민의 무력함은 재산의 고귀성을 훼손함이 없이 그들로 하여금 사무

행정으로부터 초월하게 한다. 그리고 이 군주의 권력이나 인민의 무력함은 거대한 진취적 사업에의 길이 막혀 있기 때문에 그들 자신의 욕망의 동요 속으로 그들을 떨어뜨린다. 그 다음에 그들은 자기 자신에게 완전히 의지하여 육체적인 쾌락 속에서 그들의 옛날의 위대성을 잊어버리게 된다.

이와 같이 귀족집단의 구성원들이 오로지 물질적인 만족의 추구에 집착하게 될 때, 그들은 보통 오랫동안의 권력행사의 경험에서 얻어낸 모든 정력을 그 방향으로 경주한다. 이런 사람들은 안락의 추구에 만족하지 않고 사치스럽고 화려한 부패·타락행위를 요구한다. 그들이 감각적으로 경배하는 것은 화려한 것이고, 그래서 그들은 마치 그들 자신의 품위를 떨어뜨리는 기술에서 서로 경쟁이나 하는 것처럼 보인다. 귀족사회가 더욱 강하거나 유명하며 그리고 더욱 자유로울수록, 그 다음에는 더욱 부패해질 것이다. 그래서 그 덕성에서 나오는 광택이 아무리 화려할지라도, 언제나 그러한 것은 악덕의 그늘에 파묻힐 것이다.

물질적인 만족에 대한 욕구가 민주시대의 사람들을 그처럼 과도한 상태로 이끌지는 못한다. 이 민주시대에는 행복에의 집착이 집요하고 배타적이고 보편적인 열정으로 나타난다. 그러나 그 범위는 한정되어 있다. 거대한 궁전을 짓는다거나 자연을 정복하거나 또는 모방한다거나 인간의 열정을 만족시키기 위해 세계를 샅샅이 뒤지는 것은 생각조차 할 수 없다. 그러나 몇 야드의 땅을 늘리는 것이라든가, 과수원을 만드는 것, 주택을 확장하는 것, 생활을 보다 안락하고 편리하게 하는 것, 어려움을 피하는 것, 그리고 아무런 노력이나 비용도 들이지 않고 가장 작은 욕망까지도 충족시키는 것 등은 항상 머리에 떠오른다. 이러한 것은 비록 작은 목표들이지만 그들은 이러한 것에 얽매인다.

이것은 비천한 환경에 처해 있는 사회구성원들에게만 적용될 수 있다고 말할 수 있을 것이다. 부유한 사람들은 귀족시대에 부유한 사람들이 가졌던 것과 비슷한 취미를 나타낼 것이다. 나는 물질적 만족의 관점에서 민주시대의 가장 부유한 사람들은 일반국민의 취미와 전혀 다른 취미를 나타내지는 않을 것이라고 하는 제안에 대해서는 이의를 제기하지 않을 수 없다.

그런데 그 부유한 사람들도 일반 국민 출신이기 때문에 실제로 그러한 취미를 가지고 있거나, 혹은 그들이 그러한 취미에 따르는 것을 의무라고 생각하고 있건 그것은 상관 없다. 민주사회에서 대중의 관능성은 모든 것이 그것에 일치되어야 하는 절제 있고 조용한 길을 밟아왔다. 즉 자기의 악덕 때문에 평범한 규범으로부터 이탈하는 것이 어려운 것은 자기의 덕성 때문에 이탈하는 것만큼이나 어렵다. 그러므로 민주국가에 사는 부유한 사람들은 그들의 특별한 쾌락보다 아주 작은 욕망을 얻으려고 더욱더 전념하고 있다. 그들은 열정의 어떤 큰 변화에 몰두하지 않고 수많은 사소한 욕망을 만족시킨다. 따라서 그들은 타락하기보다는 쇠약해지기가 더 쉽다.

　민주시대의 사람들이 물질적 쾌락에 대해 갖는 특별한 취향이 당연히 공공질서의 원칙에 반대되는 것은 아니다. 아니, 그러한 취향이 충족되기 위해서는 질서가 요구되는 경우가 흔하다. 그리고 그것은 도덕적 규범에도 위배되지 않는데, 왜냐하면 훌륭한 도덕은 공공질서에도 공헌할 뿐만 아니라, 산업에도 도움이 되기 때문이다. 그것은 또 일종의 종교적 윤리와도 결합하는 경우까지 가끔 있다. 인간은 내세에서의 행운까지 포기하지 아니하고 현세에서 가능한 한 행복하기를 원한다. 물질적 쾌락 중에는 범죄를 수반하는 것도 있다. 그래서 그런 것은 엄격할 정도로 삼간다. 그렇지 않은 쾌락은 종교나 도덕에 의해 용인된다.

　내가 평등의 원리에 대해 가한 비난은 그것이 인간으로 하여금 금지된 향락을 추구하게 한다는 것이 아니라, 허용된 향락이긴 하지만 거기에 완전히 몰두하게 한다는 것이다. 이와 같은 방법으로 일종의 도덕적 물질주의가 마침내 이 세상에 확립되는데, 이것은 정신을 타락시키는 것이 아니라 약화시키며 소리 없이 행동의 탄력성을 느슨하게 한다.

12. 왜 아메리카인들 중에는 일종의 광적인 관념론을 주장하는 사람이 있는가

현세에서 좋은 물건을 획득하고자 하는 욕망이 아메리카인들에게 팽배해 있는 열정이기는 하지만, 그들의 정신이 갑자기 그들을 구속하고 있는 물질의 속박을 깨뜨리고 천상을 향해 격렬하게 날아오를 때는 어떤 순간적인 동요가 일어난다. 합중국의 모든 주, 특히 인구가 적은 서부지방에는 이곳저곳으로 하느님의 말씀을 전하는 순회설교자가 있다. 전가족들, 예컨대 노인이건 부인이건 어린이들이건 할 것 없이 험하고 낯선 길을 지나 먼 길을 걸어서 야외집회에 참석하는데, 그곳에서 그들은 강연을 들으면서 여러 날 동안 업무에 대한 걱정이나 심지어 가장 다급한 신체적 요구까지 완전히 잊어버린다.

아메리카 사회에는 광적이고 거의 흥분상태의 관념론(spiritualism)에 사로잡힌 사람들이 곳곳에 있다. 그러나 유럽에 이런 사람이 별로 없다. 간혹 이상한 종파가 나타나 영원한 행복에 이르는 특별한 길을 찾아내려고 노력한다. 아메리카합중국에는 종교적인 광신행위가 매우 흔하다.

이러한 사실들에 우리가 놀라서는 안된다. 인간에게 무한한 것에 대한 취향과 영원한 것에 대한 애착을 주는 것이 인간은 아니었다. 이 고상한 본능은 인간의 변덕스러운 의지의 결과는 아니다. 이러한 본능의 단단한 기반은 인간성에 뿌리박고 있으며 인간의 어떤 변화 노력에도 불구하고 그대로 남아 있다. 인간은 이러한 본능에 반대하거나 이를 왜곡할 수 있을지는 몰라도 이를 파괴할 수는 없다.

정신은 반드시 충족되어야 할 욕망을 가지고 있다. 정신에서 욕망을 제거하기 위해 아무리 수고를 해도 정신은 감각적 쾌락으로 말미암아 곧 지치게 되고 들떠서 불안해진다. 설사 절대다수의 인간의 재능이 오로지 물질적 목적의 추구에만 전념한다 할지라도, 어떤 사람의 정신에는 놀랄 만한 반작용이 발생할 수 있을 것이다. 그들은 주로 육체의 단단한 속박에 얽매어 있을까 두려워하며 정신세계에서 표류한다.

그런데 그 사고가 지상의 일에만 머무는 사회에 설사 그들의 눈을 천국으로 돌리는 사람이 상당수 있다 하더라도 그것은 이상한 일이 못된다. 세속적인 행복의 증진에만 오로지 몰두하는 사람에게 신비주의가 나타나지 않는다면 그것이야말로 놀라운 사실이다.

테베(Thebaid) 사막은 로마황제들의 핍박과 시르쿠스(Circus)의 대량학살로 말미암아 사람이 살게 되었다는 말이 있다. 내가 생각하기에는 오히려 그것은 로마의 사치와 희랍의 쾌락주의 철학 때문인 것 같다.

만약 사회조건이나 현재의 상황, 그리고 법률이 아메리카인들의 마음을 그토록 세속적인 행복의 추구에 얽매이게 하지 않는다면, 아마 그들은 비물질적인 것에 관심이 갈 때마다 더욱더 체험하고 싶어할 것이다. 그러나 그들은 어떤 범위 내에 제한되어 있다고 느끼며, 그것을 뛰어넘을 수 없게 되어 있음이 분명하다. 만약에 그들이 이 범위를 뛰어넘으면, 곧 그들은 어디에다 마음을 안정시켜야 할지를 모르며 상식의 범위를 넘어 제멋대로 방황하는 경우가 발생한다.

13. 왜 아메리카인들은 자기들의 번영에 그처럼 들떠 있는가

구세계의 어떤 산골에서는 전반적인 소동 속에서도 잊혀져서 주위의 모든 것이 변화하고 있을 때도 정지상태에 머물러 있는 곳이 있을 것이다. 그 주민들은 대체로 무식하고 가난하다. 그들은 국가적인 업무에 종사하는 일이 없거니와 정부로부터 탄압을 받는 경우가 많다. 그렇지만 그들의 용모는 단정하고 마음은 경쾌하다.

아메리카에서 나는 이 세상에서 가장 행복한 곳에서 살고 있는 가장 자유스럽고 개화된 사람들을 보았다. 그러나 그들의 눈썹 위에는 항상 한 조각 구름빛이 덮여 있는 것처럼 보였고 그래서 나는 그들이 심지어 즐거워하고 있을 때조차도 심각하거나 슬프게 느끼고 있다고 생각했다.

이러한 대조적인 현상이 나타나는 중요한 이유는, 전자의 경우 그들이 겪는 고통에 대해 생각하지 않기 때문이고, 후자의 경우 그들이 현재 소유하지 못하고 있는 어떤 이익에 대해 언제나 가슴 아파하기 때문이다. 아메리카인들이 얼마나 불꽃튀는 열정으로 그들의 행복을 추구하는가를 보게 된다든지, 그들로 하여금 행복에 이르는 가장 빠른 길을 반드시 선택하도록 끊임없이 그들을 쥐어짜는 막연한 불안감이 그들에게 항상 있음을 보게 되면, 이상한 생각이 든다.

아메리카합중국의 주민은 마치 그는 영원히 죽지 않을 것임을 확신이라도 하는 듯이 이 세상에서의 이익에 얽매인다. 그리고 그의 손에 닿을 만한 물건이면 모든 것을 다 갖고 싶어하는 마음이 너무나 간절하기 때문에, 우리가 보기에 그는 아마 가진 물건을 모두 소비하기 전에 죽게 될까봐 항상 두려워할 것 같다. 그는 모든 것을 붙들어 잡지만 어떤 것도 단단하게 잡지는 못한다. 그래서 또 다른 새로운 쾌락의 추구를 위해 앞의 것은 슬며시 놓아버린다.

아메리카합중국에서는 자기의 노년을 지내기 위해 집을 지어도 그 지붕이 완성되기도 전에 그 집을 팔아버린다. 정원을 가꾸고서는 나무들이 결실하는 그대로 내버려둔다. 들판을 경작지로 만들어서는 다른 사람들이 수확하게 그대로 둔다. 직업을 가졌다가는 그것을 포기해 버린다. 어떤 장소에 안주하지만 곧 자기의 또 다른 소망을 이루기 위해 다른 곳으로 떠난다. 만약 개인적인 업무를 처리하고 나서 어떤 여가가 생기면 그는 즉각 정치의 소용돌이 속으로 빠진다. 1년간 끊임없이 노력을 한 후 며칠간의 휴가를 얻으면, 그는 호기심 때문에 전국을 누비고 싶어지며 그래서 며칠 동안에 1,500마일이나 여행을 한다. 마침내 죽음이 그를 엄습하는데 이 죽음은 영원히 그를 외면할 완전한 행복을 찾는 그의 무모한 추구에 그가 지치기 전에 찾아온다.

그토록 행복하면서도 이 풍요로움에 들떠 있는 많은 사람들의 이 이상한 불안 가운데는 첫눈에 보아도 놀랄 만한 어떤 것이 있다. 그러나 이러한 모습은 어제오늘의 일이 아니고 세상이 생기면서부터 있어왔다. 여기서 신기한 것은 전체 국민이 그러한 현상에 휩싸여 있다는 것이다.

물질적인 만족에 대한 그들의 흥미야말로 아메리카인들의 행동에서 찾아볼 수 있는 내적인 불안과 그들이 매일 드러내는 변덕스러움의 본질적인 원인으로 인식되어야 할 것이다. 자기의 마음을 오직 세속적인 행복의 추구에만 집중하는 사람은 항상 서두르는데, 왜냐하면 그가 그것을 얻어 향유할 수 있는 시간은 극히 제한되어 있기 때문이다. 인생이 짧다는 생각은 항상 그에게 자극제가 된다. 그가 현재 소유하고 있는 것 이외에, 지금 당장 하지 않으면 죽음 때문에 못하게 될 수천 가지의 다른 일들을 끊임없이 하고 싶어한다. 이런 생각 때문에 그의 마음은 불안과 공포와 후회로 가득 차게 되며 이런 상태가 계속된다. 그래서 그는 결국 계획을 바꾸게도 되고 주거까지 옮기게 되는 일도 있다.

물질적 쾌락에 열정적인 사람은 쉽게 실망한다는 것은 잘 알려진 사실이다. 그 사람의 최종적인 목표는 향락하는 것이므로, 그 목표에 이르는 수단은 신속하고 쉬워야 한다. 만약 그렇지 못하면 쾌락을 얻는 데 드는 수고가 쾌락 자체보다 더 크게 될 것이다. 그런데 그들의 일반적인 기분은 열렬한 동시에 해이해져 있으며, 격렬한 동시에 힘이 빠져 있다. 하나의 목표를 향해 계속적인 노력을 해야 하는 인내보다는 죽음이 오히려 덜 무서운 경우도 있다.

사회의 평등화는 보다 쉽게, 내가 방금 설명한 결과에 이르게 할 수 있다. 가문과 재산에 따르는 모든 특권이 폐지되고 누구나 어떤 직업이라도 가질 수 있고 자기 자신의 능력에 따라 정상에 오를 수 있을 때는, 누구나 자기 자신이 비천한 운명을 타고난 것은 아님을 확신할 수 있다. 그러나 이것은 잘못된 생각으로 일상적인 경험에 의해 시정될 수 있을 것이다. 그들이 자기들을 방해하는 몇몇 사람의 특권을 없애버린 것은 사실이다. 그러나 그들은 모든 사람이 경쟁해야 하는 상황을 가져왔다. 장벽은 없어진 것이 아니라 그 모습이 바뀌었을 뿐이다. 인간이 모두 비슷해져서 같은 길을 걸을 때, 한 개개인이 그를 둘러싸고 억누르고 있는 가시밭길을 헤치고 지나가기는 매우 어렵다. 사회의 평등화가 추구하는 목적과 이 목적의 실현을 통해 인간을 만족시켜 줄 수 있는 수단 사이의 끊임없는 갈등은 인간을 괴롭히고 지치게 만든다.

완전히 만족스러울 정도의 자유를 누리는 인간은 상상할 수 있으며, 그들은 아무런 불안이나 초조함이 없이 자신의 독립을 만끽할 수 있을 것이다. 그러나 인간은 스스로 만족할 수 있을 만한 평등은 확립할 수가 없다. 인간이 어떤 노력을 경주한다 하더라도, 사회상태를 완전히 평등하게 만들지는 못할 것이다. 설사 그들이 지위상의 평등은 완전하게 이루었다 할지라도, 정신적인 불평등은 아직 남을 것이며, 이것은 신이 직접 만든 것이기 때문에 인간이 만든 법으로서는 영원히 없앨 수 없을 것이다. 그런데 사회구조나 정치체제가 아무리 민주적이라 할지라도 사회구성원 개개인은 자기의 위치를 감시하는 몇 가지 문제가 자기 주위에 있다는 것을 알게 될 것은 분명하다. 그러한 경우 그의 시선은 그 방향으로 집중될 것이 예상된다. 불평등이 사회의 일반적 양상일 때는 가장 현저한 불평등까지도 사람의 눈에 잘 띄지 않는다. 그러나 모든 것이 거의 같은 수준이 될 때는, 가장 미세한 불평등까지도 사람의 눈에 잘 뜨인다. 그러므로 평등이 더욱 완전해짐에 따라 평등을 바라는 마음은 더욱 강렬해진다.

민주국가에서는 어느 정도의 평등은 쉽게 달성될 수 있다. 그러나 그들이 바라는 만큼은 달성될 수 없다. 순간순간 그들은 이 평등을 달성할 수 있을 것같이 생각하지만, 그럴 때마다 이 평등은 그들을 외면한다. 그들은 그 매력을 쳐다볼 수는 있지만, 그것을 향유할 수는 없다. 그리고 그들이 그 기쁨을 충분히 만끽하기 전에 죽어버린다.

민주국가의 주민이 그 풍요 속에서도 겪게 되는 이 이상한 우울증이나, 조용하고 편안한 환경 속에서도 그들을 간혹 사로잡는 인생에 대한 혐오감도 바로 이러한 원인 때문임에 틀림없다. 프랑스에서는 자살자의 수가 많다고 한다. 그러나 아메리카에서는 이 자살은 드물지만, 정신이상이 다른 어떤 곳보다도 많다고 한다. 이것은 같은 종류의 질병이 다른 양상으로 나타난 것에 불과하다. 아메리카인들은 아무리 불안할지라도 삶을 끝내는 일은 하지 않는데, 이것은 그들의 종교가 이를 금지하고 있기 때문이다. 그런데 그들에게 물질적인 쾌락에 대한 열정이 일반화되어 있음에도 불구하고 물질주의는 존재하지 않는 것처럼 이야기되고 있다. 의지는 저항하지만, 이성은 항복해버리는 경우가 종종 있다.

민주시대에 향락은 귀족시대보다 더 강렬하며, 향락을 즐기는 사람의 수도 훨씬 더 많다. 그러나 이와는 달리 인간의 희망과 욕구가 더 자주 좌절되고 정신은 더욱 불안해지며 근심 또한 더욱 심각해지리라는 것은 인정하지 않을 수 없다.

14. 아메리카에서는 물질적 쾌락에 대한 욕망이 어떻게 자유에 대한 애착이나 공공업무에 대한 관심과 결합되어 있는가

민주국가가 절대군주정으로 변할 때, 그 이전에 공공업무와 개인적인 업무를 지향했던 활동은 갑자기 후자에게만 집중된다. 그 직접적인 효과는 얼마간 물질적인 번영으로 나타나지만, 얼마 안 있어 그 충격은 완화되고 생산량 또한 줄어든다. 티레(Tyre. 옛 페니키아의 항구도시 ——옮긴이) 사람에서부터 시작하여 플로렌스(Florence. 이탈리아의 항구도시 ——옮긴이) 사람이나 영국사람에 이르기까지 상인이나 수공업자로서 자유인이 아니었던 사람이 단 한 사람이라도 있었는지 모르겠다. 따라서 자유와 생산업 사이에는 밀접한 관계가 있다 하겠다.

이러한 가정은 일반적으로 모든 국가에 적용되겠지만 특히 민주국가에는 더 들어맞는다. 나는 이미 평등의 시대에 사는 사람들은 그들이 바라는 것을 획득하기 위하여 결사를 구성할 필요를 계속 느낀다는 점을 지적한 일이 있다. 그리고 이와는 달리 나는 또 위대한 정치적 자유가 어떻게 결사의 기술을 향상·발전시킨다는 것도 지적한 바 있다. 따라서 평등한 사회에서 자유는 부의 생산에 특별히 도움이 된다. 그리고 전제주의는 이 부의 생산에 방해가 된다는 것도 쉽게 알 수 있다.

민주시대에 전제권력의 성격은 강렬하거나 잔인한 것이 아니라, 왜소하고 지저분하다. 이러한 종류의 전제주의는 비록 인간성을 짓밟지는 않는다 할지라도 상업적인 재능이나 산업의 발전에는 정면으로 방해가 된다.

이와 같이 민주시대에 사는 사람들은 그들이 항상 바라고 있는 물질적 쾌락을 보다 쉽게 획득하기 위해 자유로울 필요가 있다. 그러나 이러한 쾌락에 대한 지나친 욕망은 그들로 하여금 그들에게 나타나는 첫번째 주인에게 복종하도록 만든다. 그렇게 되면 세속적인 행복을 추구하는 열정은 저절로 좌절될 것이며 그들은 깨닫지 못한 채 그들이 바라는 목표를 멀리 내팽개쳐버린다.

사실 민주국가의 역사에는 아주 위험스러운 국면이 있다. 그들에게 물질적 쾌락에 대한 욕구가 교육이나 자유제도에 대한 경험보다 더 빨리 증대될 때는, 인간은 그들이 곧 획득하게 될 새로운 소유에 도취되어 자제심을 완전히 잃는 때가 도래할 것이다. 돈을 벌기 위해 너무 초조해진 나머지 개인의 사적인 재산과 공공의 번영 사이에 존재하는 긴밀한 관계를 보지 못하게 된다. 그들이 향유하고 있는 권리를 빼앗기 위해 그들에게 어떤 폭력을 행사할 필요도 없다. 그들 스스로 기꺼이 그들이 소유하고 있는 것을 서서히 포기하려 할 것이다. 정치적인 의무의 이행은 그들에게는 오히려 귀찮은 방해로 생각되는데, 이것은 그들로 하여금 직업과 업무에 전념하지 못하게 하기 때문이다. 만약 그들에게 대표자를 선출하라든가 개인적인 봉사로써 정부를 지원하라든가 공공업무를 떠맡으라고 요구하게 되면, 그들은 시간이 없다거나 쓸데없는 일에 귀중한 시간을 낭비하기는 너무 아깝다고 생각한다. 그처럼 시시한 즐거움 따위는 더욱 중요한 생활에 종사하는 진지한 사람에게는 부적합하다는 것이다. 이런 사람들은 그들이 이기주의의 원리를 따르고 있다고 생각한다. 그러나 그들이 이 원리에 대해 품고 있는 관념은 아주 설익은 것이다. 그리고 소위 그들 자신의 업무라는 것을 더 잘 보살피기 위해 그들은 그들의 중요한 업무를 등한시하는데, 이 중요한 업무란 곧 그들이 계속 그들 자신의 주인이 되는 일이다.

시민들이 공공업무에 종사할 생각을 갖지 않을 때, 그리고 여가시간을 공적 의무에 바치려 하는 계급이 존재하지 않게 될 때, 정부의 자리는 말하자면 공석이 된다. 이처럼 심각한 순간에 어떤 유능하고 야심적인 사람이 최고통치권을 장악하게 되면, 그는 권리침해의 길을 찾아낼 것이다. 만약 그가 얼마간 국가의 물질적 번영에 신경을 쓰기만 하면, 더이상 그에게 요구되는 바가 없을 것이다. 무엇보다도 그는 공공안녕을 유지해야만 한다. 물질적인 쾌락을 추구하는 열정에 사로잡혀 있는 사람들은 일반적으로 자유의 혼란은 자유 자체가 개인 복지의 증진에 도움이 된다는 것을 알기도 전에 개인 복지를 방해할 것이라고 생각한다. 대중의 소요에 관한 아무리 작은 소문이라 할지라도 만약 그것이 사소한 쾌락에 젖어 있는 개인생활에 파고들면, 그들은 정신이 번쩍 들고 놀라게 된다. 무정부상태에 대한 두려움이 항상 그들을 지배하고 있으며 그래서 그들은 소요가 일어나자마자 그들이 누리는 자유를 포기해버릴 준비가 언제나 되어 있다.

공공안녕은 대단히 좋은 것임을 나는 당연히 인정한다. 그러나 동시에 질서가 유지됨으로써 모든 국민이 노예상태에 있었다는 것도 잊을 수 없다. 확실히 국민은 공공안녕을 경멸해야 한다고도 말할 수 있지만, 그렇다고 국가는 국민을 만족시키지 않아도 좋다고도 말할 수 없다. 질서유지 이외에는 아무것도 정부에 요구할 것이 없는 국민이 있다면 그는 이미 정신적인 노예이자 동시에 자기 자신의 행복의 노예이며 그는 단지 자기를 구속할 사람만을 기다릴 뿐이다.

그러한 국민에게는 도당(徒黨)의 전제(專制)는 개인의 전제에 못지 않게 두려운 것이다. 사회 주민의 대부분이 개인적인 관심에 몰두해 있을 때는 아무리 작은 단체라 할지라도 공공업무상의 지배권을 획득하는 데 절망할 필요는 없다. 이런 시대에는 우리가 극장에서 보는 것처럼 세계라는 큰 무대 위에서 불참하거나 또는 무관심한 군중의 이름을 빌려 혼자서 말하는 몇몇 배우에 의해 대변되는 다수를 보는 일이 드물지 않다. 다른 사람은 모두 가만히 있는데 그들만이 움직인다. 그들은 그들 자신의 변덕스런 기분에 따라 모든 것을 해치운다. 그들은 법률을 개정하고 국가생활의 전반에 걸쳐 저들 멋대로 억압통치를 한다. 그래서 위대한 국민이 어떻게 연약하고 무가치한 소수의 수중에 전락하는지 보고 놀라게 된다.

지금까지 아메리카인들은 내가 방금 지적한 모든 위험한 요소들을 가까스로 면해 왔는데, 이런 점에서 그들은 정말 경탄받을 만하다. 아마 아메리카만큼 게으른 사람이 적은 곳은 없을 것이다. 그리고 그들 자신의 행복을 증진하기 위해 더욱 열성적으로 일하는 사람이 다른 어느 곳보다도 많다. 그러나 물질적인 쾌락을 추구하는 아메리카인들의 열정이 격렬하다 할지라도, 적어도 그것은 난잡한 정도는 아니다. 그리고 이성이 그것을 제어하지는 못할지라도 그래도 그 방향만은 제시해 준다.

아메리카인은 그가 마치 이 세상에 혼자 존재하는 것처럼 그의 개인적인 일에 관심을 두지만, 또 다른 어떤 순간에는 자기의 일을 완전히 잊어버린 것처럼 공공의 복지를 위해 자기를 포기한다. 아메리카합중국 주민들은 자기 자신의 행복과 자유를 위해 너무나 열정적이기 때문에, 이러한 열정이 그들의 성격의 일부가 된 것처럼 생각된다. 그리고 실제로 아메리카인들은 자유야말로 그들의 행복을 보장할 수 있는 가장 확실한 수단이라고 믿는다. 즉 그들은 행복을 위해 자유에 집착한다. 그들은 공공업무에의 참여를 요구받고 있지 않다고 생각하는 일은 결코 없다. 이와는 반대로 그들이 해야 할 중요한 일이란, 그들이 원하는 것을 할 수 있도록 해주며 그들이 이미 획득한 소유물의 향유를 방해하지 않는 정부를 확립하는 것이라고 그들은 확신한다.

15. 신앙심이 때로는 어떻게 해서 아메리카인들의 사상을 비물질적인 쾌락으로 전환시키는가

아메리카합중국에서 일요일은 국민의 모든 생산·거래활동이 중지되는 것 같다. 모든 소음은 중지되고 깊은 평온 즉 장엄한 명상이 한 주일의 소란 뒤에 찾아든다. 그래서 정신이 제 기능을 회복하여 명상에 잠긴다. 이날 교통 중심지는 텅텅 비고 모든 사람들이 자기 아이들을 데리고 교회로 간다. 그곳에서 그들은 자기 귀에 적합할 것 같지도 않은 이상한 말에 귀를 기울인다. 그래서 교만과 탐욕에 의해 야기되는 수많은 악에 대해 설교를 듣는다. 그들은 자기의 욕망을 제어할 필요성과 덕성에만 따르는 참된 쾌락, 그리고 이에 수반하는 진정한 행복에 대해 일깨움을 받는다. 집에 돌아와서도 일상적인 업무에 매달리지 않고 성경책을 읽는다. 그리고 이 성경책에서 그는 창조주의 위대함과 친절함이나, 하느님의 웅장한 역사(役事), 그리고 인간의 영생의 특권 등에 관한 장엄하고 감동적인 구절을 마주하게 된다.

이와 같이 아메리카인들은 자기 자신에게서 한 시간을 몰래 훔쳐내어 생활을 어지럽히는 사소한 열정이나 순간적인 관심을 잠시 제쳐두고 갑자기 이상세계로 들어가게 되는데, 여기서는 모든 것이 위대하고 영원하며 순수하다.

나는 이 책의 다른 곳에서 아메리카인들이 정치제도를 유지하는 데 도움이 되는 여러 원인을 지적하려고 노력한 일이 있는데, 그 중에서 종교가 가장 중요한 원인 중의 하나로 파악되었다. 나는 지금 개인적인 능력의 관점에서 아메리카인들을 취급하고 있는데, 또다시 종교는 국가 전체에 유용한 것에 못지 않게 개개의 시민에게도 유용함을 발견하게 된다. 아메리카인들은 실천을 통해서 종교야말로 민주사회에 도덕성을 부여하는 중요한 수단이 된다는 점을 강하게 느끼고 있음을 보여주고 있다. 이런 점에서 그들이 생각하고 있는 것은 모든 민주국가가 철저히 명심해야 할 사실이다.

한 나라의 정치·사회체제가 어떤 교리나 욕망의 선택에 있어서 그 국민에게 중요한 역할을 한다는 것을 나는 의심하지 않는다. 또 이것은 개인의 노력이나 의식과는 관계없이 어떤 견해나 성향으로부터 벗어나게 한다. 입법자의 모든 기술이란 것은 이러한 인간의 사회적 경향이 촉진되어야 할 것인지 아니면 이를 제어할 필요가 있는지를 알기 위해 미리 이러한 인간의 사회적 경향에 대해 정확히 인식하는 일이다. 입법자에게 지워지는 의무는 때에 따라 달라진다. 인류가 지향해야 할 목표만은 움직이지 않지만 거기에 도달하는 수단은 항상 변한다.

만약 세습적인 재산이나 구제불능의 빈곤으로 말미암아 인간이 생활향상에 대한 관념조차 갖지 못하게 하여 인간정신을 소위 마비상태에 묶어두는 귀족시대에 내가 태어났더라면, 그 사람들이 자기들의 욕구를 깨닫게 해주었으면 싶다. 그리고 이 경우 나는 내가 지적한 그 새로운 욕구를 충족시키기 위한 신속하고 쉬운 방법을 찾아내야 할 것이고, 시민들의 치열한 노력이 물질적인 추구로 나아가게 하면서 그들이 그들 자신의 행복을 증진할 수 있도록 노력해야 할 것이다. 설마 이와 같이 부정할 정도로 부의 추구에 얽매여 물질적인 쾌락에 지나치게 애착을 갖는 사람이 나타난다 하더라도 나는 놀라지 않을 것이다. 이러한 특이한 경우는 전체 사회의 일반적인 양상에서는 곧 사라질 것이다.

민주사회의 입법자들은 다른 일에 관심을 둔다. 민주사회의 국민에게 교육과 자유를 제공하고 그대로 내버려두면, 그들은 곧 이 세상이 허용하는 모든 이익을 끌어내는 이치를 터득하게 될 것이다. 그들은 유용한 기술을 모두 개발해냄으로써 하루하루 생활을 보다 안락하고 편리하게 만들 것이다. 그들의 사회조건도 당연히 그들을 이 방향으로 나아가도록 촉진할 것이며, 그들이 그 방향에서 벗어날 염려는 없을 것이다.

물질주의자들은 많은 점에서 나와는 견해를 달리한다. 그들의 주장은 유해하다고 생각되며, 그들의 오만함은 역겨울 정도이다. 그들의 이론체계가 인간에게 어떤 효용이 있다면, 그것은 인간에게 자기 자신에 관한 겸손한 생각을 갖게 하는 것일 것이다. 그러나 이 이성주의자들은 그것이 그렇지 않음을 나타내 보이고 있다. 그래서 그들이 짐승임을 증명하기에 충분할 만큼 말을 하고서도, 그들은 마치 자신들이 신이나 되는 것처럼 교만해한다.

어떤 국가에 있어서나 물질주의는 인간정신상의 위험한 질병이다. 그러나 민주국가에서는 더욱 무서운 결과를 가져오는데, 왜냐하면 이것이 민주상태에서 감정과 가장 밀접한 관계에 있는 악덕에 쉽게 결합하기 때문이다. 민주주의는 물질적 쾌락에 대한 욕구를 조장하는데 이 욕구는 지나치게 되면 인간으로 하여금 모든 것이 물질뿐이라고 믿게 한다. 그리고 그 다음에 이 물질주의는 인간을 미친 듯이 이 물질적 쾌락으로 몰아붙인다. 이것이 바로 민주국가의 국민이 순회하는 숙명적 수레바퀴이다. 만약에 그들이 이 위험을 알고 이에 빠지지 않는다면 다행스러운 일이 될 것이다.

대부분의 종교는 영혼불멸의 교리를 인간에게 가르치는 일반적이고 간단하며 실제적인 수단일 뿐이다. 이것은 민주국가의 국민이 종교적 신념으로부터 끌어내는 가장 큰 장점이다. 그러므로 다른 어떤 사람에게 있어서보다 민주국가의 국민에게 신념이 더욱 필요하다. 그러므로 어떤 종교가 민주주의에 깊이 뿌리를 박았을 때는 그것을 방해하지 않도록 조심해야 한다. 그리고 귀족시대의 가장 값진 유산으로서 그것을 주의깊게 지켜보는 것이 좋을 것이다. 새로운 종교적 견해로써 낡은 것을 교체하려고 해서는 안되며 더욱이 다른 신앙으로의 대체는 금물이다. 만약 정신이 잠시라도 어떠한 신념도 갖고 있지 않게 되면, 물질적 쾌락에 대한 애착이 곧 되살아나서 정신을 완전히 점령하고 말 것이다.

영혼윤회설도 분명히 물질주의만큼이나 합리적이지 못하다. 그럼에도 불구하고 만약 민주주의가 그 둘 중의 어느 하나를 반드시 선택해야 한다면, 나로서는 인간의 영혼은 완전히 없어진다는 것을 믿기보다는 인간의 영혼이 돼지의 시체 속으로 들어간다는 것을 믿음으로써 덜 야만적이 되어야 한다고 생각한다. 한동안 물질과 결합하기도 하지만 초감각적이고 영생하는 원리를 추구하는 신앙은 인간의 위대성에 너무나 필수불가결한 요건이기 때문에, 그것이 설사 미래의 상벌의 교리와 결합하지 않을 때조차도 그리고 그것이 죽음 후에는 인간에 내재하는 신성한 원리는 신에 몰두하거나 아니면 다른 생물에 생기를 불어넣어주기 위해 이전된다는 것을 가르칠 때조차도 그 효과는 두드러지게 드러난다. 그처럼 불완전한 신념을 가지고 있는 사람들도 여전히 육체를 인간본성의 부수적이고 열등한 부분으로 간주하고, 그들이 비록 그 영향력에 복종할 때조차도 그것을 경멸할 것이다. 반면에 그들은 인간의 비물질적인 요소에 대해서도, 비록 그 권위에의 복종을 거부할 경우가 있긴 하지만, 본능적으로 존중하고 있으며 동시에 이에 대해 놀라운 생각을 하고 있다. 그것은 그들의 견해나 취미에 고상한 성격을 부여하기에 충분하며, 그리고 그들로 하여금 의도적인 것은 아니더라도 그야말로 충동에 의해 순수한 감정과 고결한 사상을 가지게 하기에 충분하다.

소크라테스와 그 제자들이 인간에게 앞으로 어떤 일이 발생할 것인지에 대해 어떤 고정된 견해를 가졌다는 것은 확실하지는 않다. 그러나 그들이 확신했던 유일한 신념 즉 영혼은 육체와 공유하는 것은 아무것도 없으며, 육체보다도 오래 살아남는다고 하는 것은 그 관념철학에 활기를 불어넣어 주기에 충분했다.

플라톤보다 앞시대의 철학자들이나, 동시대의 철학자들 중에 많은 사람들이 물질주의를 표명했던 것은 플라톤의 저작으로 보아 분명하다. 이 철학자들은 물론 오늘날의 물질주의자들에게는 미치지 못하며, 단지 단편적으로 일치하는 점이 있을 뿐이다. 그리고 이와 비슷한 일이 어느 시대에나 있었다. 문학에서 가장 유명한 사람들의 대부분이 관념철학의 원리에 집착한다. 인간의 본능과 욕망이 또한 관념철학에 얽매인다. 그런데 어떤 시대에나 혹은 어떤 정치적 상황 아래에서나, 물질적 쾌락에 대한 열정과 이 열정에 수반되는 견해가 전체 국민을 만족스럽게 할 수 있으리라고 생각해서는 안된다. 인간의 정신은 거대한 그릇이어서 지상의 것에 대한 소유욕과 천상의 것에 대한 애착을 동시에 포용할 수 있으며 간혹 어느 한쪽에 헌신적으로 얽매이는 일이 있겠지만 오래지 않아 다른 한쪽을 반드시 생각해 보게 된다.

민주시대에는 관념적인 견해가 우세해야 할 필요가 있다는 것은 쉽게 알 수 있지만, 민주국가의 통치자들이 어떤 방법으로 그러한 견해가 우세하도록 하는지를 알기란 쉽지 않다. 나는 공인된 철학의 번창도 믿지 않지만 그 영구성도 믿지 않는다. 그래서 국가적 종교에 있어서 만약 그것이 정치권력에 일시적으로라도 봉사하게 된다면, 그 종교는 조만간 교회에는 치명적인 타격을 주게 될 것이다. 나는 또한 국민의 신앙심을 높이기 위해서나 국민이 종교의 정신적 교리에 존경을 표하도록 하기 위해서, 성직자들에게 법률이 금지하는 정치적 영향력을 행사하도록 하는 것이 바람직스럽다고 생각하는 사람에게도 동의할 수 없다. 나는 성직자가 공공업무에 참여하게 될 때, 거의 필연적으로 신앙심에 수반하게 되는 위험성을 대단히 잘 알고 있다. 그래서 나는 기독교가 어떤 일이 있어도 근대 민주주의의 테두리 내에서 그 기능을 수행해야 한다고 확신하기 때문에 성직자들이 성당 밖으로 나가기보다 성당 안에 머무는 것이 좋다고 생각한다.

그러면 정부당국으로서 국민으로 하여금 정신적 견해를 취하게 하거나, 그러한 정신적 견해의 근거가 되는 종교에 국민이 집착하도록 하기 위해 어떤 수단을 강구할 수 있는가?

나의 대답은 정치인의 눈에는 맞지 않을 것이다. 내가 생각하기로는 정부가 영혼불멸설이 존중될 수 있도록 하기 위해 강구할 수 있는 효과적인 수단으로는 정부 자체가 그것을 믿는 것처럼 항상 행동하는 것뿐인 것 같다. 그리고 나는 정부가 공공업무와 같은 큰 일에 있어서 종교적 도덕성에 철저히 일치함으로써만, 정부가 전체 사회로 하여금 사생활에 있어서 종교적 도덕성을 인식하고 사랑하고 실천할 수 있도록 지도할 수 있다고 생각한다.

16. 세속적 행복에 대한 지나친 관심은
##　　　행복 자체를 손상시킬 수 있다

정신적인 것을 증진하는 것과 육체적인 것을 개선하는 것 사이에는 일반적인 상상 이상의 밀접한 관계가 있다. 이 두 가지를 분리해서 택일적으로 생각하는 사람이 많은데, 만약 이 둘을 완전히 분리해버린다면 결국 이 둘 모두를 잃게 될 것이다.

동물도 우리와 같은 감각기관을 가지고 있으며 그래서 매우 유사한 욕구를 가지고 있다. 우리는 우리 인류와 동물에 공통되지 않는 감각적인 열정을 갖고 있지는 않으며, 동시에 인간에게 있어서와 마찬가지로 세균이나 개에게서도 발견될 수 없는 감각적인 열정을 갖고 있지도 않다. 그런데 동물이 그들의 일차적이고 최하급의 욕구를 충족시키는 반면, 우리 인간이 쾌락의 종류를 무한정하게 늘려가면서 그것을 끝없이 증대시킬 수 있게 된

것은 무슨 연유인가?

동물은 본능에 의해서만 물질적인 이익을 추구할 수 있는 데 반해 인간은 정신을 활용할 수 있다는 점에서 우리 인간은 동물보다 고등한 존재이다. 인간의 경우 천사와 같은 성향이 인간 내부에 존재하는 야수와 같은 성향에게 욕망충족의 기술을 가르쳐주고 있다. 인간이 하등동물로는 상상조차 할 수 없을 정도로 육체의 각 기관을 증대시킬 수 있게 된 것은 동물로서는 전혀 생각할 수 없는 일, 즉 육체의 각 기관을 초월할 수 있으며 그리고 생활 자체도 경멸할 수 있다는 데 그 원인이 있다.

정신기능을 촉진·확장시키는 것은 정신과 관계 없는 일까지도 성공할 수 있도록 해준다. 반면에 정신기능을 약화시키는 것은 가장 중요한 목적에 있어서건, 아니면 가장 하찮은 목적에 있어서건, 정신기능을 약화시켜서 어떠한 일에 있어서도 무능하게 만들어버린다. 그러므로 정신은 그 강력한 힘을 종종 육체에 봉사시켜버리는 일이 있을지라도 강력한 힘을 지니고 있어야 한다. 만약 인간이 물질적인 목적으로 만족해버린다면 물질을 생산해내는 기술마저도 점차 잊어버릴 것이며, 종국에 가서는 동물처럼 되어 물질을 향유는 하되 아무런 인식이나 향상이 없을 것이다.

17. 사회가 평등해지고 회의론이 무성할 때는
   왜 인간의 행동이 원대한 목적을 지향할 필요가 있는가

신앙시대에는 인생의 최종목적은 일상생활을 초월해 있다. 따라서 이러한 시대에 사람들은 그들이 끊임없이 지향하고 있는 어떤 불변의 목적에 몇 년간이고 집착하는 데 아주 자연스럽게 익숙해 있다. 그래서 그 원대하고 지속적인 욕망을 충족시킬 수 있도록 하기 위해 사소하고 일시적인 수많은 욕망을 억압하게 된다. 그들은 세속적인 일에서도 이와 같은 방법으로 행동한다. 그들은 세속적인 행동에 대한 어떤 일반적이고 확실한 목표와 목적을 확립하는 경향이 있으며, 그들의 모든 노력은 바로 이것을 향해 집중된다. 그래서 그들은 어떤 신기한 목적을 추적하여 매일 행동을 바꾸는 일이 없으며, 지칠 줄 모르고 추구할 수 있는 계획을 세운다.

이것은 왜 종교적인 국민이 이러한 지속적인 결과를 그토록 자주 성취했는가를 설명해 준다. 왜냐하면 그들이 저 세상에 대해서만 생각하는 동안에도 이 세상에서의 성공의 큰 비밀을 발견해냈기 때문이다. 종교는 인간에게 영원성을 예상하고 행동하는 습관을 주고 있다. 이러한 관점에서 종교는 저 세상에서의 완전한 행복에 도움이 되는 것 못지 않게 이 세상에서의 행복에 도움이 된다. 그리고 이것은 종교의 중요한 정치적 성격 중의 하나이다.

그러나 신앙의 빛이 희미해짐에 따라 그에 비례해서 인간의 상상 범위는 좁혀져서 마치 인간행위의 목적과 목표가 손에 잡힐 듯해진다. 죽은 후의 문제에 대해 더이상 생각할 수 없게 될 때, 인간은 미래에 대해 완전히 야수와 같이 무관심하게 된다. 인간이 미래의 문제에 희망을 거는 습관을 갖지 못하게 될 때, 그들은 즉각 사소한 욕망의 충족을 추구하게 된다. 영생에 대한 희망을 잃자마자 단 하루로써 인생이 끝난 것처럼 행동하고 싶어한다. 따라서 의심이 많은 시대에는 인간은 영원히 그들의 일상적인 욕망에 사로잡힐 것 같고, 그리고 끈질긴 노력이 없이는 획득할 수 없는 것은 모두 포기함으로써 위대하고 항구적이며 평화로운 것은 아무것도 이룩할 수 없을 것같이 생각된다.

이러한 경우 사회가 민주화되면 내가 여기서 지적한 위험은 증가할 것이다. 모든 사람이 자기의 위치를 변경시키기 위해 끊임없이 노력할 때, 모든 삶에게 경쟁의 기회가 주어질 때, 그리고 민주주의의 와중에서 짧은 시간에 재산이 축적되기도 하고 일소되기도 할 때, 이런 때에는 재산을 갑자기 그리고 쉽게 얻는 생각이나 큰 재산을 쉽게 얻었다가 또 쉽게 잃어버리는 생각 등 갖가지 형태의 환영(幻影)이 사람의 마음속에 떠오른다. 사회의 불안정성은 자연히 인간 욕망의 불안전성을 촉진한다. 인간의 운명이 끊임없이 동요하는 가운데서는 현재는 인간에게 크게 확대되어 보인다. 그래서 이것은 미래를 가리고 그래서 미래는 차츰 희미해진다. 그리고 인간은 오직 내일에 대해서만 생각하게 된다.

불행하게도 불신앙과 민주주의가 공존하는 나라에서는 철학자와 권력자는 인간행위의 목적을 인간이 직접 미칠 수 없는 곳에 설정하려고 언제나 노력해야 한다. 도덕주의자는 자기 자신을 자기 나라와 자기 시대의 정신에 적응시키면서 자신의 원칙을 그 위치에서 증명하는 법을 알아야 한다. 그는 자기의 동시대인들에게 주위 사정의 끊임없는 동요 속에서도 끈질긴 일을 계획하여 실행하는 것이 생각보다는 쉽다는 것을 보여주기 위해 항상 노력해야 한다. 그는 그들에게 인류의 모습은 변할지라도 이 세상에서의 번영을 위해 강구할 수 있는 방법은 여전히 동일하다는 것을 가르쳐야 한다.

권력자의 업무는 분명히 구분된다. 국민을 통치하는 사람이 언제나 미래를 내다보고 행동해야 하는 것은 중요한 일이다. 그런데 이것은 다른 시대에 있어서보다 민주적이고 의심이 많은 시대에 더욱더 필요한 일이다. 이렇게 행동함으로써 민주시대의 지도자들은 공중의 일이 번영되게 할 뿐만 아니라 개인에게는 개인의 사적인 관심을 다루는 기술을 가르친다.

무엇보다도 그들은 정치의 영역에서 우연을 제거하도록 가능한 한 노력해야 한다. 귀족국가에서 정신(廷臣)의 갑작스럽고 분에 넘치는 승진은 일시적인 인상만을 불러일으킬 뿐인데, 이것은 그 나라의 총체적인 제도와 견해가 인간으로 하여금 그들이 빠져나갈 수 없는 길을 따라 서서히 나아가도록 강요하기 때문이다. 그러나 민주국가의 국민에게 앞에 든 호의적인 예만큼 해로운 것은 없다. 이것은 모든 것이 급속히 전진하는 방향으로 대중의 마음에 최후의 충격을 가하기 때문이다.

정부는 국민에게 종교나 사회상태가 더이상 불어넣는 일이 없는 미래에 대한 애착심을 회복시키는 일에 전념해야 한다. 그리고 그러한 것을 말할 필요도 없이 정부는 실제로 매일 지역주민에게 다음과 같은 것, 즉 부나 명예나 권력은 노동의 대가라는 것, 위대한 성공은 오랜 소망 뒤에 존재한다는 것, 그리고 노력에 의해 얻어진 것이 아니고는 오래가는 것이 없다는 것을 가르쳐야 한다.

인간이 세상사를 멀리서 보면서 희망을 가지고 사는 데 익숙해질 때는,

그들의 마음을 생활의 좁은 범위 내에 제한하려 하지 않는다. 그래서 그 경계선을 뚫고 나가 먼 곳을 내다보게 된다. 나는 사회구성원에게 이 세상에서의 미래에 대해 생각하는 법을 가르침으로써 그들이 점점 그리고 무의식적으로 종교적인 확신에 가까워지리라고 생각한다. 이와 같이 인간으로 하여금 어느 정도까지는 종교 없이 살아가게 내버려둠으로써 멀고 둘러가는 길이라 하더라도 결국은 신앙의 상태로 인간이 되돌아가게 할 것이다.

18. 아메리카인들에게는 어째서 정직한 직업이면 모두 존경받는가

세습재산이 없는 민주국가에서는 모든 사람은 생계를 위해 일을 하고 있거나 혹은 일을 한 적이 있으며 또 일을 해온 부모로부터 태어난다. 따라서 어느 면으로 보나 노동을 자연스럽고 필요하며 정직한 인간생존의 조건으로 생각하게 된다. 이 사람들에게는 노동은 불명예스러운 것이 아닐 뿐만 아니라 오히려 명예스럽게 취급된다. 노동에 대한 선입관도 노동을 반대하는 입장이 아니라 그것을 옹호하는 입장에 있다. 아메리카합중국에서는 부유한 사람은 그의 여가를 상공업이나 공공업무에 바치는 것을 여론 때문이라고 생각한다. 그런 사람은 만약 그가 아무런 일을 하지 않고 생활한다면 나쁜 평판을 들으리라 생각한다. 그래서 이토록 많이 부유한 아메리카인들이 유럽으로 건너오는 것은 바로 이러한 노동의 의무를 회피하기 위해서이다. 그리고 그들은 여기서 귀족사회의 흩어진 잔재를 발견하게 되는데 이들에게는 여전히 놀고 먹는 것이 존경받고 있다.

사회의 평등화로 말미암아 노동에 대한 인식이 좋아졌을 뿐만 아니라 노동을 이윤의 원천으로 생각하게 되었다.

귀족사회라 해서 노동 자체가 경멸되는 것은 아니고 이윤을 바라는 노동이 경멸될 뿐이다. 어떤 야심이나 덕성에 의해 노동이 이루어질 때, 그 노동은 명예스러운 것이다. 그렇지만 귀족사회에서도 명예를 위해 노동하는 사람이 이윤의 매력에 전혀 무감각하지만은 않은 때가 항상 있었다. 그러나 이 두 가지 욕구는 그의 정신세계에서만 서로 혼합된다. 그는 주의깊게 그 두 가지가 합치되는 점을 누구도 모르게 감춘다. 심지어 그는 그 자신도 그것을 모르게 한다. 귀족국가에는 개인적인 이익이 없다고 해서 국가에 봉사하는 것을 싫어하는 공직자는 거의 없다. 공직자의 보수에 대해 그들은 별로 생각해 보지 않으며 또 전혀 생각하지 않는 체하기도 한다. 이와 같이 이윤에 대한 관념과 노동에 대한 관념은 다르다. 이 둘이 사실상 결합될 경우가 있다 할지라도 같은 것으로 인식되지는 않는다.

이와는 달리 민주사회에서는 이 둘은 분명하게 결합되어 있다. 행복을 바라는 마음은 누구나 가지고 있고 운수는 미덥지 않을 정도로 동요하며 모든 사람이 자기 자신의 재산을 늘리거나, 혹은 자기 후손에게 재산을 물려주기를 바라기 때문에 이윤이야말로 설사 전부는 아니다 하더라도 적어도 부분적으로라도 노동의 동기가 된다는 것을 누구나 잘 알고 있다. 명성에 대한 애착심 때문에 주로 행동하는 사람이라 하더라도, 그들이 그 동기 때문만으로 행동하는 것은 아니라는 것을 잘 알고 있다. 그래서 그들은 생계유지를 위한 욕망이 명예를 얻고자 하는 욕망과 혼합되어 있음을 알게 된다.

한편으로 전체 사회가 노동을 인간생활에 필요한 명예로운 일로 생각하며, 다른 한편으로 노동이 전체적으로건 아니면 부분적으로건 언제나 보수를 얻기 위해 행해지는 것이 분명하게 될 때는 귀족사회에 존재했던 직업 간의 심대한 격차는 사라지게 된다. 모든 것이 동일하지는 않다 할지라도, 적어도 한 가지 특징만은 공통으로 하고 있다. 금전을 바라고 일하지 않는 직업은 없다. 그래서 그들 모두에게 공통되는 보수라는 문제는 그들 모두를 닮은 모습으로 만든다.

이것은 상이한 직업에 대한 아메리카인들의 견해를 알아보는 데 도움이 된다. 아메리카에서는 누구라도 그가 일을 하기 때문에 체면이 손상되는 일은 없다. 왜냐하면 주위의 모든 사람이 일하기 때문이다. 보수를 받는 문제 때문에 사람이 비천해지는 일도 없다. 왜냐하면 아메리카합중국의 대통령도 보수를 받고 일하기 때문이다. 대통령은 명령하는 대가로 보수를 받고 다른 사람들은 그 명령에 복종하는 대가로 보수를 받는다. 아메리카합중국에서는 힘든 직업도 있고 쉬운 직업도 있으며 보수가 많은 직업도 있고 보수가 적은 직업도 있다. 그러나 그 어떤 직업도 귀천의 차별이 없다. 정직한 직업이면 어떤 직업이라도 명예스러운 직업이다.

19. 거의 모든 아메리카인들이 산업계의 직업을 택하는 것은 무엇 때문인가

민주국가에서 농업은 아마 모든 실용적인 기술 중에서 그 발전이 가장 느린 것에 속할 것이다. 농업기술은 사실상 정체되어 있는 것처럼 보이는 경우가 많은데 이것은 다른 기술이 완벽에 가까울 정도로 급속히 발전하기 때문일 것이다. 한편 사회의 평등화로 말미암아 생겨난 거의 모든 관심이나 습관은 자연히 인간으로 하여금 상공업적인 직업을 선택하게 한다.

상당한 자산을 가지고 있으면서 지각있고 활동적이며 자유로운 사람, 그러나 욕망으로 가득차 있는 사람의 경우, 그런 사람은 가만히 놀고 먹을 정도로는 부유하지 못하지만, 그렇다고 당장 빈곤을 두려워해야 할 정도로 가난한 것도 아니다. 그래서 어떤 사람은 어떻게 하면 그의 생활수준을 향상시킬 수 있을까 하는 문제를 생각한다. 또 이런 사람은 주위의 모든 사람이 추구하는 물질적인 쾌락에 대한 욕망을 가지고 있다. 그 자신도 이러한 쾌락을 즐기고 있으며 이 욕구를 보다 완전하게 충족시킬 수 있는 방법을 모색하기에 여념이 없다. 그러나 인생은 유수 같고 시간은 촉박한데 도대체 그는 어디에 호소할 수 있겠는가? 땅의 개발이야말로 그의 노력에 가장 확실한 결실을 약속하지만 그러나 그것은 느릴 뿐이다. 인내와 노력이 없이는 땅의 개발로 부유해질 수가 없다. 따라서 농업은 이미 잉여재산을 많이 가지고 있는 사람이나, 아니면 빈곤으로 말미암아 단순한 생계조차 유지하기 힘든 사람에게 꼭 알맞다. 우리가 앞서 언급한 경우의 사람은 선택을 빨리 하는데, 땅을 팔고 집을 떠나 위험이 따르긴 하지만 돈이 벌리는 직업을 찾아나선다.

민주사회에는 이런 사람이 많다. 그리고 사회의 평등화가 더욱 진척될수록 그에 비례해서 그런 사람의 수도 증가한다. 이와 같이 민주주의는 노동자의 수를 증대시킬 뿐만 아니라, 이들로 하여금 어떤 한 종류의 노동을 다른 종류의 노동보다 더 좋아하게 만든다. 그리고 민주주의는 이들이 농업에서 떠나 상공업에 흥미를 갖도록 만든다.[원주3]

이런 분위기는 가장 부유한 사람들에게서도 나타난다. 민주국가에서는 사람이 아무리 부유해져도 항상 그의 재산에 불만을 갖게 되는데 이것은 그가 그의 부친보다는 덜 부유하다는 점을 알기 때문이다. 그리고 그는 그의 자손들이 자기보다 가난하게 될까봐 걱정을 한다. 따라서 민주시대에는 부유한 사람이라 하더라도 모두 부를 획득하고 싶어하며, 그것을 위해 그들은 상업이나 공업에 관심을 돌린다. 왜냐하면 이러한 직업이야말로 가장 빨리 성공할 수 있는, 가장 효과적인 수단이라고 생각하기 때문이다. 이런 점에서 그들은 그 필요한 이유는 달리할지라도 가난한 사람이 갖는 본능을 그대로 나타낸다. 아니, 그들이야말로 이 세상에 함몰되지 않기 위해 가장 다급한 상태에 놓여 있다고 생각한다.

귀족시대에는 부유한 사람이 동시에 통치권력을 가지고 있다. 중대한 공공업무에 쏟는 끊임없는 관심 때문에 그들은 상공업에 필요한 사소한 관심

[원주3] 상공업자들은 물질적 쾌락에 무절제하게 탐닉한다고 가끔 지적되었다. 그런데 이것은 상공업의 속성 탓이었다. 그러나 그것은 결과를 원인으로 혼동하는 것일 수도 있다. 물질적인 쾌락을 추구하는 취향을 상공업이 사람들에게 나누어주는 것이 아니라 오히려 이런 취향에 따라서 사람들은 더욱 신속하고 완벽하게 만족을 얻을 수 있는 수단인 상공업에 종사하게 된다. 만일 상공업이 잘 살아보려는 욕망을 증가시킨다면, 그것은 어느 열정이든지 함양되는 것에 비례해서 활력을 얻고 또한 그 욕망을 만족시키려 들면 들수록 증가하기 때문이다. 인간의 마음속에 세속적인 행복에 대한 애착심이 지배하게 만드는 모든 요인들은 상공업의 성장에 유리하다. 사회조건의 평등화가 그런 요인들 가운데 한가지이다. 이 요인이 상업을 조장하는 것은 사람들에게 상업에 대한 취향을 제공함으로써 직접적인 방법을 통하지 않고 달성되는 것이며, 그들의 마음속에 행복을 추구하는 취향을 강화하고 확대하는 방법을 통해서 간접적으로 이루어진다.

이나마 가질 수가 없다. 그러나 만약 어떤 개인이 그의 관심을 상업 같은 데 돌리기라도 한다면, 그가 소속해 있는 단체는 즉시 그것을 못하게 할 것이다. 왜냐하면 아무리 계급의 규칙에 항의할지라도 완전히 그 규칙을 무시할 수는 없기 때문이다. 그런데 국민 다수의 권리를 전혀 인정하지 않는 귀족주의 체제에 있어서조차 사사로이 이루어진 다수가 구성되어 있는데, 이 사적인 다수의 힘은 나머지 국민을 통치하게 된다.

돈을 가진 사람들이 돈 때문에 정치권력을 장악하는 것이 아니라, 오히려 돈 때문에 정치력에서 물러나야 하는 민주국가에서는, 부자들은 그들의 여가시간을 어떻게 보내야 할지를 잘 모른다. 상업만이 그들이 나아갈 수 있는 길이다. 민주사회에서는 상업보다 더 매력적이고 화려한 것이 없다. 상업은 대중의 관심을 사로잡고 그들의 상상을 충족시켜준다. 모든 정력이 이곳으로 집중된다. 어떤 선입관 때문에 부자가 상업에 몰두하는 것이 방해받지는 않는다. 민주사회의 부유한 사람들은 그들만의 어떤 생활태도나 생활규범을 만들어내지 않는다. 자기 계급에만 특유한 어떤 견해 때문에 그들이 상업을 포기하는 일은 없으며 일반여론은 그들을 격려해 줄 뿐이다. 더욱이 민주사회가 성취한 대부분의 재산이 상업에 의해 얻어진 것이기 때문에 재산 소유자들이 그들의 장사술을 완전히 버리기 전에 세대를 이어가며 그것을 계승해야 한다.

부유하건 아니면 가난하건 민주사회에서 사는 모든 사람에게 이와 비슷한 현상이 일어난다. 민주주의가 안고 있는 격동 속에 살고 있는 사람은 누구나 항상 기회포착의 환상을 가지고 있다. 그래서 그들은 기회가 조금은 있는 모든 사업을 좋아하다가 끝나버린다. 그래서 그들은 모두 상업에 종사하게 되는데 이것은 상업에서 얻는 이익 때문이기도 하고 동시에 이 이익추구에 따르는 끊임없는 흥분을 좋아하기 때문이다.

아메리카합중국은 대영제국의 식민지상태에서부터 독립한 지 불과 반세기밖에 안된다. 그래서 큰 재산을 가진 사람의 수는 적으며 자본도 아직 빈약하다. 그러나 이 세상의 어떤 국민도 아메리카인만큼 상공업상의 급속한 발전을 이룩하지 못했다. 아메리카는 지금 세계 두번째의 해상국가이며 그리고 그들의 공업은 거의 극복하기 어려운 장애를 극복해야 하긴 하지만 날마다 급속한 발전을 하고 있다.

합중국에서는 아무리 큰 사업이나 계획이라 할지라도 별 어려움 없이 집행되고 있는데, 이것은 전국민이 생산업에 종사하고 있으면서 가장 부유한 사람이건 가난한 사람이건 모두 이 목적을 위해 자기들의 노력을 결집할 준비가 되어 있기 때문이다. 아메리카인들은 현재의 거주지에 불과 엊그제 도착했는데도, 이미 모든 자연환경을 그들에게 유리하게 변화시켰다. 그들은 허드슨강과 미시시피강을 연결했으며, 그 가운데 500리그 이상의 대륙을 가로질러 가면서 대서양이 멕시코만과 연결되도록 하였다. 세계에서 가장 긴 철도도 아메리카에 있다.

그러나 아메리카합중국에서 내가 놀란 것은 신기할 정도로 웅장한 것에 있는 것이 아니라 수많은 작은 것들에 있다. 거의 모든 합중국 농민들은 상업과 농업을 결합시키고 있다. 그들의 대부분은 농업 그 자체를 하나의 상업으로 만들었다. 아메리카의 농민들은 현재 점유하고 있는 땅에 오래 머무는 일이 별로 없다. 특히 서부의 경우 벌판을 경작지로 만드는 것은 그것을 경작하기 위한 것이 아니라 다시 팔기 위한 것이다. 그는 거기에 다 농가를 짓기도 하는데, 이것은 주민의 증가에 의해 그곳 사정이 변함에 따라 토지가격이 오르게 하기 위한 것이다.

매년 많은 사람들이 북부에서 남부로 와서 면화와 사탕수수를 재배하기 위해 정착한다. 이들은 그것을 재배하여 몇 년 안 가서 부자가 되기 위해 땅을 개척한다. 그래서 그들은 이미 이와 같이 해서 얻은 상당한 자산을 향유하면서 지내기 위해 고향으로 돌아갈 때를 예상하고 있다. 이와 같이 아메리카인들은 그들의 상업지향성을 농업에서도 발휘하고 있으며, 그들의 상업성 열정이 다른 곳과 마찬가지로 농업에서도 그대로 드러난다.

아메리카인들은 생산업에서 장족의 발전을 거두고 있는데, 이것은 그들 모두가 동시에 생산업에 몰두하기 때문이다. 그리고 바로 이러한 이유로 해서 그들이 예기치 않게 무서운 곤경에 처하기도 한다. 그들 모두가 상업에 종사함으로써 그들의 상업문제가 이처럼 다양하고 복합적인 원인에 의해 영향을 받기 때문에 어떤 곤경이 몰아닥칠지를 예견할 수가 없다. 그들이 모두 크건 작건 생산업에 종사함으로써 산업계에 아주 작은 충격이 가해지기만 해도 모든 사기업이 한꺼번에 혼란 속에 빠지게 되어 국가 전체가 뒤흔들린다. 나로서는 이러한 상업공황의 순환이 우리 시대의 민주국가가 안고 있는 풍토병이라고 생각하고 있다. 이것은 좀 덜 위험스럽게 처리될 수는 있겠지만 완전히 근절될 수는 없을 것인즉, 왜냐하면 이것이 우연한 상황에 기인하는 것이 아니고 이들 민주국가의 본질적 성격에서 비롯되는 것이기 때문이다.

20. 어떻게 공업에 의해서 귀족체제가 발전할 수 있을까

나는 앞에서 어떻게 하여 민주주의가 공업의 성장을 촉진하면서 공업인계급의 수를 무한정 증대시키게 되는가를 밝힌 바 있다. 그러면 이제 그 다음 차례로 공업인계급의 사람들이 어떤 경로를 통해 인간을 귀족체제로 환원시키게 되는가를 알아보겠다.

노동자가 매일같이 일에 종사하게 될 때, 전체 생산품은 훨씬 더 쉽고 빠르고 저렴하게 생산된다는 것은 인정하지 않을 수 없다. 동시에 생산설비의 확장과 투자자본 및 신용의 증대에 의해서 생산비가 절감된다는 것도 인정하지 않을 수 없다. 이러한 사실은 오랫동안 어렴풋이 인식되어 온 것에 불과하지만 우리 시대에 접어들어 확인되었다. 이러한 원리는 이미 매우 중요한 산업에 많이 적용되었으며 아무리 하찮은 산업이라 할지라도 점점 이 원리를 적용해 가고 있다. 나로서는 입법자들이 이 두 가지 생산원리보다 더 많이 관심을 집중할 만한 곳을 찾을 수 있을지 모르겠다.

노동자가 한 가지 상품의 조작에 끊임없이 몰두하게 될 때 자기가 맡은 일을 아주 기민하게 할 수 있게 된다. 그러나 동시에 그는 일의 방향에 따라 적응할 수 있는 일반적인 능력을 잃게 된다. 그의 솜씨는 날이 감에 따라 교묘해지지만 게을러지게 된다. 그래서 노동자로서의 자질이 향상됨에 따라 그에 비례해서 인간으로서의 품위는 저하된다고 말할 수 있을 것이다. 못 만드는 데 20년을 보낸 사람에게 무엇을 기대할 수 있겠는가? 노동자가 상당한 시간을 이와 같이 지내게 될 때 그의 생각은 항상 그의 일상적인 업무에 집중될 것이다. 몸에는 어떤 고정된 습관이 붙고 이것은 결코 몸에서 떠나지 않을 것이다. 한마디로 이제 그 노동자는 자기 자신이 되지 못하고 그가 선택한 직업의 일부가 되어버린다. 법률과 관습에 의해 인간에게 가로놓여 있는 장벽을 없애려고 한다거나, 모든 방면에서 재산 축적의 수많은 기회를 제공하려고 애써봐도 그것은 모두 헛된 것이다. 관습이나 법률보다도 더 힘이 센 생산의 원리가 인간을 한 가지 기술에만 붙들어 매어두고 있으며 어떤 때는 한 지점에만 묶어두기도 하는데, 그는 그 지점을 결코 떠날 수 없다. 또 이것은 인간에게 일정한 사회적 위치를 설정해버리는데 역시 그것을 이탈할 수도 없다. 전체적으로는 변화가 격심하게 일어나는데도 한 인간으로서는 정체상태에 머물게 된다.

분업의 원리가 보다 철저히 적용됨에 따라 노동자는 더욱 약화되고 근시안적이 되며 보다 의존적이 된다. 기술은 발전하는데 기술자의 인격은 저하된다. 다른 한편으로 공장규모가 더 커지고 투하자본의 양이 더욱 많아질수록 생산품의 원가는 더욱 절감되면서 그 품질이 향상됨에 따라, 부유하고 교육받은 사람들이 지금까지는 가난하고 무식한 장인들에게 맡겨져 있던 공업에 투신하기 시작한다. 엄청나게 요구되는 노력의 양과 그것에서 얻어지는 중요한 성과에 그들은 매혹된다. 이와 같은 공업은 노동자계급의 지위를 저하시키면서 고용주계급의 지위는 향상시킨다.

노동자가 그의 능력을 한 종류의 일에만 몰입하는 동안 고용주는 전체적으로 파악한다. 그래서 노동자가 더욱 근시안적이 되는 것에 비해서 고용주의 안목은 넓어진다. 일정기간 노동자는 아무런 지식도 필요 없이 오직 육체적인 힘만을 필요로 하는 데 반해 고용주는 학식과 재능을 필요로 하며 이것이 있어야 사업에 성공할 수 있다. 그래서 고용주가 거대한 제국의 행정가를 닮아가는 데 반해 노동자는 짐승과 같은 존재로 전락한다.

그래서 고용주와 노동자 사이에는 아무런 유사성도 없어지고 그 차이는 매일 증대한다. 이들은 다만 긴 사슬 끝에 있는 두 개의 고리에 의해서 연결되어 있을 뿐이다. 그들 각자는 자기에게 부여된 위치를 지키면서 그것을 이탈할 수는 없다. 쌍방은 끊임없이 밀접하게 그리고 필수적으로 상호의존하고 있는데 마치 날 때부터 한쪽이 명령하면 다른 한쪽이 복종하도록 되어 있는 것 같다. 이것이 귀족체제가 아니고 무엇이겠는가?

인간이 처한 조건이 보다 평등해짐에 따라 공업제품에 대한 수요는 보다 광범위하게 일반화한다. 그래서 돈이 많지 않은 사람도 이러한 상품을 구할 수 있도록 할 만한 저렴한 가격이야말로 성공의 필수요건이 된다. 그러므로 돈이 많고 학식이 풍부한 사람 중에서 그들의 재산과 학식을 공업생산에 쏟아넣는 사람이 날로 증가하는데, 이들은 대규모 시설과 철저한 분업의 원리에 따라 모든 방면에서의 새로운 수요에 충당할 수 있도록 한다. 이와 같이 국민대중의 민주주의로 전환함에 따라 그에 비례해서 공업에 종사하는 특수한 계급은 더욱 귀족주의화한다. 인간은 한 가지 측면에서는 더욱 닮아가는 대신에 다른 한 가지 측면에서는 더욱 이질화해간다. 사회전체적으로는 불평등이 줄어들지만 몇몇 계급에서는 불평등이 더욱 심화한다. 그래서 그 근본원인을 살펴보건대 민주주의의 품속에서 귀족체제가 저절로 출현되는 것처럼 보인다.

그러나 이러한 종류의 귀족체제는 결코 전 시대의 귀족체제와는 같지 않다. 이것은 공업화과정에서 생산에 종사하는 직업에만 배타적으로 나타나는 현상으로서, 사회 전체적으로 보면 하나의 괴물과 같은 예외로 볼 수도 있을 것이다. 오늘날 전반적인 민주주의 속에서 공업 종사자들에 의해 형성된 이 작은 귀족사회에도 전 시대의 거대한 귀족사회에서와 마찬가지로 그 속에 소수의 부유한 사람과 다수의 찌들려 가난한 사람을 동시에 포함하고 있다. 가난한 사람은 그들의 현재의 상태에서 탈피하여 부자가 될 수 있는 방법이 거의 없다. 그러나 부자는 끊임없이 가난해지고 있고 그들이 재산을 좀 모았을 때는 사업을 포기해버린다. 이와 같이 가난한 계급을 구성하는 요소는 정해져 있지만, 부자계급을 구성하는 요소는 정해져 있지 않다. 사실상 부유한 사람은 존재하지만 부자계급은 존재하지 않는다. 왜

728

냐하면 부유한 사람들은 어떤 감정이나 목적이나 전통이나 희망도 공유하고 있는 것이 없기 때문이다. 그래서 부유한 개인은 있되, 정해진 계급은 없다.

부자는 자기들끼리 긴밀한 유대를 형성하고 있지도 않거니와 그들과 가난한 사람 사이에도 어떤 진실한 유대도 없다. 그들의 상대적인 지위는 영구적인 것이 못된다. 그들은 끊임없이 이해관계 때문에 이합집산한다. 노동자는 일반적으로 고용주에 의존한다. 그러나 어떤 특정한 고용주에게 얽매이지는 않는다. 이들은 공장에서는 서로 만나지만 공장 밖에서는 서로 아는 척도 안한다. 그리고 설사 어느 한 가지 문제에서 접촉하게 된다 해도 모든 다른 점에서는 아주 멀리 떨어져 있다. 공장주인은 노동자로부터 노동 이외에는 아무것도 요구하지 않는다. 그리고 노동자는 그 주인으로부터 자기의 임금 이외에는 아무것도 기대하지 않는다. 보호해 주어야 할 의무도 없고 또 지켜주어야 할 의무도 없다. 그래서 그들은 관습에 의해서도 의무에 의해서도 영구적으로 연결되어 있지 않다.

전 시대의 봉건적 귀족체제는 법률에 의해서건 관습상의 견해에 의해서건 농노를 구제해서 그들의 곤궁을 해결해 주어야만 했다. 그러나 현대의 공업적 귀족체제는 자기에게 봉사하는 사람들을 처음에는 가난하고 품위없는 사람으로 만들고는 이들을 공중의 자선에 맡겨버린다. 이것은 내가 앞서 말한 바의 당연한 귀결이다. 노동자와 고용주 사이에는 빈번한 접촉은 있지만 진정한 교류는 없다.

나로서는, 대체로 공업적 귀족체제는 이 세상에 나타난 가장 광포한 귀족체제 중의 하나라고 생각한다. 그러나 동시에 이것은 가장 제한되어 있으며 위험이 적은 것에 해당한다고 생각한다. 그럼에도 불구하고 민주주의를 옹호하는 사람들은 이 방향에 정신을 집중해야 할 것이다. 왜냐하면 항구적인 불평등과 귀족체제가 다시 이 세상으로 침투하게 된다면, 이것은 그들이 빠져 들어갈 문으로 예언할 수 있기 때문이다.

풍습에 대한
민주주의의 영향

1. 사회가 보다 평등해짐으로써
어떻게 하여 관습이 순화되는가

수세기 동안 사회적 조건은 평등한 쪽으로 흘러왔으며 동시에 사회의 관습도 순화되어왔음을 우리는 알 수 있다. 이 두 가지 사실은 단지 동시에 일어난 것에 불과한 것인가, 아니면 두 가지 사실 사이에 우리가 알지 못하는 어떤 관련이 있어서 한 가지 사실은 다른 사실이 없이는 발생할 수 없는 정도인가? 여러 가지 원인으로 세상의 관습은 덜 투박하게 되었지만 가장 큰 원인은 사회의 평등이었던 것으로 보인다. 조건의 평등과 관습의 순화는 내가 보기에는 동시에 발생한 사실일 뿐만 아니라 상호관련이 있는 사실로 보여진다.

우화작가가 독자로 하여금 동물의 행동에 흥미를 느끼도록 만들고자 할 때는 동물의 행동을 인간의 사고와 정열이 있는 것처럼 만든다. 영혼과 천사에 관해서 노래하는 시인도 마찬가지이다. 우리 자신을 다른 시각에서 보지 않는다면, 인간의 정신을 충족시키고 마음을 감동시킬 만한 깊은 사악함도 없고 순수한 행복도 없는 것이다. 이러한 사실이 우리가 지금 다루고 있는 주제에 엄격히 적용될 수 있다. 모든 인간이 귀족주의적 사회에서 직업·재산·출생에 따라 엄격히 분류·배열될 때, 각 계급의 구성원들은 자신들을 한 가족의 일원으로 생각하면서 상호간에 견실하고 강한 유대감을 맺고 있다. 이 정도의 유대감을 민주시민들은 결코 느끼지 못하고 있다. 그러나 이러한 감정은 여러 계급 상호간에는 존재하지 않는다.

귀족주의 사회에서 각 계급은 독자적인 견해와 감정·권리·관습 및 생활양식을 갖는다. 그러므로 각 계급의 구성원들은 전체 시민대중과는 유사점이 없게 된다. 즉 그들은 같은 방식으로 생각하거나 느끼지도 않으며 같은 종족이라고 믿지도 않는다. 그리하여 그들은 다른 사람이 생각하고 느끼는 바를 완전하게 이해할 수 없다. 그러나 그들은 서로에게 도움을 주고자 하지만 이런 사실은 지금까지 내가 관찰한 바와 상반되는 것은 아니다.

이러한 귀족주의적 제도는 같은 종족의 구성원들을 아주 이질적으로 만들지라도 그들을 긴밀한 정치적 유대로 묶어놓는다. 노예는 귀족의 운명에 대해 생래적인 관심을 갖지는 않을지라도 우연히 자기의 주인이 된 귀족에게 전심하여 봉사하는 것이 자기의 의무라고 생각한다. 또한 귀족도 자신은 노예와 전혀 별개의 인간이라고 생각하면서도 자기의 영내에 거주하는 농노를 목숨을 걸고 보존하는 것이 자기의 의무이며 명예라고 생각한다.

이러한 쌍방의 의무는 자연의 법칙에 따라 생긴 것이 아니고 사회의 법칙에 따라 생긴 것임이 명백하다. 즉 사회적 의무라는 주장이 단순히 인간성이라는 주장보다 설득력이 있기 때문이다. 이러한 봉사는 인간이 인간에게 베푸는 것이 아니라 하인이나 영주에게 베풀도록 되어 있었다. 봉건제도는 어떤 인간의 고통에 대해서는 강한 동정심을 불러일으키지만 인류의 불행에 대해서는 전혀 무감각하다. 이 제도는 당대의 관습에 온유함보다는 관용을 주입시킨다. 즉 이 제도는 인간으로 하여금 헌신적인 위대한 행동을 하도록 만들지라도 진실한 동정심을 불러일으키지는 않는다. 왜냐하면 진실한 동정심은 같은 계급의 사람들 사이에서만 존재하게 되고 귀족주의 시대에서는 인간은 자신과 같은 계급의 구성원만을 인정하고 있기 때문이다.

태생과 교육 덕분에 귀족계급에 속하는 중세의 연대기 작가가 귀족의 비극적인 종말을 서술할 때 그의 슬픔은 격렬해진다. 그러나 작가는 평범한 사람들이 당한 대학살과 고통에 대해서는 조금도 주춤하지 않고 단숨에 애기한다. 이런 작가들은 일반 시민에 대해 습관적인 증오심이나 고의적인 경멸감을 느끼는 것은 아니다. 왜냐하면 한 사회의 여러 계급간에 아직 선전포고가 없었기 때문이다. 그들은 감정보다는 본능에 따라서 그런 행동을 하게 되며 가난한 사람의 고통에 대해서 뚜렷이 알지 못하기 때문에 그의 운명에 대해서도 거의 관심이 없었다.

이러한 감정은 봉건적 유대가 깨질 때마다 하층계급을 격발시켰다. 이런 시대에는 가신(家臣)들이 자기의 영주를 위해 헌신적인 영웅적 행위를 많이 했지만 때때로 하층계급이 상층계급에 대해 잔인하고 야만적인 행위를 많이 했다.

이렇게 상호간에 냉담하게 된 것을 공공질서와 교육의 부재 때문이라고

만 생각해서는 안된다. 왜냐하면 그러한 흔적은 그뒤 여러 세기에 걸쳐 찾아볼 수 있기 때문이다. 이 기간은 귀족주의적이면서도 평온하고 계몽적인 시기가 됐던 것이다.

1675년 브르타뉴(Bretagne) 지방에서는 하층계급이 새로운 세금의 부과 때문에 반란을 일으켰다. 이러한 소요는 전례 없는 혹독한 방법으로 진압되었다. 이러한 공포의 현장을 목격한 드 세비네 부인(Madame de Sévigné)이 이 사실을 자기의 딸에게 말한 구절을 살펴보자.

오 로셰(Aux Rochers), 1675. 10. 30.
애야! 에(Aix)에서 보낸 너의 편지는 무척 우스꽝스럽구나. 어쨌든 편지를 발송하기 전에 여러번 읽어 보아라. 편지에 써넣은 좋은 일들에 놀랄 줄도 알아야 하고, 이것을 기쁨으로 여겨 많은 분량을 힘들여 쓰는 데 있어서 위안을 삼도록 해라. 그런데 너는 프로방스(Provence)의 모든 것에 키스를 했지? 포도주 냄새를 좋아하지 않는다면 모든 브르타뉴에 키스를 해도 만족은 없을 것이다. 르네(Rennes)로부터의 소식을 듣고 싶지? 수십만 크라운(화폐단위)의 세금이 시민에게 부과되었다. 그리고 이 돈을 24시간 이내에 마련해서 납부하지 않으면 두 배로 늘어나고 군인들이 탈취해 갈 거란다. 군인들은 집들을 뒤지고 대로상에 있는 사람들을 멀리 쫓아버리고 아무도 이들을 받아들이지 못하게 하고는 이를 위반하면 사형에 처한다고 했다. 그래서 가난하고 비참한 사람들은 이리저리 배회하면서 어디로 가야 할지 알지도 못하고 먹을 것과 드러누울 곳도 없는 채로 이 도시를 떠나면서 울부짖는다. 그저께 거리에서 바이올린을 켜는 사람이 일어나 춤을 추며 지폐 몇 장을 훔쳤다고 해서 마차바퀴에 치여 절단되었다. 그는 죽은 후에도 사지가 찢기었고, 그의 손발은 시내의 네거리에 전시되었다. 60여 명의 시민이 투옥되었고 그들을 처형하는 일은 내일 시작될 것이다. 이 지방은 총독과 그 부인을 존경하고 그들의 정원에 절대 돌을 던져서는 안된다는 것을 가르치는 모범적인 곳이 된 것이다.

기쁜 날이었던 어제는 드 타랑트 부인(Madame de Tarente)이 이런 살벌한 곳을 찾아왔으며, 방과 식사를 준비하는 데 어려움이 없었다. 그녀는 잠깐 들렀다 간 것이다.

다른 편지에서 그녀는 다음과 같이 덧붙였다.

너는 우리가 겪고 있는 불행을 스스럼 없이 얘기하고 있지만 우리는 이미 사형에 대해 익숙해져 있다. 그러나 지금은 일주일에 단 한 번 그런 일이 벌어지고 있다. 교수형은 나에게 청량제와 같은 오락으로 보인다. 내가 이 지방에 온 이후로 정의에 대해 아주 새롭게 생각하게 되었다. 그곳 갤리선에서 노젓는 노예들이 조용한 생활을 하기 위해 세상사에서 손을 뗀 일단의 선량한 사람들로 보인다.

이 글을 쓴 드 세비네 부인이 이기적이거나 잔인한 사람이라고 생각하면 잘못이다. 왜냐하면 그녀는 자기의 딸에게 대단한 애착을 가지고 있고 자기 동료 친구들의 슬픔에 동정하고 있는 것이며 나아가서는 그녀의 편지를 두고 볼 때, 그녀는 그녀의 가신과 하인에게 친절하고 관대하게 대하고 있다. 그러나 상류인사가 아닌 어떠한 사람의 고통에 대해서는 뚜렷이 알지 못했다.

우리 시대에 가장 잔혹한 사람일지라도 자기가 알고 있는 가장 냉담한 사람에게 편지를 쓰면서 감히 앞에서 인용한 잔인한 익살을 즐기지는 않을 것이며 자기 자신의 습관상으로는 그렇게 할 수 있을지라도 사회의 관습은 그것을 허용하지 않을 것이다. 어떻게 해서 이렇게 됐을까? 우리는 우리 선조들보다 더 감상적일까? 이 사실에 대해서 알 수는 없지만 우리의 감성이 더 많은 대상에까지 확대되었음은 확신할 수 있다.

사회의 모든 계층이 거의 평등해질 때, 모든 사람이 거의 똑같은 방법으로 생각하고 느낌에 따라 사람들 각자가 다른 사람의 감정을 곧바로 판별할 수도 있을 것이다. 즉 자기 자신을 슬쩍 훑어보기만 하면 그것으로 충분하다. 인간이 쉽게 빠져들지 않게 될 사악함도 없거니와 내면에 깊숙이 자리잡은 본능도 모습을 드러내게 된다. 이방인이나 적군이 고난을 받게 됨을 의미하는 것이 아니다. 왜냐하면 상상력은 사람들로 하여금 그들의 입장을 이해하게 만들며 인간의 감정 같은 것은 동정심과 혼합되어 있고 다른 인간이 고통을 당할 때 자신도 고통을 느끼도록 만들기 때문이다.

민주시대에는 인간은 서로를 위하여 희생하는 일은 없지만 같은 인류에게 일반적인 동정은 흔히 나타내 보이게 된다. 인간은, 쓸모없는 재앙을 불러오지 않으며 다른 사람의 고통을 덜어주는 것이 자신에게 해가 되지 않고도 가능할 때, 그렇게 함으로써 행복을 느끼게 된다. 인간은 서로에게 무관심한 것이 아니고 인간적이다. 아메리카인들은 이기주의를 사회적 · 철학적 이론으로 만들었을지라도 동정심도 많이 가지고 있다. 아메리카합중국만큼 온유하게 운영되는 형사법원은 어느 나라에도 없다. 영국이 형법에 중세시대 유형의 흔적을 조심스럽게 존속시키려는 듯이 보이는 반면, 아메리카인은 그들의 법전에서 사형을 거의 삭제했다. 필자가 보기에는 북아메리카는 지난 50년의 기간에 정치적인 범죄로 사형이 실시되지 않았던 지구상의 유일한 국가이다. 결론적으로 아메리카인들의 이러한 보기 드문 온유함은 주로 그들의 사회적 조건에서 생겨났음을 상황을 통해 알 수 있는데 이 상황은 그들이 그들의 노예를 대했던 태도로 설명된다. 아마도 신세계에서 흑인들의 신체적 조건이 아메리카합중국보다 덜 가혹한 유럽식민지는 단 한 군데도 없다. 여기서는 아직도 노예들은 놀라울 정도의 고통을 감내하고 있고 또 계속해서 아주 잔인한 처벌을 받을 수 있는 처지에 놓여 있다. 이러한 불행한 사람들의 운명은 그들의 주인에게 동정심을 거의 불러일으키지 못하고 있고 또 이들은 노예제도를 자기들에게 이익이 되는 제도일 뿐만 아니라 자기들에게 아무런 영향을 미치지 못하는 죄악으로 간주하고 있음을 쉽게 알 수 있다. 자기와 대등한 사람들에게는 아주 인간적으로 대했던 사람이 그 대등한 관계가 끊어지자마자 그들이 겪고 있는 고통에 대해서 백안시하게 된다. 그래서 인간의 온유함은 문명과 교육보다는 조건의 평등에 기인한다고 볼 수 있겠다.

여기서 내가 개인에 관해서 언급한 것은 일정한 범위 내에서 여러 국가에도 적용될 수 있다. 각 국가가 나름대로의 여론·신념·법률·관습을 가지게 될 때 자신을 인류 전체로 간주하며, 어떤 슬픔에 의해서도 감동받지 않고 오직 자기 자신의 감정에 따라서만 행동한다. 이러한 감정에 의해 두 나라 사이에 전쟁이 발발하게 되면 아주 잔인한 전쟁이 되는 것이다.

로마인들은 문명이 가장 발달되었을 때에도, 전쟁에서 승리하고 난 후 적장을 그들의 마차로 끌고 와 살육하였다. 그리고 사람들의 흥을 돋우기 위해 그들의 포로들을 곡마단의 맹수들에게 던져주었다. 한 로마시민을 처형하려는 생각에 대해 열변을 토했던 키케로(Cicero)도 승리를 축하하는 이러한 끔찍한 야만적 행사에 대해서 한마디의 말도 하지 않았다. 그는 야만족은 로마인과 같은 인류종족이 아니라고 본 것이 분명하다.

이와 반대로 국가들이 서로 유사해짐에 따라 상호간에 자비심을 베풀게 되었으며, 국제법은 순화된 것이다.

2. 어떻게 민주주의가 아메리카인들의 일상적인 상호관계를 단순하고 쉽게 만들었는가

민주주의가 사람들을 밀접하게 하지는 않지만 일상적인 상호관계가 보다 쉽게 맺어지도록 만든다. 두 명의 영국인이 우연히도 상반되는 처지에서 만나고 거기서 그들은 언어와 관습이 다른 이방인에 의해서 둘러싸이게 되면, 우선 그들은 많은 호기심과 알 수 없는 어떤 불안감을 가지고 상대를 응시할 것이다. 그러고는 외면하거나 하나가 다른 사람에게 말을 건다면 그들은 부자연스럽고 멍한 태도로 아주 중요하지 않은 문제를 화제로 삼아 조심스럽게 대화를 나눌 것이다. 그러나 이들 사이에 적대감은 없다. 왜냐하면 그들은 전에 서로 본 적이 없고 또 상대방을 존경할 만한 사람이라고 믿기 때문이다. 그런데 왜 그들은 그렇게 조심스럽게 거리를 유지하고 있는가? 그 이유를 알기 위해서는 영국에 대해 알아보아야 한다.

　사회적으로 사람의 계급을 구분짓는 것이 부와는 관계 없이 단지 태생만
이 기준일 때는 모든 사람은 자기의 지위가 사회계층상 어디에 속하는가를
정확히 알며 지위상승을 위해 노력하지 않고 지위하락을 걱정하지도 않는
다. 이렇게 조직화된 사회에서는 계급이 다른 사람들 사이에는 거의 교제
가 없지만 공동의 문제가 발생하면 자기들의 지위가 오를 희망이나 내려가
는 걱정 없이 상호간에 대화를 나눌 용의를 가지고 있는 것이다. 그들간의
상호관계는 평등을 기반으로 한 것이 아니지만 부자연스러운 것은 아니다.
　출생에 의한 귀족주의가 화폐에 의한 귀족주의로 이어질 때 사정은 달라
진다. 몇 사람의 특권은 아직도 매우 크지만 이런 특권을 획득할 가능성은
누구에게나 주어진다. 그로 인해 그 특권을 기득하고 있는 사람들은 그 특
권을 상실하거나 다른 사람과 공유해야 할지 모른다는 걱정을 끊임없이 하
고 있는 반면 아직도 그것을 얻지 못한 사람은 어떻게 해서든지 그것을 얻
으려고 하거나 만약 그렇게 하지 못할 경우에는 불가능기는 하지만 적어
도 그것을 소유하고 있는 것처럼 보이려고 한다. 사람의 사회적 중요성이
더이상 표면상으로 또 계속적으로 혈통에 의해 결정되지 않고 재산에 의해
무한히 다양화하기 때문에 아직도 계급은 존재하지만 언뜻 보아서는 사람
들이 어떤 계급에 속하는지 구별하는 것은 쉽지 않다. 그리고 이 사회에서
는 표면화되지 않은 적대감이 싹튼다. 즉 일단의 사람들은 자기들보다 상
층의 사람들 속에 여러 가지 교묘한 방법으로 침투하려고 노력하거나 침투
하려는 듯이 보이는 반면 또 다른 일단의 사람들은 자기들의 권리를 빼앗
아가는 사람들에 대항해서 싸우기 위해 무장하고 있다. 또한 두 가지를 동
시에 하려는 사람들이 있다. 이 사람은 보다 높은 계층에 올라가려고 노력
하는 반면, 자기보다 하위층의 사람들의 침투에 대해 항상 방위태세를 취
하고 있다.
　이것이 현재 영국의 조건이고 방금 말한 특징이 이러한 원인의 주류를
이룬다고 필자는 믿는다. 귀족사회에 대한 긍지가 아직도 영국인 사이에
대단히 크며 귀족사회의 범위가 뚜렷이 정해져 있지 않기 때문에 모든 사
람은 자기들이 친숙해 있는 사실들이 뒤집히지 않을까 걱정하며 살고 있

다. 자기가 만나는 사람들의 사회적 지위를 곧바로 알아볼 수 없기 때문에 그들과의 긴밀한 관계를 회피하고 있다. 사람들은 조그마한 봉사를 베풂으로써 그들 사이에 부적절한 친분관계가 생기게 되지 않을까 두려워하고 있다. 사람들은 예의를 두려워하고 이방인을 증오하는 것만큼 그들에게 또한 지나치게 고마워하는 것도 피하고 있다.

많은 사람들이 영국인의 이러한 기이한 반사회적 성향과 과묵하고 몸을 도사리는 태도에 순수한 자연적인 원인을 들고 있다. 내가 생각하기에는 이 종족에 그러한 면이 상당히 있지만 아메리카인과는 대조되는 사회적 조건에서 보다 많은 이유를 찾을 수 있을 것 같다.

태생에 의한 특권이 없고 재산의 소유자라고 특별한 권리를 부여받는 일도 없는 아메리카에서는 서로 알지 못하는 사람들이 같은 장소에 출입하게 되고 아무런 위험이나 유리한 점이 없이 자기들의 생각을 자유롭게 교환한다. 그들이 우연히 만난다면 상호교류를 맺으려고 노력하며 피하려고 하지 않는다. 다시 말해 그들의 태도는 자연스럽고 솔직하며 개방적이다. 또한 그들은 상대에게서 어떤 것을 기대하거나 배우지 않는다는 것을 쉽게 알 수 있고, 사회에서의 자기의 위치를 감추기보다는 더 많은 것을 내보이는 것을 스스럼 없이 하고 있음을 쉽게 볼 수 있다. 그들의 태도가 때로는 냉담하고 진지한 것이라면, 그것은 거만하거나 부자연스러운 것이 아니다. 그리고 그들이 대화를 나누지 않는다면 그것은 이야기할 기분이 나지 않기 때문이지 침묵을 지키는 것이 재미있어 그러는 것은 아니다.

외국에서 두 아메리카인이 만난다면 단순히 그들이 아메리카인이라는 이유 때문에 곧바로 친구가 된다. 그들은 어떤 편견에 의해 서로 배척하지 않고 오히려 같은 나라 사람이라는 것 때문에 관심을 끌게 된다. 두 사람의 영국인에게는 같은 혈통만으로는 불충분하고 둘 다 같은 계급에 속해야 한다. 이러한 영국인들의 비사교적인 기분을 프랑스인이 깨닫는 것처럼, 아메리카인들도 알아채고 있으며 그것에 대해 놀라고 있다. 그러나 아메리카인들은 혈통·종교·언어, 부분적으로는 관습상으로 영국과 연관성이 있고 단지 사회적인 조건에서만 다른 것이다. 그러므로 영국인들의 이러한 가라앉은 태도는 영국주민들의 체질이라기보다는 그들 나라의 체질에서 연유된 것이라고 추론할 수 있다.

3. 왜 아메리카인들은 자기 나라에 대해서는 민감하지 않고 유럽에 대해서 그렇게 민감한가

아메리카인들의 기질은 진지하고, 무슨 일이 생겼을 때는 꼭 대응하는 국민들의 기질처럼 보복적인 성격을 지니고 있다. 그들은 항상 모욕받은 것을 거의 잊지 않고 쉽게 남을 모욕하지도 않으며 그들이 화를 낼 때도 화가 풀어지는 것만큼이나 천천히 화가 끓어오른다.

소수의 사람이 매사를 처리하는 귀족주의사회에서, 사람들이 외부인과 상호교류를 맺을 때는 기존의 전통적인 규칙에 따르게 되어 있다. 그리하여 모든 사람은 자기들이 어떤 때 존경을 표시하거나 겸손을 보여야 하는지를 정확히 알고 있다고 생각하며 에티켓을 모르는 사람이 없다고 생각한다. 그러므로 사회에서 최상류계급의 이런 관습이 하층계급의 모범이 되며 이밖에도 하층의 각 계급은 독자적인 규범을 만들고 그 구성원들은 그 규범에 따르도록 되어 있다. 그래서 예절상의 규범은 입법상의 복잡한 체계를 이루기 때문에 그것에 완전히 정통하기란 어렵지만 어떤 사람이 그것으로부터 이탈하는 것도 위험한 일이며 사람들이 본의 아니게 심한 모욕을 남에게 가하거나 받을 처지에 끊임없이 놓이게 된다.

그러나 계급을 구분짓는 것이 없어졌고, 교육과 가문이 다른 사람들이 만나고 같은 휴식처에서 회동하게 됨에 따라, 좋은 혈통의 규칙이 어떤 것인가에 대한 의견의 일치를 구하기가 불가능하게 됐다. 그 규칙이 불확실하기 때문에 그것을 어기는 것은 그것을 아는 사람의 눈으로 보더라도 범죄가 되지 않는다. 다시 말해서 사람들은 외형보다는 의도에 더 큰 중요성을 부여하게 되고, 덜 예절바르게 되지만 동시에 싸우는 것도 덜 좋아하게 되었다.

아메리카인이 개의치 않는 사소한 친절은 많은데, 그런 친절을 자기가 응당 받을 필요가 없다고 생각하거나 응당 받을 친절이 어떤 것인지 알지 못하고 있다고 생각한다. 그러므로 아메리카인은 어떤 무례함을 알아채지 못하거나 혹은 그것을 용서하는 경우가 많다. 즉 그의 태도는 정중함은 적어지지만, 그의 성격은 더 수수해지고 남자다워진다.

아메리카인들 상호간에 보이는 관대함과 상대방을 대할 때 보이는 남자다운 신뢰는 또 다른 보다 깊고 보다 일반화된 원인에서 생긴 것인데, 이 원인은 앞장에서 이미 언급한 바 있다. 아메리카합중국에서 시민사회의 계급간의 차별은 별로 없고, 정치사회에서는 숫제 구분짓는 것이 없다. 그러므로 아메리카인은 어떤 동료시민에게도 특별한 주의를 기울일 필요가 없다고 생각하거나 다른 사람이 자신한테 그런 주의를 기울이는 것을 필요로 하지 않는다. 그는 어떤 동료시민과 진지하게 교제하는 것을 유익하다고 보지 않기 때문에 다른 사람들과의 교제가 줄고 있다는 것을 생각하기까지는 시간이 걸린다. 신분을 이유로 누구를 깔보지 않으며, 그 이유로 자신이 누구한테서 경멸을 받을 수 있다고는 상상도 할 수 없다. 그리고 어떤 모욕을 확실히 느낄 때까지는 그 모욕이 의도적인 것이라고 생각하지 않는다. 아메리카인들의 사회적 조건으로 인해 그들은 사소한 문제로 남에게 모욕을 주지 않는 것에 익숙해졌고, 다른 한편으로는 그들이 누리는 민주주의적 자유로 인해 이러한 온유한 기질이 그들의 국민성에 배어든 것이다.

아메리카합중국의 정치제도는 모든 시민계급들로 하여금 끊임없이 접촉하도록 만들며 위대한 일을 이룩하는 데 협력하도록 강요하고 있다. 공무에 관여한 사람들은 사소한 에티켓에 주의를 기울일 시간이 거의 없으며, 더욱이 그러한 일에 종사하면서도 화목하게 사는 것에 강한 흥미를 가지고 있다. 그래서 그들은 자기들이 만나는 사람들의 태도보다는 그들의 감정과 견해를 더 고려하는 습관을 갖게 되고 자신이 사소한 일로 성가심을 받는 것도 원하지 않는다.

유럽에 온 아메리카인이 갑자기 너무나 민감해지고 남을 헐뜯으려 하기 때문에, 아메리카에서는 그에게 창피를 주는 것이 어려운 만큼 유럽에서는 그의 마음을 상하지 않도록 하는 것이 어렵다는 것이 처음에는 놀랄 만한 사실로 보인다. 이러한 두 가지 상반된 결과는 같은 원인으로부터 생겨난 것이다. 민주주의제도는 일반적으로 자기 나라와 자기 자신에 대해 고고한 생각을 갖도록 만든다. 한 아메리카인이 자존심이 부푼 채로 자기 나라를 떠나면 유럽에 도착하자마자 그는 유럽인들이 그가 생각했던 만큼은 아메리카합중국과 그 위대한 국민들에 관해 매혹돼 있지 않은 것을 즉시 발견하게 되는데, 이것이 그를 곤혹스럽게 만들기 시작한다. 그는 사회적 조건이 유럽에서는 평등하지 못하다는 것을 들은 바 있어 유럽 여러 나라에서 계급의 흔적이 전반적으로 지워지지 않았고 재산과 태생이 어떤 막연한 특권을 아직도 안겨준다는 것을 관찰한다. 그런 특권들은 뚜렷한 정의는 내릴 수 없으나 그의 주목을 받지 않을 수 없다. 그러므로 그는 계급을 나누는 척도가 반쯤 마멸된 상태에서 자기가 차지할 위치에 대해 깊이 알지 못하며, 그 계급들은 서로 미워하고 경멸하는 것과는 별개의 것이지만 그가 계급 차이를 혼동할 정도로 계급들은 매우 유사하다. 그는 아주 높은 계급에 속하는 것을 두려워하는 만큼 아주 낮은 계급에 속하는 것도 두려워한다. 이러한 이중의 위험이 그의 정신을 항상 긴장하게 만들고 그가 말하고 행하는 모든 것을 혼란하게 만든다.

그는 유럽에서는 의례적인 관습이 각 계급에 따라 아주 다양했다는 것을 전통으로 미뤄 알게 되는데, 지난 시대에 대한 이러한 회상으로 말미암아 그의 머리는 아주 복잡해진다. 그리고 존경을 받는 것이 어떤 것인지 정확히 알지 못하기 때문에 당연히 받을 존경을 얻지 못하는 것을 더욱 두려워하게 된다. 그는 함정으로 둘러싸인 사람과 같다. 즉 사회는 그에게 휴식처로 되는 것이 아니고 힘든 노고를 들여야 하는 장소가 되는 것이다. 다시 말해서 그는 아주 사소한 행동이라도 눈여겨보고 상대의 표정을 조심스럽게 살피며 자기를 모욕하는 말이 숨겨져 있지 않나 해서 상대의 말을 면밀히 검토하게 된다. 그 아메리카인처럼 예의범절에 꼼꼼한 편협한 사람이 있었던 적이 있겠는지 의심스럽다. 그는 아주 사소한 에티켓에도 주의를 기울이려 하고 어느 누구라도 자신에게 소홀히 대하는 것을 허용하려 하지 않는다. 그래서 그는 아주 의심에 가득차 있고 동시에 허세를 부리며, 상당할 정도의 의심과 허세를 부리려 하지만 과도하게 하는 것을 두려워한다. 또한 어디까지 의심을 하고 허세를 부려야 할지를 잘 모르기 때문에 거만하면서도 쩔쩔매는 가라앉은 태도를 견지한다.

그러나 이것이 전부는 아니고 여기에는 인간의 마음이 기이하게 뒤엉켜 있다. 아메리카인은 아메리카합중국에서 일반화된 평등을 찬양하는 이야기를 항상 하고 있다. 그는 그 점을 크게 아메리카의 자랑거리로 이야기하지만 혼자서는 남몰래 그것을 개탄하며, 그가 자랑거리로 삼는 그런 일반적인 상태에서 자신만은 예외가 되어 있음을 나타내 보이려고 한다. 초기 식민지 개척자와 어떤 먼 친척관계를 주장하지 않는 아메리카인은 만난 사람 가운데 거의 찾아볼 수 없다. 그리고 영국의 귀족가문 혈통에 대해 이야기하면 아메리카는 그런 혈통의 후예들로 꽉 차 있는 것처럼 보였다. 부유한 아메리카인이 유럽에 도착하면 맨 먼저 신경쓰는 일이 재산을 과시하기 위해 아주 사치스럽게 차리는 일이다. 즉 그는 민주주의국가의 평범한 시민으로 오인받을 것을 아주 두려워하며 매일 유럽인들에게 자기의 부를 새롭게 과시하기 위한 수백 가지의 비뚤어진 방법을 쓰고 있다. 그의 집은 시내의 가장 부유한 지역에 자리잡을 것이며 항상 여러 명의 하인을 거느리게 될 것이다. 파리의 가장 좋은 집에서의 사교모임은 여러 계층의 사람들로서로 혼합되어 있다고 어느 아메리카인이 불평하는 것을 나는 들은 바 있다. 파리에서 일반화되어 있는 취향이 그가 보기에는 충분히 순수한 것이 아니었고, 그는 자기가 보기에 우아한 범절이 서 있지 않다는 것을 은근히 암시하고자 했다. 즉 거만을 부리지 않는, 그러므로 외양 속에 위트가 감춰져 있는 것에 익숙할 수가 없었던 것이다.

이러한 모순이 놀랄 만한 것은 아니다. 지난 시대의 귀족주의적 특징의 흔적이 아메리카합중국에서 완전하게 지워지지 않는다면 아메리카인들은 자기 나라에서 덜 단순하고 덜 관대할 것이다. 다시 말해 그들은 유럽에 와서 자신들이 빌려쓰는 생활태도를 덜 필요로 할 것이고 그것을 덜 좋아할 것이다.

4. 앞에서 서술한 세 장의 결론

인간이 상호간의 고통에 대해 자연스런 동정심을 갖게 되고, 쉽게 그리고 자주 상호교류를 맺도록 교육되고, 또한 어떤 민감한 감정도 그들을 서로 분리시키지 못할 때, 그들은 어려움을 당하여 서로를 도와줄 것이라고 쉽게 가정할 수 있다. 아메리카인이 동료시민에게 협조를 부탁하면 거절당하는 일은 거의 없다. 그리고 자발적으로 기꺼이 협조해주는 일을 가끔 보아왔다. 도로상에서 사고가 생기면 모든 사람이 사고당한 사람을 급히 도우려 한다. 한 가정이 갑작스럽게 큰 재앙을 당하면, 낯 모르는 수천 명의 사람들이 지갑을 곧바로 기꺼이 열며 수많은 소액의 기부금이 그들의 재난을 돕기 위해 쏟아진다.

미개지의 야만인처럼 군중 속에서 친구를 찾을 수 없는 불쌍한 사람이 가장 문명이 발달한 국가에서도 생기는 경우가 가끔 있으나 아메리카합중국에서는 그러한 경우가 드물다. 아메리카인들은 항상 냉담하고 가끔 거친 태도를 갖고 있으나 남을 백안시하는 일은 거의 없고 열성적으로 남에게 봉사하지는 않을지라도, 요청받을 경우 봉사하는 것을 거절하지는 않는다.

이것이 앞서 서술한 개인주의와 아주 모순되는 것은 아니다. 이 두 가지 점이 상호모순되는 것이 아니어서 그것들이 어떻게 조화를 이루는가를 알아볼 수 있다. 사회의 평등은 인간으로 하여금 독립감을 느끼도록 만드는 반면 인간의 취약성을 그들에게 보여준다. 즉 인간은 자유스럽지만 수많은 사건이 인간에게 일어날 수 있고 인간이 일상적으로 남의 도움을 필요로 하지 않을지라도 남의 도움이 없어서는 안될 때가 항상 있음을 경험을 통해서 알 수 있게 된다.

유럽에서는 같은 전문직업을 가진 사람들이 상호간에 항상 도움을 주고 받을 준비를 갖추고 있음을 흔히 보게 된다. 즉 그들은 모두 똑같은 재난을 당할 수 있다는 것이며 이 사실은 그들이 아무리 냉담하고 이기적일지라도 상호간에 상대방을 보호해야 하는 것을 가르치는 데 충분하다. 그들 중 한 사람이 위험에 빠지고, 다른 사람들이 잠시 사소한 희생을 하거나 재빨리 손을 쓰면 그를 구해낼 수 있을 경우 그들은 꼭 그를 구하려 할 것이다. 이것은 그들이 그의 운명에 깊이 관심을 갖고 있기 때문이 아니다. 왜냐하면 만일 그들의 노력이 헛된 것일 때는 그 일을 곧바로 잊어버리고 자신의 일에 전념하기 때문이다. 그러나 묵시적이고 거의 무의식적인 합의가 그들 사이에 이루어졌고 그들 각자는 상대방에게서 일시적인 후원을 받고 있는 것이므로 그는 위험에 빠졌을 때 그 후원을 요구할 수 있는 것이다.

여기서 한 계급에 적용시킨 경우를 한 국민에까지 확대하면 이 의미를 더 잘 이해하게 될 것이다. 이와 유사한 계약관계가 사실은 어느 민주사회의 모든 시민 사이에도 존재하고 있다. 다시 말해 그들은 그들 자신이 동일한 취약성과 동일한 위험에 처해 있음을 모두 느낄 것이고, 그들의 동정심뿐 아니라 그들의 이해관계 때문에 필요할 때는 상호간에 도움의 손길을 뻗치는 것이 예사스러운 일로 되어 있다. 사회적 조건이 평등해지면 질수록 사람들은 상대방을 돕는 호혜적인 성향을 더욱 많이 보이게 된다. 민주사회에서 아주 큰 혜택은 주어지지 않지만 호의는 끊임없이 베풀어진다. 다시 말해 한 사람의 헌신적 행동을 기대할 수는 없지만, 모든 사람이 상호간에 도울 준비를 갖추고 있는 것이다.

5. 민주주의는 어떻게 주인과 하인 간의 관계에 영향을 미치나

유럽에 오랫동안 여행한 한 아메리카인이 다음과 같이 얘기한 적이 있다. "영국인들은 그들의 하인을 딱딱하고 오만한 태도로 대함으로써 우리를 놀라게 하고, 프랑스인들은 가끔 그들의 하인에게 우리가 이해할 수 없을 정도로 친절하고 정중하게 대한다. 그들은 마치 명령을 하는 것이 두려운 것처럼 보인다. 즉 상관과의 관계와 부하와의 관계가 서투르게 유지된다." 이 말은 단 한번 들은 얘기이지만 나는 가끔 그것을 생각해 보았다. 필자는 현재의 세계 여러 나라 중 영국의 주인과 하인 관계가 가장 엄격하고, 프랑스에서는 가장 이완되어 왔다고 생각해 왔다. 나는 어디에서도 이 두 나라의 주인만큼 그렇게 고자세이거나 그렇게 저자세인 것을 본 적이 없다. 이 양극 사이에 아메리카인들은 위치해야 할 것이다. 표면적으로 나타난 사실을 보면 그러한 것이다. 그리고 그러한 사실의 원인을 알아보려면 철저하게 현상을 탐색해 볼 필요가 있다.

사회적 조건이 아주 평등하여 부자도 가난한 사람도 없고 따라서 주인도 하인도 없는 그러한 사회는 존재한 적이 없다. 민주주의는 이 두 계급의 존재를 방해하지는 않지만 이 두 계급의 성향을 바꾸고 양자의 상호관계를 수정한다.

귀족국가에서 하인들은 주인계급보다 더 다양하게 구성되지는 않지만 하나의 뚜렷한 계급을 형성하고 있다. 하나의 안정된 질서가 곧바로 수립되었는데, 즉 주인계급은 물론 하인계급에도 계급을 구분하는 수많은 특징과 뚜렷하게 계급을 가르는 척도가 형성되고, 수세대에 걸쳐 아무런 계급의 변동이 없이 바로 다음 세대에 이어져 내려오는 것이다. 이 두 공동체는 일방이 타방 위에 놓여지고 항상 구분되지만 유사한 원칙에 의해 규제된다. 이러한 귀족주의적 구조는 주인의 생각과 태도보다 하인의 생각과 태도에 덜 영향을 미치는 것은 아니다. 그리고 결과야 다를지라도 원인은 같음을 쉽게 알 수 있을 것이다.

양 계급이 귀족국가의 중심부에 작은 공동체를 형성하고 있으며, 옳고 그름에 대한 항구적인 관념이 그들 사이에 궁극적으로 성립한다. 인간생활의 다양한 행동을 하나의 독특하고 지속적인 시각에 비추어 볼 수 있다. 주인사회에서처럼 하인사회에서도 사람들은 상호간에 큰 영향력을 행사한다. 사람들은 확립된 규범을 인정하고, 법이 없으면 일종의 여론에 따라 행동하며, 그들의 관습은 고정되어 있으며, 그들의 행동은 어떤 통제 아래 있게 되는 것이다.

운명에 순응해야 하는 이 사람들은 그들의 주인들과 마찬가지로 명성·미덕·정직·명예를 확실히 이해하고 있지는 않지만, 긍지와 미덕 그리고 자기들의 조건에 맞는 정직함을 갖고 있고 일종의 노예적 명예심[원주1](이 표현이 가당하다면)과 같은 관념을 갖고 있다. 하나의 계급이 비천하다는 이유로 그 계급에 속한 모든 구성원이 비천한 정신상태에 있다고 생각해서는 안된다. 그렇게 생각하면 큰 오류를 범하게 된다. 아무리 천한 신분일지라도 그 속에서 우위를 차지하고, 거기서 떠날 생각을 하지 않는 사람은 하나의 귀족주의적 지위를 점하고 있는데, 이 지위는 고양된 미덕과 비범한 행동을 하도록 하는 고고한 감정·긍지·자존심을 그에게 불어넣어준다.

귀족국가에서는 사람들이 지위가 높은 사람에게 봉사하는 것이 당당하고 적극적인 일로 생각하는 것을 아주 흔히 찾아볼 수 있다. 그들은 자기가 겪고 있는 처지를 노예적인 처지라 생각지도 않으며 불쾌한 생각 없이 자기 주인의 의사에 따라 행동했다.

그러나 이 경우는 가내 하인이라는 하위계급에 항상 있는 일은 아니었다. 하인계급의 가장 낮은 단계에 있는 사람은 사실 매우 천한 처지에 있다고 생각할 수도 있다. 프랑스인들은 귀족사회의 하인을 지칭하기 위해 한 단어를 만들어냈는데 그것은 lackeys(하인)였다. 이 'lackey'라는 단어는 가장 강한 의미를 담고 있다. 프랑스의 구왕정시대에는 천박하고 경멸스런 사람을 단 한마디로 표현하는 데에 노예근성(soul of a lackey)을 가지고 있다고 흔히 얘기했다. 이 말은 의도하는 바를 전달하는 데 충분한 것이었다.

조건의 지속적인 불평등은 하인들에게 어떤 독특한 덕성과 악덕을 심어줄 뿐만 아니라 주인과의 사이에 독특한 관계를 맺도록 만들어준다. 귀족국가에서 가난한 사람은 어려서부터 항상 명령을 받고 행동하는 의식에 젖어왔기 때문에 그가 어느 쪽을 지향하건 사회의 계급적 구조와 복종의 자세는 그의 사고와 맞아떨어진다. 그러므로 이러한 나라에서의 주인은 신속하고, 완전하고, 존경스럽고, 용이한 복종을 그들 하인으로부터 쉽게 얻어

─────────

[원주1] 사람들의 행동지침이 되는 주요한 견해들을 면밀하게 그리고 자세하게 검토해 보면, 비슷한 점이 아주 놀랄 정도로 드러난다. 또한 그들 속에서 봉건귀족들의 가장 거만한 후손들 속에서나 마찬가지로 혈통에 대한 자부심, 자기네 조상과 후손들에 대한 존경심, 자신보다 못한 사람들에 대한 경멸감, 남들과 접촉하는 것에 대한 두려움 및 예의범절·선례·고풍에 대한 취향 등을 발견하고서는 놀라게 된다.

내게 된다. 왜냐하면 그들은 주인을 존경할 뿐만 아니라 주인계급도 존경한다. 주인은 귀족사회 전체의 힘을 이용하여 하인들의 의사를 내리누른다. 주인은 하인들의 행동을 명하고 어느 정도까지는 그들의 사고의 방향까지도 지정한다. 귀족사회에서 주인은 가끔 자기에게 복종하는 사람들의 생각·관습·태도에 대해 심지어 스스로도 깨닫지 못한 채 놀랄 만한 영향력을 행사하며 그의 영향력은 그의 권위 이상에까지 확장된다.

귀족사회에서는 주인의 가문은 물론 하인의 가문이 대대로 내려올 뿐만 아니라(두 개의 평행선이 만나지도 않고 멀어지지도 않는 것처럼) 여러 세대를 걸쳐 같은 주인 가문에 같은 하인 가문이 속해 있는 것이다. 그리고 이것은 이 두 계급의 상호관계를 상당히 수정한다. 그래서 귀족사회에서는 주인과 하인이 자연스럽게 유사해지지 않거나, 반대로 양자가 운명이나 교육, 견해 때문에 계급상 상당한 거리를 유지하고 있을지라도 시간은 결국 그들을 결속시킨다. 그들은 일련의 오랜 공통의 추억거리 때문에 접속되고 그들이 아무리 상호 별개의 존재일지라도 닮게 되는 반면, 민주사회에서는 본래 거의 닮은 상태에 있으면서도 그들은 항상 상호간에 생소한 상태에 있게 된다. 귀족사회의 국민 중에서 주인은 그의 하인들을 자기 자신의 열등하고 부차적인 부분으로 간주하게 되고 최대의 이기심에서 하인들의 운명에 가끔 관심을 갖는다.

하인들로서도 거리낌 없이 자기 자신을 그런 식으로 본다. 그리고 가끔은 자기 자신을 주인과 동일시(identify)하므로 주인은 물론 자신들이 보기에도 주인의 부속물이 되어간다. 귀족사회에서 한 하인은 주인에게 필요한 종속적인 지위를 차지하며 이 하인 위에 더 높은 계급의 하인이 있는데 그는 이 자리를 꼭 지킨다. 한쪽은 평생토록 미천·빈곤·복종 속에서 살아야 하고 다른 쪽은 명성·부·명령의 생활을 하게 된다. 이 두 조건은 항상 별개이면서 항상 가까이 있고 이 양자를 연결하는 관계는 그들이 살아 있는 한 지속되는 것이다.

이러한 궁지에서 하인은 자기 자신의 인생과 자기 자신의 이해관계가 궁극적으로 분리되는 처지에 있는 것이다. 말하자면 그는 자기 자신을 방기

(放棄)하거나, 혹은 자신을 주인의 성격 속에 몰입시켜서 자신은 상상 속의 존재가 되어버린다. 그는 자기 자신에게 명령하는 사람의 재산에 자기 자신을 만족스럽게 투영하고 주인의 명성을 함께 나누어 갖고 주인의 계급에 따라 자신을 높이고 다른 사람의 위대함으로 자신의 마음을 채우며 그 위대함을 충분히 그리고 실질적으로 가지고 있는 사람보다 더 그 위대함을 높이 평가하고 있는 것이다. 이 두 가지 상이한 존재의 기이한 혼합에는 측은하면서도 우스꽝스러운 면이 있다. 주인에 대한 열망이 하인들의 정신 속에 자리잡을 때, 이 열망은 하인들의 지위를 저절로 결정지어준다. 즉 그들은 천박해진다. 주인의 긍지가 하인의 부질없는 허영과 천박한 허세로 되는 것이다. 어떤 위대한 사람의 하인들은 보통 그 위대한 사람이 받는 존경에 대해 아주 섬세한 주의를 기울인다. 하인들은 위대한 사람의 가장 사소한 특권에 대하여 그보다 더 높이 평가한다. 프랑스에서는 귀족사회의 이런 나이 많은 하인들을 여기저기서 상당수 찾아볼 수 있다. 그들은 자기 부류들 뒤에 살아남았지만 머지않아 전부 사라질 것이다.

아메리카합중국에서는 그런 사람들을 결코 찾아볼 수 없었다. 아메리카인들은 그런 류의 사람들에 익숙해 있지 않을 뿐만 아니라 그런 사람들이 존재했다는 것을 이해하는 것이 거의 불가능하다. 우리가 로마시대의 노예나 중세의 농노가 무엇인지 깨닫는 것보다 아메리카인들이 그런 사실을 알게 되는 것이 더 어렵다. 이런 모든 사람들은 정도야 다르지만 사실은 같은 원인에서 생겨난 결과인 것이다. 그들의 생각은 우리와 아주 다른 것이며 그들을 생겨나게 했던 사회적 조건과 함께 아득한 과거 속으로 사라지고 있다.

사회조건의 평등은 하인과 주인을 새로운 존재로 만들고 그들 사이에 새로운 관계를 수립하도록 하고 있다. 사회적 조건이 거의 평등을 이루면 인간은 인생에 있어서 처지를 끊임없이 바꾸어간다. 다시 말해 아직도 하인계급과 주인계급이 있지만 이 계급들은 반드시 동일한 개인으로 구성되는 것은 아니며 더욱이 동일한 가문으로 구성되는 것은 아니다. 그리고 명령하는 사람들은 복종하는 사람보다 지속적으로 자기의 위치를 지키지 못한다. 하인들은 별개의 계급을 형성하지 않기 때문에 그들은 자신들의 특유한 관습이나 편견 및 생활태도를 갖지도 않는다. 그리고 그들은 두드러지게 특별한 심리상태나 감정상의 기분을 가지고 있지도 않다. 그들은 자기 조건의 좋고 나쁜 것에 대해서 알지도 못하지만 자기와 같은 시대의 사람들과 교육·의견·감정 및 선과 악을 공유하고 있으며 그들의 주인이나 마찬가지로 정직한 사람이거나 혹은 악한일 것이다.

하인의 조건이 주인의 조건보다 덜 평등한 것은 아니다. 그들 속에서는 계급의 뚜렷한 구별이나 확고한 종속관계를 찾아볼 수 없듯이, 그들은 다른 모든 귀족사회의 경우나 마찬가지로 귀족사회에 사는 하인들의 특색이 되는 비열함이나 위대함을 나타내 보이지도 않을 것이다. 아직도 우리가 회상할 수 있는 유럽의 충실한 하인계급을 연상시키는 사람을 아메리카에서는 본 일이 없다. 즉 하인을 만난 적이 없으며, 주인과 하인의 흔적은 사라진 것이다.

민주사회에서 하인들은 그들 사이에도 평등이 유지될 뿐만 아니라 어느 정도 주인과 평등하다고 말할 수 있다. 이 사실을 이해하는 데는 설명이 필요하다. 언제건 하인은 주인이 될 수도 있고 그런 조건에 다다를 것을 열망하고 있다. 그러므로 하인은 주인과 별개의 사람은 아니다. 그런데 어떻게 해서 주인은 명령을 내릴 권한을 갖게 되고 무엇이 하인으로 하여금 이들 양자의 자유스럽고 일시적인 의사의 합의가 없이 복종하게 만드는가? 이들 양자 중 어느 쪽도 상대방보다 본질적으로 열등한 것은 아니고 단지 일시적으로 계약에 의해 열등하게 된다. 이런 계약관계 속에서 한쪽은 하인이며 다른 쪽은 주인이다. 이것을 넘어서면 양자는 한 국가의 두 시민 즉 두 인간인 것이다.

이것은 하인들 스스로 자기 자신의 조건을 기꺼이 받아들이는 것을 뜻하는 것이 아님을 독자들은 특히 주목해 주기 바란다. 가내 하인을 바라보는 입장은 어느 주인이나 다 똑같으며 권위와 복종의 한계는 주인이 보건 하인이 보건 뚜렷이 그어져 있다.

사회의 보다 많은 분야에서 오랫동안 거의 같은 조건이 유지되고 평등이 오랫동안 인정된 사실일 때 예외에 의해 결코 영향을 받지 않는 여론은 인간가치에 어떤 일반적인 한계를 그어놓고 있으며, 그 한계 이상에도 이하에도 인간은 오랫동안 머물러 있을 수 없다. 부와 빈곤, 권위와 복종은 사람 사이에 우연히도 먼 거리를 만들고 있지만 헛일이다. 사물의 흔히 있는 위계질서에 기초를 둔 여론은 인간을 통상적인 수준에 끌어다놓으며, 사실은 조건이 불평등함에도 불구하고 인간 사이에 일종의 가상적인 평등을 만들어내고 있다. 아주 강력한 이러한 여론은 그러한 것에 저항하기 위해 무장하는 것에 관심을 가지고 있는 사람의 정신 속에까지 마침내 침투하여 그들의 의지를 억누르고 판단에 영향을 미친다.

주인과 하인은 그들의 내심의 신념에 따라 그들 사이에 가로놓인 뿌리깊은 차이를 깨닫지 못하고 어느 때건 상대방과 교류하는 것을 바라지도 두려워하지도 않는다. 그러므로 그들은 경멸하지도 않고 화를 내는 일도 없을 것이며, 서로 상대방에게서 겸손함이나 긍지를 찾아볼 수 없다. 주인은 자기의 권한의 유일한 원천이 되는 봉사의 계약을 쥐고 있으며 하인은 그것을 자기가 복종하는 유일한 근거로 간주하고 있다. 그들은 상호간의 처지에 대해 다투지 않으며 각자는 자신의 지위를 알고 그것을 지켜나간다.

프랑스 군대에서 사병은 장교와 거의 똑같은 계급으로 취급되고 같은 임무를 맡고 있고 계급이 다른 사병은 자신을 상관과 아주 동등하다고 생각하며 사실 또한 그렇다. 그러나 전투시에는 주저없이 복종하며, 자발적이고 임무가 명시된 사람처럼 신속하고 정확하게 그리고 기꺼이 복종한다. 이 예는 민주사회에서 주인과 하인 사이에서 일이 어떻게 이루어지는가를 알 수 있게 해준다.

귀족사회의 주인과 하인 관계에서 가끔 훈훈하게 일고 있는 그러한 따뜻하고 뿌리깊은 애정이 항상 이런 주인과 하인 사이에서 일어날 것이라고 생각하거나, 그들이 항상 자기 희생의 행동을 강하게 나타낼 것이라고 생각하는 것을 불합리하다. 귀족사회에서 주인과 하인은 떨어져 살며, 빈번히 있는 그들의 유일한 상호교류는 제삼자를 통해서 하게 되지만 보통 서로가 강하게 자기 입장을 지킨다. 민주사회에서 주인과 하인은 밀착되어 있다. 즉 그들은 개인적인 접촉을 일상적으로 하고 있으며 그들의 마음은 교차된다. 그들은 같은 일에 종사하나 항상 이해관계를 같이 하지는 않는다.

민주사회에서 하인은 항상 자신을 주인집에서 일시 거주하는 사람으로 생각한다. 그는 주인의 조상에 대해 아는 것이 없고 그의 후손에 대해 아는 것이 없을 것이다. 즉 그는 주인으로부터 기대하는 것이 없는 것이다. 그런데 왜 그는 자기 인생을 주인의 인생과 동일시하게 되고 자신을 그렇게 이상하게 포기하는가? 그들의 상호위치가 변하게 되면 그들의 상호관계 또한 변할 것임에 틀림없다.

앞서 서술한 내용에서 전체적으로 아메리카인들의 예를 들고자 했지만 사람과 지위에 관한 특징들을 조심스럽게 설명하지 않고는 이 예를 들 수 없다. 남부 아메리카에는 노예제도가 존속되고 있으므로 지금까지 이야기한 것이 여기에는 적용될 수 없다. 북부 아메리카의 대다수 하인들은 자유인이거나 자유인의 후손이므로 이 사람들은 사람들이 보기에 불확실한 지위에 있으며, 법에 의해 그들 주인의 수준으로 교육받고 있으나, 이 나라 관습상으로는 그 이하의 지위에 있다. 그들 자신이 자기 지위를 정확히 알지 못하며 거의 항상 무례하거나 비겁하다.

그러나 북아메리카의 여러 주 특히 뉴잉글랜드에서는 임금 때문에 동료 시민의 뜻에 일시적으로 복종할 것을 동의하는 백인들이 많다. 이런 하인들은 보통 꼼꼼하고 영리하게 자기에게 주어진 임무를 수행한다고 하며 자기에게 명령하는 사람보다 자신이 열등하다고 생각지 않고 거리낌없이 복종한다고 한다. 그들은 독립심과 평등에서 연유한 그러한 남자다운 기질로 업무를 수행하는 듯이 보였다. 인생의 험한 항로를 한 번 결정하면 그들은 간접적인 수단을 써서 거기로부터 도피하려 하지 않으며, 주인에게 복종할 것을 자유스럽게 약속하고 계속 복종하는 자기 자신을 존경한다. 주인측에서도 하인에게 아무것도 요구하지 않으며 단지 계약의 성실하고 정확한 이행을 요구한다. 다시 말해 그들은 존경을 요구하지 않으며 사랑이나 헌신적인 애착을 요구하지 않는다. 하인으로서 정확하고 정직하기만 하면 그것으로 충분하다.

그런데 민주사회에서 하인과 주인의 관계가 비조직적이라고 주장한다면 그것은 사실과 다르다. 그 관계는 다른 기반 위에서 조직화되어 있으며, 규칙은 다를지라도 규칙이 있기는 하다.

지금까지 설명한 새로운 국면이 그 이전의 국면보다 못한 것인지 혹은 단순히 다른 것인지를 알아보는 것은 필자가 의도한 바가 아니다. 그것은 고정되어 있고 결정되어 있다는 것으로 충분하다. 왜냐하면 사람 관계에서 가장 중요한 것은 어떤 기존의 질서가 아니라 있는 그대로의 질서인 것이기 때문이다.

그러나 민주주의가 사회에 도입되고 난 후 그 나라의 편견이나 관습에 대항하여 어렵게 투쟁할 때, 혁명의 와중에서 평등이 확립되는 그런 슬픈 고난의 시대에 대해서 대체 무어라고 얘기할 수 있을까? 법과 여론은 하인과 주인 사이에 타고난 혹은 영구적인 열등관계가 존재하지 않는다고 이미 선언하고 있다. 그러나 이런 새로운 신념은 주인(계급)의 마음속 깊이 와닿지 않고 오히려 그것을 거부하고 있다. 그의 마음속 깊은 신조 속에서 자기는 특별하고 우월한 종족에 속한다고 생각하고 있다. 그는 감히 그렇게 말하지는 않지만 그 수준의 지위에 미치지 못할까봐 몸서리치고 있다. 하인에 대한 그의 권위는 약화되긴 하지만 동시에 가혹해진다. 그는 자신이 변함에 따라 자기 하인도 또한 변한 것을 보고 놀란다. 그는 단지 일시적인 주종의 조건 속에서도 자기 하인들이 규칙적이고 지속적인 관습을 갖기를 원한다. 그는 하인들이 언젠가는 떨쳐버릴 예속적인 조건에 만족하고 자랑스럽게 생각하기를 바라며, 또한 하인을 보호할 수도 없거니와 파멸시킬 수도 없는 한 사람의 주인을 위해 희생할 것을 요구한다. 간단히 말해 그들이 그들 자신들과 똑같은 한 인간임과 동시에 하인들보다 더 오래 살 수 없는 한 인간과 쉽게 해약할 수 없는 계약을 체결할 것을 요구하고 있는 것이다.

귀족국가에서 하인의 조건일지라도 하인이 되는 사람의 신분을 떨어뜨리지 않는 일이 가끔 일어난다. 왜냐하면 그들은 다른 어떤 조건을 알고 있거나 상상하지도 않기 때문이다. 그들과 그들의 주인과의 관계에서 뚜렷이 나타나는 놀랄 만한 불평등이 오히려 필요한 것으로 보이고 하느님의 신비한 법칙에서 나온 피할 수 없는 결과로 보인다.

민주사회에서는 하인의 조건 때문에 하인이 되는 사람의 신분이 추락되지 않는다. 왜냐하면 그것은 단지 일시적으로 자유스럽게 선택된 것이고 여론에 의해 낙인이 찍히는 것이 아니며 주인과 하인 사이의 불평등을 지속시키는 것이 아니기 때문이다.

그러나 하나의 사회적 조건이 다른 사회적 조건으로 변화되는 도중에는 인간의 생각은 복종에 대한 귀족주의적 사고와 민주주의적 사고 사이를 오락가락하는 때가 항상 있다. 복종은 복종하는 사람이 보기에 도덕적 의미를 상실하고 있다. 그는 복종을 더이상 일종의 신성한 의무로 생각지도 않지만 순수히 인간적인 측면에서 그것을 생각하고 있는 것도 아니다. 그가 보기에 그것은 신성하거나 정의로운 것이 아니다. 천한 것이지만 이익을 얻을 수 있는 조건으로 보고 순응하는 것이다.

이 시대에는 평등이라는 혼란스럽고 불완전한 환상이 하인들의 머릿속을 어지럽힌다. 하인들은 자기들이 누려야 할 평등이 주종관계의 안팎에서 찾아질 수 있는지를 곧바로 깨닫지 못하며 마음속으로는 종속관계에 대해서 저항한다. 그 관계 속에서 지금까지 복종해 왔으며 거기서 사실상 이익을 보아왔다. 그들은 하인노릇하는 것을 동의하고도, 복종하려면 분노를 느낀다. 그들은 하인생활에서 얻는 이익은 좋아하지만 주인을 좋아하는 것은 아니다. 아니 오히려 그들 자신은 주인이 되지 말아야 한다고 생각하지도 않는다. 그리고 그들은 주인을 자기들의 권리를 빼앗는 강탈자로 생각한다.

그런데 모든 시민의 거처는 정치사회의 어두운 면과 다소 유사한 정경을 보여준다. 거기에는 항상 경쟁적이면서 서로를 의심하는 세력들이 겉으로는 알 수 없는 내면적인 투쟁을 벌이고 있다. 주인은 심술궂고 약한 반면, 하인들은 심술궂고 다루기 힘들다. 주인은 부당한 제한을 가해서, 보호하고 보수를 주어야 하는 자기의 의무를 끊임없이 피하려고 하며, 하인은 복종해야 하는 의무를 피하려 한다. 국내정치의 고삐를 서로 쥐려고 덤벼든다. 권위와 억압을, 자유와 방종을, 그리고 국민의 권리와 국가의 권력을 가르는 경계선이 그들이 보기에 함께 뒤엉켜 매우 혼잡을 이루고 있으므로 아무도 자기 처지의 현재와 미래에 대해 정확히 알지 못하고 있다. 그러한 조건은 민주주의가 아니고 혁명이다.

6. 민주제도와 관습이 어떻게 해서 소작료를 올리고 임대차 계약기간을 짧게 하는 경향을 띠는가

지금까지의 하인과 주인에 대한 서술은 어느 정도 토지소유자와 농업 소작인에도 적용될 수 있지만, 이 주제는 단독으로 고려해 볼 가치가 있다.

정확히 말한다면 아메리카에는 농업 소작인이 없다. 모든 사람은 자신이 경작하는 토지가 있다. 민주적인 법률은 토지소유자의 수를 늘리고 소작인의 수를 줄이는 경향이 있다고 말해야 할 것이다. 그러나 아메리카합중국에서 일어나고 있는 일은 국가제도보다 국가 자체에서 그 원인을 찾아볼 수 있다. 아메리카에서 토지는 헐값이므로 누구라도 쉽게 토지소유자가 된다. 그 수익은 작으며 그 생산물도 토지소유자와 경작자 사이에 나눠질 수 없다. 그러므로 아메리카는 다른 많은 점에서처럼 이 점에서도 예외적이므로 하나의 예로써 아메리카를 든다면 오류를 범하게 될 것이다.

귀족국가에서는 물론 민주국가에서도 토지소유자와 소작인이 있을 것이지만 양자 사이의 관계는 다른 성질을 띨 것이라고 믿는다. 귀족사회에서 농지의 임차료는 소작료 형식으로뿐만 아니라, 존경·존중·의무의 형식으로 지주에게 지불된다. 반면에 민주국가에서는 모두가 현금으로 지불된다. 토지가 분할되어 이 사람 손에서 저 사람 손으로 넘겨지고 가문과 토지 사이의 지속적인 관계가 해체될 때에는, 토지소유자와 소작인은 단지 일시적으로 계약관계를 맺게 된다. 그들은 계약의 조건을 충족시키기 위해 잠시 동안 손을 잡으나 이내 상대를 생각하지 않게 된다. 그들은 공동의 이익에 의해 만난 서로가 낯선 두 명의 타인이며 이들은 사업문제 즉 돈 버는 문제만을 대상으로 날카롭게 논의하는 것이다.

토지가 분할되고 부가 고루 분배됨에 따라 그 사회는 전에는 부유했으나 이제 그 부가 기우는 사람과, 갑자기 재산을 모았지만 욕망이 자산보다 더 큰 사람들로 가득차게 된다. 이런 사람들에게는 가장 작은 금전상의 수익도 중요한 문제가 되며 아무도 자기 권리를 포기하려 하지 않고 자기 수입의 어느 몫이라도 잃지 않으려 한다.

여러 계급이 뒤섞이고 아주 작은 재산을 가진 사람은 물론 아주 큰 재산을 가진 사람이 점점 드물어짐에 따라 토지소유자의 사회적 조건이 매일매일 경작자의 조건과 가까워진다. 전자가 본래부터 후자에 대하여 논쟁의 여지가 없는 우월성을 가지고 있는 것이 아니라 대등하며 자신들의 처지에서 마음 편하지 않은 두 사람 사이의 임차계약은 전적으로 돈의 문제가 된다.

전지역에 걸쳐 토지를 소유하고 있고 수백 개소에 농지를 가지고 있는 사람은 수천 명의 애정을 얻는 것이 중요하다는 것을 잘 알고 있다. 이 문제에는 노력이 필요한 것으로 보고 그렇게 하기 위해 그는 상당한 희생을 기꺼이 할 것이다. 그러나 수백 에이커를 가지고 있는 사람은 그런 생각을 하지 않는다. 자기 소작인의 사사로운 존경을 받기 위해 신경을 쓰지만 그것은 사소한 것이다.

귀족주의는 한 인간이 사라지는 것처럼 단 하루 사이에 소멸되지 않는다. 귀족주의의 원리는 법률에 의해 공격당하기 전에 사람들의 생각 속에서 천천히 약화된다. 공공연한 전쟁선포가 있기 훨씬 전에 지금까지 상층계급과 하층계급을 결합시켰던 유대가 점점 풀어지는 것으로 보일 수도 있다. 한 계급은 무관심과 경멸을 보이고 다른 계급은 시기와 증오를 보인다. 부유한 사람과 가난한 사람의 상호교류는 더 뜸해지고 덜 친절하게 되며 소작료는 인상된다. 이것은 민주혁명의 결과가 아니고 하나의 서곡이다. 왜냐하면 국민의 애정을 일단 상실한 귀족주의는 뿌리가 죽은 나무와 같다. 이 나무는 가지가 높게 뻗어 있을수록 바람이 불면 더욱 쉽게 뿌리가 뽑힌다.

지난 50년 동안 프랑스뿐만 아니라 유럽 대부분의 지역에서 농업 소작료가 놀라울 정도로 인상되었다. 이 기간 동안에 농업과 제조업 분야에서 이룩된 현저한 발전으로 이렇게 인상되었다고 보기는 어렵다. 다른 데서 보다 타당한 원인을 찾아야 한다. 몇몇 유럽 국가들이 채택해 온 민주제도에서, 그리고 그 이외의 모든 국가를 다소간 뒤흔들고 있는 민주적인 정열에서 그 원인을 찾을 수 있다고 본다.

영국의 대지주들이 자기들의 조상들보다 현재에는 토지에서 더 많은 수입을 얻고 있는 것을 자축하고 있다고들 흔히 얘기한다. 그들은 아마도 기뻐할 이유를 갖고 있지만 보다 분명히 얘기하면 그들은 무엇 때문에 기뻐하는지 모르고 있다. 사실 교환을 할 때만은 그들은 득을 보고 있다고 생각하지만, 현금을 벌기 위해 자기들의 영향력이 소모되고 있으며 돈에서 얻는 것을 머지않아 권력에서 상실할 것이다.

그러나 이것은 민주 대혁명이 진행되거나 다가오고 있음을 쉽게 알 수 있도록 해주는 또 다른 징후이다. 중세에는 거의 모든 토지가 평생 동안 혹은 아주 장기간 임대차되었다. 즉 당시의 가내경제로 볼 때 99년간의 임대차계약이 오늘날 12년간의 임대차계약보다 더 자주 이루어졌다. 그 당시 사람들은 가계(家系)는 소멸되지 않는다고 믿었고 인간의 조건은 영구히 고정된 것으로 보았다. 그리고 사회 전체가 매우 확고하게 보였으므로 구조적으로 어떤 요소건 흔들리고 뒤바뀔 것이라고는 생각하지 않았다. 평등의 시대에는 인간의 생각은 이와 다른 방향으로 나타난다. 즉 지속하는 것은 없다는 것이 지배적인 생각이며 인간의 머릿속에는 모든 것이 변한다는 생각으로 가득차 있다. 이런 영향을 받아 지주와 소작인 자신들이 장기간 의무를 부담하게 되는 것을 본능적으로 꺼리며, 오늘 이익을 보는 계약 때문에 내일 속박받는 것을 두려워하고 있다. 그들은 자신을 신뢰하지 않으며 자기들의 규범이 변함에 따라 지금까지 얻고자 했던 목표에서 스스로 빠져나오는 데 어려움이 있을 것이라고 두려워하고 있다. 그리고 그들이 이것을 두려워하는 것이 옳다. 왜냐하면 민주시대에 모든 것이 불안정한 와중에서 가장 불안정한 것은 인간의 마음이기 때문이다.

7. 임금에 미친 민주주의의 영향

주인과 하인에 관해 이미 언급한 내용의 대부분이 주인과 노동자에게도 적용될 수 있다. 사회적인 등급에 따른 계급의 구분이 뚜렷이 나타나지 않음에 따라 위대한 사람들은 가라앉고 비천한 사람들은 상승하며, 부는 물론 빈곤이 더이상 세습되지 않는 반면에 지금까지 노동자와 주인 사이에 가로놓여 있던 실질적이고 정신적인 거리는 매일 단축되고 있다. 노동자는 자기의 권리와 미래 및 자기 자신에 대해 좀더 당당하게 생각한다. 그는 새로운 야망과 새로운 욕망을 갖고 있으며 새로운 욕구로 마음졸이고 있다. 그는 언제나 자기 고용주가 받고 있는 이득(수익)을 부러워하고 있으며, 그것을 나눠 갖기 위해 높은 임금을 받고 자기의 노동을 제공하러 노력하며 마침내 그런 노력에서 일반적으로 성공을 거두고 있다. 다른 데서와 마찬가지로 민주국가에서 대부분의 생산업체들은 거기에 고용된 사람보다 많은 재산을 가지고 교육도 받은 사람들에 의해 적은 비용으로 운영되고 있다. 이런 제조업체 투자자들은 그 수가 극히 많으나 각기 이해관계가 다르므로 쉽게 협조하여 공동노력을 기울일 수가 없다. 한편 노동자들은 자기들의 노동에 대해 정당한 대가를 얻을 수 없을 때 노동을 거부할 수 있을 만한 어떤 확실한 자산을 가지고 있다. 이 두 계급 사이에서 벌어지는 끊임없는 임금투쟁에서 그들의 힘은 분산되고 양자는 자주 승자의 위치를 바꾸게 된다.

결국 노동계급의 이익이 더 우선하게 될 가능성마저 있다. 왜냐하면 그들이 이미 받고 있는 높은 임금은 날마다 자기들의 주인에 대한 의존도를 낮추기 때문이다. 그리고 그들이 독립적이 됨에 따라 더 많은 임금을 받을 수 있는 더 큰 능력을 갖게 된다.

프랑스를 비롯하여 전세계의 거의 대부분의 국가에서 오늘날 가장 일반적으로 채택하고 있는 생산업의 종류로서 나는 토지경작을 그 예로 들 수 있을 것 같다. 프랑스에서는 농업에서 고용되어 일하는 사람의 대부분이 일부 토지의 소유자이며, 바로 이것 때문에 이들은 다른 사람에게 노동을 제공하지 않고 살아갈 수가 있다. 이런 노동자들이 이웃의 지주나 경작자에게 품을 팔게 될 때 일정한 임금을 받지 못하면 자기 자신의 작은 토지에서 일하면서 달리 일할 기회를 기다린다.

대체로 속도가 느리긴 하지만 점진적인 임금의 인상은 민주사회의 일반적 법칙의 하나라고 주장될 수 있다고 생각된다. 사회적인 조건이 보다 평등해짐에 따라 임금은 오른다. 그래서 임금이 높으면 사회적 조건은 그만큼 평등하게 된다.

그러나 우리가 사는 이 시대에는 침울한 예외가 크게 일어나고 있다. 정치사회에서 축출된 귀족주의가 생산업의 어떤 부문에선가 서식처를 마련하고는 또 다른 형식으로 힘을 발휘하고 있음을 앞장에서 설명한 바 있다. 그리하여 이것은 임금의 결정에 막강하게 영향을 미치고 있다.

앞에서 언급한 바와 같이 커다란 제조업체의 투자에는 대자본이 필요하므로 여기에 가담하는 사람들은 극히 한정되어 있다. 그들의 수는 적기 때문에 쉽게 협조하여 자기들이 원하는 대로 임금을 결정할 수 있다.

이 반대로 노동자들은 그 수가 대단히 많으며 계속 증가일로에 있다. 때때로 기업을 기발하게 운영하여 임금을 과도하게 지급하므로 공장 주변에 많은 사람을 운집하도록 한다. 그러나 한번 사람이 인생항로를 결정하면 다시 거기서 떠나지 못함을 이미 보아왔다. 왜냐하면 다른 어떤 일을 하기에는 부적절한 몸과 마음의 습관에 쉽게 집착하기 때문이다. 이런 사람들은 일반적으로 재산도 없고 교육도 거의 받지 못했으며 근면하지도 않다. 그러므로 그들은 거의 주인 처분에 맡겨진 상태에 있다. 주인은 경쟁이나 혹은 뜻밖의 상황으로 수입이 줄면 자기 멋대로 노동자의 임금을 줄이고 경영상의 손실을 노동자로부터 얻어낼 수 있다. 노동자가 파업을 하면 부유한 주인은 몰락하지 않은 채로 노동자들이 그에게 다시 돌아올 필요를 느낄 때까지 여유있게 기다릴 수 있다. 그러나 노동자들은 매일매일 노동을 해야 한다. 그렇지 않으면 그들은 죽는다. 왜냐하면 그들의 유일한 재산이라고는 노동뿐이기 때문이다. 그들은 오랫동안 억압으로 빈곤한 상태에 있었고, 그들이 가난해지면 질수록 더욱 쉽게 억압된다. 즉 그들은 이러한 인과법칙의 숙명적인 굴레에서 결코 벗어날 수 없는 것이다.

이런 생산업체에서 어쩌다 임금이 갑자기 인상된 후 저임금이 지속되는 것은 놀랄 만한 일이 못된다. 반면에 다른 직종에서는 노동의 대가는 일반적으로 별것이 아니긴 하지만 끊임없이 증가한다.

현재 제조업 분야에 종사하는 사람들이 처해 있는 이러한 종속되고 비참한 상태는 한 사회의 다른 분야와는 달리 일반법칙에서 벗어난 예외가 되고 있다. 그러나 바로 이러한 이유로 어떠한 상황도 별로 중요하지 못하며, 입법화할 가치도 없어진다. 왜냐하면 사회 전체가 동적일 때, 어느 한 계급이 정적인 상태에 머물러 있기는 어렵고 그리고 대부분의 사람들이 부를 얻을 수 있는 새로운 길을 열고 있을 때, 소수의 사람들로 하여금 그들의 욕구와 욕망을 가만히 참고 있게 하기는 오히려 더 어려운 일이다.

8. 가족에 미치는 민주주의의 영향

지금까지 민주국가 특히 아메리카의 사회구성원들간의 상호관계에서 사회의 평등으로 야기되는 변화들을 검토하였다. 여기서는 더 깊이 들어가 가족의 보다 긴밀한 유대를 탐색해 보고자 한다. 여기서의 목적은 새로운 사실들을 찾아내는 데에 있지 않고 지금까지 발견된 사람들이 이 주제와 어떤 식으로 연관되어 있는가를 밝혀보는 데 있다.

오늘날 한 가족의 구성원들은 상호간에 아주 새로운 기반 위에 서 있다고 보편적으로 지적되어 왔다. 즉 전에는 멀었던 부자간의 거리가 가까워지고 가부장의 권위는 파괴되지는 않았을지라도 적어도 손상되고 있는 것이다.

이와 유사하지만 보다 인상적인 상황이 아메리카합중국에서 목격된다. 아메리카에는 로마적이고 귀족주의적인 의미에서의 가정은 존재하지 않는다. 그런 잔재란 어린아이들에게서 몇 가지 볼 수 있다. 아이들의 유년기에는 아버지가 아무런 반대에 부닥치지 않은 채 절대적인 가부장적 권위를 행사하는데, 이런 권위는 어린아이들이 약하기 때문에 필요하기도 하고 아이들에게 이로울 뿐 아니라 아버지 자신의 확고한 우월성을 보장하는 것이기도 하다. 그러나 아메리카의 젊은이들이 어른이 되자마자 부모에 대한 복종관계는 날이 갈수록 이완된다. 즉 자기 스스로 생각하고 곧 이어 주체적으로 행동한다. 엄격히 말해서 아메리카에는 청년기가 없다. 즉 소년기가 끝나면 성인으로 나타나서 자기 자신의 길을 걸어가기 시작한다.

이것에 앞서서 일종의 도덕적 폭력을 써서 아버지가 아들에게 주지 않은 자유를 아들이 획득하는 가정 내의 투쟁이 있다고 생각하는 것은 잘못일 것이다. 일방에게 자기의 독립성을 주장하도록 만드는 바로 그 관습과 원칙이 타방에게 그런 독립성의 활용을 하나의 다툴 수 없는 권리로 생각하도록 만드는 경향이 있다. 아들 쪽은 기존의 권위가 흔들린 후 오랫동안 사람들의 머릿속을 어지럽힌 그런 원한에 차거나 난잡한 감정을 조금도 보이지 않았고, 아버지 쪽은 과거에 가졌던 힘을 잃고 여기에 대해 쓰라리고 분노에 찬 아무런 감정도 갖지 않는다. 아버지는 오래 전부터 자기의 권위의 한계를 예상하고 때가 되자 아무런 다툼없이 권위를 내놓고 있다. 반면에 아들은 자기가 자기 자신의 주인이 될 정확한 시기를 기대하고, 스스로 자기 자신을 소유하며 아무도 이것을 방해하지 않기 때문에 서두르지 않고서 아무런 노력도 기울이지 않고 자유 속으로 들어간다.[원주2]

[원주2] 그러나 아메리카인들은 프랑스에서 그러하듯이 임종시에 자기 재산을 처분하는 권리를 탈취함으로써 부모에게서 부모의 권위를 구성하는 주요한 요인들 가운데 한 가지를 빼앗는 것이 아직은 적당하다고 생각하지 않았다. 합중국에서는 유언자의 권리에 대한 제한이 전혀 없다.

거의 모든 다른 측면에서나 마찬가지로 이런 측면에서도 아메리카인들의 정치법제가 프랑스인들의 그것보다는 훨씬 민주적이라면 프랑스의 민사법제는 아메리카의 그것보다 훨씬 민주적이라는 사실을 쉽사리 깨달을 수 있다. 이것은 쉽사리 설명될 수 있을 것이다. 프랑스의 민사법제는 한 사람의 저작인데 그는 자신의 권력에 직접적으로 그리고 즉각적으로 적대적이지 않은 매사에 있어서 자신의 동시대인들의 민주적인 열정을 만족시키는 것이 자신에게 유리하다는 것을 잘 알았다. 그는 재산분배와 가정의 통솔을 규제하는 데 일부 대중적 원칙들을 허용하려는 의사도 가지고 있었다. 이런 원칙들이 공무의 행정에 도입되지 않는 것을 조건으로 해서 그랬다. 민주주의의 격류가 프랑스의 민법을 압도하는 동안에 그 사람은 정치

우리 눈앞에서 완성단계에 접어들고 있는 사회적·정치적 혁명이 가족관계에서 일어나고 있는 이런 변화와 어떻게 해서 밀접하게 관련되고 있는가를 밝힌다면 아마 유익할 것이다.

어떤 국민이 어디에서나 받아들이기도 하고, 또 아무데서도 용납하지 않는 어떤 사회적인 대원칙들이 있다. 계층을 모두 등급화하여 귀족주의적으로 구조를 갖춘 국가에서 정부는 피치자 대중에게 직접적으로 호소하는 일은 결코 없다. 사람들은 모두 통합되어 있기 때문에 최상층부를 통솔하는 것으로 족하다. 나머지는 따라오기 때문이다. 이것은 하나의 우두머리를 두고 있는 모든 귀족정치는 물론 가정에도 적용될 수 있다. 귀족국가에서 사회제도는 사실상 아버지 이외에는 가족 중의 어느 누구도 인정하지 않는다. 사회는 아이들이 아버지의 손안에 있다고 보고 있으며 사회는 아버지를 다스림으로써 아이들을 다스리고 있다. 그래서 부모는 생래적인 권리를 가지고 있을 뿐만 아니라 아이들에게 명령을 내릴 정치적 권리를 획득하고 있는 것이다. 아버지는 가정의 창시자이며 부양자이며 또한 가정의 선정된 통치자이다.

민주사회에서 정부는 대중으로부터 한 사람씩 분리시켜 그 사회의 일반적인 법률에 순응하도록 하며 달리 매개가 되는 사람이 필요 없다. 법률상으로 아버지는 아이들보다 연장자이며 더 부유한 사회의 한 구성원일 따름이다.

대부분의 생활조건이 극히 불평등하고 이러한 조건의 불평등이 지속적일 때, 우월의식이 인간의 상상력 속에서 자라난다. 법률로 이런 사람에게 특권이 주어지지 않으면 관습과 여론에 의해 특권이 부여될 것이다. 반면에 인간 상호간의 차이가 나더라도 그 차이가 아주 작은 것이고, 인간이 반드시 별개의 생활조건 속에 있지 않을 때 일반적인 우월의식은 더욱 약화

___

제도의 뒤편으로 쉽사리 피신할 수 있기를 바랐다. 이런 정책은 교활하면서도 또한 이기적인 것이었다. 그러나 이런 종류의 계약은 오래 갈 수 없었다. 왜냐하면 정치제도는 종국적으로는 민간사회의 형상과 표정을 반드시 지니게 된다. 그래서 이런 의미에서 한 나라에서 민사법제만큼 정치적인 것도 없다고 말할 수 있다.

되고 두드러지게 나타나지 않게 된다. 즉 매우 잘 순응하는 사람을 명령을 내리는 사람에게 법률로 예속시키려 드는 것은 공허한 일이다. 이런 시기의 관습은 이 두 사람의 상호관계를 보다 긴밀하게 연관시키며 하루하루 그들을 동일한 수준으로 끌어당긴다.

귀족사회에서 법률이 가정의 우두머리에게 특별한 특권을 부여하지 않는다 할지라도 그들의 영향력이 민주사회에서 가장의 영향력보다 비중이 더욱 크고 더욱 광범위하다는 것을 확신할 수 있다. 왜냐하면 내가 알기로는 법률상으로는 어떻든간에 귀족국가에서는 민주국가에서보다 언제나 우월한 것은 더욱 높아 보이고 열등한 것은 더욱 낮아 보이는 것이 일반적 현상이기 때문이다.

사람들이 현재에 대해 관심을 갖는 것보다 과거에 대해 회상하면서 살고, 자기 자신을 생각하기보다 조상들의 사상에 더 집착할 때, 아버지는 과거와 현재를 잇는 자연스럽고 필요한 끈이 되기도 하고, 또 이 끈에 의해서 두 사슬의 끝을 연결하는 고리가 되기도 한다. 그런데 귀족체제에서 아버지는 가정의 사적 우두머리일 뿐 아니라 전통의 핵이며, 관습의 해설자이고 조정자이다. 가족들은 공손하게 그의 말을 경청해야 하며 그에게 존경심을 가지고 말해야 하고 애정에는 언제나 공포심이 들어 있다.

사회조건이 민주적이 되고 인간이 과거의 신념을 신의 규범으로서가 아니라 정보를 얻는 수단으로 활용하면서 스스로 매사를 판단하는 것이 좋고 합당하다는 것을 인간이 일반적인 원칙으로 받아들일 때, 아들에게 행사되는 아버지 견해의 힘은 법률상의 힘과 더불어 약화된다.

민주주의 때문에 야기된 토지의 분할은 다른 어떤 것보다도 아버지와 아들 사이의 기존관계를 변화시키는 데 공헌하고 있다. 가정 내에서 아버지의 재산이 적을 때, 자기 아들과 자기 자신은 항상 같은 처지에 살게 되며 같은 일에 종사하게 된다. 관습과 필요 때문에 서로 손을 잡게 되고, 끊임없이 상호교류를 하게 된다. 이러한 결과, 친밀한 관계를 맺게 되고, 이로 인해 권위의 절대성은 줄어들고 외관상 존경의 태도를 취하면서 어설픈 화해가 유지된다.

　이제 민주국가에서는 재산을 적게 갖고 있는 계급이 이 사회의 관습에 대한 생각과 관습의 방향을 결정하는 힘을 갖는 계급이 된다. 그러한 계급이 자기 의지는 물론 자기 의사를 압도적으로 펴나간다. 이 계급의 명령에 가장 저항하고자 하는 사람들까지도 종국에 가서는 압도되어 버리는 사실이 이를 증명하고 있다. 자기 아이들과 대화할 때는 완전히 평등하게 얘기하도록 허용하면서도 민주주의에 열렬히 반대하는 사람들이 있었다.

　귀족주의의 힘이 쇠퇴하고 있는 것과 때를 같이하여 엄하고 전통적이며 법률적인 가부장적 권위는 흔들리고 일종의 평등이 가정에 팽배하게 된다. 이런 변화로 사회가 무언가 상실하고 있는 것인지 대체로 알 수는 없으나 개개인은 득을 보는 바가 있으리라고 생각된다. 관습과 법률이 보다 더 민주적으로 됨에 따라 아버지와 아들의 관계는 보다 친밀해지며 보다 애정이 깊어진다. 즉 규범과 권위에 대한 논란이 적어지고 신뢰와 정겨움이 흔히 깊어지며 사회적인 결속이 이완됨에 따라 자연스런 유대는 두터워지는 것처럼 보일 것이다.

　민주적인 가정에서 아버지는 연장자에 대한 대우와 그의 경험에 부여된 것 이외의 어떤 힘도 발휘하지 못한다. 그의 명령에 따르는 사람은 없을 테지만 그의 조언은 대부분 권위적인 것이다. 아버지는 의례적인 존경은 받지 못할지라도, 그의 아들들은 적어도 신뢰하면서 아버지에게 말을 걸게 된다. 아들들이 아버지에게 말을 거는 방법이 확정되어 있지는 않으나 끊임없이 말을 하게 되고 매일 조언을 구할 태도를 취하고 있다. 주인과 선정된 통치자로서의 아버지는 사라졌으나, 아버지 자체는 계속 존재하고 있는 것이다.

　이런 점에서 사회의 두 가지 형태의 차이를 판별하는 데에는 귀족시대의 가정관계를 알아보는 데서 무엇인가 더 필요한 것은 아니다. 그 말씨는 정확하고 항상 의례적이며 부자연스럽고 매우 냉담해서 말 속에서 온정이라고는 거의 느낄 수 없다. 반면에 민주주의 국가에서 아들이 아버지에게 하는 말 속에는 항상 자유와 친숙함과 애정이 어려 있다. 바로 이것으로 미루어보아 새로운 관계가 가족의 마음속에 싹터왔음을 알 수 있다.

이와 유사한 관계가 아이들의 상호관계에서도 일어난다. 귀족사회는 물론 귀족주의적인 가정에서는 모든 지위가 미리 결정되어 있다. 아버지는 막대한 특권을 누리는 별개의 계급에 속할 뿐만 아니라 아이들까지도 상호간에 평등하지가 않다. 각자에게는 연령과 성별에 따라 스스로 변경시킬 수 없는 계급이 결정되고 이에 따른 특권이 주어진다. 민주주의로 인해 이러한 차별의 대부분이 소멸되거나 약화되었다.

귀족주의적 가정에서는 재산의 대부분과 가정의 거의 모든 권리를 상속받게 되는 장남은 우두머리가 되며 어느 정도까지는 자기 형제들의 주인이 된다. 위대함과 힘은 장남에게 돌아오고, 평범과 예속은 그의 형제들에게 돌아간다. 귀족국가에서 장남의 특권은 장남에게만 득이 되는 것이라고 생각하거나, 다른 형제들은 그를 오직 시기하고 증오한다고 생각하면 오류를 범하게 될 것이다. 장남은 보통 그의 형제들을 위하여 부와 힘을 획득하려 한다. 왜냐하면 그 가정의 일반적인 영광은 그 가정을 대표하는 장남에게 돌아가기 때문이다. 그의 형제들은 자기의 장형(長兄)이 하고 있는 일을 도우려 한다. 왜냐하면 가정의 우두머리가 누리는 위대함과 힘으로 장남이 그 가정의 지차(枝次)들을 더 잘 부양할 수 있기 때문이다. 그러므로 귀족가정의 다른 구성원들은 보다 긴밀하게 유대를 맺게 된다. 그들의 이해관계는 연결되고 의견은 일치되나 마음은 거의 조화를 이루지 못한다.

민주주의는 형제들 상호간에 유대를 맺도록 하지만 그 방법은 매우 다른 것이다. 민주적인 법률에서는 모든 자식들은 완전히 평등하고 독립적이다. 아무것도 그들을 강하게 협동하도록 하는 것은 없으나, 아무것도 그들을 분리시키는 것도 없다. 그리고 그들은 같은 혈통이고 같은 지붕 아래서 교육을 받고 똑같은 배려를 받으며 어떤 특별한 특권도 차별되어 부여되지 않기 때문에 애정어린 솔직한 친숙함이 어려서부터 그들 사이에 싹튼다. 어떤 일이 생겨서 삶이 시작하는 때부터 그런 식으로 형성된 유대관계를 깨뜨리는 일은 거의 없다. 왜냐하면 형제관계만은 그들을 난처하게 만드는 일이 없이 그들을 밀착시키기 때문이다. 민주주의가 형제들 상호간을 결합시키는 것은 이해관계 때문이 아니라 공통적인 결사와 의사와 취향의 자유스런 일치 때문이다. 민주주의는 그들을 별개의 유산 상속자로 만들지만 그들의 마음과 정신을 합쳐지도록 한다.

민주주의적 생활양식에서 오는 매력이 바로 이렇기 때문에 귀족주의의 추종자들도 이에 대해 호감을 갖는다. 그리고 그것을 한 번 경험한 사람들은 귀족주의 가정의 정중하고도 딱딱한 관례에 되돌아가고자 하는 마음이 결코 생기지 않는다. 그들이 귀족주의의 사회조건과 법률을 떨쳐버릴 수 있다면 기꺼이 민주주의의 가내관습을 따를 것이다. 그러나 이런 요소들은 분해할 수 없을 정도로 뒤엉켜 있어서 전자를 감내하지 않고 후자만을 향유할 수는 없다.

부모에 대한 사랑과 형제애에 대해 지금까지 서술한 내용은 인간성 자체로부터 자동적으로 나오는 모든 열정에 적용될 수 있다.

사고나 감정의 어떤 유형이 특별한 생활조건에서 나온 것일 때, 그 조건이 변하면 그 사고와 감정에 남아 있는 것이라곤 없다. 그래서 하나의 법률이 사회의 두 구성원을 상호간에 아주 밀접하게 결합시킬 수도 있다. 그러나 그 법률이 폐지되면 그들은 서로 분리된다. 봉건체제하에서 영주와 가신을 결합시키는 유대 이상으로 엄격한 것은 없다. 오늘날 그 두 사람은 서로 상대방에 대해 아는 것이 없고 과거에 두 사람을 연결지었던 공포심이나 감사나 애정은 사라졌고 두 사람 사이의 유대의 흔적조차 남아 있지 않다.

그러나 인간 본래의 감정의 경우는 그렇지가 않다. 하나의 법률이 이런 감정들을 어떤 특별한 방식으로 지도하려 할 때는 언제나 그 감정들을 반드시 약화시키게 된다. 그 감정의 강도를 더 높이고자 시도하면 그 감정의 몇 가지 요소를 사상(捨象)하게 된다. 왜냐하면 감정은 본래 그대로일 때보다 결코 더 강하지 않기 때문이다.

사회의 거의 모든 오래된 전통적 규범을 파괴하거나 빛을 잃게 하고 사람들로 하여금 새로운 규범에 쉽게 동의하지 못하도록 만드는 민주주의는 이러한 전통적 규범이 생성시킨 대부분의 감정을 전적으로 지워버린다. 그러나 그것은 다른 감정들을 수정하게 되며 전에는 몰랐던 어느 정도의 활력과 감미로움을 이런 감정에 불어넣어주게 되는 때도 가끔 있게 된다. 이 장과 이전의 여러 장에서 의도한 바를 단 하나의 명제로 압축시키는 것이 아마도 불가능하지는 않다고 본다. 민주주의는 사회적인 유대를 느슨하게 만들지만 자연스런 유대를 강화한다. 즉 민주주의는 혈연관계를 보다 긴밀하게 만드는 반면, 시민들 사이를 갈라놓는다.

9. 아메리카합중국에서의 젊은 여성의 교육

지금까지 윤리가 없이 자유사회가 존재한 적은 없었다. 이 책의 앞부분에서 서술한 바와 같이 윤리는 여성이 지켜야 할 임무이다. 결과적으로 필자가 보기에 여성의 조건, 즉 그들의 습관과 의견에 영향을 미치는 것은 무엇이건 커다란 정치적 의미를 갖는다.

거의 모든 프로테스탄트 국가에서 젊은 여성들은 카톨릭 국가에서보다 훨씬 더 주체적으로 행동한다. 영국과 같은 프로테스탄트 국가에서 여성들이 더욱 독립적으로 행동한다. 이런 국가들은 자치권이 획득되거나 유지되고 있는 나라들이다. 그래서 자유는 정치적 관습과 종교적인 견해에 의해 가정에까지 불어넣어졌다. 아메리카에서 프로테스탄티즘의 교리는 커다란 정치적 자유 및 가장 민주적인 사회형태와 결합되었고 젊은 여성이 그렇게 일찍이 그토록 완전하게 스스로 자기 행동을 결정하는 곳은 없게 되었다.

아메리카 소녀는 결혼연령에 이르기 훨씬 전부터 어머니의 규제로부터 해방되기 시작한다. 그녀는 어린 시절이 끝나자마자 벌써 자기 자신에 대해 생각하고 자유스럽게 얘기하며 자기 자신의 충동에 따라 행동한다. 그녀가 볼 수 있게 세상의 커다란 사건들이 끊임없이 개방되고 있다. 즉 그녀에게 그것을 감추려 하기는커녕 매일매일 보다 완전하게 그녀 앞에 펼쳐보인다. 그리고 그녀는 확고하고 침착하게 응시하면서 그것을 조망하는 법을 배우게 된다. 이리하여 사회의 악습과 위험은 일찍이 그녀에게 보여진다. 그녀는 그것들을 정확하게 보기 때문에 그것에 대해 환상을 갖지 않으며 두려움 없이 그것에 맞선다. 왜냐하면 그녀는 자기 자신의 힘을 확신하고 있기 때문이다. 그리고 그녀가 가진 자신감을 그녀 주위의 모든 사람들도 가지고 있는 것처럼 보인다. 아메리카 소녀는 젊은이다운 희망에 차서, 처녀다운 상냥함을 거의 보이지 않거나 소녀 시절에서 청년기로 전환하는 과정에서 유럽의 여성들이 흔히 갖게 되는 순결하고 꾸밈없는 우아함을 거의 보이지 않는다. 어느 정도 나이를 먹은 아메리카의 여성이 어린애 같은 수줍음이나 무지를 보이는 일은 드물다. 유럽의 젊은 여성들처럼 기쁨을 찾으려 하지만 그 즐거움의 대가를 정확하게 알고 있다. 그녀가 사악함에 빠지지 않는다 할지라도 그녀는 적어도 그 사악함이 존재하고 있다는 것을 알고는 있다. 그리고 그녀는 마음이 순결하기보다 생활태도가 순결한 것이 눈에 띄게 돋보인다.

자연스런 대화의 어려움 속에서도 자기의 생각과 언어를 잘 구사하려고 하는 가운데 아메리카의 젊은 여성들이 보여주는 특이한 말씨와 유쾌한 대담성에 가끔 놀란 적이 있고 거의 대경실색했던 적이 있다. 그녀들이 아무런 사고도 없이 그리고 힘들이지 않고 걷고 있는 이 좁은 길을 철학자가 간다면 한 발자국 내디딜 때마다 넘어졌을 것이다. 아메리카 여성은 어린 시절 독립적으로 행동하는 가운데에서도 항상 자기 자신의 주인이라는 사실은 정말 쉽게 알 수 있다. 그녀는 모든 허용된 쾌락에 빠지지 않고도 즐기고 있으며 그녀 이성의 자율적 고삐가 풀리는 것을 허용하지 않는다. 비록 그것이 고삐를 느슨하게 쥐고 있는 것처럼 보일지라도 말이다. 프랑스에서는 모든 시대의 전통들이 사람들의 생성과 취향에 이상스럽게도 뒤섞여 있어서 여성들은 귀족주의 시대처럼 제한적이고 동떨어진 수녀원과 거의 비슷한 교육을 흔히 받고 있다. 그리고 그 다음에는 그들은 갑자기 어떤 지침이나 조력도 없이 민주사회와 분리될 수 없는 파격의 와중으로 빠지게 된다.

아메리카인들은 보다 일관성이 있다. 그들은 민주주의에서는 개인의 독립이 매우 중요하고, 젊어서 조숙하게 되며, 취향은 잘 제지할 수 없고 관습은 변하며, 대중의 여론은 확정된 것이 아니고 무력하며, 가부장의 권위는 약화되며, 남편의 권위는 흔들린다는 사실을 깨달은 바 있다. 그들은 여성에게 있는 인간의 감정 중 가장 격렬한 열정을 억압할 수 없다고 믿으며, 가장 확실한 방법은 여성에게 그러한 열정에 스스로 대처하는 방법을 가르치는 것이라고 생각하였다. 그들은 여성의 미덕이 자주 위험에 빠지는 것을 막을 수 없었기 때문에 그녀가 그것을 지키는 최선의 방법을 알아야 한다고 결정하였으며, 지금까지 손상되고 엉망이 된 안전장치보다는 활력에 넘친 자유스런 여성의 의지를 더 신뢰하게 되었다. 그들은 여성 자신에 대한 불신을 깨우쳐주는 대신 여성 자신의 성격상의 강점에 대한 신뢰를 높이도록 끊임없이 노력하고 있다. 젊은 여성이 계속해서 완전한 무지에 머물러 있도록 하는 것이 가능하지도 않으며 바람직하지도 않기 때문에 그들은 그녀로 하여금 모든 문제를 조속히 깨닫도록 서두르고 있다. 세상의 타락상을 그녀에게 비밀로 하기보다는 그녀가 그것을 즉시 알아보고 그것을 피하는 방법을 습득하도록 하는 길을 그들은 택했으며 철저하게 그녀의 사고의 순결성을 기하는 것보다는 그녀의 행동을 보호하는 것이 더 중요하다고 그들은 생각하고 있다.

아메리카인들이 매우 종교적이라 할지라도 그들은 여성의 미덕을 보호하는 데 종교에만 의존하지 않고 그녀의 이성을 또한 강화시키고자 한다. 이러한 점에서 그들은 다른 여러 분야에서와 마찬가지의 방법을 써왔다. 즉 우선 그들은 개인이 독립적으로 자신을 제어할 수 있도록 줄기찬 노력을 기울이며 인간 힘의 최후의 한계에 도달하기까지는 종교의 도움을 청하지 않는다.

이런 종류의 교육에는 반드시 위험이 수반되는 것으로 필자는 알고 있다. 즉 이것은 상상력을 희생하고 판단력을 고무하는 경향이 있으며, 남자에게 애정 어린 아내가 되고 뜻이 맞는 친구가 되는 대신 냉정하고 정숙한 여성으로 만드는 경향이 있는 것으로 필자는 알고 있다. 사회는 보다 평온하고 보다 규제될 수는 있으나 가정생활은 때로는 매력이 적다. 그러나 이런 것은 부차적인 폐단이긴 하나 보다 큰 이익을 위하여 대수롭게 여기지 않을 수도 있다. 현재 우리가 서 있는 단계에서 선택의 여지가 더이상 없다. 다시 말해 민주제도와 관습이 여성들에게 부과하고 있는 위험으로부터 여성을 보호하는 데 민주주의 교육은 없어서는 안되는 것이다.

10. 아내라는 성격에서의 젊은 여성

아메리카에서 여성의 독립은 결혼의 굴레 속에서 돌이킬 수 없이 상실된다. 미혼여성은 다른 나라에서보다 아메리카에서 덜 속박받을지라도 아내는 더 엄격한 의무를 지게 된다. 미혼여성은 자기 아버지의 집을 자유와 즐거움의 처소로 만들고 있지만 아내는 마치 수도원 생활처럼 남편의 집에서 살고 있다. 그러나 이러한 두 가지의 상이한 조건은 생각하는 만큼 상반된 것은 아니다. 아메리카 여성이 아내가 되기 위한 것으로서 미혼 여성시절을 거쳐야 한다는 것은 당연하다.

종교적인 사회와 상업에 종사하는 국민은 결혼에 대하여 기묘하게도 진지한 생각을 가지고 있다. 전자는 규칙적인 여성생활을 순수한 여성윤리의 가장 좋은 담보이며 가장 확실한 증표라고 생각하고 있고, 후자는 규칙적인 여성생활이 가정의 질서와 번영을 기하는 가장 좋은 담보라고 여기고 있다. 아메리카인들은 청교도적이면서 동시에 상업에 종사하는 국민이다. 결과적으로 아메리카인들은 그들의 상거래 관습과 종교적인 견해로 말미암아 여성에게 여성의 의무를 이행하도록 하기 위해 여성으로서의 권리를 많이 포기하게 함은 물론 여성이 누릴 수 있는 쾌락을 끊임없이 희생하도록 요구한다. 그런데 이런 현상이 유럽에서는 별로 생기지 않는다. 이와 같이 아메리카합중국에서 대중의 냉혹한 견해는 여성을 가정적인 이익과 의무라는 좁은 테두리 내에서 한정시키고는 그 범위를 넘어서는 것을 금하고 있다.

세상에 발을 들여놓는 즉시 아메리카 젊은 여성은 이런 생각들이 확고한 것임을 발견한다. 그녀는 이런 생각에서 유래된 규범을 알게 된다. 그녀는 잠시 동안이라도 자기와 같은 시대의 사람들이 확고히 세운 관례로부터 벗어나게 되면 반드시 마음의 평화·명예, 아니 자기의 존재까지도 위태롭게 된다는 사실을 곧바로 깨닫게 된다. 그리고 확고하게 다져진 그녀의 지식과 교육에서 배운 남성 위주의 관습에 따른 그러한 순종행위를 하는 데는 정력이 필요하다는 것을 알게 된다. 희생해야 할 때가 오면 다투거나 투덜대지 않고 순응하는 법을 여성이 스스로 배웠다고 말할 수 있을 것이다.

그러나 어떤 아메리카 여성들도 자기의 우둔과 무지로 함정에 빠지는 것과 같이 결혼이라는 올가미에 빠지지 않는다. 그녀는 무엇을 자기가 해야 하는가를 배웠으며 자발적으로 그리고 자유스럽게 이런 계약관계 속으로 들어간다. 그녀는 자기가 선택했기 때문에 용기를 가지고 새로운 조건을 감내해 간다. 아메리카에서 아버지의 규율은 매우 완화되었으나 부부관계는 매우 엄하기 때문에 젊은 여성은 상당한 신중함과 걱정이 없이 부부관계를 맺는 일은 없다. 조혼은 흔하지 않다. 아메리카 여성들은 자기가 원숙하게 사리분별을 할 수 있을 때까지는 결혼하지 않지만 다른 나라에서는 대부분의 여성들이 결혼한 후에야 일반적으로 분별있게 행동하고 분별력을 키우기 시작한다.

그러나 아메리카의 여성들이 결혼하자마자 여성의 관습에 큰 변화가 생기는 것은 단지 여론의 제약 때문이라고는 결코 생각할 수 없다. 자기 스스로 노력하여 번번이 그것을 자기 자신에게 부과한다. 아메리카 여성들은 남편을 선택할 시기가 오면, 지금까지의 자유스런 세상경험에서 습득되고 키워진 냉철하고 엄격한 분별력을 통해 결혼이라는 굴레 속의 경솔한 독립심은 즐거움이 아니라 끊임없는 골칫거리가 된다는 사실을 알게 된다. 즉 그것은 그녀에게 처녀시절의 쾌락이 아내로서의 오락이 될 수 없다는 사실과 결혼한 여성의 행복의 원천은 남편의 가정에 있다는 사실을 말해준다. 미리 가정의 행복에 이르는 유일한 길을 분명히 알고 있기 때문에 그녀는 곧바로 그 길로 접어들어 되돌아올 생각을 하지 않고 끝까지 그 길을 따른다.

아메리카의 젊은 아내들이 새로운 조건에서의 엄한 본분에 곧바로 아무 불평없이 정신을 집중하면서 나타내는 강한 결의는 생활하는 도중의 모든 커다란 시련 속에서도 똑같이 뚜렷하게 나타나고 있다. 세계의 어느 나라도 아메리카합중국보다 더 개인의 운명이 불안정한 곳은 없다. 한 사람이 인생을 살아가는 데 있어서 풍요와 빈곤의 굴곡 속에서 오르락내리락하는 과정을 반복하는 것은 흔히 있는 일이다. 아메리카 여성들은 침착하고 더할 나위없는 정력을 가지고 이러한 파란곡절을 감내하고 있다.

서부 황무지에 살기 위해 매년 이주해 오는 모험가의 대다수는 이 책의 앞 부분에서 언급한 바와 같이, 북부 여러 주의 영국계 아메리카인의 지난날의 종족에 속한다. 부를 찾아 매우 대담하게 나서는 이런 사람 중 많은 사람이 이미 이 나라에서는 나름대로 상당한 재산을 가지고 있었다. 그들은 자기 아내를 동반하고 이런 여행에 항상 따르게 되는 끝없는 위험과 옹색함을 아내와 공동으로 나누어 갖는다. 황무지가 막 시작되는 곳에서 젊은 여성들을 가끔 만나볼 수 있는데 이 여성들은 뉴잉글랜드의 매우 아늑한 큰 도회지에서 자라난 후 자기 부모의 부유한 처소에서 살다가 거의 아무런 중간단계를 거치지 않고 막바로 숲속의 쓸쓸한 오두막집으로 들어가는 것이었다. 열병, 고독 그리고 지루한 삶이 그들의 용기를 본원적으로 꺾지는 못했다. 그들의 용모는 상처를 입었고 시들었지만 그들의 표정은 꿋꿋했다. 그들은 슬프게 보이면서도 결의가 굳은 것으로 보였다. 이러한 아메리카의 젊은 여성들은 이런 환경에서 보여줬던 내적인 힘을 이미 나이 어렸을 때의 교육에서부터 축적해 왔다고 믿어 의심하지 않는다. 그러므로 아메리카합중국에서는 처녀들이 어려서 받은 단련의 흔적을 결혼생활에서 여전히 찾아볼 수가 있다. 그녀의 역할이나 습관은 달라지지만 그녀의 품성은 변하지 않는다.

11. 아메리카에서 훌륭한 윤리를 유지하는 데에 사회의 평등이 어떻게 기여하는가

여성 윤리의 엄격성은 단순히 적도로부터의 거리에 따라 높아지기도 하고 낮아지기도 한다고 몇몇 철학자와 역사가들은 말했거나 암시해 왔다. 이런 식의 문제해답은 평이한 것이며 인간의 조건에서 가장 어려운 문제 중 긴박한 문제의 해답을 구하는 데는 하나의 지구본과 나침판 이외에는 달리 필요한 것이 없게 된다. 그러나 이러한 물질주의적 원칙이 사실과 부합한다고 확신할 수는 없다. 같은 국민이라 할지라도 역사적으로 시기를 달리하여 정숙하기도 했고 방종하기도 했다. 그러므로 여성이 도덕상으로 엄격하거나 방종한 것은 불변하는 자연적인 특성 때문만은 아니고 다변적인 여러 원인 때문인 것이다. 어떤 기후 속에서는 상호간의 성적 매력이 일으키는 정열이 특히 강하다는 사실을 부인하지는 않지만 이런 자연적인 정열의 강도는 항상 사회조건과 정치제도에 의해 높아지기도 하고 억제되기도 한다고 본다.

북아메리카를 방문했던 여행자들은 여러 면에서 서로 다른 사람들일지라도 그들은 다른 어디에서보다 북아메리카에서 도덕이 엄격하다고 입을 모아 주장한다. 이런 점에서 아메리카인들은 그들의 조상인 영국인보다 우월한 것은 명백하다. 이 두 국민을 피상적으로 보아서도 이 사실을 알게 될 것이다. 유럽의 다른 모든 나라와 마찬가지로 영국에서도 대중은 여성의 정숙하지 못함에 대해 끊임없이 공박하고 있다. 도덕이 충분히 엄격하지 못하다고 철학자들과 정치가들이 개탄하고 있으며 이 나라의 문학작품들을 보면 사실이 그렇다고 생각하게 된다. 아메리카에서는 모든 책(소설이라고 예외는 아님)에서 여성들이 정숙하게 그려져 있으며, 그리고 어느 누구도 연애사건에 관해 글을 쓸 생각을 하지 않는다.

분명히 아메리카 도덕의 이 위대한 질서는 부분적으로는 국가 · 종족 · 종교의 특성 때문이겠지만 이런 원인만으로는 이것을 설명하기에는 충분하지 못하다. 그러므로 어떤 특별한 이유를 찾아보아야 한다. 내가 보기에는 그 원인이 평등의 원칙과 여기서 나온 제도에 있는 것 같다. 사회의 평등은 그것 자체가 질서정연한 도덕을 확립해 내지는 않지만, 그것을 용이하게 하거나 확실하게 하는 것은 분명하다.

귀족국가에서는 가문과 재산에 의해 남자와 여자가 너무나 상이한 존재로 결정되기 때문에, 이들은 결코 결합될 수가 없다. 그들의 정열은 그들이 협동하도록 만들지만 사회조건과 여기서 생긴 관념들은 그들이 지속적이고 표면적인 유대를 맺지 못하게 하고 있다. 필연적인 결과로서 일시적이고 비밀스런 관계가 많은 것이다. 남성 위주의 법률에 의해 여성에게 부과된 속박에 대하여 자연이 비밀리에 복수하고 있는 것이다.

이것은 조건의 평등이 가상적인 것이든 실제적인 것이든 남자와 여자를 분리하는 모든 장벽을 일소한 경우와 같지는 않다. 그러므로 어떤 처녀든 자기를 사랑하는 남자의 아내가 될 수 없다고 믿는 일은 없으며, 그리고 이것은 결혼 전의 도덕위반이 아주 드물게 만드는 것이다. 왜냐하면 그러한 열정을 아무리 신뢰할 수 있다 할지라도, 한 여성은 자기 애인이 그녀와 결혼을 할 것인지 어쩔지 아직 자유로운 상태에 있을 때 그녀가 사랑받고 있다고 스스로를 설득하는 것은 거의 불가능하기 때문이다.

좀더 간접적이긴 하지만 이러한 이유는 결혼생활에도 작용한다. 그 당사자나 세상의 구경꾼들에게 부정한 열정을 정당화하는 데 있어서 강요나 우연에 의한 결혼보다도 더 도움이 되는 것은 아무것도 없다.[원주3]

한 여성이 항상 자유롭게 선택을 하고 또 올바르게 선택할 수 있도록 교육을 시킨 국가에서 대중의 생각은 그녀가 잘못을 저지르면 냉혹해진다. 아메리카인들의 엄격성은 부분적으로는 이러한 원인에서 생겨난 것이다. 그들은 결혼을 때로는 귀찮은 계약으로 생각하기 때문에 사전에 모든 조건

[원주3] 유럽 쪽의 문학은 이런 논거를 충분하게 뒷받침하고 있다. 유럽의 어느 작가가 우리 사회에서 그렇게나 자주 일어나는 어떤 대단한 결혼의 파경을 소설에 그리려고 한다면, 그는 미리 잘못되었거나 강제적인 결혼을 끌어냄으로써 독자들의 동정심을 확보하는 것이다. 일상적인 관용 때문에 오래 전부터 우리의 윤리가 이완되기는 했지만 작가가 등장인물들의 불행에 독자들의 관심을 불러일으키려면 그들의 실수를 먼저 변명해야 할 것이다. 이런 가공적인 이야기는 거의 성공한다. 날마다 우리가 보는 장면들은 우리들이 벌써부터 탐닉하도록 준비하고 있다. 그러나 아메리카의 작가는 독자들에게 이런 변명들을 믿게 만들 수 없었다. 그들의 관습과 법률이 그런 가공적인 이야기를 금하고 있다. 그들은 경박한 행동을 재미있는 것으로 도저히 표현할 수 없기 때문에 그런 일을 묘사하지 않는다. 이것도 합중국에서 소설이 별로 출간되지 않는 이유 가운데 한 가지이다.

을 알았고 그 계약을 체결하지 않는 것도 완전히 자유이기 때문에 계약 당사자는 계약의 모든 조건을 엄격히 이행하도록 되어 있다.

결혼의 성실성을 강요하는 바로 그 상황이 또한 결혼의 성실성이 보다 쉽게 유지되도록 만든다.

귀족국가에서는 결혼의 목적이 사람보다는 오히려 재산을 결합시키는 데 있다. 그런 까닭에 약혼할 당시에 남편은 간혹 취학 중이고 아내는 보모에게 맡겨진 상태에 있다. 한 쌍의 재산을 결합하는 결혼관계가 두 사람의 마음을 산란하게 만든다 할지라도 그것은 놀랄 일이 못된다. 이것은 계약의 성격 때문에 나온 결과이다. 반면에 한 남성이 어떤 외부의 강요나 지도조차 없이 자기 스스로 아내를 선택할 때, 남자와 여자를 결속시키는 것은 보통 취향과 사고의 일치 때문이다. 그리고 이러한 일치는 그 두 사람이 아주 친한 상태에 머물러 있도록 해준다.

우리의 조상들은 결혼문제에 관해 이상한 생각을 하고 있었다. 그들은 당시에 있었던 소수의 연애결혼이 결과적으로 항상 옳지 못했다고 보았기 때문에 그 문제에 있어서 감정의 명령에 따르는 것은 위험한 일이라고 단호히 결론지었다. 그들에게는 우연히 결정되는 것이 선택에 의한 결정보다 더 좋은 것으로 보였다.

그렇지만 사실상 그들이 목격한 그 예들이 결코 아무것도 아니었다는 사실을 깨닫는 것은 어려운 것이 아니었다. 왜냐하면 우선 민주국가의 국민이 어떤 여성으로 하여금 자기 남편을 자유스럽게 선택하도록 내버려 둔다 할지라도, 그 선택은 매우 중요한 것이기 때문에 그들은 그녀의 머릿속에 충분한 지식을 제공하고 그녀의 의지에 충분한 힘을 불어넣어준다. 반면에 귀족국가에서 부모의 권위로부터 뛰쳐나와 남자를 알아볼 시간의 여유나 판단해 볼 능력도 없는 채로 남자의 팔에 자기 마음대로 몸을 맡기는 젊은 여성들은 전반적으로 이러한 보호를 받지 못한다. 그들이 맨 처음 자유스런 행동을 하게 될 때 그것을 악용하는 것은 놀랄 만한 일이 아니며 또 그들이 민주교육을 받지 않고 민주적인 관습에 따라 결혼을 선택할 때 매우 커다란 오류에 빠지는 것도 놀랄 만한 일이 못된다. 그러나 이것이 전부는

아니고 한 남성과 여성이 귀족주의적인 사회상태에서 오는 차별이 있음에
도 불구하고 결혼하기로 결심했을 경우에는 그들이 극복해야 할 난제가 엄
청나게 많다. 부모에 대한 복종이라는 굴레로부터 벗어난 다음, 그들은 관
습의 세력권과 여론의 횡포로부터 자신들을 해방시켜야 한다. 그리고 마침
내 이런 힘든 일에서 성공을 거두고 나면 그들은 본래의 친구와 친척들과
는 소원해진다. 그들 사이에 교차된 편견은 모든 사람들로부터 그들을 분
리시키며 또한 그들의 용기가 꺾이고 짓궂어지는 상황에 처하게 한다. 그
리고 이런 식으로 결혼한 한 쌍이 처음에는 불행하다 후에는 범죄를 저지
르게 되면, 그들의 자유로운 선택에서 그 원인을 찾아서는 안되고 오히려
이러한 자유로운 선택이 허용되지 않는 사회에 그들이 살고 있다는 사실에
서 그 원인을 찾아야 한다. 더구나 한 사람이 일반적인 오류를 세차게 떨쳐
버리는 데에 기울이는 바로 그 노력이 그로 하여금 이성의 경계를 넘어서
도록 만든다는 점을 잊어서는 안된다. 즉 아무리 정당한 이유가 있다 할지
라도 한 시대의 거국적인 견해에 대항하여 감히 선전포고를 하기 위해서는
결정적이고 모험적인 정신이 필요하다는 사실과 이런 성격을 가진 사람들
은 그들이 어떤 길을 따라 가든 행복에 이르게 되거나 미덕에 이르게 되는
일이 거의 없다는 사실을 잊어서는 안된다. 그런데 이 사실은 가장 필요하
고 정당한 혁명에서, 덕망이 있고 온건한 혁명가를 만나는 일이 매우 드문
이유가 된다는 점을 알 수 있게 해 준다. 귀족시대에 아내를 선택하는 데
있어서 자기 자신의 생각과 취향 이외에는 아무것도 고려하지 않는 어느
남성이 자기 가정에서 윤리가 준수되지 않고 있고 천박함이 내습해 있음을
알게 되는 것을 보고 놀랄 필요는 없다. 그러나 이와 같은 행동노선이 매사
가 자연스럽고 정상적으로 진행되는 가운데 취해지고 부모의 권위가 그것
을 허용하고 여론이 후원할 때는, 가정에 평화가 깃들고 부부 상호간의 성
실성이 엄격하게 준수될 것이라는 점은 의심의 여지가 없다.

　민주사회에서는 거의 모든 사람이 대중적이거나 혹은 전문적인 생활을
영위하고 있다. 그런데 다른 한편으로, 한정된 수입 때문에 아내는 친히 그
리고 매우 엄밀히 가정경제를 꾸밀 수 있도록 집에만 틀어박히게 된다. 이

러한 차별적이고 강제적인 업무는 모두 아주 많은 본원적인 장벽이 되는데, 이것은 남성과 여성을 분리시켜 둠으로써 어느 한쪽으로 하여금 자주 그리고 열심히 간청할 수 없게 하고 동시에 다른 한쪽으로 하여금 쉽게 저항할 수 있도록 한다.

사회의 평등이 인간을 정숙하게 만드는 데 성공할 수 없다는 것은 사실이지만, 그것은 도덕에 어긋나는 행동을 하더라도 덜 위험한 사람으로 비치게 될지도 모른다. 아무도 자위능력을 갖춘 미덕을 공격할 충분한 시간과 기회를 갖지 못하고 있기 때문에 고급 매춘부도 많을 것이고 동시에 정숙한 여성도 많을 것이다. 매사가 이런 상황에 있기 때문에 개인이 곤란을 입는 유감스런 경우가 생기지만 사회 전체가 강해지고 기민해지는 것을 막지는 못하고 있다. 즉 그것은 가정의 유대를 파괴하거나 국민윤리를 약화시키지 않는다. 사회는 소수의 커다란 방탕에 의해서가 아니고 모든 사람의 도덕적 해이에 의해 위험에 처해진다. 입법자가 보기에 매춘이 반역음모보다 덜 두려운 것이다.

평등으로 말미암아 빚어지는 인간의 격정적이고 괴로운 삶은 사람들에게 사랑에 탐닉할 시간을 주지 않음으로써 사랑의 정열에 집중하지 못하게 할 뿐만 아니라 보다 은밀하지만 보다 확실한 다른 방법으로 관심을 다른 곳으로 돌리게 한다. 민주시대에 사는 모든 사람은 다소간 생산계급과 상인계급의 사고방식을 취하게 된다. 그들의 생각은 진지하고 신중하여 적극적인 방향으로 선회한다. 그들은 자기들의 욕구의 자연스럽고 필요한 목표라고 보이는 어떤 가시적이고 그럴듯한 대상을 추구하기 위해 이상을 포기하는 경향이 있다. 그래서 평등의 원리는 상상력을 파괴하지는 않지만 지상의 낮은 수준의 문제에 관해 상상하도록 만들어버린다.

민주사회의 시민보다 명상에 덜 젖는 사람도 없다. 보통 큰 감정에 앞서서 이를 나타나게 하는 한가롭고 고독한 묵상에 빠져 있는 사람은 지금까지 그들 가운데 거의 없는 것으로 알려져 있다. 그들은 생활을 매력있게 하면서 동시에 생활을 보호하는 깊고 규칙적이며 차분한 애정을 스스로 획득하는 것을 대단히 중요하게 보고 있다. 그래서 그들은 그러한 애정을 방해하거나 축소시키는 격렬하고 변덕스러운 흥분의 근원을 추구하는 경향을 갖지 않고 있다.

이런 모든 사실이 아메리카에만은 완전하게 적용될 수 있지만, 유럽에는 현재로선 확대 적용될 수 없다고 본다. 지난 반세기 동안 법과 관습은 전례가 없는 힘을 발휘하면서 유럽의 몇몇 국가들이 민주주의로 나아가도록 한 반면에 남자와 여자의 관계는 보다 규율 바르고 정숙하게 되었음을 볼 기회가 없었다. 어떤 곳에서는 그와는 반대되는 양상을 찾아볼 수 있다. 즉 몇몇 계급은 보다 엄격해졌고 일반적인 윤리는 보다 해이해진 듯이 보이는 것이다. 필자가 이런 말을 서슴없이 하는 것은 현대인들을 비방하기 싫은 것만큼 그들에게 아첨하고 싶은 생각도 없기 때문이다.

이 사실이 우리를 괴롭히긴 하겠지만 놀라게 하지는 않을 것임에 틀림없다. 민주적인 사회상태가 규율바른 관습에 미치는 영향은 시간이 잠시 지나야만 발견되는 듯하다. 사회의 평등은 도덕의 순화에 유리한 것이 된다 할지라도 사회가 평등하게 되도록 하기 위한 사회적인 소요는 오히려 도덕의 순화에 방해가 된다. 지난 50년간 프랑스가 이러한 전환을 겪어왔는데, 자유는 거의 없었고 항상 혼란스럽기만 했다. 이러한 사고의 혼란이 보편적이 되고 이런 여론의 동요가 일반적인 가운데 정당한 것과 부당한 것, 진실과 허위, 정의와 실력이 혼잡하게 섞여 있는 가운데서는 대중적 미덕은 회의에 빠졌고 개인적 윤리는 흔들려 왔다.

그러나 모든 혁명은, 그 목표나 그 실천가들이 어떤 성격을 가졌든지 간에, 처음에는 비슷한 결과를 초래했다. 종국적으로는 윤리의 끈을 바짝 조인 사람들이라도 처음에는 윤리를 이완시켰다. 프랑스인들이 자주 목격하는 윤리의 침해사태는 항구적인 성격을 지닌 것으로는 보이지 않으며, 이런 사실은 이미 오늘날 벌어지고 있는 기묘한 일부 징조들로 입증되고 있다.

권력을 잃고도 그 부를 지니고 있으면서 단순히 저속한 오락에 불과한 일에 어마어마한 양의 여가시간을 쏟고 있는 귀족들보다 더 나쁘게 타락한 것도 없을 것이다. 지금까지 귀족체제에 활력을 불어넣었던 활기넘치는 열정과 사상은 귀족들에게서 떠나고, 시체에 붙어 있는 구더기와 같은 사소한 낭비를 일삼는 악덕 이외에는 거기에 남아 있는 것이라고는 아무것도 없다.

전 세기의 프랑스 귀족체제는 극도로 자포자기 상태에 빠졌음을 아무도 부인하고 있지는 않지만 기존관습과 낡은 신념은 사회의 나머지 계급 사이에서 아직도 도덕적 존경을 받고 있다. 중하층계급에서는 윤리가 이완되어 온 것처럼 보이는 반면에, 오늘날에도 같은 귀족계급의 나머지 일부는 도덕의 엄격성을 보이고 있다는 사실을 또한 부인할 수 없을 것이다. 50년 전에는 가장 방탕했던 가문이 오늘에는 가장 모범적이다. 민주주의는 귀족계급의 윤리를 강화해 온 것처럼 보인다. 프랑스혁명은 귀족들의 재산을 분산시키고 자신들의 문제와 가문의 문제에 열심히 힘쓰도록 강요하고 그들의 자식들과 같은 지붕 밑에 살도록 만듦으로써, 요약해서 말하면 그들의 생각이 보다 합리적이고 진지하게 전향하도록 만듦으로써 자신들이 미처 깨닫지도 못하는 사이에 그들에게 신앙심과 질서와 차분한 즐거움, 가정적인 애정 및 안락에 대한 애착심을 불어넣어주었다.

낡은 프랑스 귀족체제는 혁명의 시련을 겪었지만 혁명적 정열을 느끼지도 않았거니와 혁명을 낳은 무정부적 흥분도 가져본 일이 없다. 이 귀족체제가 혁명을 성취한 사람들보다 앞서서 자신들의 생활태도에 대한 혁명의 건전한 영향력을 감지하고 있다는 것은 쉽게 알 수 있다. 그러므로 우선 역설적으로 보이긴 하지만, 오늘날에는 이 나라에서 가장 반민주적인 계급들이 민주주의에서 당연히 예상할 수 있는 그런 종류의 윤리를 우선적으로 내세우고 있다고 말할 수 있다. 혁명으로 야기된 격정을 가라앉히고 난 후 이런 민주적인 혁명의 모든 결과를 우리가 획득하게 될 때, 현재 소수에게만 적용될 수 있는 관찰 사실들이 점차 전체 사회에도 진실로 받아들여지리라고 생각하지 않을 수 없다.

12. 아메리카인들은 성(性)의 평등문제를
어떻게 이해하고 있는가

　나는 앞에서 민주주의가 어떻게 하여 사회의 여러 가지 불평등을 소멸시키든가 혹은 변경시키는가 하는 문제를 검토해 왔다. 그런데 이것이 전부인가? 아니면 민주주의는 현재로서는 영원히 인간성에 기초하는 것처럼 보이는 남성과 여성의 불평등문제에 마침내 영향을 미치지는 않을까? 내가 생각하기로는, 아버지와 아들, 주인과 하인, 즉 일방적으로 우월한 자와 열등한 자를 같은 수준으로 만드는 사회적 변화는 여성을 격상시켜서 남성과 동등한 자격이 되게 하는 것 같다. 그러나 여기서 나는 그 어느 때보다도 내 자신의 견해를 분명히 밝히고 싶다. 왜냐하면 이 문제처럼 오늘날 제멋대로의 무원칙한 환상이 판을 치는 문제가 달리 없기 때문이다.

　유럽에는 남성과 여성의 상이한 특징을 혼동시키면서, 남성과 여성을 평등할 뿐만 아니라 똑같은 존재로 파악하는 사람이 있다. 그들은 양자에게 동일한 기능과 동일한 의무 및 동일한 권리를 부여하고자 한다. 그들은 모든 면, 즉 직업이라든가 쾌락·업무 등에서 양자를 뒤섞어버린다. 이와 같이 한쪽의 성을 다른 한쪽의 성과 평등하게 함으로써 양쪽 모두가 그 질의 저하를 가져올 것이라는 점을 쉽게 알 수 있으며, 동시에 자연이 만든 작품을 이처럼 뒤죽박죽으로 뒤섞는 데서는 허약한 남성과 난잡한 여성 이외에는 아무것도 기대할 것이 없을 것이라는 점도 쉽게 간파할 수 있다.

　아메리카인들이 양성 사이에 확립된 민주적 평등을 이해하는 방식은 그렇지 않다. 그들의 생각에는 자연은 남자와 여자의 신체적 구조와 도덕적 성격 사이에 광범한 차이가 있도록 하였으므로, 그들의 다양한 기능에 따라 상이한 임무를 부여하는 것이 자연의 분명한 의도라는 것이다. 그리고 발전이란 아주 상이한 존재로 하여금 거의 동일한 일을 하게 하는 데 있는 것이 아니라, 그들 각자가 별개의 업무를 최선의 형태로 완수하게 하는 데 있다고 그들은 주장한다. 아메리카인들은 사회적인 큰 일이 더 잘 수행될 수 있도록 하기 위해 남자의 의무와 여자의 의무를 주의깊게 분리시킴으로써, 우리 시대의 공업인들을 지배하는 정치경제학의 원리를 남성과 여성에게 적용했다.

아메리카인들은 다른 어떤 나라의 국민들보다 남자와 여자에 대한 두 가지 상이한 행동노선을 추구하거나 그들 상호간에 보조를 맞추게 하기 위해 세심한 주의를 기울여왔다. 그러나 이것은 언제나 서로 다른 두 개의 통로를 따라 진행되었음을 강조하지 않을 수 없다. 아메리카의 여성들은 가정의 외부적인 일에 관심을 두는 일이 결코 없으며, 사업을 한다거나 정치생활에 참여하는 일도 결코 없다. 이와는 달리 그들은 야외에서 하는 힘든 노동을 하도록 강요되는 일도 없으며, 강한 신체적 노력을 요구하는 힘겨운 노동을 하도록 강요되는 일도 없다. 이러한 규범을 벗어나야 할 만큼 가난한 가정도 또한 없다. 한편으로 아메리카의 여성들이 가사노동의 조용한 한계를 벗어날 수 없다고 할지라도, 다른 한편으로 그들은 그 한계를 넘어 활동하도록 강요받지도 않는다. 바로 이러한 이유에서 가끔 남성다운 이해력과 정력을 나타내 보이기도 하는 아메리카의 여성들이 비록 남성과 같은 감정과 지성을 가졌음을 나타내 보이는 일이 가끔 있긴 하지만, 대체로 신체적인 우아함을 보전한 채 여성다운 생활태도를 견지하고 있는 것이다.

아메리카인들은 민주주의 원리의 한 가지 결과가 모권(母權)을 파괴하거나 가족 속에 본래부터 있던 권위를 혼란에 빠뜨리는 것이라고 생각해 본 적이 없다. 그들이 생각하기에는 모든 결사는 그 목적을 완수하기 위해 우두머리를 두어야 하며, 결혼생활에서의 우두머리는 당연히 남자가 되어야 한다는 것이다. 따라서 그들은 그 배우자를 감독할 수 있는 남편의 권리를 부인하지 않는다. 그리고 그들은 사회생활에서와 마찬가지로 남편과 아내라는 소집단에서도 민주주의의 목적은 필요한 권력을 조정하거나 정당화하는 데 있는 것이지 모든 권력을 없애버리는 데 있는 것이 아니라고 주장한다.

이러한 견해는 한쪽 성에만 국한되거나, 다른 쪽 성은 이에 이의를 제기하는 것이 아니다. 나는 아메리카의 여성들이 배우자의 권위를 그들의 권리에 대한 강탈로 생각한다거나, 그들이 그 권위에 복종함으로써 그들의 인격에 손상을 입는다고 생각하는 것을 한번도 본 적이 없다. 이와는 반대로 그들은 그들 자신의 의지를 자발적으로 복종시키는 행위에서 일종의 긍지를 느끼며, 그러한 속박에 자신을 붙들어매는 것을 떨쳐버리기는커녕 그것을 오히려 자랑으로 여기는 것처럼 보였다. 적어도 이것이 여성 중에서 가장 덕성스러운 사람에 의해 표현되는 감정이며, 다른 감정들은 침묵상태에 있다. 그래서 아메리카합중국에서는 떳떳하지 못한 아내가 그녀 자신의 신성한 의무는 짓밟은 채 여성의 권리만을 극성스럽게 요구하는 일은 없다.

유럽에서는 남자들이 여자들에게 아낌없이 베푸는 아첨 속에까지 일종의 멸시가 숨어 있다는 사실이 종종 지적된다. 유럽인이 여자의 하인인 체하는 경우가 때로는 있을지라도 그가 진실로 여자를 자기와 동등한 인간으로 생각하는 것 같지는 않다. 합중국에서는 남자들이 여자들에게 아첨의 말을 하는 일은 별로 없다. 그러나 그들은 매일 그들이 얼마나 여자들을 존경하는가를 나타내 보여준다. 그들은 끊임없이 아내의 이해력을 완전히 신뢰하면서 그녀의 자유에 대해 마음속 깊이 존경한다. 그들은 이미 평범한 진리를 알아내는 데 있어서 여자의 마음은 남자의 마음만큼이나 적합하다는 결론을 내리고 있다. 그래서 그들은 자기들의 덕성과 마찬가지로 여자의 덕성을 편견이나 무지 및 공포의 덫에 의해 가리려고 하지 않았다.

유럽에서는 남자가 여자의 전제적인 지배를 쉽게 인정하면서도, 인류의 위대한 속성 중의 몇 가지는 여자에게서 제외시키고 있으며, 여자를 매력적이긴 하지만 불완전한 존재로 간주한다. 그리고 여자들도 마침내 같은 관점에서 자신들을 파악하고 있으며, 자기들이 변변찮고 연약하며 겁많은 존재로 보이게 된 것을 하나의 특권으로 생각한다. 아메리카의 여성들은 그러한 특권들을 요구하지 않는다.

되돌아가서, 유럽인의 도덕에는 남자에게는 어떤 면제를 인정해 주고 있어서 말하자면 남자의 경우에 있어서는 하나의 덕성이 되는 일도 그의 배우자에 있어서는 다르게 이해되는 경우가 있는 것 같다. 그리고 여론에 의하더라도 동일한 행위가 범죄로서 처벌받는 경우가 있는가 하면 단순히 과

실로서 처리되는 경우가 있다. 아메리카인들은 이러한 불공정한 의무와 권리의 분화를 인정하지 않는다. 그들에게 유혹자는 그 희생자와 똑같이 불명예스럽게 취급된다.

아메리카인들은 유럽에서와는 달리 여자에게 열렬한 관심을 별로 나타내지 않는 것이 사실이지만, 그러나 여자에 대한 그들의 행동은 언제나 그들이 여자를 덕성스럽고 품위있는 존재로 생각하고 있음을 나타내 보여주고 있다. 아메리카에서는 젊은 미혼여성이 혼자서 그리고 아무런 두려움 없이 긴 여행을 할 수 있다.

아메리카합중국의 입법자들은 형법상의 거의 모든 형벌을 경감함에도 불구하고 강간을 여전히 중범죄로 취급하고 있다. 그리고 어떠한 범죄도 강간죄만큼 여론에 의해 냉혹하게 처벌되지는 않는다. 이것은 다음과 같이 설명될 수 있을 것이다. 즉 아메리카인들은 여자의 명예보다도 더 귀중하게 생각하는 것이 없으며, 여자의 독립성을 그 어떤 것보다도 존중하고 있기 때문에 그들은 여자의 의지에 반하여 여자로부터 명예나 독립성을 빼앗는 사람에 대해서는 아무리 엄격한 형벌이 내려도 좋다고 생각한다. 프랑스에서는 동일한 범죄가 훨씬 더 가볍게 처벌되고 있으며, 배심원으로부터 그 범죄자에 대한 유죄평결을 얻어내기가 어려울 때가 많다. 이것은 정절에 대한 경시의 결과인가? 아니면 여자에 대한 경시의 결과인가? 나는 이것이 이 두 가지 모두에 대한 경시에서 나온 결과라고 생각하지 않을 수 없다.

이와 같이 아메리카인들은 남자와 여자가 같은 업무를 수행해야 할 의무와 권리를 가지고 있다고 생각하지는 않는다. 그럼에도 불구하고 그들은 그들 각자의 역할에 대해 동등한 가치를 인정하고 있다. 그리고 그들의 운명은 다를지라도 그 가치는 동등한 존재라고 생각한다. 그들은 여자의 용기에 대해 남자의 용기에 대한 것과 똑같은 형태나 방향을 부여하지는 않는다. 그러나 여자의 용기 자체를 의심하는 일은 결코 없다. 그들은 남자와 여자가 언제나 같은 방식으로 지혜나 이해력을 활용해서는 안된다고 주장하면서도, 적어도 그들은 전자의 이해력이나 후자의 이해력이 같은 정도로 건전하다고 믿으며, 동시에 여자의 지혜가 남자의 지혜만큼 명쾌하다고 믿고 있다. 그런데 이와 같이 그들은 여자의 사회적 열등성이 계속되게 해두고서, 도덕적으로나 지적으로 여자를 남자와 동등한 수준으로 끌어올리기 위해 가능한 한의 모든 노력을 다 쏟는다. 바로 이러한 점에서 그들은 민주주의에 있어서 발전의 진정한 원리를 아주 훌륭하게 이해한 것처럼 보인다.

나로서는 아메리카합중국의 여성들이 가정생활의 좁은 범위 내에 갇혀 있고, 그들의 처지가 몇 가지 점에서 볼 때 지극히 의존적이라 할지라도 아메리카에서만큼 여성들이 고상한 지위를 확보하고 있는 곳을 달리 본 적이 없다는 것을 서슴없이 단언할 수 있다. 그리고 아메리카인들에 의해 수행된 중요한 사실들을 많이 지적한 이 책을 마무리짓는 마당에 누가 나에게 아메리카 국민의 특이한 번영과 그 국력이 주로 무엇에 기인하는 것이냐고 묻는다면, 나는 답하기를 그것은 여성의 우월성에 기인한다고 말할 것이다.

13. 어떻게 평등의 원리는 아메리카인들을 많은 사적인 소집단으로 분산시키는가

민주제도의 필연적인 최종효과는 공공생활에서는 물론 사생활에 있어서도 모든 사회구성원들을 동등하게 취급하는 데 있음과 동시에 그들 모두가 동일한 형태로 살도록 강요하는 데 있다고 가정할 수 있을 것이다. 그러나 이것은 매우 야비하고 억압적인 생활형태가 민주주의에 근거한 평등의 원리에서 기인하는 것으로 될 것이다. 교육이나 재산이나 취향을 통해 그들 사이에 존재하는 차이에 개입하는 것 이외에는 어떠한 사회상태나 법률도 인간을 완전히 똑같게 만들지는 못할 것이다. 다양한 종류의 사람들이 동일한 목적을 위해 결합하는 것이 그들에게 이익이 된다는 것을 알아차리겠지만, 그들은 그것을 그들의 기쁨으로 생각하지는 않을 것이다. 따라서 그들은 어떠한 법률조항이든 그것을 빠져나가려 하는 경향이 있다. 어떤 점에서는 입법자들이 그들을 제약하고자 하는 어떤 범위를 벗어나서 거대한 정치공동체와 병행하여 조건이나 습관 및 관습의 유사성에 따라 결합되는 사적인 소집단을 형성하고자 한다.

아메리카합중국에서는 시민들이 상대방에 대해 어떤 지배적인 입장을 취하지 않는다. 그들은 상호복종이나 존경을 나타내지 않는다. 그들은 법의 집행이나 주정부의 행정을 의논하기 위해 만나는 바, 일반적으로 말해서 그들 공동의 복지에 관계되는 업무를 처리하기 위해 회합할 뿐이다. 그러나 나는 그들이 기분전환을 위해서나 같은 오락장소에서 남녀가 뒤죽박죽이 되어 쾌락을 즐기기 위해 함께 모이려 한다는 말을 들은 일이 없다.

정치집회나 법정에서 그토록 쉽게 혼합되는 아메리카인들이 사생활의 즐거움을 누리기 위해서는 독특한 소단체로 주의깊게 분열하고자 한다. 그들 각자는 기꺼이 모든 동료시민을 그들과 동등한 자로 인정하지만, 자기 친구나 손님으로서는 아주 제한된 수의 사람만을 인정할 뿐이다. 이것은 아주 당연한 것처럼 보인다. 공공생활의 영역이 확대될수록 그에 비례해서 사적인 교류의 영역은 축소된다고 생각할 수 있을 것이다. 현대사회의 구성원들이 마침내는 공동으로 생활하게 되리라고 가정할 수 있기는커녕 그들은 아주 작은 동인회(同人會)를 만들고 말 것 같다.

귀족사회에서는 각 계급은 거기서 빠져나오는 것도 불가능하고 그 안으로 들어가는 것도 불가능한 거대한 울타리와 같다. 이들 여러 계급은 상호 교류는 없지만, 그 안에서도 사람들이 반드시 일상적인 접촉을 하면서 살아간다. 그들이 자연스럽게 어울리지는 않을지라도 비슷한 조건에 의한 일반적인 동일성으로 말미암아 그들은 가깝게 지내게 된다.

그런데 법률이나 관습에 의해 특정인 사이의 빈번하고 습관적인 관계가 확립되지 않을 때는 그들 사이의 교류는 견해나 취미의 우연한 동일성에서부터 비롯된다. 그러므로 사적인 단체는 무한히 많아진다. 사회구성원들이 서로 크게 다르지 아니하며, 본래 그들이 너무나 비슷해서 언제라도 모두 하나의 거대한 집합체로 혼합될 수 있는 민주주의 사회에서는 모든 사람들이 그들의 의지에 반하여 군중 속으로 휩쓸리지 않도록 혼자 분리되어 있기를 바랄 만한 여러 가지 인위적인 특징들이 수많이 나타난다.

반드시 이러한 상황이 발생하게 되어 있는데, 왜냐하면 인간이 만든 제도는 변할 수 있어도 인간 자체는 변할 수 없기 때문이다. 사회구성원들을 평등하고 동일하게 만들려는 사회의 일반적인 노력이 어떠하든 간에 개인적인 자존심은 언제나 그 수준을 상회하려고 하면서 자기 자신의 이익을 위해서는 불평등한 관계를 형성하려고 할 것이다.

귀족사회에서는 인간은 높은 장벽에 의해 서로 분리되어 있다. 그러나 민주사회에서는 인간은 거의 보이지 않는 수많은 작은 실에 의해 분리되어 있는데, 이 작은 실은 끊임없이 끊어지기도 하고 장소를 옮기기도 한다. 이와 같이 평등이 어떠한 형태로 발전해 간다 할지라도, 민주국가에서는 정치사회의 포괄적인 테두리의 범위 내에서 아주 많은 수의 사적인 소집단이 항상 형성되어 갈 것이다. 그러나 이들 중 그 어느 것도 귀족사회에서의 상위계급과 생활태도를 같이하는 일은 없을 것이다.

14. 아메리카인들의 생활태도에 대한 몇 가지 회상

첫눈으로 보아서는 인간행동의 겉모습보다 덜 중요한 것은 없는 것처럼 보인다. 그렇지만 인간이 이것만큼 중시하는 것도 없을 것이다. 그들은 그들 자신의 생활태도가 없는 사회에 익숙해지는 것을 제외하고는 모든 것에 익숙해 가고 있다. 따라서 한 나라의 정치·사회적인 상태가 생활태도에 미치는 영향은 진지한 조사를 해볼 만한 가치가 있다.

생활태도란 것은 일반적으로 기본적인 성품의 산물이기도 하지만, 어떤 경우에는 특정한 인간 상호간의 그때그때 관례의 결과이기도 하다. 이와 같이 생활태도는 선천적이기도 하고 동시에 후천적이기도 하다.

어떤 사람들이 그들은 경쟁이나 노력도 필요없이 사회에서 가장 일류가는 사람이라고 생각할 때, 또 그들은 보다 사소한 문제들은 다른 사람에게 떠넘기고 항상 큰 문제에 대해서만 관심을 기울일 때, 그리고 그들은 그들 자신이 축적하지도 않았을 뿐만 아니라 그것을 잃어버리게 될까 싶어 걱정 하지도 않는 부를 향유하면서 살고 있을 때, 그들은 생활상의 사소한 이해 관계나 실제적인 근심 같은 것에 대해서는 건방질 정도로 경멸감을 나타낸 다고 가정할 수 있을 것이며, 동시에 그들의 사고는 그들의 언어나 그들의 생활태도가 나타내는 것처럼 선천적으로 위대한 것처럼 행세할 것이라고 가정할 수 있을 것이다. 민주국가에서 생활태도는 일반적으로 위엄을 잃고 있는데, 이것은 사생활이란 그 성격상 지극히 사소한 것이기 때문이다. 그리고 생활태도는 저속한 경우가 많은데, 이것은 사람들이 가정적인 이해관계에 대한 근심을 초월할 수 있는 기회를 별로 못 갖기 때문이다.

생활태도에 있어서의 진정한 위엄은 항상 자기 분수보다 너무 높지도 않고, 또 너무 낮지도 않게 적당한 위치를 지키는 데 있다. 그래서 이 위엄은 군주는 물론 농부도 갖출 수 있다. 민주사회에서는 모든 지위가 불투명한 것으로 나타나 보인다. 바로 이러한 이유 때문에 민주사회의 생활태도는 비록 오만으로 가득차 있을 때가 가끔 있긴 하지만 일반적으로 위엄을 잃고 있으며, 그리고 더욱이 잘 다듬어지거나 완성되어 있지 못하다.

민주시대에 사는 사람들은 너무나 동요하고 있어서 상당히 많은 사람들이 훌륭한 양육방법을 확립하거나 그것을 실행하도록 할 수가 없다. 그래서 모든 사람들은 자기 멋대로 행동하게 되어 민주시대의 생활태도에는 어느 정도의 무질서가 있기 마련이다. 그리고 이것은 이들 생활태도가 모범적으로 제시된 이상형에 따라 형성되는 것이 아니고 각 개인의 감정과 행동에 따라 형성되기 때문이다. 그러나 이것은 귀족체제가 오래 전에 소멸되었을 경우보다 이제 막 전복되었을 경우에 훨씬 더 쉽게 감지될 수 있다. 그런데 새로운 정치제도나 새로운 사회적 요인은 그들의 교육정도나 생활태도가 놀랄 정도로 상이한 사람들을 같은 유흥장소에 모이게 하고 또 함께 살도록 강요하는 경우도 많다. 그리고 이것은 사회의 잡다한 구성을 특별히 잘 나타내 보이고 있다. 훌륭한 양육을 위한 엄격한 법규들이 전 시대에 존재했다는 것은 아직도 기억되고 있다. 그러나 거기에 어떤 것이 포함

되어 있으며, 또 그것을 어디서 발견할 수 있는가 하는 문제는 이미 잊혀진
상태이다. 인간은 이미 일반적인 관습법은 상실하고서, 그것이 없이 지낼
결심은 아직 못하고 있다. 모든 사람이 전 시대 관습 잔재로부터 나온 자의
적이고 가변적인 규범을 스스로에게 부여하려고 노력하고 있어서, 생활태
도는 귀족사회에서 나타내는 조화나 위엄을 갖추지도 못하고 또 민주사회
에서 나타내는 소박함이나 자유도 갖추지 못하고 있다. 즉 이들 생활태도
는 속박되어 있으면서도 동시에 아무런 속박을 받지 않는 상태에 있다.

  그러나 이것은 사물의 정상적인 상태가 못된다. 사회적인 평등이 이미
오래 전에 확립되어서 완성단계에 있을 때는 모든 사람이 거의 동일한 관
념을 가지고 거의 동일한 행동을 하기 때문에, 그들은 동일한 방식으로 말
하거나 행동하기 위해 상호 합의하거나 모방할 필요가 없다. 그런데 그들
의 생활태도는 수많은 사소한 차이에 의해서 끊임없이 결정되어 가는 것이
지 어떤 큰 차이에 의해서 결정되어 가는 것이 아니다. 그들은 동일한 형태
를 모방하지 않기 때문에, 그들이 완전히 꼭 같을 수는 없다. 그리고 그들
의 사회적 조건이 동일하기 때문에 그들은 전혀 상이할 수도 없다. 어떤 여
행자가 처음 보는 바로는 모든 아메리카인들의 생활태도는 완전히 일치한
다고 생각될 것이다. 그래서 세밀한 조사를 통해서만 생활태도의 상이함이
드러날 것이다.

  영국인들은 아메리카인들의 생활태도를 조롱하고 있다. 그러나 이러한
익살맞은 묘사를 하는 작가의 대부분은 영국에서 중산층에 속하는 사람들
인데, 그러한 묘사가 그들에게 아주 적합하다. 그래서 이 비정한 비평가들
은 대체로 아메리카합중국에서 그들이 비난하는 바로 그 실례들을 스스로
나타내고 있다. 그들은 자신들이 스스로를 조롱하고 있음을 인식하지 못함
으로써 그 나라의 귀족들이 이를 크게 즐거하고 있다.

  행동의 겉모습만큼 민주주의에 방해가 되는 것은 없다. 그 생활태도를
지지하지 못하는 사람들도 그 악폐를 기꺼이 참아내는 경우가 많다. 그러
나 나는 민주국가의 국민의 생활태도에 훌륭한 점이 없다고 생각하지는 않
는다.

　귀족국가에서는 사회의 일류계급에 도달할 수 있는 범위 내의 사람은 누구나 거기에 도달하려고 필사적인 노력을 경주한다. 그러나 이것은 우스꽝스럽고 싱거운 모방만을 불러일으킬 뿐이다. 민주국가의 국민은 고등교육의 어떤 전형을 가지고 있지 않으므로 적어도 그들은 일상적으로 잘못 모방할 염려는 없다. 민주사회에서는 귀족사회만큼 생활태도가 세련되어 있지는 못하지만 그처럼 조잡하지도 않다. 여기서는 하층민들의 딱딱한 욕설이나 귀족의 우아하고 까다로운 말투는 들리지 않는다. 그리고 이 민주국가에서의 생활태도는 저속한 경우가 많으나 야만적이든가 비열하지는 않다.

　나는 이미 민주사회에서는 일정한 고등양육법 같은 것은 실시될 수 없다는 것을 말한 바 있다. 여기에는 불편한 점도 있는 반면 약간의 장점도 있다. 귀족사회에서의 예절규범은 모든 사람에게 동일한 행실을 요구한다. 그들은 동일한 계급의 모든 구성원들이 각자의 개인적인 의향을 무시하고 한 가지로 나타내 보이도록 만든다. 그들은 자연 그대로의 인간에 장식을 가하거나 그것을 숨긴다. 민주국가의 생활태도는 예절이 바르다거나 정교하지는 못하지만, 그러나 보다 진지한 경우가 많다. 따라서 인간행위의 형식과 본질은 밀접히 관련되어 있는 경우가 많다. 그리고 인간생활에 대한 묘사가 아름답지 못하다 할지라도 그것은 더욱더 사실일 수밖에 없다. 이와 같이 어떤 의미에서는 민주주의의 효과는 인간에게 어떤 특이한 생활태도를 형성해 주는 데 있는 것은 아니고, 그들이 전혀 생활태도를 갖지 않도록 하는 데 있다고 말할 수 있을 것 같다.

　귀족시대에 있었던 감정이나 열정, 덕성 및 악폐 등이 민주시대에도 그대로 다시 나타나는 경우가 종종 있겠지만, 그러나 그 생활태도만은 다시 나타나지 않는다. 그것은 민주혁명이 완성될 때, 이미 영원히 사라져버렸다. 귀족계급의 생활태도만큼 오래 지속되는 것은 없는 것 같은데, 이것은 귀족계급이 그 재산과 권력을 잃고 난 후에도 상당 기간 동안 그대로 유지하고 있기 때문일 것이다. 사회적인 변화에는 이러한 기이한 일이 발생하는데, 그것을 완성하는 데는 몇 세대가 흘러가야 할 것이다. 귀족주의의 몇 가지 특색들은 귀족주의가 망하고 난 뒤에도 역사에 의해 전승되지만 생활태도의 미묘한 취향은 그 패망과 더불어 인간의 뇌리에서 곧 사라진다. 인간은 그 생활태도를 볼 수 없게 되었을 때는 그 생활태도가 어떠한 것이었는지를 더이상 상상조차 할 수 없게 된다.

나는 동일한 사람이 매우 교양있는 태도를 나타내 보이면서, 아주 저속한 감정을 소지하고 있는 경우가 드물지 않다는 것을 알고 있다. 당당한 외모 뒤에 비열한 감정이 숨어 있는 것이 법정 안에서 아주 잘 드러난다. 그러나 귀족주의의 생활태도가 덕성으로 이루어져 있지는 않을지라도 덕성 자체를 아름답게 장식하는 경우는 많다. 행동의 모든 겉모습이 언제나 본원적으로 고양된 사상과 감정 및 정교한 취미나 세련된 생활태도에 의해 교육받는 것처럼 보이는 다재다능한 계급의 사람들을 보기란 어려운 일이다. 이러한 생활태도는 인간성에 매혹적인 환상을 불어넣는다. 그래서 그 겉모습이 거짓된 것일지라도, 그것을 보게 되면 반드시 고상한 만족감에 젖게 된다.

15. 아메리카인들의 엄숙함에 관해서 : 그럼에도 불구하고 왜 아메리카인들은 경솔한 짓을 하는가

민주국가에서 사는 사람들은 귀족국가 국민들이 탐닉하는 소란스럽고 조잡한 기분전환의 가치를 인정하지 않는다. 그러한 기분전환은 어린애 장난 같은 싱거운 것으로 생각된다. 그들은 또한 귀족계급이 즐기는 지적이고 세련된 오락 같은 것에도 별 관심이 없다. 그들은 즐거움 가운데서도 생산적이고 실제적인 것을 원한다. 즉 그들은 실제적인 성과와 그들이 누릴 쾌락을 혼합시키고자 한다.

귀족사회에서는 사람들이 쉽게 소란스러운 오락에 휩쓸려 들어간다. 그런데 이것이 곧바로 그들의 고난에 대한 생각을 없애버린다. 민주사회에서 사는 사람들은 이와 같이 갑자기 정신을 잃게 되는 일을 좋아하지 않는다.

그리고 만약 그들이 정신을 잃게 되면 반드시 후회한다. 이러한 경박한 오락 대신에 그들은 사무적이거나 아니면 사업을 완전히 잊어버리게는 하지 않는 진지하고 조용한 오락을 더 좋아한다.

아메리카인은 같은 계급의 유럽사람들처럼 여가시간에 대중유흥장에 나가 춤을 추는 대신에 집안에서 술을 마신다. 이와 같이 함으로써 그는 이중의 쾌락을 즐기는데, 즉 그는 그의 사업에 관해서 계속 생각할 수 있고 또 그의 난로 옆에서 기분좋게 취할 수 있다.

나는 영국인들이 이 세상에서 가장 진지한 국민이라고 생각했지만, 아메리카인들을 본 후 생각이 변했다. 아메리카인들의 성격에 기질이 크게 작용하지 않는다는 말을 하고 싶지는 않지만 어쨌든 그들의 정치제도가 훨씬 더 큰 영향을 미치고 있다고 생각한다.

아메리카인들의 진지성은 부분적으로는 그들의 긍지에서 나온다고 생각한다. 민주국가에서는 가난한 사람들조차도 그들의 개인적인 중요성에 대해 고매한 생각을 품고 있다. 그들은 만족스럽게 자신을 바라보며, 다른 사람들도 그들을 바라보고 있다고 생각하는 경향이 있다. 이러한 기분에서 그들은 그들의 언어와 행동을 주의깊게 관찰하며, 무심결에라도 그들의 결점이 드러나는 일이 없도록 조심한다. 그리고 그들의 위엄을 유지하기 위해서는 항상 엄숙하게 지낼 필요가 있다고 생각한다.

그런데 나는 또 아메리카인에게서 이러한 놀랄 만한 엄숙성을 본능적으로 불러일으키는 더욱 깊고 강력한 다른 이유를 간파하고 있다. 전제정치 아래에서 사회는 종종 격렬한 쾌락에 휩싸이지만 그러나 이 경우 두려움 때문에 언제나 기분이 언짢고 우울한 것이 일반적인 현상이다.

나름의 관습과 생활태도에 젖어 있는 절대군주국 아래서는 사람들의 정신상태는 때로는 쾌활하고 평온하기도 하다. 그 이유는 그들에게 어느 정도의 자유와 상당한 정도의 안전이 보장되므로 가장 중요한 인생의 시름에서 벗어날 수 있기 때문이다. 그러나 모든 자유국민들은 어떤 위험하거나 어려운 목적에 일상적으로 생각을 빼앗기고 있기 때문에 진지해진다. 민주사회를 형성하고 있는 자유국민들의 경우가 특히 그렇다. 그런데 모든 계급들 가운데 심각한 공공업무에 종사하는 수많은 사람들이 있다. 그리고 공공업무에 생각을 빼앗기지 않는 사람들은 개인재산의 획득에만 치우친다. 이런 국민들 속에는 진지한 태도가 어느 특정인들에게만 한정되는 것이 아니고 전체 국민의 습관이 된다.

우리가 들은 바로는, 고대의 소단위 민주사회에서는 시민들이 장미꽃다발을 달고 공공장소에서 만났으며, 거의 대부분의 시간을 춤과 극장오락에다 소비했다고 한다. 나는 플라톤이 말하는 공화국을 믿지 않는 것과 마찬가지로 그러한 공화국을 믿지 않는다. 만약 우리가 읽은 것이 사실 그대로였다면, 나는 그런 민주사회는 오늘날의 민주사회와는 전혀 다른 요소로 구성되어 있으며, 단지 그 명칭 이외에는 공통적인 것이라곤 아무것도 없다는 말을 주저없이 단언할 수 있다.

그러나 민주사회에서 사는 사람들은 여러 가지 어려움 속에서 스스로 동정받아야 할 존재로 생각하고 있다고 가정해서는 안된다. 오히려 그와는 반대이다. 그들보다 자기 자신의 환경을 더 좋아하는 사람은 없다. 그들을 괴롭히는 불안으로부터 해방된다면 인생에 대해 그들은 별 흥미를 가지지 못할 것이다. 그리고 그들은 귀족계급이 그들의 쾌락에 집착하는 것보다 더 그들의 근심에 얽매인다.

그토록 진지한 민주국가의 국민이 어떻게 해서 그토록 경솔한 태도로 행동하는 경우가 많은가를 조사해 볼 때가 되었다. 아메리카인들은 거의 언제나 성실하고 엄격한 태도를 견지하고 있지만, 그럼에도 불구하고 종종 이성의 한계를 넘어 갑작스런 열정과 성급한 견해에 사로잡히기도 하며, 또 이상할 정도로 엉터리 같은 짓을 할 때도 있다.

이러한 대조적인 현상에 놀랄 필요는 없다. 가장 많이 알려진 사실 가운데에도 모르는 사실이 있기 마련이다. 전제국가에서는 사람들이 아무것도 들을 수 없기 때문에 어떻게 행동해야 할지를 모를 수 있다. 이와는 달리 민주국가에서는 오히려 듣지 않는 것이 없기 때문에 제멋대로 행동하는 경향이 있다. 전자의 경우는 모르고 있고 후자의 경우는 잊어버리고 있다. 그런데 그들은 그림의 세부적인 특징의 묘사에 사로잡혀 있어서 중요한 특징의 묘사를 잊어버리는 것이다.

민주주의 사회에서는 인간은 절대로 한 군데 머물러 있지 아니한다. 그들이 이리저리 방황할 기회가 수천 번이나 온다. 그래서 그들의 인생은 예상할 수 없는 일시적인 상황 속의 돌연변이와 같은 것이다. 이와 같이 그들은 충분히 알지도 못하는 일을 해야 할 때가 있으며, 오랜 훈련으로 준비해 두지도 못한 일에 전념해야 할 때가 있는 것이다. 귀족사회에서는 모든 사람은 하나의 단일한 목적을 가지고 있으며, 그들은 이것만을 끊임없이 추구하면 된다. 그러나 민주국가에서는 인간의 존재는 보다 복합적이다. 동일한 인간이 몇 가지 목적을 동시에 추구해야 한다. 그리고 이러한 목적들이 모두 그들에게 완전히 생소한 것이다. 인간은 모든 문제에 대해 잘 알 수는 없으므로 사물에 대한 불완전한 관념에 쉽게 만족해 버린다.

민주사회에 사는 사람은 비록 그의 욕망에 쫓기지는 않을지라도, 적어도 그의 욕구에 무관심할 수는 없다. 왜냐하면 그를 둘러싸고 있는 모든 재산 중에서 완전히 그가 달성할 수 없는 것은 없기 때문이다. 그래서 그는 모든 일을 급하게 해치우고서 '상당히 잘 된 것'으로 만족하며, 그가 한 일을 돌아보기 위해 많은 시간을 소모하는 일이 결코 없다. 그의 호기심은 탐욕스러우면서 동시에 쉽게 충족된다. 왜냐하면 그는 어떤 사물을 잘 알려고 하기보다 많은 사물을 신속하게 알려고 하기 때문이다. 그는 사물을 밑바닥까지 파헤칠 시간이 없거니와 흥미 또한 별로 없다.

그런데 이와 같이 민주국가의 국민은 그들의 정치·사회적 여건상 언제나 진지한 업무에 종사해야 하기 때문에 엄숙한 반면, 이러한 업무의 각각에 별로 시간과 관심을 쏟을 수 없기 때문에 경솔하게 행동하게 되는 것이다. 부주의의 습관화야말로 민주주의가 지닌 성격상의 가장 중대한 결점으로 간주되어야 할 것이다.

16. 왜 아메리카인들의 국민적 허영심이 영국인의 그것보다 더 들떠 있고 완고한가

자유국가의 국민은 모두 자부심이 강하지만 국민적 긍지를 모든 사람이 같은 방식으로 나타내는 것은 아니다. 아메리카인들은 낯선 사람과의 교류에서 아무리 작은 비난이 있어도 이를 참아 넘기지 못하는 것 같으며, 또한 칭찬을 무척 좋아하는 것 같다. 아무리 작은 칭송이라 할지라도 그들은 받아들일 태세가 되어 있지만, 가장 숭고한 칭송에도 그들은 별로 만족스러워하지 못한다. 그들은 끊임없이 상대방으로 하여금 칭찬하도록 강요하는 바, 만약 상대방이 그들의 간청을 거역하게 되면 그들은 즉시 자찬에 빠진다. 마치 그들이 그들 자신의 장점을 의심한 나머지 그것이 그들의 눈앞에서 계속 나타나 보이기를 바라는 것처럼 보인다. 그들의 허영심은 탐욕스러울 뿐만 아니라 들떠 있고 질투가 강하다. 그것은 모든 것을 요구하면서도 아무것도 주지 않으려 하며, 간청하면서 동시에 불평하려 한다.

만약 내가 어떤 아메리카인에게 "당신이 사는 나라는 훌륭한 나라요" 하고 말하면, 그는 대답하기를 "그럼요, 이 세상에 우리나라와 같은 나라는 없지요"라고 할 것이다. 만약 내가 그들이 누리는 자유를 칭찬하면, 그는 대답하기를 "자유는 중요한 것이지요. 그러나 자유를 누릴 자격이 있는 나라가 별로 없지요"라고 할 것이다. 만약 내가 아메리카합중국의 특징적인 도덕의 순수성에 관해 언급하면 그는 말하기를 "다른 나라에 팽배해 있는 타락상을 본 사람이라면 누구나 그 차이를 알고 놀랄 것이라 생각합니다"라고 할 것이다. 마침내 내가 자기 혼자 생각하게 내버려 두면, 그는 다시 논쟁을 걸어서 나로 하여금 지금까지 말한 것을 모두 반복할 때까지 중단하지 않을 것이다. 이보다 더 귀찮고 수다스러운 애국심은 상상조차 할 수 없는 일이다. 이것은 애국심을 존중하고 싶은 사람까지도 괴롭히게 된다.

영국인의 경우는 이와 같지 아니하다. 영국인들은 마음속으로 자기 나라가 소유하고 있다고 생각되는 실제적이거나 또는 상상적인 장점을 조용히 음미한다. 그는 다른 나라 사람에게 아무것도 주지 않는다 할지라도, 그도 또한 아무것도 요구하지 않는다. 외국인들의 비난은 그를 기분 나쁘게 하지 않는다. 그리고 그들의 칭찬도 그를 별로 우쭐대게 하지 못한다. 그의 긍지는 외부로부터의 어떤 유지책을 필요로 하지 않는다. 즉 스스로 유지될 뿐이다. 같은 줄기에서 아주 최근에 분리된 두 국가가 그들의 감정이나 대화의 방식에서 이토록 정반대의 현상을 나타내는 것은 주목할 만한 일이다.

귀족국가에서는 신분높은 사람들이 거대한 특권을 소지하고 있다. 그들의 긍지는 바로 여기에 의존하는 바, 어떤 사소한 장점 같은 데 의지하는 일이 없다. 이러한 특권은 상속에 의해서 그들에게 생기기 때문에 그들은 이것을 어떤 의미에서는 그들 자신의 일부로 간주하며, 설사 그렇지는 않다 하더라도 적어도 그들 자신에 내재해 있는 선천적인 권리로 간주한다. 따라서 그들은 그들 자신의 우월성을 조용히 만끽하고 있다. 즉 그들은 모든 사람이 승인하고 있고 어느 누구도 시비 거는 일이 없는 특권을 구태여 자랑할 필요성을 느끼지 않는다. 도대체 이 특권이 새삼스럽게 화제의 대상이 될 이유가 없다. 그들은 자기만이 위대함에서 오는 고독 속에서 아무런 동요없이 서 있으며, 그리고 그 특권을 과시하려는 아무런 노력이 필요없이 모든 세상이 그들을 우러러볼 것이라는 점과 어느 누구도 자기들을 그 지위에서 끌어내리려고 하지 않을 것이라는 점을 확신하면서 지내고 있다. 귀족계급이 공공업무를 수행할 때, 그 국민적 긍지는 자연히 이와 같이 내성적이고 무뚝뚝하며 오만한 자세를 취한다. 그리고 이것은 그 나라의 다른 모든 계급에 의해 모방된다.

이와는 반대로, 사회적인 조건이 별로 차이나는 것이 없게 될 때는 아무리 사소한 특권이라도 중대하게 비친다. 모든 사람이, 자기 주위의 수많은 사람들이 동일하거나 유사한 권익을 향유하고 있는 것을 보게 되기 때문에, 아주 사소한 것에도 얽매여서 완강히 그것을 지키려 든다. 민주사회에서는 생활의 제반조건이 매우 유동적이기 때문에 사람들이 소유하고 있는 권리의 대부분이 최근에 획득된 것이다. 그 결과 그들은 자기들이 그 권익을 실제로 누리고 있다는 것을 다른 사람에게도 보여주고 또 자기 스스로도 확인하기 위해서, 그것을 과시하는 데서 큰 기쁨을 느끼게 된다. 어느 순간에 이 권익을 잃게 될 수 있기 때문에 그 소유자는 항상 경계상태에 있으며, 그것을 아직 자기들이 보유하고 있다는 것을 다른 사람에게 보이려고 한다. 민주사회에 사는 사람들은 자기 나라를 자기 자신과 똑같이 사랑한다. 그래서 개인적인 자부심에서 나오는 습관을 국민으로서의 자부심에 그대로 옮긴다.

민주국민의 들떠 있고 탐욕스러운 허영심은 전적으로 그들이 사는 사회의 평등과 불안정성에 기인하기 때문에 아무리 오만한 귀족계급의 구성원이라 할지라도 그들의 존재가 유동적이고 도전받는 상태에서는 똑같은 감정을 드러낸다. 귀족계급의 경우 그 특권의 크기와 항구성에 의해서 다른 계급과는 분명히 구분된다. 그러나 같은 귀족계급 내의 유일한 차이란 언제 다시 잃거나 획득할지 모르는 일시적이고 사소한 권익에 달려 있다. 수도나 궁정에 집합해 있는 권력층 귀족계급은 변덕스러운 유행이나 군주의 의사에 의존하는 하찮은 특권을 추악할 정도로 싸워 얻으려고 하는 것으로 알려져 있다.

이들 귀족들은 민주사회의 시민들을 움직이는 것과 똑같은 철없는 질투심, 자기 동료들이 얻으려고 서로 다투는 하찮은 이익이라도 낚아채려는 것과 똑같은 탐욕, 그리고 자기들이 소유하고 있는 것들을 번지르르하게 내보이고 싶어하는 것과 똑같은 욕구를 서로에게 똑같이 드러내고 있었다.

만약 정신(廷臣)의 마음속에 국민적 자부심이 형성된다 하더라도, 그들은 그것을 민주국가에서의 국민과 똑같은 방식으로 드러낼 것이라는 점은 조금도 의심의 여지가 없다.

17. 어떻게 아메리카합중국의 사회상은 흥분하다가 곧 단조로워지는가

아메리카합중국의 사회상만큼 호기심을 크게 불러일으키는 것도 없을 것 같다. 그곳에서는 재산이나 여론이나 법률이 끊임없이 변화한다. 마치 만고불변의 자연마저 변하는 것처럼 보인다. 그렇지만 결국에는 이 흥분상태의 사회의 광경이 단조롭게 되는데, 그것은 움직이는 농부의 모습을 한참 동안 보고 나면 구경꾼은 그것에 싫증을 느끼게 되는 것과 같다.

귀족국가에서는 모든 사람이 자기 분야에서 거의 움직이지 않지만, 그러나 놀라울 정도로 서로 다르다. 그들이 지닌 정념과 관념과 습관과 취향이 본질적으로 다르다. 요컨대 변하는 것은 아무것도 없지만 같은 것도 아무것도 없다. 이와는 반대로 민주사회에서는 모든 사람이 동일하며 거의 동일한 일을 한다. 그들이 빈번히 일어나는 거대한 흥망성쇠에 예속되어 있는 것은 사실이지만, 동일한 행운과 불운이 계속해서 반복하기 때문에 그 행위자의 이름만 바뀔 뿐, 그 내용은 언제나 동일한 것이다. 아메리카에서는 인간과 사물이 끊임없이 변하고 있기 때문에 그 사회가 활기에 찬 모습을 띠고 있지만, 이 모든 변화가 꼭 같은 것이어서 단조롭다.

민주시대에 사는 사람들은 많은 열정을 가지고 있으나, 이 열정의 대부분은 부에 대한 집착에서 끝나거나 혹은 거기서 출발한다. 이 원인은 그들의 정신이 협소한 데 있는 것은 아니고 돈의 중요성이 그 어느 때보다도 증대하는 데 있다. 사회의 모든 구성원이 상호 독립해 있으면서 상대방에게 무관심할 때, 인간 상호간의 협력은 그 협력에 대한 보상이 있어야 이루어진다. 이러한 현상 때문에 재산의 목적은 다양해지면서 그 가치가 증대된다. 옛 것에 대한 존경이 사라질 때, 출생이나 조건이나 직업에 의해서 더 이상 인간이 돋보이게 될 수는 없다. 돈 이외에는 어떠한 것도 인간상호간의 현저한 차이를 형성하지 못하며, 돈만이 인간을 상위계층으로 끌어올릴 수 있다. 부에 근거하는 구분은 다른 구분수단이 사라지거나 미약해짐에 따라 더욱 증대된다. 귀족사회에서 돈은 인간의 무수한 욕구 중의 하나일 뿐이다. 그러나 민주사회에서는 모든 것이 돈의 문제로 귀착한다.

그러므로 부에 대한 집착은 주된 동기로서건 아니면 부차적인 동기로서건 아메리카인의 모든 행동의 근저에 깔려 있다. 이처럼 동일한 열정이 계속 반복하게 되니 단조로울 수밖에 없다. 이 돈에 대한 열정을 만족시킬 수 있는 특별한 방법도 역시 단조로울 수밖에 없다.

아메리카합중국과 같이 질서있고 평화로운 민주사회에서는 인간이 전쟁이나 공무나 정치적 몰수에 의해 부자가 될 수 없는 바, 결국 여기서의 부에 대한 집착은 주로 그들로 하여금 상업이나 공업에 몰두하게 한다. 이러한 행위는 비록 거대한 동요나 재앙을 가끔 불러일으키는 경우가 있긴 하지만, 아주 규칙적인 관습이나 오랜 기간의 일정하고 자질구레한 일관된 행동이 있어야 번영할 수 있다. 돈에 대한 집착이 강하면 강할수록 습관은 더욱 규칙적이 되고 행동은 더욱 일정해진다. 아메리카인들이 그토록 질서정연한 것은 그들의 욕망이 강렬하기 때문이다. 이것은 그들의 마음을 혼란스럽게 하지만 그들의 생활을 단련시켜준다.

내가 여기서 아메리카인에 관해 말하는 바는 사실 거의 모든 현대인에게도 적용될 것이다. 인류로부터 변화는 사라지고 있다. 전세계적으로 행동의 양식이나 사고방식, 그리고 감정의 형태가 동일해지고 있다. 이것은 각국 국민들이 상호 영향을 미치면서 충실히 상대방을 모방하기 때문이기도 하지만, 다른 한편으로는 그들의 계급이나 직업이나 가문에 고유한 견해나 감정을 포기함에 따라 전세계적으로 동일한 인간의 성질에 더욱 가까워지기 때문이다. 이와 같이 상대방을 모방하지 않아도 동일해지는 것이다. 큰 숲속에 흩어져서 한 지점으로 집중되는 여러 갈래의 길에 서 있는 여행자들처럼, 만약 그들 모두가 눈을 그 지점으로 향하고 전진하기만 하면 그들은 비록 서로 알지도 못하고 또 보지도 못할지라도 무심결에 서로 가까워질 것이다. 그래서 마침내 그들이 모두 한 지점에 집결해 있는 것을 보고 놀랄 것이다. 이들 여행자들이 숲속의 중앙지점으로 집결하는 것처럼, 모든 국가의 국민들이 어떤 특정인이 아닌 인간 자체를 그들의 탐구와 모방의 목표로 설정함으로써 그들은 마침내 비슷한 사회를 지향해가고 있다.

18. 아메리카합중국과 민주사회에 있어서 명예^[원주4]에 관해서

인간이 다른 사람의 행동을 평가하는 데 두 개의 아주 상이한 방법을 사용하는 것 같다. 어떤 때는 전세계적으로 널리 알려져 있는 선악에 대한 단순한 관념에 따라 판단하고, 또 어떤 때는 특정한 시대와 국가에만 한정되어 있는 아주 특이한 규범에 따라 평가한다. 이 두 가지 기준은 상호 다를 때가 많으며, 가끔 충돌한다. 그러나 이들이 완전히 동일시되거나 혹은 어느 한쪽이 완전히 배제되는 일은 결코 없다.

명예가 절정의 시기에 이르면 인간의 신념보다도 인간의 의지를 지배한다. 인간이 아무런 주저 없이 명예심이 명령하는 바를 따를 때에도, 희미하지만 그러나 강한 본능에 의해 그들이 항상 인정하면서도 복종하지 않을 때가 있는, 오래되고 신성하며 보다 일반적인 법이 존재한다는 것을 느낀다. 어떤 행동은 덕성스럽게 간주되기도 하면서 동시에 불명예스럽게 간주되기도 한다. 격투에 대한 거부가 한 예로 꼽힐 수 있다.

내가 생각하기로는, 이러한 기이한 현상은 특정 개인이나 국민의 단순한 변덕스러움으로 설명되기보다는 지금까지의 관습으로 설명되어야 할 것 같다. 인류는 지금까지 도덕률을 형성해 온 일반적이고 항구적인 욕망에 예속되어 있는 바, 이 도덕률을 무시하는 데 대해서는 언제 어디서나 비난과 수치를 부여했다. 즉 이 도덕률을 어기는 것은 악을 행하는 것이었고, 그것에 맞게 행동해야 선을 행하는 것이었다.

인류라는 거대한 집단 내에서 보다 작은 집단이 형성되어 왔으며, 이것

[원주4] 명예(honor)라는 말은 프랑스와 영국에서 반드시 같은 의미로 사용되지는 않는다. ① 이 말은 우선 어떤 사람이 자기 동료들로부터 받는 존경, 영예 또는 숭배를 의미한다. 그래서 이런 의미에서는 어떤 사람은 '명예를 얻는다'고 이야기된다. ② 명예는 그와 같은 존경, 영예 또는 숭배를 얻는 데 도움이 되는 여러 원칙들의 총체를 의미한다. 따라서 "어떤 사람이 언제나 확고하게 명예의 법칙들을 준수했다거나 어떤 사람이 그의 명예를 범했다"고 우리는 말한다. 이 장을 기술하면서 나는 '명예'라는 말을 나중의 의미로 언제나 사용했다.

이 국가라고 불려졌다. 이 국가 안에서 더 많은 세분화가 이루어져 계급을 형성했다. 이들 집단은 각각 인류의 각 종족을 이루고 있다. 이것들이 인류 전체와 본질적인 차이를 지닌 것은 아니지만, 어느 정도 상호 분리되어 있으면서 자기만에 고유한 어떤 특이한 욕망을 지니고 있다. 여러 나라에서 여러 단계로 인간의 행동에 대한 사고방식과 그것에 대한 평가에 영향을 미치는 의미변화(modifications)는 바로 이러한 특별한 욕망에 기인하는 것이 틀림없다. 인류가 살인하지 말아야 하는 것은 인류 전체의 항구적인 이익을 위해서이다. 그러나 살인을 정당화하거나 심지어 명예로운 일로 간주하는 것이 어떤 국민 또는 어떤 계급에 일시적으로 특별한 이익이 되는 경우가 있다.

명예라는 것은 어떤 특별한 사회상태에 기초한 특이한 규범을 말할 뿐이며, 그 사회에 사는 사람은 그 규범에 따라 칭찬하기도 하고 비난하기도 한다. 추상적인 개념만큼이나 인간에게 비생산적인 것은 없을 것이다. 그래서 나는 내가 의미하는 바를 증명하기 위해 사실과 실례의 도움을 청하려 한다.

나는 지금까지 세상에 알려져 있으며, 또 우리가 가장 잘 알고 있는 가장 특별한 종류의 명예, 즉 봉건사회에서 나온 귀족의 명예를 예로 들려 한다. 나는 이미 밝혀진 원리에 의해 그것을 설명하면서, 그 원리는 실례를 들어가면서 설명하겠다.

나는 여기서 중세의 귀족계급이 언제 그리고 어떻게 출현했으며, 왜 그들은 나머지 국민들과는 아주 깊게 분리되었으며, 또 어떤 방법으로 그들의 권력을 확립하여 강화해 왔는지를 조사할 필요는 느끼지 않는다. 그 존재를 이미 확립된 사실로서 인정하고 대부분의 인간행동에 관해 그것이 갖는 특별한 견해를 설명하는 데 노력을 경주하려 한다.

첫번째로, 내 눈에 띄는 것은 봉건사회에서는 어떤 행위가 반드시 그 내적 가치에 따라서 칭찬되거나 혹은 비난되는 것이 아니라, 그 행위자나 그 목적에 따라서만 평가될 때가 많다는 것이다. 그런데 이것은 인류의 일반적인 양심에 위배된다. 따라서 초라하게 사는 사람의 편에서 보면 평범한 행동이 되는 것 중에서 귀족을 불명예스럽게 하는 것이 있었다. 또 다른 어떤 행동은 그것에 불만을 품는 사람이 귀족계급에 속하느냐 않느냐에 따라서 그 전체적인 성격을 달리했다.

이러한 상이한 관념이 처음 발생했을 때는 귀족계급이 국민들 가운데 특이한 집단을 구성하여 접근할 수 없는 높은 위치에서 이 집단을 지휘했다. 이러한 특이한 지위를 유지하기 위해서, 귀족계급은 정치적인 특권뿐만 아니라 선악에 관한 특별한 기준을 필요로 했다.

어떤 특별한 덕성이나 악덕은 비천한 계급에 속하기보다 귀족계급에 속한다고 하는 것이나, 또 어떤 행동은 그것이 농노와 관계될 때에는 죄가 없는 것이 되지만 귀족계급과 관계될 때에는 범죄행위가 된다고 하는 것 등은 가끔 자의적인 문제가 되었다. 그러나 인간의 행동에 수반하는 명예나 수치는 인간이 처한 조건에 따라 결정되어야 한다는 것은 귀족사회의 내부적인 체질의 결과였다. 귀족계급이 존재했던 모든 국가에는 이러한 경우가 실제로 존재했다. 그 원리의 흔적이 남아 있는 한 이러한 특이한 경우도 계속 존속할 것이다. 유색의 여인을 범하는 것으로는 아메리카인의 명예가 별로 손상되지 않는다. 그러나 그녀와 결혼하게 되면 명예가 실추된다.

어떤 경우에는 복수를 찬성하고, 모욕에 대한 용서를 비난하는 것이 봉건적 명예가 되었다. 또 어떤 경우에는 인간으로 하여금 자기의 열정을 정복하라고 명령하거나 자기 자신을 망각하라고 요구하는 것이 봉건적 명예가 되었다. 이 봉건적 명예는 인간애와 친절을 그 규범으로 삼지 아니하고 관대함을 극구 칭찬했다. 그리고 이것은 도박이나 전쟁에 의해 부자가 되는 것을 인정하면서 노동에 의한 것은 부인했다. 작은 돈벌이보다 큰 범죄를 더 좋아했으며, 탐욕보다는 색욕을 낮게 여기고 폭력을 가끔 신성시하면서 사기나 변절은 반드시 경멸했다.

중세의 귀족들은 군인의 용기를 덕성 중에서 가장 높게 평가했다. 이것은 특이한 사회상태에서 필연적으로 발생하는 특이한 견해였다. 봉건적 귀족체제는 전쟁에 의해서, 그리고 전쟁을 위해서 존재했다. 그 권력은 무기에 의해 확립되었고, 또 무기에 의해 유지되었다. 따라서 그것은 무엇보다도 군사적 용기를 필요로 했다. 그리고 그러한 성격은 자연히 다른 모든 것에 영향을 미쳤다. 그것을 나타내는 것이면 무엇이건, 심지어 이성과 인간애를 희생하고서도 그것이라면 그 시대의 관습에 의해 인정되고 칭송되기까지 했다. 그 주된 원리는 이러했던 바, 인간의 변덕스러움은 사소한 일에서나 찾아볼 수 있었다. 평범한 사람이 뺨맞은 것을 참을 수 없는 모욕으로 간주하고, 그를 이처럼 가볍게 때린 사람을 단 한번의 싸움에서 죽여야 한다는 것은 독단적인 규범이었다. 그러나 귀족은 조용하게 모욕을 당할 수 없다는 것이나 귀족이 격투없이 매를 맞는 것을 허용하면 그것은 불명예가 된다는 것은 이 기본원리의 직접적인 결과이자 군사귀족의 욕망이었다.

이와 같이 명예에 관한 법칙은 어느 정도 변덕스러운 데가 있었다고 하는 것이 사실이다. 그러나 명예에 관한 이러한 변덕은 어떤 일정한 범위 내의 문제였다. 우리 조상들이 명예라고 불렀던 특이한 규범이 내가 보기에는 전혀 독단적인 법칙이 아니기 때문에 나는 그 가장 불합리하고 환상적인 강제규범을 봉건사회에 내재하는 약간의 고정불변의 욕망 탓으로 돌리려고 한다.

봉건적 명예를 정치영역에서 찾으려 해도 그 설명이 더 어려운 것은 아닐 것이다. 중세의 사회상태나 정치제도에 있어서는 국가의 최고 권력이 직접 그 사회를 지배하는 것이 아니었다. 국민의 눈으로 보아서는 그 권력은 숫제 존재하지 않는 것 같았다. 즉 모든 사람은 그가 복종해야 할 특정한 개인만을 바라보고 있었다. 그래서 그는 이 중간에 개재하는 명사(名士)를 통해서 다른 모든 사람과 관계를 맺고 있었다. 이와 같이 봉건사회에서는 국가의 전조직이 영주 개인에 대한 충성심에 의존하고 있다. 그 충성심의 파괴는 곧 무질서상태를 초래한다. 더욱이 정치적 우월자에 대한 충성은 귀족계급의 모든 구성원들이 언제나 중요하다고 생각하는 문제였다. 즉 그들 모두가 영주이기도 하고 동시에 제후[역주1]이기도 하여 명령하는 위치에 있음과 동시에 복종해야 할 위치에 있었다. 영주에게 언제나 충실한 것

[역주1] 봉건군주로부터 영지를 받은 군주의 부하.

이라든가, 필요하다면 그를 위해 자기를 희생하는 것, 좋은 운수건 나쁜 운수건 같이 당하는 것, 그의 사업을 돕는 것, 바로 이러한 것이 그 시대의 정치제도와 관련된 봉건적 명예가 최우선적으로 고려하는 문제였다. 봉건 제후의 배반에 대해서는 여론이 아주 엄격하게 비난했다. 그리고 그러한 범죄에 대해서는 특별히 불명예스러운 명칭이 부여되었다. 즉 'felony'(중죄)라고 불렸다.

이와는 반대로 중세에는 고대국가의 생활에 깔려 있던 감정의 흔적은 별로 찾아볼 수가 없다. 즉 애국심(patriotism)의 흔적은 별로 없다. 그 단어 자체가 언어상으로 별로 오래된 말이 아니다.[원주5] 봉건제도는 전체 국가가 사람들의 눈에 띄지 않도록 했으며, 따라서 국가에 대한 애착을 그리 필수적인 것으로 만들지 않았다. 국가는 특정 개인에 바치는 열정 속에서 망각되었다. 그래서 자기 국가에 대해 충성을 바치는 것은 봉건적 명예를 위한 엄격한 규범이 되지 못했다. 우리 조상들의 마음속에는 사실상 자기 조국에 대한 애착심이 존재하지 않았으며, 단지 희미하고 미약한 본능으로 되는 정도였다. 이것이 귀족계급의 소멸과 권력의 중앙집권화에 비례해서 더욱 분명히 드러나기 시작했던 것이다.

우리가 비록 우리 자신의 조상에 대해서보다 로마인들에 대해서는 덜 알고 있긴 하지만, 그들에게 있어서는 선과 악에 대한 일반원칙으로부터 나오지 않은 어떤 특이한 명예와 불명예에 대한 관념이 널리 유행했다는 것을 알고 있다. 인간행위 중에서 많은 것이 그 행위자가 로마의 시민이냐 아니면 이방인이냐, 혹은 자유인이냐 아니면 노예냐에 따라 다르게 평가되었다.

어느 나라에서도 우리는 관찰에 필요한 동일한 근거를 찾아낼 수 있다. 즉 이미 지적한 바와 같이 인간이 집합하여 하나의 특정한 사회를 형성할 때는 언제나 그들 사이에 명예에 대한 관념이 형성된다. 즉 무엇이 비난받

[원주5] 'patrie'(조국)라는 단어조차 16세기에 이르기까지는 프랑스 작가들에 의해서 사용되지 않았다.

을 일이며, 또 무엇이 칭찬받을 일인지에 관한 그들 나름대로의 특이한 가치체계가 성립한다. 그런데 이 특이한 규범은 그 사회의 특수한 관습과 특별한 이해관계에 그 기초를 두게 된다.

나는 지금 아메리카인들을 예로 들어 이 말을 증명하려 하는데 이 말은 민주사회뿐만 아니라 모든 종류의 사회에 어느 정도 적용될 수 있다.^[원주6]

유럽의 오래된 귀족주의적 명예에 대한 해이해진 관념 중에서 아직도 아메리카인들의 사고 속에 산재해 있는 것이 있다. 그러나 이러한 전통적인 견해는 수적으로 얼마 안되며, 그 나라에서 뿌리를 내리지 못하고 있고 영향력 또한 미약하다. 그것은 신도는 이미 없어졌는데도 사원만 서 있는 종교와 같다. 그러나 이 색다른 명예에 대한 거의 사라져가는 관념 속에서 오늘날 아메리카인의 명예로 불리는 어떤 새로운 견해가 생겨나기도 했다.

나는 이미 어떻게 해서 아메리카인들이 끊임없이 상업과 공업에 종사하게 되었는가를 밝힌 바 있다. 그들의 근원, 사회조건, 정치제도, 그리고 심지어 그들이 살고 있는 지역조건까지도 그들을 이 방향으로 나아가게 만들고 있다. 그런데 그들의 현재 조건은 오로지 상공업을 위한 조직이며 그들의 주된 목적은 이윤을 얻기 위해 새롭고 무한한 대륙을 개발하는 데 있다. 이것이야말로 오늘날 아메리카 국민을 다른 모든 국민과 구분시켜 주는 가장 분명한 특징이다.

사회에 규칙적인 변동을 불러일으키면서 사업에 활기를 불어넣어주는 모든 조용한 덕성은 특별한 명예로 간주될 것이며, 그러한 덕성을 만약 소홀히 한다면 그것은 여론의 지탄을 받게 될 것이다. 이와는 반대로 가끔 눈이 부실 정도로 화려하기도 하지만 대개의 경우 사회를 소란스럽게 하는 모든 불온한 덕성은 종속적인 지위를 차지할 것이다.

아메리카인들은 인간의 악폐에 대해 귀족사회에 못지 않게 자의적인 분류를 하고 있다. 인류의 일반적인 이성이나 보편적인 양심에 따르면 비난

[원주6] 여기서 내가 말하는 아메리카인들은 노예제도가 존재하지 않는 주들에 사는 사람들이다. 그들만이 민주사회의 완전한 양상을 보여준다고 말할 수 있을 것이다.

받을 수 있으면서도 아메리카 사회의 특수한 욕구와는 일치하는 어떤 성향이 있는데 이 성향은 가볍게 비난받기도 하지만 때로는 장려되기도 한다. 그 예로서 부에 대한 집착과 여기에 관련된 부수적인 성향이 특별히 지적될 수 있겠다. 자기의 소유가 된 거대한 황무지 대륙을 개척하기 위해서 아메리카인은 날마다 정력적인 열정의 지원을 필요로 한다. 그런데 바로 그 열정이 오직 부에 대한 집착일 수 있다. 따라서 부에 대한 집착은 아메리카에서는 비난받지 아니한다. 그리고 만약 그것이 공중의 안전을 위해 요구되는 한계를 넘지 않기만 하면, 그것은 명예로 간주된다. 아메리카인은 중세의 우리 조상들이 심한 탐욕으로 낙인찍었던 것을 고상하고 칭송할 만한 용기로 찬양하고 있다. 그러면서도 전쟁을 위한 정복욕과 호전성을 맹목적이고 야만적인 열정으로 취급하고 있다.

아메리카합중국에서 재산은 잃을 수도 있고, 또 아무런 어려움 없이 다시 얻을 수도 있다. 국토는 무한하고 자원은 고갈될 염려가 없기 때문이다. 국민은 발전하는 인간으로서의 모든 욕망과 염원을 다 가지고 있다. 그리고 그들이 아무리 노력해도 언제나 그들이 다 충당할 수 없는 욕망에 사로잡혀 있다. 이 나라 국민에게 치명적인 것은 곧 복구될 수 있는 몇몇 개인의 몰락이 아니라 전체 사회의 무기력과 나태함이다. 진취적 대담성은 그 나라의 급속한 발전의 가장 중요한 원인이 된다. 이곳에서의 상업은 거대한 추첨과 같은 것인데, 이 추첨에 의해 소수의 개인은 끊임없이 망하고 국가는 언제나 이익을 얻는다. 그래서 이 나라 국민은 상업에서의 대담성을 고무하고 존경한다. 그러나 이 대담성은 반드시 그 행위자와 그를 믿는 사람들의 재산상의 위험을 수반한다. 상업상의 만용을 덕성으로 간주하는 아메리카인들로서는 어떠한 경우에도 그러한 만용을 부리는 사람에 대해 불명예스러운 낙인을 찍을 권리가 없다. 바로 여기서 아메리카합중국에서의 파산에 나타나는 이상한 특권이 발생한다. 즉 이러한 사고로 말미암아 그들의 명예가 손상을 입지는 않는다. 이러한 점에서 아메리카인들은 유럽인들뿐만 아니라 현대의 모든 상업인과 다르다. 따라서 그들은 그들의 위치나 그들의 욕구에 있어서 다른 모든 국민들과는 다르다.

　아메리카에서는 순수한 윤리를 저해하고 또한 부부의 유대를 파괴하는
모든 악덕들은 다른 모든 나라에서는 이해 못할 정도로 혹독하게 취급된
다. 처음 보기에 이런 태도는 아메리카인들이 다른 문제들에 대해 보이고
있는 관용과는 이상야릇하게 배치되는 것 같다. 그래서 같은 국민 안에서
어떤 도덕성은 이완되고 어떤 도덕성은 엄격한 것에 놀라지 않을 수 없다.
그러나 이런 일들은 겉으로 보기보다는 일관성이 없는 것이 아니다. 합중
국의 여론은 나라의 상업적 융성이나 번영을 촉진하는 부에 대한 집착을
아주 유연하게 억누르며, 행복의 추구에서 사람들을 이탈하게 만들고 사업
성공에 그렇게나 필요한 가정생활의 내부질서를 혼란하게 하는 이완된 윤
리를 그 여론은 특히 비난한다. 그러므로 아메리카인들은 동포들의 존경심
을 얻기 위해서는 일상적인 습관에 적응하지 않으면 안된다. 그러므로 바
로 이런 의미에서 그들은 절제있게 사는 것을 명예롭게 여긴다고 말할 수
있을 것이다.

　한 가지 점에서 아메리카인의 명예는 유럽에서 인정되는 명예의 관념과
일치한다. 즉 용기를 최고의 덕성으로 간주한다. 그러나 어떤 행위를 용기
로 보느냐는 다른 양상을 나타낸다. 합중국에서는 군인으로서의 용기는 별
로 인정받지 못한다. 가장 존경받는 용기는 항구에 일찍 도착하기 위해 대
양의 위험을 무릅쓰는 것이라든가, 광야에서의 고난을 불평없이 참아내는
것, 힘들여 모은 재산을 잃고도 별로 상심하지 않으면서 즉시 다른 일을 위
해 새로운 노력을 경주하는 것 등이다. 이런 종류의 용기야말로 아메리카
사회의 유지와 번영에 필수적인 것이다.

　이 장의 문제를 더욱 뚜렷하게 부각시키는 데 도움이 될 또 다른 특징이
있다. 아메리카합중국과 같은 민주사회에서는 언제나 재산은 불충분하고
또 불안정한 상태에 있으므로 모든 사람이 노동을 하며, 노동은 모든 것을
성취할 수 있는 길을 열어준다. 이것은 명예의 문제를 완전히 바꾸어놓았
고 나태한 것은 명예에 결정적으로 역행하는 것이 되었다. 나는 아메리카
에서 개인적으로는 힘든 노동을 하기 싫어하면서도 마지못해 직업을 가지
고 있었던 부유한 젊은이를 종종 본 일이 있다. 그들의 성향이나 재산으로

보아서는 직업이 없이도 지낼 수 있었다. 그러나 여론이 이를 반대하였고, 그리고 이 여론이 너무나 강해서 이에 복종하지 않을 수 없었다. 이와는 반대로, 귀족주의가 아직 밀어닥치고 있는 홍수와 투쟁을 계속하고 있는 유럽의 여러 국가에서는, 끊임없이 그들의 욕망과 욕구에 쫓기면서도 주위 사람의 존경을 잃지 않기 위해 나태하게 지내는 사람이 가끔 눈에 띈다. 나는 그들이 일을 하기보다는 궁핍 속에서 지루하게 지내기를 바란다는 것을 알고 있다. 이러한 정반대의 상이한 행위규범이 모두 명예의 문제에 그 근거를 두고 있다는 사실을 알아야 한다.

우리의 조상들이 명예로서 간주했던 것은 명예의 여러 형태 중 한 가지에 불과하다. 따라서 명예는 귀족사회뿐만 아니라 민주사회에서도 존재한다. 그러나 단지 상이한 양상을 띠고 있을 뿐이다.

상위계급의 지위는 언제나 서민의 지위보다 훨씬 특수하다. 교육과 재산과 권력을 자기 계급 내에서만 배타적이고 세습적으로 장악하는 것이 그 목적인 동일한 가문(예를 들면 중세의 귀족계급과 같은 것)으로 구성되어 있는 소집단만큼 이 세상에서 특수한 존재는 달리 없을 것이다. 그러나 어떤 집단의 지위가 특수하면 할수록 그 집단의 특수한 욕망은 더욱 다양해지며, 그 욕망에 수반하는 명예에 대한 관념 또한 광범위해진다.

따라서 명예에 대한 규범은 계급분화가 없는 서민대중에는 훨씬 그 수가 적을 것이다. 사회의 특수계급을 찾아보기 힘든 국민에게서는 명예에 대한 관념이 불과 몇 가지 종류로 제한될 것이며, 이 수는 인류 전체가 수용하는 도덕률의 수에 따라 증가할 것이다.

이와 같이 명예에 대한 규범은 귀족사회보다 민주국가에서 덜 특수하고 또 덜 다양화되어 있을 것이다. 그것은 또한 눈에 덜 띄게 될 것인데, 이것은 앞서 말한 내용의 필연적인 결과이다. 즉 명예를 구분하는 특징이 덜 특수하고 또 덜 다양화될수록 그 특징들을 구분하기가 어려워진다. 여기에 다른 이유가 첨가될지 모른다. 중세의 귀족국가에서는 세대와 세대가 별 의미없이 계승되었다. 각 가문은 영원히 죽지 않으면서 정지해 있는 사람과 같았고, 상황의 변화가 거의 없듯이 견해의 변화도 거의 없었다. 당시에

는 모든 사람이 그의 눈앞에 언제나 동일한 목적을 가졌고, 그리고 이 목적
들을 같은 관점에서 사고했다. 그의 눈은 점차 아주 세밀한 것까지 알아내
게 되고, 그의 판단력은 마침내 아주 정확해질 수밖에 없었다. 이와 같이
봉건시대의 사람들은 명예의 문제에 있어서 아주 특이한 견해를 갖게 될
뿐만 아니라, 그러한 견해 하나하나가 분명하고 세밀한 형태로 그들의 마
음속에 나타난다.

아메리카에서는 이런 현상이 일어나지 않는데, 여기서는 모든 사람이 끊
임없이 움직이며, 또 자체의 기능에 의해서 매일 변화하는 사회는 그 욕구
와 함께 견해를 바꾸어간다. 이런 나라에서는 사람들이 명예의 규범에 대
해서 일별하는 정도일 뿐 여기에 관심을 오래 둘 시간이 없다.

그러나 사회가 정체상태에 있다 할지라도 역시 명예라는 말에 어떤 의미
를 부여해야 할지를 결정하는 것은 쉬운 일이 아니다. 중세에는 각 계급이
각자의 고유한 명예를 지니고 있었으므로 똑같은 견해가 많은 사람에 의해
동시에 수용될 수가 없었다.

이와 같이 명예에 대한 규범은 완전하고 세밀한 체계를 이루게 되었는데
이 체계 안에서는 모든 것이 미리 예상될 수 있는 일이었다. 그리고 언제나
분명한 고정된 기준이 인간의 행동에 적용되었다. 그러나 아메리카와 같이
여러 계급이 혼합되어 있고, 전체 사회가 하나의 단일한 대중을 형성하고
있으며, 완전히 동일하지는 않지만 모두가 비슷한 요소로 구성되어 있는
민주국가에서는 무엇이 명예의 규범에 합당할 것인지 또는 합당하지 않을
것인지를 미리 결정하는 것은 불가능하다.

실로 이러한 국가에서는 명예의 문제에 관한 한 전국민에게 공통되는 견
해를 불러일으키는 국민적 욕구가 몇 가지 존재한다. 그러나 이러한 견해
는 같은 시간에 같은 방식으로 또 같은 강도로 전국민에게 나타나는 것은
아니다. 명예에 관한 규범은 존재하지만, 그것을 공표할 만한 기관이 존재
하지 않는다.

프랑스와 같은 민주국가에서는 혼란이 훨씬 더 심하다. 여기서는 전 시
대의 사회조직을 구성했던 여러 계급은 매일 명예에 관한 다양하면서도 때

로는 서로 충돌하기도 하는 관념을 각자의 모임으로 가지고 들어온다. 그리고 여기서는 모든 사람이 자기들 멋대로 조상들이 지녔던 교의를 버리고 다른 것을 채택한다. 그래서 자유분방한 가운데서 어떤 공통의 규범이 확립되지 않는다. 그리고 어떠한 행동이 명예로 간주될 수 있을 것인지를 예견할 수 없다. 이러한 시기는 불행한 시대이지만, 잠깐에 불과할 것이다.

민주국가에서의 명예는 불완전하게 정의될 수밖에 없으므로 그 영향력 또한 덜 강하다. 명예의 규범에 대한 최고의 유권해석자인 여론은 비난과 찬성의 기준마저 제대로 확립할 수 없기 때문에 엉거주춤한 판단밖에 내릴 수 없다. 여론은 가끔 자가당착을 빚는 일도 있다. 그래서 기능을 제대로 발휘하지 못하며, 사태의 추이에 모든 것을 맡겨버리는 경우가 너무나 흔하다.

민주사회에서 명예에 관한 관념이 약한 것은 다른 원인에도 기인한다. 귀족국가에서는 명예에 관한 동일한 관념은 오직 소수의 사람만이 지니고 있으며, 이들은 수적으로 제한되어 있을 뿐만 아니라 다른 시민으로부터 분리되어 있다. 명예는 그들 자신의 지위를 구분하는 모든 관념과 쉽게 혼합되거나 동일시된다. 그들에게 있어서는 그것이 자기 계급을 나타내는 가장 중요한 특징으로 보인다.

명예심이 가장 두드러지게 나타날 때, 그 규범은 보통 가장 생소한 것이라고 하는 것은 처음 보기에는 좀 놀랄 만한 사실이다. 그래서 상식으로부터 거리가 멀수록 복종을 잘한다. 이러한 이유에서 명예에 관한 규범은 그것이 터무니없는 생각일 때 더욱 강화된다.

나아가 귀족국가에서는 각 계급은 서로 다르지만 모든 계급이 고정되어 있다. 모든 사람이 포기할 수 없는 독특한 지위를 차지하고 있으며, 동일한 유대로 묶여져 있는 사람들과 함께 살고 있다. 이러한 국가에서는 다른 사람에게 드러나 보이는 것을 피할 생각을 하지 않는다. 지위가 너무 낮아서 자기가 설 땅을 가지지 못하는 사람도 없거니와, 무명인사라 해서 비난이나 박수갈채를 모면할 수도 없다.

이와는 반대로 민주국가에서는 모든 사회구성원이 같은 군중 속에서 혼합되어서 끊임없이 동요하고 있기 때문에 여론은 시민에게 별 지배력을 갖지 못한다. 순간순간 사라지면서 여론의 영향력을 피한다. 그 결과 여기서는 명예의 규범이 절대적이지 못하며 엄격하지도 않다.

이제 독자는 지금까지의 서술로 보아 사회적 불평등과 명예 사이에는 밀접하고 필연적인 관계가 존재함을 알 수 있을 것이다. 그래서 이 관계를 충분히 증명해 보려고 한다.

다른 모든 나라와 완전히 분리되어 있는 어떤 국민이 있다고 하자. 이 국민은 인류 공통의 어떤 일반적인 욕망과는 별개로 그 국민의 고유한 욕망과 관심을 가지고 있을 것이다. 그 사회의 구성원들이 명예라고 생각하는 어떤 특수한 견해가 그 사회에 출현할 것이다. 다음으로 이 나라에 다른 계급과는 완전히 분리되어 있으면서 특수한 욕망과 특수한 견해를 가진 어떤 계급이 나타난다고 하자. 이 계급이 생각하는 명예는 그 국가의 특수한 관념과, 더 나아가 그 계급의 더욱 특이한 관념으로 이루어져 있기 때문에 인류 공통의 견해로부터 최대한의 거리로 멀어질 것이다.

끝으로, 만약 모든 인류가 서로 혼합될 수 있고 지상의 모든 국가가 마침내 어떤 특수성에 의해 구분되지 않는 동일한 관심과 동일한 욕망을 갖게 되는 것을 가정할 수 있다면, 인간의 행동에 관습적인 가치는 조금도 부여될 수 없을 것이다. 즉 모든 것은 동일한 관점에서 파악될 것이며, 양심이 모든 사람에게 명령하는 필수사항이 공통의 표준이 될 것이다. 선악에 대한 단순하고 일반적인 관념만이 세상에서 인정될 것이며 이에 따라 비난과 찬성의 문제도 결정될 것이다.

이와 같이 내가 의미하는 바를 모두 단 하나의 명제로 묶는다면, 인간의 다양성과 불평등이 명예의 관념을 불러일으킨다는 것이다. 이러한 다양성과 명예의 관념은 약화되어 마침내 사라질 것이다.

19. 어째서 아메리카에는 야심 있는 사람은 많은데
고매한 야심은 찾아보기 힘든가

아메리카합중국을 여행하는 사람에게 가장 눈에 띄는 것은 우선 그들의 현재 상태에서 벗어나려고 하는 사람이 무수히 많다는 사실이다. 그리고 다음으로 눈에 띄는 것은 전체 사회가 의욕적으로 움직이고 있는데도 고매한 야심을 가진 사람은 드물다는 것이다. 출세해 보고자 하는 간절한 욕망이 없는 아메리카 사람은 없지만, 웅장한 희망을 품거나 아주 고매한 목적을 추구하는 사람은 별로 없다. 모든 사람이 끊임없이 재산과 권력과 명성을 얻으려고 노력한다. 그러나 이러한 것을 거대한 규모로 추구하는 사람은 별로 없다. 이러한 특수한 사정의 원인을 사회의 평등화로 돌리기는 어려울 것 같다. 왜냐하면 프랑스에서는 그러한 평등이 확립되자마자 야심이 비약적으로 고양되었기 때문이다. 그럼에도 불구하고 나는 이러한 사실의 주된 원인을 아메리카의 사회상태와 민주주의적 생활태도에서 찾을 수 있다고 생각한다.

혁명이란 모두 인간의 야심을 확대시킨다. 귀족체제를 타도한 것이 바로 이러한 혁명이란 데서 이것은 더욱더 특이한 사실이다. 대중을 명성과 권력으로부터 소외시켰던 전 시대의 장벽이 갑자기 무너질 때, 너무나 오랫동안 갈망하다가 마침내 향유하게 될 그 큰 원대한 목적을 향해 격렬하고 전반적인 운동이 전개된다. 이 첫번째 폭발적인 승리의 순간에는 어느 누구에게도 불가능한 일이 없을 것 같다. 욕망도 무한하지만 그 욕망을 충족시킬 수 있는 힘도 무한한 것같아 보인다. 법률과 관습의 갑작스런 변화 속에서, 그리고 모든 인간과 모든 법령의 이 거대한 혼란 속에서 사회의 다양한 구성원들은 너무나 신속하게 일어섰다가는 다시 침몰하게 되며, 그리고 권력은 손에서 손으로 너무나 재빨리 이동하게 되어 누구도 권력을 다시 잡지 못하게 될까 절망하는 일은 없다.

더욱이 귀족체제를 타도한 국민들은 귀족체제의 법률 아래에서 살던 때를 회상할 것임에 틀림없다. 그들은 그 화려함을 보았으며, 그래서 무의식적으로 귀족체제가 지녔던 감정과 관념을 흡수했다. 이와 같이 귀족체제가 해체되는 순간, 그 정신은 국민대중에게 보급되어 귀족주의적 경향은 귀족체제가 소멸한 이후에도 오래 지속된다. 따라서 원대한 야심은 민주혁명이 지속하는 동안 계속되며 혁명이 완수된 후에도 상당 기간 존속할 것이다.

인간이 겪어온 특별한 사건에 대한 회상은 하루 사이에 기억에서 사라지지는 않는다. 혁명이 불러일으킨 열정은 혁명이 끝났다고 해서 사라지는 것은 아니다. 불안정성은 재확립된 질서 속에서도 존속한다. 쉽게 성공할 수 있다는 관념은 그런 관념을 불러일으킨 이상한 동요보다도 오래 지속된다. 욕망은 계속 확대된 채로 존재하며, 반면에 그 충족수단은 날마다 줄어든다. 큰 재산을 벌 수 있는 기회는 희박함에도 불구하고 그런 욕망은 계속된다. 그래서 우리는 모든 면에서 남몰래 헛되이 타올랐던 과도하고 성공할 수 없는 야심의 파편들을 찾아볼 수 있다.

그러나 그 투쟁의 마지막 흔적은 마침내 사라졌다. 귀족체제의 잔재는 완전히 사라지고 있다. 귀족체제의 패망을 가져온 큰 사건들은 잊혀지고 있다. 전쟁 후에 평화가 도래하며, 질서는 새로운 영역에서 회복되고 있다. 욕망은 다시 그것이 충족될 수도 있을 수단에 적응하게 된다. 인간의 욕망과 견해와 감정은 다시 한번 일치된다. 사회의 평등이 항구적으로 결정되고 민주사회가 확립된다.

이러한 항구적이고 질서 있는 상태에 도달한 민주국가는 내가 지금까지 서술한 것과는 아주 다른 모습을 나타낼 것이다. 그래서 우리는 만약 사회의 평등화가 진행되고 있을 때 야심이 원대해진다면, 사회의 평등화가 이루어졌을 때는 야심의 수준이 낮아진다는 결론을 쉽게 내릴 수 있을 것 같다.

부가 세분되고 지식이 확산될 때는, 어느 누구도 교육과 재산으로부터 완전히 소외되지 않을 것이다. 계급적 특권이 폐지되고 인간을 고정시키고 있던 속박이 산산이 박살난 뒤에는, 전진의 관념이 모든 사람에게 나타나고 출세의 욕망이 가슴마다 부풀어 오르며 모든 사람은 그들의 현재의 위치에서 한 단계 뛰어오르기를 바란다. 그래서 야심은 보편적인 감정이 된다.

그러나 사회의 평등을 통해 모든 사회구성원이 약간의 재산을 획득할 수 있을 경우, 이것은 동시에 그들 중의 어느 누구도 큰 재산을 획득할 수 없게 만든다. 그래서 이것은 반드시 그들의 욕망을 어느 정도 좁은 범위 내에서 한정시키게 된다. 이와 같이 민주국가에서 야심은 열렬하고 계속적이다. 그러나 그 목표가 고상하지 못한 것이 습관화되어 버린다. 그들이 손에 넣을 수 있는 작은 목표들을 갈망하다가 인생이 끝나버리는 것이 보통이다.

민주시대의 사람들이 고매한 야심을 못 가지게 되는 주된 원인은 그들의 재산이 부족해서가 아니라 그 재산을 늘리기 위해 너무 격렬하게 노력하기 때문이다. 그들은 얼마 되지 않는 결과를 성취하기 위해 그들의 재능을 최대한으로 동원하는데, 이것은 그들의 시야를 급속히 제한시킬 수밖에 없고 그들의 영향력 또한 줄어든다. 그들은 더욱더 가난하게 되는데, 어찌 위대해질 수 있겠는가?

민주사회에서 찾아볼 수 있는 몇몇 사람의 부유한 시민도 이 법칙의 예외가 되지 못한다. 어느 정부와 권력을 획득한 사람은 끊임없는 노동의 과정 중에서 그가 후일 떨쳐버릴 수 없는 심사숙고와 자제의 습관을 갖게 된다. 자기의 집을 늘리는 것처럼 자기의 마음을 넓힐 수는 없게 된다.

이러한 사정은 그런 사람의 자손에게도 적용된다. 그들이 높은 처지에서 출생하는 것은 사실이지만 전에 그들의 부모는 비천했다. 그들은 후일 그들이 쉽게 제거할 수 없는 감정과 관념 속에서 자라난다. 그래서 그들은 그들의 아버지로부터 재산뿐만 아니라 성격까지도 상속하게 되리라는 것을 추측할 수 있다.

이와는 반대로 강력한 귀족계급의 가장 빈약한 자손이라 할지라도 원대한 야심을 드러내는 일이 있는데, 이것은 그의 종족이 가졌던 전통적인 견해나 그의 계급이 지녔던 일반적인 정신이 그로 하여금 얼마동안 그의 재산을 초월하여 용기를 잃지 않도록 해주기 때문이다.

민주시대의 사람들이 고매한 목적을 추구할 수 없게 되는 또 다른 이유는 그들이 그 목적을 추구하기 위해 준비하기도 전에 그들이 이용할 수 있는 시간이 다 경과해버리는 것이다. 파스칼은 말하기를 "상류인사가 되는 것은 거대한 이익이다. 왜냐하면 보통사람이 50세에 도달할 수 있는 것을 상류인사는 18세 내지 20세에 도달할 수 있기 때문이다. 여기서 상류인사는 30년의 이익을 본다"라고 했다. 이 30년이 민주시대의 야심적인 사람에게는 결핍되어 있다. 평등의 원리는 모든 사람으로 하여금 모든 것을 할 수 있도록 해주지만, 또한 모든 사람으로 하여금 급속한 전진이 불가능하게 한다.

민주주의 사회에서도 다른 사회와 마찬가지로 소수의 큰 재산가가 있다. 그러나 큰 재산을 얻을 수 있는 길이 모든 사람에게 차별없이 열려 있기 때문에, 모든 사람들의 발전이 필연적으로 늦추어지는 것이다. 그 후보자들이 모두 동일해 보이기 때문에, 그리고 민주사회에서 최고의 규범인 평등의 원리를 위배함이 없이 선택하는 일이 어렵기 때문에, 첫번째로 제시되는 방법은 모든 사람이 동일한 속도로 전진하면서 동일한 시련을 겪게 하는 것이다. 이와 같이 인간이 모두 동등해지고 평등의 원리가 국가의 모든 제도와 관습 속으로 깊이 침투할수록, 발전을 위한 규칙은 더욱 융통성이 없게 되고 발전 자체가 둔화되면 어떤 높은 목표에 신속히 이르는 데 따르는 어려움은 더욱 커진다. 특권에 대한 증오와 선택에 있어서의 어려움 때문에 마침내 모든 사람은 그들의 목표가 무엇이든 간에 동일한 시련을 겪어야만 된다.

옛날부터 조건의 평등이 확립되어 있는 중국에서는 어떠한 사람도 경쟁 시험을 치르지 않고는 공직을 이동할 수 없다. 이 시험은 관직의 매단계마다 새로이 실시된다. 이러한 관념은 이제 사람들의 마음속에 너무나 깊이 뿌리박고 있기 때문에 나는 어떤 중국소설에서 어떤 영웅이 무수한 시련을 겪은 뒤에 과거시험에서 좋은 성적을 얻음으로써 마침내 애인의 마음을 움직이는 데 성공했다는 이야기를 읽은 적이 있다. 그러한 환경에서는 고매한 야심은 어려움을 겪을 수밖에 없다.

내가 정치에 관해 언급한 것은 모든 것에 적용된다. 평등은 도처에서 같은 결과를 가져온다. 즉 국가가 적극적으로 법령을 제정하여 인간의 전진을 조정하지 않는 곳에서는 경쟁도 같은 결과를 가져온다.

따라서 제대로 이루어진 민주사회에서는 상당히 빠른 신분상승은 희귀할 수밖에 없다. 그것은 일반적인 규범에서 예외를 이룬다. 그런 일들이 의외로 벌어지기 때문에 사람들은 그런 일들이 얼마나 드물게 일어나는 것인지 잊게 된다.

민주사회에서 사는 사람들은 궁극적으로 다음과 같은 일들을 알게 된다. 즉 그들은 자기 나라의 법률이 자기들에게 한없는 행동영역을 개방하고 있지만 그 영역 너머로 서둘러 넘어가기를 바랄 수 있는 사람은 아무도 없다는 점을 마침내 알게 된다. 자신들의 욕망의 최후 목표와 자신들 사이에는 즉각적으로 부닥치는 수많은 작은 장애들이 있다는 것을 그들은 깨닫게 되는데 이런 장애들은 서서히 극복되어야 한다. 이런 전망은 곧장 그들의 야망을 숨죽이게 만든다. 따라서 그들은 그렇게나 의심스럽고 멀리 떨어진 희망을 포기하고 자신들의 가까이에 있는 고상하지는 못할망정 좀더 안이한 즐거움을 찾게 된다. 그들의 시야는 법률에 의해서 한계지어지는 것이 아니라 자신들에 의해서 협소해진다.

나는 귀족시대보다 민주시대에 고매한 야심이 더욱 희귀해진다는 것을 지적했다. 이러한 자연적인 장애에도 불구하고 고매한 야심이 발생하게 될 때는 그 성격이 달라진다는 것을 첨가하고자 한다. 귀족사회에서는 야심의 진폭이 넓긴 하지만 그 경계가 결정되어 있다. 그러나 민주사회에서는 야심이 보통 좁은 범위 내에 한정되어 있지만, 일단 그 범위를 벗어나면 한계를 그을 수 없게 된다. 인간은 개인적으로는 연약하고 서로 분리하여 끊임없이 움직이고 있기 때문에, 그리고 선례는 별다른 권위를 갖지 못하고 법률은 자주 바뀌기 때문에, 새로운 것에 대한 저항은 완만해지고 사회조직은 완전히 확립되어 견고하게 다져지지 못한다. 그래서 일단 야심있는 사람이 권력을 장악하면 그가 감히 하고자 않는 일이 없다. 권력이 자기로부터 사라질 때, 그는 그것을 다시 획득하기 위해 국가의 전복을 생각해 본다. 이것은 거대한 정치적 야심이 폭력에 의한 혁명으로 발전하도록 만드는데, 귀족사회에서는 이런 정도까지 정치적 야심이 발전하는 일이 거의 없다. 민주국가가 지닌 공통의 양상으로 아주 많은 수의 작으면서도 아주 합리적인 야망의 목표가 나타나는데, 이 작은 목표 가운데서 간혹 제어하기 힘든 큰 욕망이 발생한다. 그러나 규모가 큰 야심으로 간주될 만한 것은 잘 나타나지 않는다.

내가 생각할 때는 민주사회에서 야심적인 사람은 다른 어떤 사람보다도 자기 후손의 이익과 판단에 덜 몰두하는 것 같다. 즉 현재의 순간만이 그들의 관심사이다. 그들은 항구적으로 기념비가 될 만한 일을 성취하려고 하기보다 많은 사업을 신속하게 완성하고 싶어하며, 명성에 대해서보다 성공에 대해서 더 많은 관심을 둔다. 그들이 인간에게 가장 크게 요구하는 것은 복종이며, 그들이 가장 탐내는 것은 제국(帝國)이다. 거의 모든 경우에 있어서 그들의 생활태도는 그들의 현재 지위보다 낮은 상태였다. 그 결과 그들은 그토록 많은 재산을 아주 저속한 취미에 맡기는 경우가 많으며, 마치 최고통치권의 획득이 그들의 조잡하고 하찮은 쾌락을 충족시키기 위한 것처럼 보이기도 한다.

내가 생각하기로는 오늘날 인간의 야심을 반드시 순화·통제·조정할 필요가 있을 것 같다. 그러나 그것을 지나치게 억압하거나 없애려 한다면 아주 위험한 일이 될 것이다. 그것이 벗어나서는 안될 한계를 설정할 필요가 있을 것이다. 그러나 그 확립된 한계 내에서는 너무 지나치게 통제되는 일이 있어서는 안될 것이다.

나는 솔직히 민주사회에 대해서 그 욕망이 평범하기보다는 대담하기 때문에 걱정이 훨씬 덜 된다. 나에게 가장 무섭게 느껴지는 것은 작은 일이 끊임없이 계속되는 사생활 속에서 야심이 활기를 잃고 왜소해지는 것이다. 인간의 열정이 약화되면서 동시에 저속하게 되는 것도 두려운 일이다. 그래서 사회의 발달이 하루하루 정체해갈까 두려운 것이다.

그런데 내가 생각할 때는, 현대사회의 지도자가 만약 사회를 너무나 획일적이고 안온한 행복의 상태로 만들어서 안정시키려 한다면 그것은 잘못일 것이다. 그래서 때때로 어렵고 위험한 문제를 사회가 직면하도록 함으로써 야심을 북돋우고 행동의 장을 넓혀야 한다고 생각한다.

도덕가들은 끊임없이 불평하기를 현대의 지배적인 악덕은 자존심이라고 한다. 어떤 의미에서 이것은 사실이다. 왜냐하면 사실상 모든 사람이 그가 그의 이웃보다는 더 훌륭하다고 생각한다거나 혹은 자기보다 우월한 사람에 대해서도 복종하기를 거부하기 때문이다. 그러나 또 다른 의미에서는 전혀 사실과 다르다. 왜냐하면 예속이나 평등을 인내할 수 없는 사람은 자기 자신을 너무나 하찮게 생각하므로 그는 오직 저속한 쾌락에 몰입하기 위해서 태어난 것처럼 생각하기 때문이다. 그런 사람은 고상한 모험은 염두도 내지 못하고, 선뜻 저속한 욕망에 사로잡힌다.

이와 같이 나는 현대인에게 겸손을 설교해야 한다고 생각하기는커녕, 이들에게 자기 자신과 자기 종족에 대한 보다 폭넓은 견해를 갖도록 노력하고 싶다. 겸손은 현대인에게 해롭다. 현대인에게 가장 절실히 요청되는 것은 자존심이다. 나로서는 우리가 가진 몇 개의 작은 덕성을 포기하고서도 이 하나의 악덕을 가지는 것이 더 좋다고 생각한다.

20. 일부 민주국가에서의 엽관(獵官)운동

아메리카합중국에서는 어떤 사람이 약간의 교육을 받고 금전상의 자산을 가지게 되면, 즉시 그는 상업이나 공업을 통해서 돈을 벌려고 노력하거나 아니면 미개척지에 가서 토지를 구입하여 개척자가 된다. 그가 국가에 요구하는 것은 그의 노력에 간섭하지 말라는 것과 그의 재산을 보장해 달라는 것뿐이다. 대부분의 유럽 국가에서는 어떤 사람이 자기의 힘이 강해졌음을 느끼고 욕망을 증대시켜 보고 싶으면 우선 공직에의 취임을 생각해 보게 된다. 이러한 정반대의 현상은 같은 원인에 기인하는 것으로 우리가 일단 검토해 볼 만한 일이다.

공직이 수적으로 제한되어 있고 보수가 나쁘며 불안정한 반면, 상업과 같은 것이 종류도 많고 수지가 맞는 직업일 경우에는 평등의 원리에 의해 새로이 창출된 열렬한 욕망들은 공직이 아니라 상업 같은 데로 쏠리게 된다. 그러나 사회의 여러 계급이 보다 평등해지면서도 국민교육이 불완전하다거나 국민정신이 전혀 대담하지 못할 때, 또는 상업과 공업이 그 발전에 제한을 받게 되어 재산을 벌기에 힘든 방법이 될 때, 이런 경우에는 각계의 사회구성원들이 국가의 최고통치권자에게 몰려가 국가의 지원을 요구하게 될 것이다. 공공재정을 들어서 자신들의 곤경을 벗어나는 방법이, 비록 더 이상 자신들을 만족시킬 수 없는 조건 이상으로 올라설 수 있는 유일한 방법은 아닐지라도 그들에게는 가장 손쉽고 가장 개방된 방법으로 보인다. 엽관운동이 모든 돈벌이 중에서 가장 널리 행해지는 방법이 될 것이다. 중앙집권적인 커다란 왕국들의 경우 특히 그럴 것이다. 이런 나라들에서는 보수를 지급하는 공직의 숫자가 엄청나고 그 담임기간도 상당히 안정되어 있으므로, 그 공직을 획득하여 세습재산처럼 아무 방해 없이 누리는 데 아무도 절망할 사람은 없다.

관직에 대한 심한 욕망이 일반화되어 있다는 것은 하나의 큰 사회악이라고 말하고 싶지 않다. 그리고 그것은 시민의 독립정신을 파괴하고 사회 전체에 돈이면 다 된다는 비굴한 정신을 불어넣는다는 것이나, 그것은 남성다운 덕성을 짓누른다는 것도 말하고 싶지 않다. 또한 나는 이러한 종류의 거래는 비생산적인 활동을 조장할 뿐이며, 사회에 아무런 자원상의 보탬을 줌이 없이 소란스럽게만 할 뿐이라는 것을 애써 증명하고 싶지도 않다. 이 모든 것은 명백한 사실이다. 그러나 내가 볼 때는 이러한 경향을 진작하는 정부는 자체의 안정을 위태롭게 하여 정부의 존립마저 위험하게 할 것 같다.

내가 알기로는 오늘날과 같이 권위에 대한 애착과 존경심이 점차 줄어드는 때에는 권력자가 각 개인과 친밀한 유대를 강화하기 위해서 각 개인의 이익을 중시해야 할 필요가 있을 것이며, 또한 그들을 질서있게 조용히 지내게 하기 위해서는 그들이 지닌 열정을 활용하는 것이 편리할 것 같다. 그러나 이것은 오래 지속될 수 없다. 어느 한 기간 동안 권력의 원천으로 보이는 것이 마침내는 당혹과 침체의 원인으로 되는 것은 필지의 사실이다.

다른 데서도 마찬가지이지만 민주국가에서 공직의 수는 한정되어 있다.

그러나 그 후보자는 무한정하다. 이것은 사회가 평등화될수록 더욱 증가하는데, 오직 인구의 억제에 의해서만 통제될 수 있다.

이와 같이 공직이 야심의 유일한 출구일 때는 정부는 반드시 지속적인 반대에 부닥치게 된다. 왜냐하면 제한된 수단으로 무한한 욕망을 충족시켜야 하기 때문이다. 이 세상의 모든 국민 중에서 가장 제어하기 힘든 국민은 엽관운동이 몸에 밴 국민임은 명백하다. 통치자가 어떠한 노력을 경주해도 이러한 국민은 만족할 수가 없다. 그들은 마침내 오직 현재의 공직담당자를 축출하려는 목적에서 국가의 통치구조를 뒤바꾸려 할 염려가 있다.

사회의 평등화로 인해 야기되는 모든 새로운 욕망을 자기 한 사람에게 집중시켜서 그 모든 것을 만족시켜 주려 하는 현대의 통치자들은 마침내는 이러한 정책을 채택한 것에 대해 후회할 것이다. 언젠가는 그들이 그러한 정책을 반드시 실시하려고 함으로써 자신의 권력을 위태롭게 했다는 것과 보다 안전하고 정직한 길은 바로 국민들에게 자립하는 방법을 지도하는 데 있다는 것을 깨닫게 될 것이다.

21. 왜 위대한 혁명은 더욱 희귀해지는가

수세기 동안 계급제도 아래에서 살아온 국민은 일련의 근본적인 변화를 거치면서 격렬한 노력을 쏟은 후에라야 민주적인 사회상태에 도달할 수 있다. 그리고 그 과정에서 수많은 흥망성쇠를 겪게 되는데, 이때 재산과 견해와 권력이 아주 급속하게 한곳에서 다른 곳으로 이동하는 현상이 벌어진다. 이 거대한 혁명이 완성된 후에도 혁명에 의해서 야기된 혁명적 관습은 오랫동안 존속하게 되는데, 이것은 심한 동요를 수반하기 쉽다. 이 모든 현상이 사회의 평등화가 이루어지는 바로 그때에 발생하기 때문에, 평등의 원리와 혁명 사이에는 어떤 숨겨진 관계가 존재한다고 규정할 수 있을 것이며, 또한 마찬가지 이유에서 혁명이 일어나려면 평등의 원리가 존재해야 한다는 결론을 내릴 수 있을 것이다.

이러한 관점에서 볼 때 이성은 경험과 똑같은 결과에 도달하는 것 같다. 거의 동일한 계급으로 이루어진 국민에 있어서 표면상의 유대로는 사람들을 서로 결합시키거나 현재의 상태에서 안정시키지 못한다. 그들 중 어느 누구도 항구적으로 명령할 수 있는 권리나 힘을 소유할 수 없으며, 어느 누구도 복종을 자신의 처지에 의해서 강요당하지 않는다. 이와는 반대로 모든 사람은 자기 자신이 약간의 교육과 자산을 소유하고 있음을 알고서 자기의 길을 선택해서 다른 사람들과는 별개로 전진하려고 한다. 사회구성원들로 하여금 서로 독립하게 하는 바로 그 원인 때문에 사람들은 끊임없이 새롭고 무모한 욕망을 추구하게 되며 계속 전진해 나간다. 따라서 민주사회에서 인간도 사물도 견해도 영원히 그 형태와 위치를 변경시키는 것은 자연스러워 보이며, 그래서 민주주의 시대를 끊임없이 신속하게 변하는 시대로 보아도 틀림이 없을 것이다.

그런데 실제로 그러한가? 사회의 평등화는 인간으로 하여금 습관적으로 그리고 영구히 혁명으로 나아가게 하는가? 평등해진 사회상태는 사회가 조용해지는 것을 막고 시민들로 하여금 끊임없이 그들의 법률과 원칙과 관습을 바꾸게 하는 어떤 번거로운 원리라도 내포하고 있단 말인가? 나는 그렇게 생각하지 않는다. 그런데 중요한 문제인만큼 독자가 주의해서 검토해 보기를 바란다.

국가의 기본을 변혁시킨 거의 모든 혁명은 사회적 불평등을 강화하든가 아니면 파괴하기 위한 것이었다. 세계적인 대혼란을 야기한 부차적인 원인들을 제거하면 그 밑바닥에 불평등의 원리가 존재하고 있음을 반드시 알게 될 것이다. 빈자가 부자를 축출하려 하든가, 아니면 부자가 빈자를 노예화하려 한다. 그런데 만약 모든 사람이 다른 사람으로부터 지킬 것은 가지고 있되 다른 사람으로부터 빼앗을 것은 별로 없는 사회상태가 이룩될 수 있다면, 세계평화를 위해 크게 도움이 될 것이다.

내가 알기로는 민주국가에는 무척 가난한 사람과 무척 부유한 사람이 반드시 있게 마련이다. 그러나 가난한 사람들은 귀족사회에서처럼 국민의 대다수를 형성하지 못하고 그 수가 상대적으로 얼마 안되며 법률도 그들을 구제될 수 없는 세습적인 빈궁의 끈으로 묶어두지 않는다.

다른 한쪽인 부유한 사람들도 그 수가 적으며 힘이 없다. 대중의 관심을 끌 만한 특권을 가지고 있지 아니하다. 그들의 재산까지도 토지와 연결되어 있지 아니하므로 감지하기 어려운 바, 즉 눈에 보이지를 않는다. 가난한 종족이 더이상 존재하지 않는 것과 같이 부유한 종족도 더이상 존재하지 않는다. 부유한 사람은 매일 대중 가운데서 나타났다가 다시 대중 가운데로 매몰되어 버린다. 그래서 이들은 쉽게 알아볼 수 있는 어떤 특별한 계급을 형성하지 않는다. 더욱이 그들은 보이지 않는 수천 개의 끈에 의해 그들의 동료대중과 연결되어 있기 때문에, 만약 국민들이 그들을 공격하게 되면 그것은 반드시 자기 자신들에 대한 손해로 나타난다.

민주사회에서 이 두 극단적인 사람들 사이에 가난하지도 부유하지도 않으면서 질서의 유지를 바라기에는 충분할 정도의 재산을 소유하고 있는 거의 동일한 모습의 무수한 대중이 존재한다. 이런 사람들이야말로 변혁을 본질적으로 반대하는 사람들이다. 그들은 변화를 바라지 않는 마음을 가지고 있기 때문에 그들 아래에 있는 모든 것도 인정하고, 또 그들 위에 있는 모든 것도 그대로 인정해버린다. 이렇게 해서 그들은 사회의 균형을 유지하려 한다.

사실 이 사람들까지도 그들이 현재 소유하고 있는 것에 만족하지는 않으며, 또 재난을 당하는 일은 없이 전리품을 공유하게 될지도 모를 혁명에 대해 본래부터 싫어하는 것은 아니다. 이와는 반대로 그들은 전례없는 열정으로 부유하게 되기를 바라지만 단지 그 부를 누구에게서부터 가로챌 수 있을 것인지를 알기가 어렵다. 욕망을 끊임없이 자극하는 바로 그 사회상태가 이 욕망을 필요한 범위 내에 묶어둔다. 이런 사회는 인간에게 보다 많은 변화의 자유를 제공하지만, 변화에서 많은 이익을 얻도록 하지는 않는다.

민주사회에 사는 사람들은 본래 혁명을 바라는 것은 아닐 뿐만 아니라, 혁명을 오히려 두려워한다. 모든 혁명은 다소간에 재산의 유지를 위협한다. 그러나 민주국가에 사는 사람들의 대부분은 재산을 소유하게 된다. 그들은 이제 재산을 소유하고 있을 뿐만 아니라 재산에 큰 비중을 두는 사회에 살고 있다.

우리가 사회를 구성하는 각 계급을 주의깊게 관찰해 볼 때, 재산에 대한 열정은 중산층에게서 가장 집요하게 나타남을 쉽게 알 수 있다. 가난한 사람들은 그들의 소유물에 대해 별로 관심을 갖지 않는데, 이것은 그들이 현재 소유하고 있는 작은 양에 대해 관심을 갖기보다 그들이 갖고 있지 못한 것에 대해 더 크게 상심해 하고 있기 때문이다. 부자들은 부에 대한 욕구 이외에 충족시켜야 할 열정을 많이 가지고 있다. 그래서 그들이 오랜 기간 동안 향유하고 있는 큰 재산에 그들이 별 매력을 못 느끼는 때가 간혹 있다. 그러나 큰 재산을 가진 것도 아니고 동시에 빈궁 속에서 허덕이지도 않으면서 상당한 자산을 소유하고 있는 사람은 그들의 소유물에 대해 거대한 가치를 부여한다. 그들은 아직도 빈곤해질 수 있는 위치에 있기 때문에, 그들 가까이 있는 궁핍을 보고 이를 두려워한다. 빈곤과 그들 사이에는 얼마 안되는 재산이 있을 뿐이며, 그 얼마 안되는 재산에 희망을 걸어보기도 하고 또 불안을 느끼기도 한다. 그것에 대한 그들의 관심은 날로 증대한다. 그리고 그 양을 증가시키려는 그들의 끊임없는 노력으로 인해 더욱 거기에 집착하게 된다. 그 중의 아무리 작은 양이라도 잃게 된다는 생각은 그들에게는 참을 수 없는 일이다. 그래서 만약 그들이 전재산을 잃게 된다면 그것은 그들에게 최악의 불행이 된다.

그런데 이 초조해 하고 불안해 하는 소자산가들이 사회의 평등화에 의해 끊임없이 증가하는 계급을 구성하고 있다. 그러므로 민주사회에서 대다수 국민은 그들이 혁명에 의해서 무엇을 얻을 수 있는지를 분명히 알지 못한다. 오히려 그들은 끊임없이 그리고 수천 가지 방면에서 그들이 만에 하나라도 무엇을 잃게 되지 않을까 염려한다.

나는 이 책의 앞 부분에서 사회의 평등화는 자연히 인간으로 하여금 상공업에 몰두하도록 한다는 것과, 또 이것은 실제적인 재산을 증가시킬 뿐만 아니라 널리 퍼뜨린다는 것을 살펴보았다. 나는 또한 그것이 모든 사람에게 재산증식의 끊임없는 욕망을 불러일으키는 방법들이 되고 있음을 밝헌 바 있다. 이러한 사실들보다 혁명적 열정에 더 반대되는 것은 없을 것이다. 혁명의 최종적인 결과는 상업이나 공업에 이롭게 작용할 수도 있을 것이다. 그러나 우선은 상업과 공업에 종사하는 사람들에게 심각한 타격을 줄 것인 바, 이것은 일반적인 소비양식을 급격하게 바꿀 뿐만 아니라 공급과 수요 사이의 현존하는 균형을 일시적으로 파괴하기 때문이다.

내가 알기로는 상인의 태도야말로 가장 반혁명적이다. 상업은 본래 모든 격렬한 열정에 역행한다. 상업은 남의 환심을 사는 것을 좋아하며, 타협에서 기쁨을 느끼며 애써 성급함을 피한다. 상업은 인내와 알랑거림과 융통성을 필요로 하며 절대적으로 필요한 경우를 제외하고는 극단적인 수단에 결코 의지하지 않는다. 상업은 인간을 서로 독립적으로 만들며 개인의 중요성에 대한 인식을 제고시키며 자기 자신의 일에 얽매이도록 만들고 또 그것을 잘 수행하는 방법을 가르쳐준다. 따라서 상업은 인간으로 하여금 자유에 대한 준비를 하게는 하지만, 혁명에의 길을 방해한다.

혁명에서 개인적인 재산의 소유자는 어느 누구보다 두려워하는 것이 많다. 한편으로는 재산을 획득하기도 쉽지만, 또 한편으로는 어느 한 순간에 모든 것을 잃을 염려도 있다. 부동산 소유자들은 이런 문제에 대해 덜 놀라게 되는데, 이들은 비록 사유지로부터의 수입은 잃을지 모르지만 거대한 변혁을 통해서도 토지 자체는 보존할 수 있다고 생각하기 때문이다. 따라서 전자는 후자보다 혁명적 변화의 조짐에 대해 훨씬 더 놀라게 된다. 이와 같이 개인적 재산이 증대하고 그것이 국민들에게 널리 확산됨에 따라 국민들은 혁명을 일으킬 생각을 하지 않게 된다.

더욱이 사람들이 어떠한 직업에 종사하든, 그리고 그들이 어떠한 종류의 재산을 소유하고 있든, 그들 모두에게 공통되는 한 가지 특징이 있다. 즉 어느 누구도 현재의 재산에 완전히 만족해 하지 않는다는 것이다. 모든 사람이 수천 가지의 방법으로 재산증식을 위해 끊임없이 노력한다. 어떤 사람의 어느 특정 시기를 보아도 그는 자기가 가진 재산을 늘릴 목적으로 어떤 새로운 계획에 몰두하고 있는 것이 드러날 것이다. 이런 사람에게 인류 전체의 이익과 권리에 대해 이야기하는 것은 아무 소용없는 일이다. 조그마한 가정적인 관심사가 그의 전사상을 지배하고 있으며, 이것은 그로 하여금 정치적인 변화는 다른 시기로 넘기도록 만든다. 이것은 혁명을 저지할 뿐 아니라, 혁명에 대한 소망마저 단념시킨다. 격렬한 정치적 열정은 자기 개인의 복지를 추구하는 데 자기의 모든 재능을 바치는 사람에게는 별 영향력을 미치지 못한다. 작은 일에 쏟는 정열은 중요한 일에 대한 열정을 삭혀버린다.

사실상 민주국가에서는 관례를 따라서는 자기의 무한한 열망을 충족시킬 수 없는 진취적이고 야심적인 사람이 종종 나타난다. 이런 사람은 혁명을 좋아하며, 혁명의 도래를 학수고대한다. 그러나 특별한 사건이 그들을 돕지 않는 한 혁명을 일으키는 데는 큰 어려움이 있다. 어느 누구도 시대정신과 국가에 대항하여 유리한 투쟁을 전개할 수는 없다. 아무리 그가 힘이 세다 할지라도 모든 사람으로 하여금 자기들의 감정이나 열망에 반대되는 감정이나 견해를 갖도록 한다는 것은 어렵다는 것을 알게 될 것이다.

일단 사회의 평등이 다툴 수 없는 상태가 되어버리고, 국가관습 또한 사회의 평등에 맞는 특징을 수반하게 될 때는, 인간은 성급한 지도자나 혹은 대담한 개혁가가 쉽사리 위험한 상황으로 몰아가는 것을 용납할 것이라고 생각한다면 그것은 잘못이다. 미리 잘 연구한 저항계획에 따라 공개적으로 저항하는 일은 없을 것이다. 또 그들은 정력적으로 그에게 저항해서 싸우려고 하지는 않을 것이며 때로는 그에게 박수갈채를 보내는 일도 있을 것이다. 그러나 그들이 그를 따르지는 않을 것이다. 그의 열정에 대해서는 은근히 그들의 타성으로 맞설 것이며, 그리고 그의 혁명적 성향에 대해서는 그들의 보수적인 이익으로, 그의 모험적인 열정에 대해서는 그들의 가정적인 취향으로, 그의 시적인 영감에 대해서는 그들의 산문적인 평범으로 맞서게 될 것이다. 그는 거대한 노력을 쏟아 잠깐 동안은 그들을 궐기하게 할 수 있다. 그러나 그들은 급속히 그로부터 빠져나가 자기 자신에게로 되돌아 가버린다. 그는 무관심한 대중을 궐기시키기 위해 안간힘을 쓰지만 마침내 그 자신이 무기력해짐을 깨닫는다. 그러나 이것은 그가 정복당한 것은 아니고 그가 외롭다는 것을 말해 줄 뿐이다.

나는 그렇다고 해서 민주사회에 사는 사람들이 본래 정태적이라고 주장하는 것은 아니다. 이와는 반대로 그 사회에는 끊임없는 진동이 팽배해 있으며 휴식이란 찾아보기 힘들다고 생각한다. 그러나 그곳 사람들은 일정한 범위 내에서 움직이며, 그 범위를 벗어나는 일이 거의 없는 것 같다. 그들은 부차적인 문제에 대해서는 항상 변경시켰다가 다시 원상으로 회복시킨다. 그러나 근본적인 문제에 대해서는 관여하는 것을 조심스럽게 피한다. 그들은 변화는 좋아하지만 혁명은 두려워한다.

아메리카인들은 그들의 법률 중에서 일부를 끊임없이 개정하지만, 혁명적 열정을 드러내는 일은 결코 없다. 대중의 흥분이 경계해야 할 단계로 접어들기 시작할 때 그들이 그것을 얼마나 신속하게 제어하거나 침묵시키는가 하는 데서, 그들이 혁명을 최대의 불행으로 간주한다는 것과, 또 혁명과 같은 재앙을 피하기 위해서는 어떠한 희생도 불사할 각오가 되어 있는 것을 쉽게 간파할 수 있다. 이 세상에서 아메리카합중국만큼 재산에 대한 애착이 강한 나라는 없다. 아메리카의 대중만큼 재산에 관한 법률의 개정을 초래할 만한 원칙에 호의적인 관심을 별로 나타내지 않는 나라도 달리 없을 것이다.

혁명적 성격을 띤 이론은 그것이 인간적으로나 재산상으로 완전하고 급격한 변화를 거치지 않고는 실천될 수가 없기 때문에, 유럽의 군주국가에서보다 아메리카합중국에서 훨씬 호의적으로 받아들여지지 못한다는 것을 몇 번 언급한 일이 있다. 어떤 사람이 혁명적 이론을 공표하면 다수의 대중은 본능적인 증오심을 발동하여 그것을 거부한다. 프랑스에서 보통 민주적인 것으로 불리는 공리의 대부분을 아메리카합중국에서의 민주주의는 배척한다는 것을 주저없이 말할 수 있다. 이것은 다음과 같이 이해해야 할 것인바, 즉 아메리카인들은 민주주의에 대한 견해와 열정을 가지고 있는 반면, 유럽인들은 혁명에 대한 열정과 견해를 가지고 있다는 것이다.

만약 아메리카가 거대한 혁명을 겪게 된다면, 그것은 아메리카에 거주하는 흑인들에 의해 발생할 것이다. 즉 그들은 자기들의 혈통이 평등의 혜택을 입는 것이 아니라 불평등으로 인한 피해를 입고 있다고 생각하고 있다.

사회가 평등할 때는 모든 사람은 떨어져 살려고 할 것이며, 자신에게 집착하면서 공중에 대해서는 무관심하려 할 것이다. 만약 민주국가의 규범이 이 숙명적인 경향을 고치는 것을 무시하는 것이든지, 혹은 그것은 인간으로 하여금 정치적 열정을 가지지 못하게 함으로써 혁명을 방해한다는 관념에서 그것을 장려하는 것이라면, 그들은 마침내 그들이 회피하려고 하는 바로 그 악을 만들어내고 말 것이며 그리고 대중의 지혜롭지 못한 이기심이나 무관심의 도움을 받는 몇몇 사람의 격심한 열정이 마침내 사회를 이상한 동요 속으로 몰아넣는 때가 도래하고 말 것이다. 민주사회에서는 소수를 제외하고는 혁명을 별로 바라지 않는다. 그러나 그 소수가 혁명을 초래하는 일이 가끔 있을지도 모른다.

나의 주장은 민주국가의 국민이 혁명을 일으킬 염려가 없다는 것은 아니다. 나는 단지 민주국가에서의 사회상태는 혁명에 도움이 되는 것이 아니라 오히려 방해가 된다는 것을 말할 뿐이다. 어느 누구의 간섭도 받지 않고 독자적인 상태에 있는 민주국가의 국민은 쉽게 위험한 일에 빠지려 하지 않을 것이다. 단지 부지불식간에 혁명의 길로 이끌릴 뿐이다. 즉 혁명을 겪게 되는 일이 있을지는 모르지만 스스로 혁명을 일으키지는 않을 것이다. 그런데 이들이 충분한 지식과 지혜를 가질 수 있게 되면, 혁명이 초래되는 것을 용인하지 않을 것이다.

이러한 점에서 공공의 제도가 큰 역할을 한다는 것을 나는 잘 알고 있다. 즉 공공의 제도는 사회적인 경향을 고무하기도 하고 억제하기도 한다. 그래서 반복해서 하는 말이지만 나는 사회가 평등하다는 이유만으로 국민이 혁명을 위험하게 생각한다고 주장하고 싶지는 않다. 그런데 내가 보기에는, 공공의 제도가 어떻든간에 보통 생각되는 것보다는 거대한 혁명이 훨씬 적게 일어나는 것 같다. 그리고 평등의 원리와 결합됨으로써 지금까지 서반구가 경험한 것보다는 더 사회를 정체상태에 머무르게 하는 정치상황을 나는 쉽게 알아낼 수 있다.

내가 지금까지 사건을 중심으로 살펴본 것은 견해에 대해서도 부분적으로는 함께 적용될 수 있다. 아메리카합중국에서는 두 가지 사실이 놀랄 만한데 즉 대부분의 인간행동의 가변성과 몇 가지 원칙의 독특한 안정성이 다. 사람들이 끊임없이 움직이고 있다. 그러나 인간의 마음은 거의 움직이지 않는 것처럼 보인다. 일단 어떤 견해가 그 나라에 퍼져서 뿌리를 내리면, 세상에서 아무리 강력한 힘으로도 그것을 제거할 수 없는 것 같다. 아메리카합중국에서는 종교·철학·도덕 그리고 심지어 정치에 있어서까지 일반원칙은 변하지 않는다. 설사 변한다 하더라도 그것은 눈에 잘 보이지도 않을 만큼 아주 작게 수정될 뿐이다. 아무리 큰 편견이라 할지라도 인간과 사물의 끊임없는 마찰 속에서는 믿을 수 없을 만큼 천천히 사라지게 되어 있다.

내가 듣기로는 사람들이 끊임없이 자기들의 견해와 감정을 바꾸는 것이 민주사회의 속성이요 관습이라 한다. 이것은 고대세계처럼 규모가 작은 민주국가에서는 사실일지 모른다. 거기서는 전체 시민이 한곳에 모일 수 있었고, 그래서 어떤 한 사람의 웅변가가 마음대로 흥분시킬 수 있었다. 그러나 대서양의 반대편 해안에 자리잡고 있는 그 거대한 민주국가에서는 그런 현상을 보지 못했다. 아메리카합중국에서 내가 받은 인상은 일단 마음에 품은 견해를 대중으로부터 떨쳐내는 일이 어렵다는 것과, 또 일단 채택된 견해를 지도자가 포기하도록 하는 일이 어렵다는 것이다. 말로써도 글로써도 그렇게 할 수가 없다. 경험만이 가치가 있는데, 이 경험까지도 탄복되어야 한다.

이것은 처음 보아서는 놀랄 만한 일이지만, 주의깊게 관찰해 보면 이해가 간다. 나는 민주국가에서의 편견을 제거하는 것이나 그 신념을 변화시키는 것, 종교나 도덕이나 정치에 있어 일단 확립된 원칙을 새로운 원칙으로 대체하는 것이 일반적으로 생각되는 것만큼 쉽다고는 생각하지 않는다. 한마디로 말해서 인간의 마음을 크게, 그리고 자주 변화시킨다는 것은 어려운 일이다. 그곳에서도 인간의 마음이 정지상태에 있는 것이 아니고 끊임없이 동요하고 있다. 그런데 그곳에서의 인간정신은 새로운 원칙을 찾아내는 데 열중하기보다는 이미 알려진 원칙에 따른 결과를 무한히 변화시킨다거나 새로운 결과를 찾아내는 데 열중하고 있다. 그 운동은 신속하고 직

접적인 노력에 의한 직선운동이라기보다 빙빙 도는 회전운동이다. 이 운동
은 순간순간 작은 움직임을 계속함으로써 그 궤도를 확장하기는 하지만 갑
자기 그 위치를 바꾸는 일은 없다.

권리상으로 교육상으로 재산상으로, 한마디로 함축해서 모든 사회적인
조건상으로 평등한 사람들은 반드시 별로 상이하지 않은 욕망과 관습과 취
향을 가지게 마련이다. 그들은 같은 관점에서 사물을 보기 때문에 그들의
정신은 자연히 같은 결론에 도착하는 경향이 있다. 그런데 그들 각자가 동
시대인들로부터 이탈하여 자기 자신의 견해를 형성하긴 하지만, 본의 아니
게 상당수의 수용된 견해에서 그들은 의견의 일치를 볼 것이다. 평등이 인
간정신에 미치는 효과를 주의깊게 관찰하면 할수록 우리 주위에서 볼 수
있는 지적 무질서가 많은 사람들이 생각하듯이 민주국가의 본래 모습이 아
님을 확신하게 된다. 나는 지적 무질서를 청년들에게 특이하게 나타나는
우연한 현상으로 간주하고 싶으며, 동시에 그것은 과도기에만 나타난다고
생각한다. 그 과도기에 사람들은 인간을 결합시키긴 했지만 혈통상으로나
교육 및 관습상으로 놀랄 정도로 상이한 전 시대와의 유대를 절단해 버렸
기 때문에, 다양한 견해나 성향이나 취미를 보존하고 있으므로 사람들은
서슴지 않고 그것들을 공개적으로 지지하게 된다. 인간의 지배적인 견해는
그들의 조건이 동화해감에 따라 유사하게 된다. 이것이야말로 나에게는
일반적이고 항구적인 법칙으로 보인다. 그 이외에는 우연하고 일시적일
것이다.

민주사회에서는 동시대인들이 수용한 것과 전혀 다른 관념의 체계를 갑
자기 형성하는 일이 어느 누구에게도 거의 일어나지 않는다고 생각한다.
설사 그러한 개혁가가 나타난다 하더라도 그는 청중을 얻기가 어려울 뿐만
아니라, 거기에다가 추종자를 얻기란 더욱 어려울 것이다. 인간의 조건이
거의 동등할 때는, 다른 사람에 의해 설득당하는 것을 쉽게 허용하지 않는
다. 그들은 모두 상호 밀접하게 교류하면서 살고 있고 같은 것을 함께 배웠
으며 같은 인생을 영위하기 때문에 그들 중의 어느 한 사람을 지도자로 생
각하면서 무조건 따를 생각이 나지 않는다. 인간은 자기와 동등한 사람이

828

나 자신과 동일한 사람의 견해를 신뢰하는 일이 별로 없다.

다른 곳에서 지적한 바와 같이, 민주국가에서는 어떤 개인의 우월한 성취에 대한 일반적인 관념도 재빨리 사라진다. 인간이 서로 유사해감에 따라 지식인이 지녔던 평등의 원리가 점점 대중의 견해 속으로 확산되며, 그래서 어떤 개혁가가 대중의 마음을 지배할 수 있는 영향력을 얻기는 더욱 어려워진다. 따라서 이러한 사회에서는 갑작스런 지적 혁명이 더욱 드물어질 것이다.

또한 민주사회에서는 인간이 어떤 유대에 의해 상호 연결되어 있지 않기 때문에 그들 각자를 개별적으로 확신시켜야 하지만, 귀족사회에서는 소수를 확신시키는 것으로 충분하고 나머지는 따르게 되어 있다. 만약 루터가 평등의 시대에 살았거나 그의 청중 속에 권력자와 군주가 없었다면, 그는 아마 유럽의 판도를 바꾸는 데 더 큰 어려움을 겪었을 것이다.

사실상 민주사회에 사는 사람들이 본래부터 그들 자신의 견해의 확실성을 믿는다거나 신념에 투철한 것이 아니다. 그들은 자기들이 볼 때에는 어느 누구도 제거할 수 없는 의심을 가지고 있는 때가 종종 있다. 이러한 때에 인간정신은 선뜻 그 위치를 바꾸고자 하는 때가 가끔 발생하지만, 그 어떤 것도 그것을 앞으로 나아가게 하지 못하기 때문에 발전적인 전진은 없고 단순히 이리저리 흔들릴 뿐이다. [원주7]

[원주7] 인간심성의 위대한 혁명에는 어떤 사회상태가 가장 유리한가를 탐구한다면, 그것은 전체 사회의 완전한 평등과 절대적인 계급분리 사이의 어디엔가 있다는 것을 알게 된다. 계급제도 아래서는 인간의 위치가 변경되지 않은 채 세대가 계속 이어진다. 어떤 사람들은 더이상 바랄 것도, 더이상 나아질 것도 없다. 이처럼 온누리에 미만한 침묵과 정적 속에 상상력은 잠들어버리고 변화라는 생각 자체가 사람들의 머릿속에서 사라진다.

계급들이 철폐되어 사회조건들이 거의 평등화되면, 모든 사람들은 끊임없는 흥분상태에 빠지지만 그들 개인은 힘도 없이 독불장군격으로 외로운 신세에 처한다. 이와 같은 나중의 상태는 이전의 상태와는 전적으로 다르다. 그러나 한 가지 점에서는 비슷하다. 즉 그런 상태에서는 인간심성의 위대한 혁명이 거의 일어나지 않는다. 그러나 여러 나라의 역사의 이와 같은 양 극단 사이에는 영광은 물론 흥분에 휩싸이는 어중간한 기간이 있다. 이 기간 동안에는 사람들의 조건이 충분히 안정되지 않아서 무기력 속에 잠재울 수 없으며, 사람들 사이의 불평등이 상당한 정도이므로 상호간의 심성에 거대한 영향력을 행사할 수 있고, 그래서 일부 민주국가에서 국민의 신뢰를 획득했을 때조차도, 그들의 관심을 획득하는 것은 여전히 쉬운 문제가 아니다. 민주국가에서는 국민 자신에 관해서 이야기하지 않는 한 그들의 청취를 기대하기가 지극히 어렵다. 그들은 항상 자기들이 하고 있는 일에 완전히 마음을 빼앗기고 있기 때문에 그들을 향해 하고 있는 말에 대해 별로 관심을 나타내지 않는다. 사실상 민주사회는 게으른 사람이 별로 없다. 인생은 소음과 흥분 속에서 지나간다. 그리고 인간은 너무나 행동하는 데 몰두하고 있으므로 사고할 수 있는 시간이 거의 없다. 그들은 고용되어 있을 뿐만 아니라, 그들이 맡은 일에 열정적으로 헌신하고 있다는 것을 특별히 강조해두고자 한다. 그들은 언제나 행동하고 있으며, 그들의 각개 행동은 그들의 모든 재능을 흡수해버린다. 그들이 사업에 쏟는 열성은 그들이 이념에 쏟을 수 있는 열정을 빼앗아버린다.

민주국가에서 국민의 일상생활과 직접 관계가 없는 어떤 이론에 대해 국민적인 열정을 불러일으키기는 지극히 어렵다고 생각한다. 따라서 그들은 그들의 오래된 견해를 쉽게 버리지 않으려 할 것이다. 왜냐하면 인간정신으로 하여금 통상적인 궤도에서 빠져나가게 하여 정치상의 거대한 혁명뿐만 아니라 지식상의 거대한 혁명을 초래하는 것은 열광이기 때문이다.

이와 같이 민주국가의 국민은 새로운 견해를 찾아나설 시간도 없거니와 흥미도 없다. 설사 그들이 지닌 견해가 의심스럽게 되더라도 그들은 계속 그것을 유지하고 있다. 왜냐하면 그것을 바꿀 수 있을 만한 시간도 없거니와 연구도 할 수 없기 때문이다. 그들은 이들 견해를 확실한 견해로서 지니고 있는 것이 아니라 기존의 견해로서 지니고 있다.

개인의 영향력이 미약하고 거의 눈에 띄지 않을 경우, 각 개인의 마음에 미치는 대중의 힘은 대단히 크게 된다. 나는 그 이유를 이미 밝혔다. 지금은 이러한 사실이 정부라는 형태에만 의존한다고 생각하는 것은 잘못이라는 점과, 대중도 그 정치권력을 잃게 되면 지적 우월성을 상실한다는 것을

소수 인물들은 모든 사람들의 확신을 수정하기도 한다. 바로 이런 시기에 위대한 개혁가들이 나타나고 새로운 사상이 갑자기 세계의 양상을 뒤바꾼다.

언급하겠다.

귀족사회에서는 사람들이 자기 자신의 위대성과 세력을 많이 지니는 경우가 자주 있다. 그들이 동료 국민의 대다수와 일치하지 않음을 알게 될 때에는, 그들은 자기 자신의 영역으로 은둔하여 그곳에서 스스로를 위로 격려한다. 민주국가에서는 그렇지 않다. 여기서 대중의 찬성은 우리가 숨쉬는 공기만큼이나 필수적이다. 대중과 불화하면서 사는 것은 말하자면 사는 것이 아니다. 대중은 자기들과 같이 생각하지 않는 사람을 강제할 수 있는 법률을 필요로 하지 않는다. 공중적 부정으로서 충분하다. 그래서 고독감과 무력감이 그들을 덮쳐서 그들이 절망하도록 만든다.

사회적 조건이 평등할 때 언제나 여론은 거대한 힘으로써 각 개인의 마음을 짓누른다. 즉 여론은 개인을 포위하고 지시하고 억압한다. 그리고 이것은 정치적인 법률에서 비롯되기보다 사회체제에서 비롯되는 경우가 훨씬 많다. 인간이 보다 비슷해짐에 따라 각 개인은 자기 이외의 모든 사람과 비교하여 자신이 더 약하다고 느낀다. 개인은 다른 사람들보다 우월한 점을 자신에게서 발견할 수 없기 때문에 다른 사람들이 자기를 비난하면 즉시 자기 자신을 불신하게 된다. 그는 자기가 강하다는 것도 믿지 않지만 그가 옳다는 것마저도 의심한다. 국민 대다수가 그를 잘못이라고 하면, 그는 자기가 잘못이라는 것을 아주 쉽게 인정해 버린다. 대중은 그를 강제할 필요가 없다. 민주사회의 권력이 어떠한 방법으로 조직되고 또 균형을 이루든, 국민 대다수가 부정하는 것을 긍정하기는 지극히 어려우며 또한 국민 대다수가 비난하는 것을 자기는 옳다고 주장하기도 지극히 어렵다.

이러한 사정이 견해를 안정시키는 데 크게 도움이 된다. 민주국가에서 어떤 견해가 일단 뿌리를 내려 대중의 마음속에 확립되면 그것은 아무런 노력이 없이도 저절로 지속되는 바, 이것은 아무도 그것을 공격하지 않기 때문이다. 처음에 그것을 잘못이라고 거절했던 사람들도 마침내는 그것을 일반적인 생각으로 받아들이며, 마음속에서는 아직 그것과 어떤 논쟁을 벌이는 사람들도 자신들의 불평을 감추어버린다. 즉 그들은 위험하고 무익한 투쟁에 빠지지 않으려고 조심한다.

민주국가에서의 대중이 그들의 견해를 바꾸게 될 때 그들의 마음속에 갑 작스럽게 이상한 혁명을 불러일으킨다는 것은 사실이다. 그러나 많은 어려 움이 없이는 그들의 견해가 바뀌지 않는다. 그리고 그들의 견해가 바뀌었 다는 것을 나타내는 것도 마찬가지로 어렵다.

겉으로는 전혀 변화의 징조를 내보이지 않고서, 세월의 흐름, 사태의 추 이 혹은 전혀 개인에 의한 사고행위가 때로는 어느 견해를 뒤흔들거나 파 괴할 것이다. 그 견해는 전혀 공공연하게 공격되지도 않았고 그에 대해 싸 움을 벌이기 위한 음모가 전혀 이루어지지 않았지만 그 견해의 추종자들은 하나하나 소리없이 떨어져나간다. 날마다 추종자의 일부가 떨어져나가서 마침내 그 견해는 소수의 지지를 받게 된다. 이런 상태에서 그 견해는 아직 도 계속 지배할 것이다. 그 적들이 침묵하고 있거나 그들의 생각을 몰래 나 누고 있기 때문에, 소수자들 자신은 사실상 거대한 혁명이 이미 이루어졌 다는 사실을 오랫동안 깨닫지 못한다. 그래서 이런 불확실한 상태 속에서 그들은 아무런 조치를 취하지 않는다. 그들은 서로 쳐다볼 뿐 아무 말도 하 지 않는다. 대다수는 그들이 전에 믿던 것을 이제는 믿지 않는다. 그러나 그들은 아직 믿는 척할 따름이다. 그런데 이런 텅 빈 유령 같은 여론일 망 정 개혁자들을 숨죽이게 만들고 상당한 정도로 행동의 속박을 가할 만큼 강력한 것이다.

우리는 인간에게서 견해의 변화가 가장 급속하게 일어나는 시대에 살고 있다. 그럼에도 불구하고 사회의 주도적인 견해는 머지않아 그 어느 때보 다도 더 안정될 것이다. 그때가 아직은 도래하지 않았다. 그러나 접근해오 고 있다. 나는 민주국가에서 국민의 자연적인 욕망과 성향을 보다 면밀히 검토해보았다. 만약 사회적 평등이 전세계에 걸쳐 보편적이고도 항구적으 로 확립되면, 지적이고 동시에 정치적인 거대한 혁명은 예상보다는 더욱 어려워질 것이고 그리고 그 횟수가 대폭 줄어들 것이라는 확신을 얻게 되 었다. 민주국가의 국민들은 그들의 의지나 그들의 지위에 있어서 언제나 흥분되고 불확실하고 열렬하고 그리고 변하기 쉬운 것으로 나타나 보이기 때문에, 그들은 갑자기 법률을 폐지하고, 새로운 견해와 새로운 생활태도를 채택할 것으로 생각된다. 그러나 설사 평등의 원리가 인간으로 하여금 변화를 갈망하도록 만든다 하더라도, 그것은 동시에 인간에게 사물의 안정된 질서가 없이는 충족될 수 없는 어떤 이익이나 욕구를 제시한다. 평등은 전진을 촉구하지만, 동시에 후퇴도 요구한다. 그것은 인간의 욕망을 타오르게 하지만, 동시에 인간의 힘을 제한한다.

그러나 처음에는 이것이 인식되지 않는다. 즉 민주시민을 분리시키는 감정은 분명히 드러나 보이지만, 그들을 자제시키고 결합시키는 숨은 힘은 첫눈에는 알아볼 수 없다.

나의 주위가 폐허로 둘러싸여 있다고 해서 내가 앞으로 올 세대들을 위해서 가장 우려하는 것이 혁명이 아니라고 감히 말할 수 있겠는가? 사람들이 계속해서 가정적인 이해관계라는 좁은 범위 속에 더욱 폐칩하고 그런 종류의 자극을 추구할 경우, 그들은 궁극적으로는 나라를 뒤흔들지만 나라를 발전시키고 재충전시키는 저들 위대하고 강력한 대중적 정념에 접할 수 없게 될지도 모를 우려가 있다. 재산이 이 손에서 저 손으로 이동이 잦고 재산에 대한 집착이 갈피를 못 잡고 열에 들떠 있을 경우, 사람들은 새로운 이론은 모두 위험한 것으로, 모든 개혁은 역겨운 고역으로, 모든 사회적인 개선은 혁명으로 향한 징검다리로 간주하는 상태에 이르러서 너무 멀리 몰려갈까 봐서 함께 나아가려 들지 않을 우려가 있다. 마침내 그들은 자신들과 후손들의 미래의 이해관계를 전혀 내다보지 못한 채 비겁하게도 현재의 쾌락에 몸을 내맡기고, 정말 필요할 때 더 높은 목표를 향한 강인하고 신속한 노력을 기울이기보다는 손쉬운 인생의 시류에 따라 흘러가기를 좋아하지 않을까 나는 우려한다. 또한 나는 그들이 그런 작태를 벌이고 있다는 사실을 고백하고자 한다.

현대사회는 계속 변해갈 것이라고 믿는 사람이 있다. 그러나 나로서는 마침내 완전히 변하지 아니하고 동일한 제도와 동일한 편견, 동일한 관습에 고정되어 인류가 정지상태에 머무르게 되지 않을까 하는 생각이 든다. 또 인간정신이 아무런 새로운 관념을 형성함이 없이 이리저리 방황만 하게 될 것은 아닌지 하는 생각도 든다. 인간은 쓸데없는 일에 힘을 낭비하고,

계속적으로 활동한다고 해도 인간성의 발전이 정지하지나 않을까 하는 생
각이 든다.

22. 왜 민주국가의 국민은 평화를 바라고 민주국가의 군대는 전쟁을 바라는가

민주국가의 국민으로 하여금 혁명을 단념하도록 하는 바로 그 이해관계
와 공포와 열정은 동시에 그들로 하여금 전쟁을 단념하도록 만든다. 군사
적 영광의 정신과 혁명의 정신은 같은 시간에 같은 원인에 의해 약화된다.
평화를 사랑하는 사람인 자산가들의 끊임없는 증가, 전쟁이 일어나면 급속
히 사라지게 될 개인적인 재산의 증대, 온화한 생활태도, 부드러운 감정,
사회의 평등화가 창출해낸 동정을 품는 경향, 인간으로 하여금 전쟁의 격
렬하고 시적인 흥분에 무감각하도록 만드는 냉철한 이해력, 이 모든 원인
이 상호작용하여 군대정신을 억눌러버린다. 내가 생각할 때는 민주국가에
서 사회가 평등화함에 따라 호전적인 열정은 점차 약화된다는 것이 일반적
인 법칙일 것 같다.

그럼에도 불구하고 민주국가이건 아니면 다른 종류의 국가이건 간에 모
든 국가가 전쟁의 가능성을 안고 있다. 그들이 아무리 평화를 원할지라도
침략을 격퇴할 준비를 갖추고 있어야 하는 바, 즉 바꾸어 말하면 그들은 군
대를 유지해야 한다. 아메리카합중국 주민들에게 그토록 많은 특이한 재산
을 부여해준 행운은 아메리카인들로 하여금 황무지 가운데 자리잡을 수 있
도록 해주었다. 그곳에는 그들 이외의 다른 사람이 없었다. 그래서 여기서
는 그들의 욕망을 충족시키는 데 있어서 수천 명의 군대로도 충분했다. 그
러나 이것은 아메리카에서나 있을 수 있는 특이한 상황이지 민주주의에 수
반하는 상황은 아니다.

사회의 평등과 여기서 나오는 제도와 관습으로 말미암아 민주국가의 국
민이 상설군대의 필요성을 느끼지 않을 수는 없다. 그리고 그 군대는 언제

나 그들의 운명에 강력한 영향력을 행사한다. 따라서 이 군대를 구성하는 사람들의 본래 성향을 조사하는 것은 대단히 중요한 일이다.

귀족국가 중에서는, 그것도 특히 가문이 계급의 유일한 근거가 되는 국가에서는 국민에게 있어서와 마찬가지로 군대에도 불평등이 존재한다. 장교는 귀족 출신이고 사병은 농노 출신이다. 전자는 본래부터 명령할 수 있게 되어 있고, 반면에 후자는 본래부터 복종해야 한다. 따라서 귀족국가의 군대에서는 사병의 야망은 극히 제한되어 있다. 장교의 야심도 무제한적인 것은 아니다. 귀족체제는 국민적인 계급체계를 형성하고 있을 뿐만 아니라, 자체 내에서도 계급체계를 형성하고 있다. 귀족계급의 구성원들은 특별하면서도 변하지 않는 방법에 의해서 어느 한쪽이 다른 쪽 위에 위치한다. 이와 같이 어떤 사람은 태어나면서부터 연대단위의 군부대를 지휘할 수 있고, 또 다른 어떤 사람은 중대단위를 지휘할 수 있을 뿐이다. 일단 그들이 바라는 최고의 목표에 도달해버리면 자진하여 현재의 위치에 멈추어버리고 그들의 운명에 만족해 한다.

이밖에도 귀족사회에서 장교의 승진욕을 약화시키는 커다란 원인이 있다. 귀족국가에서 장교는 그의 군대에서의 지위와 관계없이 사회에서 어떤 상위의 지위를 차지하고 있다. 군대에서의 지위는 그가 보기에는 사회에서의 지위에 부수되는 것에 불과할 뿐이다. 군인으로서의 직업을 가진 귀족은 그 동기가 야심에 있다기보다 그의 출신 가문상 그에게 부과되는 의무로서의 인식에 있다. 귀족 출신자가 군문에 들어가는 것은 그의 청년기의 한가한 시간을 명예로운 일로 보내겠다는 생각과, 또 그의 가정과 자기와 같은 계급의 귀족들에게 군생활에 있어서의 명예로운 일들을 전하기 위한 것이다. 그런데 그의 주요한 목적이 그 군인으로서의 직업을 통해 재산이나 명예나 권력을 획득하는 데 있지는 않다. 왜냐하면 군문에 들어가지 아니하고도 이러한 권리들을 나름대로 향유하고 있기 때문이다.

민주국가의 군대에서는 모든 사병이 장교가 될 수 있는데 이것은 누구나 승진의 욕망을 갖도록 만들며 군인으로서의 야심의 범위를 무한정하게 넓혀준다. 장교의 입장에서도 승진하지 않은 채 어떤 특정계급에 반드시 머물러야 할 이유가 없다. 각 계급마다 그에게는 중요한 의미를 지니는 바, 그의 사회적 지위는 군대에서의 그의 지위에 달려 있는 경우가 대부분이기 때문이다. 민주국가에서 장교는 그의 보수 이외에는 달리 재산이 없으며 또 군인으로서의 명예 이외에는 다른 명예를 가지지 못하는 경우가 많다. 따라서 그의 직무가 변함에 따라 그의 재산도 변하며, 그는 말하자면 새로운 사람이 된다. 귀족국가에서는 부수적인 지위에 불과했던 것이 그의 전체적인 조건을 결정하는 중요한 문제가 된다.

프랑스의 구왕조에서 장교는 항상 귀족작위로 호칭되었다. 그러나 지금은 군대계급으로 호칭되고 있다. 언어상으로 본 이 조그마한 차이로도 사회체제와 군대체제에 거대한 혁명이 일어났음을 충분히 증명할 수 있다.

민주국가의 군대에서는 진급에의 욕망이 대단히 강하다. 즉 이것은 열렬하며 집요하고 그리고 끊임없다. 이것은 모든 다른 욕망에 의해 더욱 강화되고 있으며, 생명이 끝나야 없어진다. 그러나 세계의 모든 군대 중에서 평화시에 진급이 가장 느린 군대는 민주국가의 군대라는 것을 쉽게 알 수 있다. 직책의 수는 제한되어 있는데도 경쟁자의 수는 무한히 많으며 평등을 위한 엄격한 법률이 전체적으로 골고루 실시되고 있기 때문에, 어느 누구도 급속한 진급을 할 수가 없다. 그리고 전혀 진급할 수 없는 사람이 많이 나온다. 이와 같이 다른 어떤 곳보다 진급의 욕망은 강한데 진급의 기회는 더욱 적은 곳이 아메리카이다. 따라서 민주국가에서 야심적인 군인들은 모두 전쟁을 열렬히 바란다. 왜냐하면 전쟁이 일어나야 공석이 많이 생기며, 민주사회에서만 존재하는 선임자의 특권을 규정한 법률을 무시하는 상황이 초래될 수 있기 때문이다.

이와 같이 우리는 다음과 같은 특이한 결론을 얻게 되는데, 즉 모든 군대 중에서 전쟁을 가장 열렬히 바라는 군대는 민주국가의 군대이며, 모든 국민 중에서 평화를 가장 애호하는 국민은 민주국가의 국민이다. 그리고 이러한 사실이 더욱 유별나게 받아들여지는 것은 이러한 상반된 결과가 다같이 평등의 원리에 의해 생겨나기 때문이다.

모든 사회구성원들이 동등하기 때문에 그들은 끊임없이 그들의 조건을 변화시키거나 그들의 처지를 향상시키고자 하는 소망을 품고서 그 가능성을 모색한다. 이것이 그들로 하여금 평화를 애호하게 만드는데, 이 평화야말로 산업에 도움이 되며 또 모든 사람들이 자기의 작은 사업을 완성할 수 있도록 해주기 때문이다. 이와는 반대로 바로 이같은 평등이 군인으로 하여금 전쟁을 꿈꾸게 하는데, 전쟁이 일어나야 군인이 지닌 명예의 가치를 높이며 이 고양된 명예를 이용하여 모든 것을 성취해 볼 수 있기 때문이다. 어느 경우에나 정신적인 방향은 마찬가지이며, 쾌락에 대한 욕구나 성공에 대한 야심이 대단히 크다. 단지 그것을 충족시키는 수단이 다를 뿐이다.

이러한 국민과 군대의 상반된 경향은 민주주의 국가를 대단히 위험스럽게 만든다. 군대정신이 국민에게 떠날 때, 군사업무는 즉시 존경을 받지 못하게 되며, 군인은 공복 중에서 최하위의 계급으로 전락한다. 귀족시대와는 반대되는 현상이 발생한다. 즉 군문에 들어가는 사람은 이제 더이상 고위층 인사들이 못되고 최하위계급 출신들이다. 그리고 아무것도 해볼 만한 것이 없을 때 군인으로서의 야심을 갖게 된다. 여기서 피하기 어려운 원인과 결과의 악순환이 발생한다. 즉 군사업무가 존경을 받지 못하기 때문에 국민들 중 우수한 사람들이 군문을 피하게 되고, 또 국민들이 군문을 피하게 되니 군사업무는 존경을 받지 못하게 된다.

그래서 민주국가의 군대가 비록 다른 어떤 국가의 군대보다 물질적 조건이 훨씬 좋고 그 규율이 덜 엄격하다 할지라도 그들이 자주 불안해 하며 화를 잘 내고 그들의 처지에 만족스러워하지 못하는 것은 놀랄 만한 문제가 못된다. 군인은 자기가 열등한 지위에 있다고 느끼며, 그래서 이 자존심에 대한 상처는 자기의 군사업무를 필요하게 하기 위해 호전성을 자극하든가 아니면 혁명에 대한 욕구를 불어넣어준다. 이런 혁명과정에서 그는 군사력을 통해서 현재 자신이 얻지 못하고 있는 정치권력과 명성을 획득하기를 바랄 것이다.

민주국가에서의 군대조직이 이와 같은 위험을 더욱 가중시킨다. 민주사회에서는 거의 모든 사람이 지켜야 할 재산을 가지고 있다. 그러나 군대는 재산이 없는 사람들에 의해 운영되어가는 것이다. 이 사람들은 사회적 격동에서 잃을 것이 별로 없다. 국민대중은 귀족시대 당시보다 더욱 혁명을 두려워한다. 그러나 군대의 지휘관들은 이를 두려워하지 않는다.

더욱이 앞서 언급했듯이 민주국가에서는 아주 부유하거나 교육수준이 높고 유능한 사람은 군사업무를 맡지 않기 때문에 집단으로서의 군대는 필연적으로 저들만으로 소집단을 형성한다. 이들은 일반국민들보다 안목이 좁고 습관 또한 거칠다. 그런데 이 계몽되지 못한 소집단이 무기를 소유하고 있으며, 그 사용법을 그들만이 알고 있다. 사실상 사회의 평화적인 기질이 군부의 불온한 군사정신으로부터 받게 될 국민적 위험을 더욱 증가시킨다. 전쟁을 싫어하는 국민 속에 있는 군대만큼 위험한 존재는 없다. 전체 사회가 조용하기를 바라는 마음이 강하면 강할수록 사태는 더욱 군인들 쪽으로 기운다.

따라서 일반적으로 말해서, 비록 민주국가의 국민이 본래 자기들의 이익과 성향으로 말미암아 평화를 지향한다 할지라도 그들은 끊임없이 군대에 의해 전쟁과 혁명으로 이끌려가고 있다고 주장할 수 있을 것이다. 귀족국가에서는 별로 예상할 수 없는 군사혁명[역주2]이 민주국가에서는 항상 두려운 존재로 부각된다. 이러한 위험은 그들의 미래의 운명을 결정하는 가장 무서운 요소로 고려되어야 하며 정치가는 이것에 구제책을 모색해내야 한다.

군대의 무모한 야망에 의해 좋지 않은 영향을 받을 염려가 있다는 것을 국민이 자각하게 될 때, 그들에게 떠오르는 첫번째 생각은 전쟁을 일으킴으로써 이 무모한 야망의 출구를 마련해 주고자 하는 것이다. 나는 전쟁을 비난하고 싶지는 않다. 왜냐하면 전쟁은 보통 인간의 마음을 넓혀주고 인격을 높여주기 때문이다. 어떤 경우에 전쟁은 사회의 평등화로 말미암아 발생하는 어떤 경향이 지나치게 발전하는 것을 제어할 수 있는 유일한 수단이 되기도 한다. 그리고 전쟁은 민주사회가 직면하기 쉬운 어떤 고질적

[역주2] military revolutions. 부득이 '군사혁명'이라고 번역했지만 사실상 군사쿠데타를 가리키고 있다.

838

인 병폐를 퇴치하는 데 있어서 필수적인 방법이 되기도 한다.

전쟁은 많은 장점을 지니고 있다. 그러나 방금 지적한 위험을 줄일 수 있다고 생각할 수는 없다. 그러한 위험은 전쟁에 의해서 유예될 수 있을 뿐이고, 전쟁이 끝나면 더욱 강렬하게 나타날 것이다. 왜냐하면 군사적인 공적을 세운 바 있는 군대로서는 평화를 더욱 참아낼 수 없기 때문이다. 전쟁은 오직 군사적인 영광을 안타깝게 갈망하는 국민에게나 구제책이 될 수 있을 것이다.

아마 거대한 민주국가에서 등장하는 모든 군사통치자는 그 나라의 군대가 정복이 끝나고서 평화롭게 살도록 하기보다는 그 군대가 정복을 계속하게 하는 것이 군대를 다루는 데 더 편리함을 알게 될 것이다. 민주국가의 국민들이 전쟁을 시작했다가 그것을 끝내는 데 있어서 대단히 어렵게 생각하는 두 가지 사실이 있다.

즉 비록 전쟁이 민주국가에서 특별한 이점을 지닌다 할지라도, 다른 한편으로 귀족국가라면 두려워할 이유가 없는 어떤 위험을 가져오기도 한다. 나는 여기에 대해 두 가지만 지적하고자 한다.

전쟁이 군부를 만족시켜 준다 할지라도 날마다 작은 욕망을 충족하기 위해서는 평화를 필요로 하는 수많은 대중을 당황하게 하기도 하고 또 화를 내게도 한다. 이와 같이 전쟁을 통해서 방지하고자 하는 바로 그 소요가 다른 형태로 나타날 위험을 안게 된다.

장기간의 전쟁은 반드시 민주국가의 자유를 위태롭게 한다. 사실상 전쟁에서 승리했다고 해서 술라나 시저가 그랬던 것처럼 개선장군들이 무력으로 최고권력을 장악할 염려가 있다는 것이 아니다. 그러한 위험은 또 다른 종류일 것이다. 전쟁이 일어난다고 해서 민주국가가 군사정부로 넘어가지는 않는다. 오히려 전쟁을 통해서 민간정부의 권력은 반드시 엄청나게 강화될 것이며, 모든 사람에 대한 감독과 모든 사물에 대한 운영권을 행정부가 장악하게 될 것이다. 만약 전쟁이 갑작스런 폭력에 의해서 전제정치를 불러들이지만 않는다면, 인간으로 하여금 그 관습상 이에 적절히 대처할 수 있도록 해줄 것이다. 민주국가에서의 자유를 파괴하고자 하는 사람은 누구나 전쟁이야말로 그것을 위한 가장 확실하고 손쉬운 방법임을 알아야 할 것이다. 이것이 이 분야 학문에 있어서 제일의 원리이다.

사병과 장교의 야심이 위험수위에 달하게 될 때 나타날 수 있는 한 가지 구제책은 군대를 증강함으로써 분배할 수 있는 직책의 수를 늘리는 것이다. 이것으로 일시적인 효과는 거둘 수 있겠지만 미래의 어느 시점에 가서는 국가가 더욱 궁지에 몰리게 될 것이다. 군대를 증강하는 것이 귀족사회에서는 지속적인 효과를 거둘 수 있을 것이다. 왜냐하면 여기서는 군사적인 야심이 어느 특정계급에 한정되어 있고, 그리고 각 개인의 야심은 어느 한계 내에서 머무르게 되어, 군대 증강의 영향을 받는 사람을 모두 만족시킬 수 있기 때문이다. 그러나 민주국가에서는 군대를 증강해도 아무런 이득이 있을 수 없는 바, 지원자의 수가 군대를 확대한 것만큼 증가할 것이기 때문이다. 새로운 직책의 설치로 만족할 수 있는 사람들의 뒤에는 어떠한 수단으로도 만족시킬 수 없는 새로운 대중이 줄을 잇는다. 그리고 설사 지금은 만족한다 할지라도 곧 더 큰 진급을 갈망할 것이다. 결국 사람들이 바라는 바는 어떤 일정한 계급까지 오르는 데 있지 아니하고 끊임없이 진급하는 데 있다. 이러한 욕망이 별로 큰 것은 아니라 할지라도 그것이 끊임없이 재발할 것이다. 이와 같이 민주국가에서는 군대를 증강함으로써 일시적으로는 군부의 야심을 누그러뜨릴 수 있을 것이지만, 야심을 가지는 사람의 수를 더욱 증가시킴으로써 더욱 무서운 결과를 초래하게 될 것이다.

나로서는 이 무모한 군인의 야심은 민주국가의 군대체제 자체가 안고 있는 폐단으로서 구제가 불가능하다고 생각한다. 민주국가의 입법자들은 군부를 진정시키고 동시에 억제할 수 있는 어떤 군대조직을 고안해낼 것을 기대해서는 안된다. 아무리 노력해도 그것은 불가능할 것이기 때문이다.

군대의 해악에 대한 구제책은 군대 자체에서는 찾을 수 없고 국가적으로 찾아야 한다. 민주국가의 국민은 본래 소요나 독재를 두려워한다. 그래서 이러한 소요나 독재의 가능성을 사려깊고 지혜로우며 지속적인 취향으로 전환시키기를 바란다. 사람들이 마침내 자유를 평화적으로 그리고 유익하게 이용하는 법을 알게 되고 그것이 주는 혜택을 실제로 느낄 수 있을 때,

또 질서에 대한 남성다운 애착을 지니고서 어떤 원칙에 자유로이 복종하게
될 때, 비로소 사람들이 설사 군대에 몸을 담을지라도 무의식적으로 그리
고 심지어는 그의 의지에 역행하면서도 이러한 관습과 생활태도를 따르게
될 것이다. 일반적인 국민정신이 군대 고유의 정신 속으로 스며들어가 군
대생활에서 생기는 견해나 욕망을 누그러뜨리기도 하고, 또는 여론이라는
강한 힘으로 그것을 억제하기도 할 것이다. 시민을 교양있고 질서정연하며
신념이 확고하고 자유를 애호할 수 있도록 교육하게 되면, 군인들도 규율
있고 순종할 수 있게 될 것이다.

군부의 반동성향을 억제한다는 명분 아래 국민의 자유정신을 경감시키
거나 법과 권리에 대한 관념을 억압하는 경향이 있는 법률은 어떠한 법률
이건 군사독재의 확립을 막는 데 기여하기보다 군사독재를 불러들이는 결
과를 초래할 것이다.

결국 아무리 주의를 해도 민주국가에 존재하는 대규모 군대는 커다란 위
험의 원천이 될 것이다. 그러한 위험을 줄이는 가장 효과적인 방법은 군대
를 감축하는 것이다. 그러나 이것도 모든 국가가 다 채택할 수 있는 구제책
은 못된다.

23. 민주국가의 군대 내에서 가장 호전적이면서
가장 혁명적인 계급은 어느 계급인가

민주국가에서는 그 국민의 수가 증가함에 따라 군대의 수도 증가하는 것
이 필연적인 현상인 바, 이에 대해 살펴보고자 한다. 그런데 민주주의 시대
에 살고 있는 사람들은 군대생활을 선택하는 일이 별로 없다. 따라서 민주
국가는 머지않아 지원병제도를 중단하고 강제적인 징집제도를 채택할 것이
다. 그들의 사회조건상 후자의 수단에 의지하지 않을 수 없다. 그래서 앞으
로 모든 민주국가가 징집제도를 채택하리라는 것이 쉽게 예상된다.

군복무가 강제적이어야 전체 사회가 차별없이 공평하게 이 의무를 부담

하게 된다. 이것은 민주주의 국가의 사회적 조건의 필연적인 결과인 동시에 그들이 지닌 관념의 필연적인 결과이기도 하다. 정부는 전체 사회에 일률적으로 관계되는 한 정부가 바라는 거의 모든 것을 실행할 수 있다. 대개의 경우 저항을 불러일으키는 것은 부담을 불공평하게 분배하는 데 있는 것이지 부담을 지운다는 것 자체에 있는 것은 아니다. 그러나 군복무는 모든 시민에게 공통적인 사항이므로, 그들 각자는 불과 몇 년만 군복무에 종사하면 된다는 것이 분명하게 드러난다. 이와 같이 대부분의 귀족국가에서는 군복무가 각개 병사가 선택한 것이건, 혹은 그에게 의무로서 부과된 것이건, 평생 복무해야 하는 것이지만 민주국가에서의 병사는 단지 군대를 다녀오기만 하면 된다.

　이것은 중대한 결과를 초래한다. 민주국가의 병사들 중에는 군대생활에 흥미를 갖게 되는 사람이 얼마간 있다. 그러나 대다수 군인들은 그들의 의사에 반하여 징집되었고 항상 자기 집으로 돌아갈 생각을 하고 있기 때문에 이들은 군복무를 중요하게 생각하지 않으며 항상 군복무를 끝낼 생각만한다. 이런 사람들은 군인으로서의 욕망을 갖지 않으며 군대생활이 불러일으키는 열정을 마지못해 취할 뿐이다. 그들이 외면상으로는 군복무에 적응하고 있으나 그들의 마음은 사회생활상의 이해관계와 의무에 집착하고 있다. 따라서 그들은 군대정신을 흡수하는 것이 아니라 오히려 일반사회의 정신을 군대에 불어넣는다. 민주국가에서 사병은 민간인과 아주 비슷한 상태에 머무르고 있다. 국민적인 관습이 그들에게 확고하게 자리잡고 있고 여론이 강한 영향력을 미친다. 자유에 대한 애착과 권리에 대한 존중의 원리가 전체 국민에게 성공적으로 교육될 경우, 바로 사병을 통해서 이러한 원리가 군대로 주입될 수 있는 것이다. 귀족국가에서는 아마 반대현상이 일어나는데 여기서 사병들은 결국 동료시민들과 공통적인 일은 아무것도 갖고 있지 않으며, 이방으로서 때로는 적으로서 살아간다.

　귀족국가의 군대에서 장교는 보수적인 요소를 지니고 있다. 왜냐하면 장교들만이 민간사회와 엄격한 관계를 유지하면서 조만간 사회에서의 그들의 지위를 회복하고자 하는 마음을 결코 포기하지 않기 때문이다. 민주국가의 군대에서는 사병들이 이러한 위치에 있으며 그 이유 또한 동일하다.

이와는 반대로 이 민주국가의 군대에서 장교들은 일반 국민들과는 전혀 다른 취향이나 욕망을 갖게 되는 일이 많은데, 이것은 다음과 같이 설명될 수 있을 것이다. 즉 민주국가에서 장교가 되는 사람은 그가 민간생활에서 맺고 있던 모든 유대를 끊어버리고 영원히 민간사회를 떠난다. 그리고 어떠한 이해관계에 의해서도 그는 민간사회로 되돌아오지 않는다. 그의 진정한 조국은 군대이다. 왜냐하면 그가 가진 모든 것은 군대에서 그가 획득한 계급의 덕분이기 때문이다. 따라서 그는 군대의 운명을 따르며 군대와 함께 흥하기도 하고 망하기도 한다. 그래서 그의 모든 희망은 병영으로만 향한다. 장교의 욕망은 국민의 욕망과는 다르기 때문에, 일반국민이 안정과 평화를 가장 바라고 있는 바로 그때에 장교는 전쟁을 열렬히 원하거나 혁명을 일으키려고 애쓸 수 있다.

그럼에도 불구하고 이러한 무모하고 호전적인 마음을 누그러뜨리는 몇 가지 원인이 있다. 민주국가에서는 야심이 보편화되어 있고 계속적이긴 하지만, 그것이 대수로운 것은 아님을 앞에서 살펴본 바 있다. 사회의 하층계급에서 출생하여 장교가 된 사람은 이미 비약적인 발전을 한 것이다. 그는 민간생활에서 누렸던 것 이상의 영역에 기반을 확보하였으며 민주국가의 국민들이 항상 양도할 수 없는 권리로 간주하는 권리를 확보하였다.[원주8] 크게 노력한 다음에는 쉬면서 그가 확보한 것을 소비하며 즐기려고 한다. 그가 이미 확보한 것을 위태롭게 하지 않으려는 마음 때문에 그가 아직 확보하지 못한 것을 획득하고자 하는 욕망을 누그러뜨린다. 그의 전진을 가로막던 최초의 가장 큰 장애물을 정복하고 나서 그는 자신의 진전이 늦어진다고 해도 덜 초조해진다. 그의 진급으로 말미암아 잃을 수 있는 것을 그가 더 많이 가졌음을 알게 됨에 따라 그의 야심은 더욱더 줄어들 것이다.

[원주8] 장교의 위치는 다른 곳에서보다 민주국가에서 훨씬 확고하다. 어느 군인의 개인적인 처지가 낮으면 낮을수록 그의 계급의 상대적인 비중은 더 높아지며 그 계급에 상응한 혜택이 법으로 확보되어야 할 필요성과 당위성은 더 커진다.

나의 이 말이 틀리지 않는다면 민주국가의 군대 내에서 호전성과 혁명성이 가장 적은 계급은 주요 지휘관급일 것이다.

그런데 내가 방금 장교와 사병에 대해 언급한 것은 장교와 사병 사이를 채우는 몇몇 계급에는 적용되지 않는다. 즉 하사관계급에는 적용되지 않는다. 하사관계급은 역사적으로 지금까지 한번도 중요한 역할을 수행한 바가 없지만 앞으로는 중요한 역할을 담당하게 되리라 생각된다. 장교와 마찬가지로 하사관도 심리적으로 민간생활과의 모든 유대를 단절시켰으며 평생 군대에 복무할 결심을 하고 있다. 그러나 이 하사관은 장교로 임관할 수 있기 전에는 그들이 보다 자유롭게 안주할 수 있는 확고하고 높은 지위를 획득하지 못한 상태이다.

하사관은 직무의 성질상 불명확하고 제한적이며 쉴새없고 불안정한 위치에 처해 있다. 아직은 군대생활에서 위험스러움만을 느낄 뿐이다. 사실 그는 위험보다도 더 견디기 힘든 빈곤과 고된 훈련을 겪고 있다. 그는 현재의 사회체제나 군사제도가 그의 승진을 허용하고 있다는 것을 알고 있기 때문에 현재의 불행을 더욱 고통스럽게 견딘다. 사실 언젠가는 그가 임관하여 지휘권과 명예와 독립성과 권리와 향락을 동시에 확보할 수도 있을 것이다. 이러한 희망이 그에게 대단히 중요하게 부각되긴 하지만, 그것이 실제로 자기 자신의 것이 될 때까지는 결코 확신할 수 없다. 그의 현재 계급이 반드시 강등될 수 없는 것은 아니다. 그의 운명은 언제나 완전히 지휘관의 자의적인 기분에 맡겨진다. 왜냐하면 이것은 군기상 꼭 필요한 일이기 때문이다. 자기가 바라는 계급에 이르기까지는 그는 아무것도 이룬 것이 없는 격이다. 그 계급에 이르러야 그의 군 경력은 시작되는 것으로 보인다. 조그마한 잘못만 있어도 그는 오랜 기간 노고의 결실을 놓치고 말 것이다.

따라서 하사관은 어떠한 희생이 요구되는 전쟁이라 할지라도 전쟁을 바라게 된다. 그런데 전쟁을 할 수 없으면 혁명을 바라게 되는데, 이 혁명을 통해 기존 법질서를 파괴하고 혁명기의 혼란과 정치적 열정의 도움을 받아 상급장교들을 제거하고 그들의 자리를 차지하고자 한다. 이러한 사태를 야기하는 것이 불가능한 것도 아니다. 왜냐하면 그들의 공통의 혈통과 관습 덕택에 비록 그들의 감정과 욕망의 성격은 다를지라도, 사병들에 대해 강한 영향력을 행사할 수 있기 때문이다.

장교와 하사관과 사병의 이와 같이 다양한 성격을 어느 특정한 시기나 특정한 국가에 한정시켜서 생각한다면 그것은 잘못일 것이다. 즉 어느 시기에나, 그리고 어떤 민주국가에서도 발생하는 현상이다. 어느 민주국가의 군대에서나 그 국가의 평화적이고 질서정연한 분위기를 가장 잘못 나타내는 것은 하사관이고, 잘 나타내는 것은 사병이다. 사병은 그 사회를 가장 충실히 반영한다. 사회가 무식하고 취약한 상태에 있으면, 사병들은 무의식적이건 아니면 그들의 의사에 반해서건 그들의 지도자가 자기들을 소동 속으로 끌고 들어가는 것을 허용해 버릴 것이며, 만약 사회가 개화되어 있고 활력이 넘치는 상태에 있으면, 그 사회는 사병들을 질서의 테두리 내에 묶어두려고 할 것이다.

24. 전쟁의 초기에는 민주국가의 군대가 다른 어떤 군대보다 허약하지만 장기전에서는 강하게 되는 원인에 대하여

어떠한 군대라도 오랜 기간의 평화기를 거치고 나서 전쟁을 맞으면 그 초기에는 정복될 위험이 크다. 그러나 오랫동안 전투를 벌인 군대는 승리할 가능성이 많다. 이러한 사실은 특별히 민주국가의 군대에 가장 잘 적용된다. 귀족사회에서는 군사업무가 특권에 속하기 때문에 평화시에도 존경받는다. 재능이 뛰어난 사람, 돈이 많은 사람, 야심이 큰 사람이 그러한 직업을 선택한다. 즉 군대는 모든 점에서 국민과 동일한 수준에 있거나 혹은 그 상위에 있는 경우가 많다.

이와는 반대로 민주국가에서는 국민들이 점점 군복무를 멀리하고 명예와 권력과 특히 부를 추구하기 위해서 다른 길을 선택한다는 것을 앞에서 본 바 있다. 오랫동안 평화가 지속된 다음에는, 특히 민주주의 시대에는 이 평화의 기간이 길기도 한데, 군대는 언제나 국가 자체보다 하위에 머무르게 된다. 이러한 상태에서 군대는 전쟁에 임하게 된다. 그래서 전쟁에 의해 이 상태가 개선될 때까지 군대뿐만 아니라 국가에도 위험이 따르게 된다.

나는 민주국가의 군대에서 평화시에는 선임자 우선의 원칙이 승진에 있어서 확고부동한 최고의 원리임을 언급한 바 있다. 이것은 이러한 군대제도의 결과일 뿐만 아니라 국가체제의 결과이다. 따라서 이러한 현상은 반드시 일어나게 되어 있다.

또 민주국가에서 장교는 국가에서의 그의 지위를 단지 군대 내에서의 그의 지위에 따라 결정받게 되므로, 그리고 그가 현재 향유하고 있는 모든 명예와 재산을 역시 군대 내에서 그의 지위에 따라 결정받게 되므로 그는 죽을 때까지 퇴직하는 일이 없다. 이러한 두 가지 원인으로 말미암아 민주국가가 오랜 평화기를 거친 다음 전쟁을 맞이하게 될 때는 군대의 모든 지휘관급 장교는 노인이 되는 결과가 발생한다. 이것은 장군에게만 적용되는 것이 아니고 하사관에게도 적용되는데, 대부분의 하사관들은 정체되어 있거나 겨우 한 단계씩 진급할 뿐이기 때문이다. 민주국가의 군대에서 오랫동안 평화가 계속되고 나면, 모든 사병은 소년에 불과하고, 모든 고급장교는 황혼기의 노인들이 된다. 그래서 사병은 경험이 부족하고 장교는 활기가 없어진다. 이것이 패배의 첫번째 원인이 된다. 왜냐하면 성공적인 지휘관의 첫째 조건은 젊음이기 때문이다.

귀족국가의 군대에서는 이 두 가지의 원인이 같은 방식으로 작용하지는 않는다. 여기서는 선임자의 권리가 아니라 출생의 권리에 의해서 진급되기 때문에 모든 계급에 일정 수의 젊은이들이 있게 마련이며, 이들이 육체적으로나 정신적으로 필요한 젊은 활기를 군대사회에 불어넣게 된다. 또 귀족사회에서 군사적인 명예를 추구하는 사람은 모두 민간사회에서도 안정된 지위를 누리고 있기 때문에, 그들은 노인이 될 때까지 군대생활을 계속하는 일이 드물다. 가장 혈기왕성한 청년기를 군대에 봉사하고 나서는 자발적으로 퇴임하여 여생을 집에서 보낸다.

장기간의 평화는 민주국가의 군대를 나이 많은 장교가 차지하게 할 뿐만 아니라 모든 장교들로 하여금 전시에 적합하지 못한 관습을 갖게 한다. 평화롭게 오래 살아온 사람은 처음에는 전쟁이라는 엄격하고 힘든 상황에는 제대로 적응할 수가 없다. 그리고 설사 그가 전투적 기질을 완전히 잃지는 않았다 할지라도, 적어도 그는 정복에는 적합하지 못한 생활양식을 지니게 되었다.

귀족국가에서는 민간생활의 즐거움이 군대의 관습에 별로 영향을 미치지 못한다. 왜냐하면 귀족국가에서는 귀족계급이 군대를 지휘하기 때문이다. 그리고 귀족계급은 사치스러운 쾌락에 몰두할지라도 그들 자신의 행복에 대한 열정 이외에 또 다른 열정을 언제나 많이 가지고 있으며, 이 열정들을 보다 철저히 충족시키기 위해 귀족계급의 행복은 쉽게 희생될 수도 있다.

평화시 민주국가의 군대에서는 승진이 대단히 느리다는 것을 앞에서 살핀 바 있다. 처음에는 장교들이 이러한 상태를 조바심을 가지고 참아낸다. 즉 흥분하기도 하고 들떠 있기도 하고 격노하기도 하지만 결국은 그 상태에 적응할 결심을 한다. 야심이나 재산을 가장 많이 가진 사람은 군대를 떠나고, 그렇지 못한 사람들이 그들의 취향과 욕망을 빈약한 재산에 적응시키면서 마침내 민간인의 관점에서 군대생활을 바라보게 된다. 거기서 그들이 가장 높게 평가하는 것은 군대생활에 수반하는 상당한 권능과 안전이다. 미래에 관한 생각은 오로지 이러한 조그마한 준비나마 확실하게 하는 데 있다. 그리고 그들이 요구하는 것은 이것을 평화롭게 향유하는 것일 뿐이다. 이와 같이 오랜 기간의 평화는 군대를 노인으로 가득 채울 뿐만 아니라 인생의 전성기에 있는 사람에게까지 노인의 생각을 불어넣어주는 경우가 가끔 있다.

나는 또한 앞에서 평화시 민주국가에서는 군사업무는 존경이나 관심을 별로 못 받는다는 것을 살펴본 바 있다. 이처럼, 대중적 호의가 없는 사태는 군대에 심각한 타격이 된다. 이것은 군대의 사기를 저하시키며 마침내 전쟁이 발발했을 경우에도 용기와 활기를 즉시 회복할 수가 없다. 귀족국가의 군대에는 이러한 도덕적 취약성이 존재하지 않는다. 여기서는 장교들이 자기들이 볼 때에나 일반국민이 볼 때에나 절대로 천시되는 일이 없다. 왜냐하면 그들의 군대 내에서의 지위와는 별개로 그들은 개인적으로 높은 지위에 있기 때문이다. 그런데 설사 평화가 이 두 가지 종류의 군대에 다 같이 영향을 미친다 하더라도 그 결과는 다르게 나타날 것이다.

귀족국가의 장교들은 그들의 호전적인 기질이나 군복무를 통한 지위상 승의 욕구를 잃는다 할지라도, 본래 자기 계급이 지니고 있는 명예에 대한 일정한 존경심과, 선봉이 되어 본보기가 되는 해묵은 습관을 계속 유지할 수 있다. 그러나 민주국가의 군대가 호전성과 전투적 야심을 잃게 되면 그들은 완전히 빈털터리가 되어버린다.

따라서 나는 민주국가가 오랜 평화기를 거친 다음 전쟁을 맞으면 다른 어떤 나라보다도 패배의 위험을 많이 지니게 된다는 생각을 하고 있다. 그러나 초창기의 패배 때문에 쉽게 전쟁을 포기해서는 안된다. 왜냐하면 이러한 군대에 있어서는 전쟁이 계속됨으로써 승리의 가능성이 높아지기 때문이다. 마침내 전쟁이 오래 지속되면서 전체 사회를 평화시의 업무로부터 일깨우고 개인적인 사소한 업무들을 포기하게 하면, 평화의 유지에 중요성을 부여했던 그 열정이 이제 전쟁터로 전환될 것이다. 전쟁은 모든 유형의 생각을 다 없애버리고, 전쟁 자체가 유일하게 중요한 문젯거리가 되게 하며, 평등으로 말미암아 야기되는 모든 열렬하고 야심적인 욕망은 오로지 전쟁에 집중된다. 전쟁을 못마땅하게 생각하는 바로 그 민주국가의 국민이 일단 전쟁을 시작하고 나면 큰 성과를 거두는 경우가 많은 것은 위와 같은 이유에서 비롯되는 것이다.

전쟁은 짧은 기간 안에 공중의 관심을 더욱더 많이 끌고 높은 명성과 큰 재산을 얻을 수 있는 기회가 되기 때문에, 가장 뛰어난 사람들이 군대에 들어가게 된다. 귀족계급뿐만 아니라 전국가적으로 모험적이고 자신만만하며 호전적인 사람들이 이 방향으로 집결한다. 군사적인 명예를 얻으려는 경쟁자가 무한히 많고 그리고 전쟁은 모든 사람을 비슷한 수준으로 몰아넣기 때문에, 위대한 장군들이 반드시 등장하기 마련인 것이다. 장기간의 전쟁은 혁명이 국민에게 미치는 영향과 똑같은 영향을 군대에 끼친다. 즉 전쟁은 모든 규범을 타파하고 특이한 사람이 평범한 사람 위에 위치하도록 만든다. 평화시에 몸과 마음이 늙어버린 장교들은 도태되거나, 정년퇴직을 하거나 혹은 죽는다. 그들 대신에 전쟁터에서 몸이 단단해지고 욕망이 커진 젊은 사람들이 많이 밀려들게 된다. 그들은 모든 위험을 무릅쓰고, 끊임없이 진급하려 든다. 동일한 열정과 욕망을 가진 사람들이 또 이 사람들의 뒤를 잇게 되며, 군대의 크기에 의해서만 이것이 제한될 뿐이다. 평등의 원리는 모든 사람에게 야심을 갖게 하고, 죽음이 또한 야심의 기회를 제공해준다. 즉 죽음으로 말미암아 상위계급자들이 줄어들고 공석이 많이 생겨 군대경력의 변화가 많아진다.

더욱이 군대의 성격과 민주국가의 성격 사이에 어떤 은밀한 관계가 있는데, 이것이 전쟁으로 밝혀진다. 민주국가에서는 사람들이 그들이 부러워하는 것을 무척 갖고 싶어하고, 또 그것을 아주 값싼 조건으로 향유할 수 있기를 바란다. 그들은 대부분 기회를 존중하며, 시련보다는 오히려 죽음을 덜 무서워한다. 이것이 바로 그들이 상업과 공업에 투신하는 정신 자세이다. 바로 이러한 정신 자세가 전쟁터에서도 발휘되어 어느 순간에 승리를 획득하기 위해서는 그들의 생명까지 흔쾌히 바치게 된다. 어떠한 위대성도 군사적인 위대성만큼 민주국가의 국민의 상상력을 기쁘게 하지 못한다. 이 군사적인 위대성이란 바로 아무런 특별한 수고가 없이 단지 생명을 거는 모험만으로 획득할 수 있는 영광으로서 즉각적으로 찬란하게 드러나는 것이다.

이와 같이 민주국가의 구성원들은 그 이해관계와 취향으로 말미암아 전쟁을 멀리하면서도, 그들의 정신적인 관습은 전쟁을 성공적으로 수행하는데 적합하다. 즉 이들은 자기 기업이나 쾌락으로부터 일단 마음을 돌리기만 하면 곧 훌륭한 군인이 될 수 있다.

민주국가의 군대는 평화로 말미암아 상당한 손실을 입을 수 있는 반면, 전쟁을 통해서 다른 어떤 군대도 지닐 수 없는 장점들을 확보할 수 있다. 이러한 장점들은 처음에는 비록 아주 하찮은 것으로 느껴질지라도 결국에 가서는 반드시 승리의 원동력이 된다. 그래서 귀족국가가 민주국가와의 전쟁에서 전쟁 초기에 승리하지 못하면 정복당할 위험이 반드시 커진다.

25. 민주국가에서의 군기(軍紀)에 관하여

일반적인 견해로서, 특히 귀족국가에 널리 퍼져 있는 견해로서, 민주국가에서의 사회적 평등은 마침내 사병을 장교로부터 독립하게 함으로써 군대의 기율을 파괴한다고 한다. 그런데 이것은 잘못된 견해이다. 군기(軍紀)는 두 가지 종류가 있으며 이것을 혼동해서는 안된다.

장교는 귀족 출신이고 사병은 농노 출신일 때, 장교는 부유하고 사병은 가난할 때, 장교는 교육도 받고 강력하지만 사병은 무식하고 허약할 때, 이때는 이 양자 사이에 아주 엄격한 복종관계가 쉽게 확립될 수 있다. 사병은 군대에 입대도 하기 전에 이미 군기에 단련되어 있다. 아니 차라리 군기는 노예제도의 강화에 지나지 않는다고 말할 수 있을 것이다. 귀족국가의 군대에서 사병은 곧 자기의 상급장교의 명령 이외에는 아무것도 관심을 쏟지 못할 것이다. 그는 생각없이 행동하고 그리고 승리를 거두어도 아무런 열정을 나타내지 않으며, 불평없이 살다가 죽어간다. 이러한 상태에서의 사병은 더이상 인간이라 할 수조차 없고, 단지 그는 전쟁을 위해 훈련된 하나의 무서운 동물에 불과할 뿐이다.

민주국가에서는 귀족국가에서처럼 사병들의 맹목적이고 세심하며 온순하고 변함없는 복종을 기대할 수가 없다. 사회상태로 보아 그것이 불가능한 것이다. 그리고 만약 이러한 특이한 종류의 이점을 억지로 확보하려고 들면, 본래 민주국가의 군대가 지닌 장점까지 잃게 될 염려가 있다. 민주사회에서의 군기는 병사들의 자유로운 행동을 완전히 억압하는 것이어서는 안된다. 즉 군기는 그것을 지휘 감독하는 정도라야 한다. 이와 같이 훈련된 복종은 엄격하지는 못하지만 열렬하고 지혜로운 데가 있다. 그것은 복종하는 사람의 의지에 그 뿌리를 내리고 있다. 그래서 그것은 그의 본능에 따른 것이기도 하지만 그의 이성에 의한 것이기도 하다. 그래서 결과적으로 어떤 위험한 상황이 초래되면 그것에 따라 군기도 자발적으로 더욱 엄격해지는 경우가 가끔 있다. 귀족국가에서의 군기는 전쟁이 발발하면 해이해지기 쉽다. 왜냐하면 귀족국가에서의 군기는 관습에 근거하는데, 이 관습이란 것이 전쟁의 발발과 더불어 교란되기 때문이다. 이와는 반대로 민주국가에서의 군기는 적이 나타나면 더욱 강화된다. 왜냐하면 이 경우 모든 사병들은 자기들이 승리하기 위해서는 스스로 침묵하고 복종해야 한다는 것을 분명히 인식하고 있기 때문이다.

가장 훌륭한 전과를 올린 국민이라고 해서 내가 지금 언급하고 있는 군기 이외의 군기를 알고 있었던 것은 아니다. 고대사회에서는 자유인과 시민 이외에는 어느 누구도 군대에 입대하지 못했다. 그런데 이들은 서로 별 차이가 없었고 상대방을 자기와 대등한 자로 취급하는 데 익숙해 있었다. 이러한 점에서 볼 때는 고대의 군대는 비록 그것이 귀족체제를 기반으로 구성되긴 했지만 민주적이라고 말할 수 있을 것이다. 이러한 군대에서는 장교와 사병 사이에 형제 사이의 애정과 같은 친숙함이 형성된다. 이 사실에 대한 적절한 예를 플루타르크 영웅전에서 발견할 수가 있다. 즉 여기서 사병들은 언제나 자기의 지휘관급 장군과 자유스럽게 대화하는 관습에 젖어 있으며, 장군도 사병이 말하는 것에 열심히 귀를 기울여 듣고 대답을 한다. 이들은 억압이나 처벌에 의해서가 아니라 대화와 시범에 의해서 질서를 유지하고 있었다. 장군은 그들의 지휘관이자 동시에 친구였다. 나는 그리스와 로마의 사병들이 오늘날의 러시아 사병들처럼 완벽할 정도로 군기의 자질구레한 세목까지 이행했는지의 여부는 모른다. 그러나 그렇다고 해도 알렉산더는 아시아를 정복했고 로마는 세계를 정복했다.

26. 민주사회에서의 전쟁에 관한 몇 가지 문제점

오늘날 유럽에서 볼 수 있는 바와 같이, 평등의 원리가 어느 한 나라만이 아니라 주위의 여러 나라에 동시에 전파되어 있는 상태에서는 이들 각국의

국민들이 그들의 상이한 언어와 상이한 관습 및 상이한 법률에도 불구하고
전쟁을 두려워하고 평화를 애호한다는 점에서는 상호 일치하고 있다.[원주9]
군주 개인의 야심이나 분노 때문에 전쟁이 일어날 수는 없다. 오히려 군주
개인의 생각에도 불구하고 국민 일반의 무관심이나 혹은 선린의식에 의해
군주는 진정될 수밖에 없으며 이 무관심이나 선린의식은 군주가 전쟁을 준
비할 수 없도록 만들며 그래서 전쟁은 더욱 드물어질 수밖에 없다.

여러 나라에서 동시에 진행되는 평등사상의 전파로 말미암아 각국 국민
들이 저절로 공업이나 상업에 종사하게 됨에 따라 그들의 취미가 유사해질
뿐만 아니라 그들의 이해관계 또한 서로 혼합되어 있어서, 어떤 나라도 타
국에 해악을 저지르면 반드시 제 나라에도 악영향을 끼친다. 그래서 모든
나라는 결국 전쟁이 정복당한 국가에 끼치는 정도와 거의 마찬가지로 정복
한 국가에도 심각한 재난을 끼치는 것으로 간주하고 있다.

그래서 민주주의 시대에는 전쟁이 발발하기가 무척 어렵다. 다른 한편으
로 어느 두 나라가 다른 제삼국의 개입을 불러일으키지 아니하면서 전쟁상
태에 접어드는 것은 거의 불가능하다. 모든 나라의 이해관계가 서로 얽혀
있고, 그들의 견해와 욕망이 너무나 유사하기 때문에 다른 어떤 나라들이
술렁이고 있을 때, 자국만이 조용한 상태에 머물러 있기는 불가능하다. 따
라서 전쟁은 더욱 드물어지지만 일단 발발하면 넓은 지역으로 확산된다.

여러 가지 점에서 주변의 민주주의 국가가 동일해질 뿐만 아니라 결국
거의 모든 점에서 서로 닮아가게 된다.[원주10] 이러한 국가간의 유사성은 전

[원주9] 유럽의 여러 나라들이 보이고 있는 전쟁에 대한 공포감이 그들 나라에서 평등의 원칙이
　　진전되는 사태에만 연유하는 것은 아니라는 사실은 거의 언급할 필요조차 없다. 이런 항구적
　　인 요인과는 관계없이, 몇 가지 다른 비중 높은 우연한 요인들이 지적될 수 있을 것이다. 그
　　들 가운데 다른 어느 것보다도 여러 혁명전쟁이나 제국이 그들 뒤에 남겨놓은 극단적인 권태
　　감을 들 수 있을 것이다.
[원주10] 이런 나라들이 같은 사회적 조건을 가지고 있다는 이유 때문만이 아니라 사람들로 하여
　　금 서로 모방하고 동질화시켜 나아가도록 만드는 사회적 조건의 바로 그 속성에 기인하는 것
　　이기 때문에 이런 사태가 벌어진다. 사회의 구성원들이 여러 계급으로 분화될 경우, 그들은
　　서로 다를 뿐 아니라 공통되는 취향이나 욕망을 가지고 있는 것이 전혀 없다. 오히려 누구든

852

쟁과 관련하여 중대한 결과를 불러일으킨다.

　군인의 수가 승리의 결정적 요인이기 때문에, 각국은 물론 가능한 모든 수단을 다 동원하여 가장 많은 수의 병사를 전장으로 보내려고 노력한다. 16세기 스위스의 보병이나 프랑스의 기병과 같이 다른 어떤 군대보다 우수한 군대를 모집할 수 있었을 경우에는 구태여 병사의 수를 늘릴 필요가 없었다. 그러나 한쪽의 병사 한 사람이 다른 쪽 병사 한 사람과 능력이 같을 때 사정은 변할 수밖에 없다.

　이러한 새로운 욕구를 불러일으키는 바로 그 원인이 또한 그 욕구를 만족시키는 수단을 제공해 준다. 앞에서 본 바와 같이 모든 사람이 평등할 때는, 모든 사람이 약해지고 국가의 최고통치권만이 강해져서 민주국가에서의 통치권은 다른 어떤 나라의 통치권보다 훨씬 더 강하다. 그러므로 민주국가의 국민이 남자 전부를 병적에 등록함으로써, 이러한 목적을 완수할 수 있는 힘을 얻게 된다. 결과적으로 민주시대에는 전쟁에 대한 애호심이 줄어질수록 그에 비례해서 군대는 더욱 증강되는 것 같다.

지 자신의 견해에 혼선을 빚지 않으려고 하고, 자신의 고유한 습관을 견지하려 들고, 또한 자기 자신 그대로 남아 있으려고 더욱 노력한다. 개개인들의 특징이 아주 강렬하게 부각된다.

　어떤 국민의 사회상태가 민주적인 경우, 다시 말해서 공동체 안에 더이상 계급이 없고 모든 그 구성원들이 교육상 재산상 거의 평등할 경우, 인간의 심성은 그와는 반대의 방향으로 달린다. 사람들은 아주 비슷하며, 그들은 말하자면 그와 같은 유사성에서 조금이라도 이탈하는 것에 곤혹을 느낀다. 그들은 자신의 특성을 보존하려 들기는커녕, 일반대중과 자신들을 일치시키기 위해서 그런 특성을 떨쳐버리려고 노력한다. 그들이 보기에는 일반대중만이 정의와 힘을 대표하기 때문이다. 개개인들의 특성은 거의 인멸된다.

　귀족시대에는 태어날 때부터 비슷한 사람들까지도 자기들끼리 상상적인 차별을 만들려고 노력한다. 그런가 하면 민주시대에는 비슷하지 않은 사람들까지도 비슷해지려 하고 서로 모방하려 들기 때문에 모든 사람들이 인류의 일반적인 충동에 언제나 강렬하게 휩쓸린다. 나라들 사이에도 그와 같은 어떤 사실을 관찰할 수 있을 것이다. 즉 같은 귀족적인 사회조건을 가지고 있는 두 나라라도 철저하게 특징을 지니고 완연히 다른 모습을 지닌다. 그 이유는 귀족정신이란 강한 개성을 유지하는 것이기 때문이다. 그러나 이웃하는 두 나라가 같은 민주적인 사회조건을 가지고 있을 경우, 그들은 반드시 비슷한 견해와 생활태도를 택하게 된다. 그 이유는 민주정신은 사람들이 서로 닮게 만드는 경향을 가지고 있기 때문이다.

또한 민주시대에는 동일한 원인에 의하여 전쟁을 수행하는 수단도 달라진다. 마키아벨리는 『군주론』에서 지적하기를 "한 사람의 군주와 그의 노예들이 지휘하는 국민보다 한 사람의 군주와 귀족들을 지도자로 삼고 있는 국민을 정복하기가 훨씬 더 어렵다"고 했다. 오해를 피하기 위해 노예(slaves)라는 말 대신에 공직자(public officials)라는 말을 쓰는 것이 좋겠다. 그런데 이 중요한 진리는 현대사회에 그대로 적용될 수 있을 것이다. 거대한 귀족국가는 주변국가들을 쉽게 정복할 수도 없거니와 또 그들에 의해 쉽게 정복당할 수도 없을 것이다. 귀족국가가 주변국가들을 쉽게 정복할 수 없는 것은 상당한 기간 동안 그 모든 군사력이 집결하여 결합될 수 없기 때문이며, 그리고 그것이 쉽게 정복당하지 않는 것은 침공의 매단계마다 조그마한 저항세력의 중심부를 만나게 되어, 그것에 의해 침공이 저지되기 때문이다. 귀족국가에 대한 전쟁은 산악국가에 대한 전쟁에 비유될 수 있을 것이다. 패배한 쪽이 새로운 요새를 구축하여 병사를 재규합할 수 있는 기회를 계속 가질 수 있기 때문이다.

민주국가에서는 이와 정반대되는 현상이 발생한다. 그들은 이용 가능한 모든 군사력을 쉽게 전장으로 동원할 수 있다. 그리고 그 나라가 부유하고 인구가 많을 때는 곧 승리할 가능성이 있다. 그러나 만약 정복을 당하여 그 영토가 침략당하면, 동원할 수 있는 자원을 거의 다 잃게 된다. 그래서 만약 적군이 수도를 장악하면 그 나라는 망한다. 이것은 다음과 같이 설명될 수 있을 것이다. 사회의 각 구성원이 개별적으로 고립되어 있고 극도로 무력하기 때문에, 그 중 어느 누구도 스스로 방어할 수도 없거니와 다른 사람이 관심을 모을 수 있는 대상도 되지 못한다. 민주국가에서는 국가 이외에는 그 어떤 것도 강하지 못하다. 국가의 군사력은 군대의 파멸과 더불어 완전히 상실되고, 시민의 힘은 수도가 장악됨으로써 마비되기 때문에 이제 남는 것이라고는 힘도 정부도 없는 대중뿐이다. 그래서 이들은 조직된 침략세력에 도저히 대항해 낼 수가 없다. 이러한 위험은 지방자치나 결과적으로는 지방분권에 의해서 줄어질 수 있을 것이다. 그러나 이러한 구제책으로는 불충분하다. 왜냐하면 이와 같은 재난을 당한 후에는 국민들이 전쟁을 수행할 능력을 상실할 뿐만 아니라 싸울 의사조차도 없을 것으로 보이기 때문이다.

문명국가에서 채택하고 있는 국제법에 의하면 전쟁의 목적은 개인의 재산을 장악하는 데 있지 아니하고 단지 정치권력을 탈취하는 데 있다고 한다. 후자의 목적을 관철하기 위한 목적으로 가끔 개인재산을 파괴하게 되는 경우가 있을 따름이다.

귀족국가가 그 군대의 패배 후에 침공당하였을 경우, 귀족들은 새로운 사회에서 가장 부유한 사람들로 머무를 수 있을지라도 그들은 항복하지 아니하고 계속해서 싸우려고 한다. 왜냐하면 정복자가 그 나라의 주인으로 머무는 한, 그들은 정치권력을 그 정복자에게 넘겨주어야 하기 때문이다. 그런데 귀족들은 그들의 재산에 집착하기보다 훨씬 더 그들의 정치권력에 집착한다. 그래서 이들은 항복하기보다는 싸우기를 택하는데, 항복이야말로 그들이 당하는 모든 불행 중 가장 큰 불행이기 때문이다. 그리고 이들은 쉽게 국민들을 그들과 함께 전쟁터로 끌고 나가는데, 오랜 기간을 통해 국민들은 귀족에게 복종하는 데 익숙해 있으며 또 전쟁에서 별로 잃을 것이 없기 때문이다.

이와는 반대로 사회가 평등해진 국가에서는 각 시민은 극히 미세한 정치권력밖에 소유하지 못하고 있든가 아니면 전혀 소유하지 못하고 있다. 다른 한편 그들은 모두 독립되어 있으며 누구나 다 무언가 잃어버릴 것이 있다. 그래서 이들은 귀족국가의 국민보다 정복당하는 것은 훨씬 덜 두려워하면서도 전쟁 자체에 대해서는 대단히 두려워한다. 적군이 자국의 영토에 인접해 왔을 때 민주국가의 국민으로 하여금 무장하도록 설득하기는 매우 어려울 것이다.

군주나 민주국가의 지도자들은 자유에 대한 애호심과 관습만이 물질적인 행복에 대한 애착과 관습을 견제할 수 있다는 것을 명심해야 한다. 내가 생각하기에는 자유로운 제도를 가지지 못한 민주국가의 국민은 아주 쉽게 예속되어버릴 것 같다.

옛날에는 소규모 병력을 소규모 전투에 투입하여 장기전을 벌이는 것이 관습적이었다. 그러나 현대적 전략으로는 결정적인 전투를 벌여, 작전이 개시되자마자 단숨에 적의 수도로 진격함으로써 일격에 전쟁을 종결하려 한다. 나폴레옹이 이 새로운 전략의 창시자였다고 한다. 그러나 이러한 전략의 개발이 그가 누구이든 간에 어느 한 개인에 의존할 수는 없는 일이다. 나폴레옹의 전쟁수행방식은 그가 살던 시대의 사회상황이 그로 하여금 그런 방식을 고안해내게 한 것이었다. 그런 방식이 성공할 수 있었던 것은 그 것이 그러한 사회상태에 탁월하게 적용되었고, 또 나폴레옹이 그런 방식을 활용한 최초의 사람이었기 때문이다. 나폴레옹은 수도에서 수도로 진군해 가는 군대의 최전방에 섰던 최초의 사령관이었다. 그러나 그는 봉건사회가 붕괴됨으로써 그렇게 할 수 있었다. 그러나 만약 그 비범한 사람이 300년 전에 태어났더라면 그의 그러한 전술에서 동일한 전과를 거두지 못했을 것 이며, 그래서 차라리 다른 전술을 채택하였을 것이다.

내란에 대해서 몇 마디만 더 언급하겠다. 앞서 국가간의 전쟁에 관해 언 급한 내용의 대부분이 내란에도 그대로 적용된다. 민주국가에서 사는 사람 은 본래 군사적인 기질을 가지고 있지 않다. 그들은 강제적으로 전선에 끌 려 나가서야 비로소 그러한 기질을 좀 가지게 된다. 그러나 하나의 부대를 이루어서 자발적으로 전선에 나서려 하지는 않는다. 민주사회에서는 가장 모험심이 강한 몇몇 소수의 사람만이 이처럼 위험한 일에 나설 생각을 해 내고, 대다수 사람들은 아무런 움직임을 나타내지 않는다.

그러나 설사 국민이 행동할 생각이 있어도 그들에게 상당한 장애요소가 나타난다. 왜냐하면 이들은 기꺼이 복종하고 싶을 만큼 오래되고 확립되어 있는 어떤 세력에 의지할 수가 없으며, 또 불평분자들을 불러모아 훈련하 고 지도할 만한 잘 알려진 지도자를 찾을 수 없고 그리고 반정부적인 저항 세력에 효과적인 지원을 할 수 있는 정치세력을 가지고 있지 못하기 때문 이다.

민주국가에서는 대중의 도덕적 힘이 굉장히 강하며 그리고 대중이 활용 할 수 있는 물질적인 자원 또한 엄청나게 많다. 따라서 다수의 의석을 점하 고 있는 당파는 모든 개인적인 저항에 대해 완벽하게 방어할 수가 있다. 즉 그러한 반대가 존재할 시간조차 주지 아니하고 반대의 싹이 날 때 이미 잘라버린다.

이러한 나라에서 무력으로 혁명을 일으키려고 하는 사람은 현상태대로의 전 정부기구를 갑작스럽게 장악하는 것이 가장 좋을 것이다. 이것은 전쟁에 의하기보다 기습으로 더 잘 성취될 수 있을 것이다. 왜냐하면 정규전이 벌어지면, 언제나 국가를 대표하는 당파가 반드시 승리할 것이기 때문이다.

내란이 발생하는 유일한 경우는 군대가 두 파벌로 나누어져서 한쪽은 봉기했는데도 다른 한쪽이 계속 충성을 서약하고 있을 경우이다. 군대라는 것은 아주 질서정연하게 짜여지고 대단히 활성적인 힘을 부여받고 있으면서, 상당한 기간 동안은 스스로의 욕구를 충족시킬 수 있는 하나의 소규모 사회를 이루고 있다. 이러한 전쟁은 피를 많이 흘리게 될 것이나, 오래 계속되지는 않을 것이다. 왜냐하면 반란군이 그 자체의 자원을 과시하는 것만으로 정부를 자기편으로 끌어들이든가, 아니면 초창기의 기습전에서 승리함으로써 정부를 자기편으로 끌어들이든가, 일단 반란군이 정부를 접수해 버리고 나면 전쟁은 끝날 것이다. 혹은 싸움이 전개되면 국가의 조직화된 세력의 지원을 못 받는 쪽이 무장을 해제하고 항복하든가, 아니면 패배하게 될 것이다. 따라서 평등의 시대에는 내란은 더욱 드물어지고, 설사 발생한다 하더라도 단기간에 끝날 것이라고 하는 점을 일반적인 사실로 받아들일 수 있을 것이다.[원주11]

[원주11] 내가 여기서 말하고 있는 것은 주권을 가진 독립적인 민주국가이지 연방제 민주국가는 아니라는 점을 명심해야 한다. 연방제에서는 아무리 정치적인 연막을 친다고 해도 지배권력이 언제나 연방정부가 아니라 주정부들 수중에 있기 때문에 내전은 사실상 가장만 했을 따름이지 대외전쟁이나 다름 없다.

제4부
민주주의적 사상과 감정이
정치사회에 미치는 영향

나는 불완전하나마 이 책의 목적을 완수하기 위해
평등의 원리에 의해 어떠한 사상과 감정이 제시되는지를
밝힌 후 결론에 앞서 이러한 사상과 감정이 인간사회의
정치에 미치는 일반적인 영향을 지적하려고 했다.
이러한 목적을 관철하기 위해 앞부분을 다시 살펴보는 일이
가끔 있을 것이다. 독자들도 이미 알고 있는 사실이지만
다시 한번 검토하기를 바라는 바, 이것은 새로운 사실을
아는 데 도움이 될 것이다.

1. 평등은 자연히 인간으로 하여금
자유제도를 취하게 할 것이다

평등의 원리는 인간을 상호 독립하게 함으로써, 개인적인 행동에서 인간이 그들 자신의 의지만을 따르려 하는 습성과 욕망을 길러준다. 그들의 사생활에서 나타나는 이러한 완전한 독립은 그들로 하여금 모든 권위를 약간 시기하게 하면서 정치적 자유에 대해 호감을 갖도록 하는 경향이 있다. 이런 시대에 사는 사람은 자연히 자유로운 제도를 선호하는 경향이 있다. 아무나 한 사람을 선택하여 가능한 한 그의 가장 깊이 뿌리박은 본능을 한번 살펴보라. 그러면 그는 모든 정부형태 중에서 그 우두머리를 스스로 선출하고 그 행정행위를 자신이 통제할 수 있는 정부형태를 가장 높이 평가하고 있음을 알 수 있을 것이다.

사회의 평등화에 의해서 이루어진 모든 정치적인 결과 중에서 독립에 대한 이 애착이야말로 처음 보는 사람에게는 가장 인상적이며, 좀 소심한 사람을 놀라게 할 만한 것이다. 이들이 놀라는 것은 전적으로 잘못된 것이라고 말할 수 없다. 왜냐하면 다른 어떤 곳에서보다 민주국가에서 가장 무서울 정도의 무질서상태가 발생하기 때문이다. 시민 상호간에는 어떤 직접적인 영향을 미치지 않기 때문에 국가의 통치권이 무너질 때는 즉시 무질서가 그 절정에 이를 것으로 보이며, 그리고 모든 사람이 각자 다른 방향으로 나아가므로 사회조직은 일시에 파괴될 것처럼 보인다.

그러나 나로서 무질서상태는 민주시대에 두려워해야 할 첫번째의 해악이 못되고 가장 하찮은 해악에 불과하다고 생각한다. 왜냐하면 평등의 원리는 두 가지 경향을 야기하는데, 그 하나는 인간으로 하여금 곧바로 독립상태로 이끌면서 무질서상태로 몰아넣는 것이고, 다른 하나는 노예상태에의 길을 열어놓게 되기 때문인데, 이 노예상태에의 길은 시간이 오래 걸리고 잘 모르게 나타나는 것이긴 하지만 확실한 것이다. 국민이 전자의 경향에 대해서는 잘 알고 이에 저항할 마음의 준비가 되어 있다. 그러나 후자의 경향에 대해서는 그것을 인식조차 못하고서 끌려가게 된다. 그래서 이것을 밝히는 일이 특별히 중요하다고 생각한다.

개인적으로 나는 평등이 독립심을 고취한다는 점에서 그 과오를 조금도 찾아낼 수 없고 오히려 찬사를 보낸다. 나는 그것이 각 개인의 마음속에 정의를 내리기 어려운 그 감정, 즉 정치적인 독립을 추구하는 본능적인 성향을 불어넣음으로써 그것이 야기하는 악에 대한 구제책을 미리 대비하고 있기 때문에 더욱 찬사를 보낸다. 내가 평등에 집착하는 것은 바로 이 이유에서이다.

2. 민주국가의 국민은 자연히 권력집중을 찬성하고 있다

귀족국가의 국민들은 군주와 신민 사이의 권력은 부차적인 것으로 생각하게 되는데, 그것은 이 사회가 출생이나 교육이나 재산에 의해 일반국민 이상의 지위에서 명령만을 하게 되어 있는 개인이나 가문을 포함하고 있기 때문이다. 이러한 생각은 민주시대 사람들의 마음속에는 결핍되어 있는데, 그 이유는 정반대이다. 여기서는 소개되고 있는 정도에 지나지 않으며, 이들은 그 문제에 대해서는 생각조차 해보는 일이 없이 직접적인 권력행사에 의해서 전체 사회를 통치하는 단일의 중앙권력에 대한 생각만을 하고 있다. 더욱이 철학이나 종교에 있어서와 마찬가지로 정치에 있어서도 민주국가에서 국민의 지성은 특히 단일의 포괄적인 관념에 익숙해 있다. 복잡한 체제는 그러한 관념에 역행하는 것이고, 거기에 적합한 관념은 모두가 단일한 형태에 따라 조직되고 또 모두가 단일의 권력에 의해 통치되는 거대한 시민국가의 관념인 것이다.

단일의 중앙권력에 대한 관념 바로 다음으로 평등의 시대에 사는 사람에게 떠오르는 관념은 법 앞의 평등에 관한 관념이다. 모든 사람들이 자기가 주위의 다른 사람과 별로 다른 것이 없다는 것을 알고 있기 때문에 어떤 한 사람에게 적용될 수 있는 규범이 어째서 다른 모든 사람에게 똑같이 적용되지 말아야 하는지 그 이유를 이해하지 못한다. 그러므로 아무리 작은 특권이라 할지라도 그의 이성에는 반대된다. 그리고 동일한 국민을 위한 정치제도에 있어서 아무리 작은 차별로 그에게는 기분 상하는 일이 된다. 따라서 그에게 법 앞의 평등은 좋은 정부가 갖추어야 할 첫째 조건이 된다.

이와는 달리 사회의 모든 구성원을 똑같이 구속하는 획일적인 통치에 대한 관념은 귀족시대에는 거의 알려진 일조차 없는 줄로 알고 있다. 누가 제창한 일도 없거니와, 설사 누가 제창했다 하더라도 거부되었을 것이다.

이 정반대의 관념상의 경향은 마침내 양쪽 모두에게 맹목적인 본능과 제어할 수 없는 습관으로 변해버리기 때문에 이 경향은 특별한 예외가 있긴 하지만 인간의 행동방향을 결정해 버린다. 중세의 다양한 사회환경에도 불구하고 일정한 수의 사람들은 그 기간 동안 똑같은 환경 속에서 지내왔다. 그러나 이런 사정도 당시의 실정법이 그들 각자에게 일정한 의무와 권리를 부과하는 것을 막을 수는 없었다. 이와는 달리 오늘날은 모든 정치권력이 거의 닮은 점이 없는 주민에게 동일한 관습과 동일한 법률을 적용하고 있다.

사회가 평등해짐에 따라 개인의 중요성은 약해지고 사회의 중요성은 증대된다. 아니 오히려 개개 시민은 전체에 동화되어서 군중 속에 매몰되며, 전체 국민의 거대하고 당당한 모습 이외에는 아무것도 뚜렷이 드러나 보이는 것이 없다. 이것은 자연히 민주시대에 사는 사람에게 사회의 특권은 높이 생각하면서 개인의 권리는 아주 하찮게 생각하게 한다. 그래서 이들은 이미 사회의 이익은 절대적인 반면 개인의 이익은 아무것도 아니라는 생각을 당연시한다. 이들은 사회를 대표하는 권력은 개인보다도 훨씬 많은 정보와 지혜를 가지고 있음을 인정하려 한다. 또한 개개 시민을 지도함과 동시에 통치하는 것은 권력의 의무요 권리라고 생각한다.

아메리카인들은 각 주마다 최고 권력은 국민으로부터 나와야 한다고 생각하고 있다. 그러나 일단 그 권력이 설정되고 나면 거기에는 말하자면 한계가 없는 것으로 생각하고 있으며, 권력이 바라는 것은 무엇이고 할 권리를 권력은 가지고 있다고 생각한다. 그들은 각 도시나, 가문이나, 개인에게는 어떠한 특권도 부여될 수 없다고 생각한다. 그래서 그들은 동일한 법률이 한 주(州)의 모든 곳과 그 모든 주민에게 획일적으로 적용되지 않을 수 있다는 점을 예견할 수 없었던 것 같다.

이와 같은 견해는 유럽에도 널리 퍼져 있다. 이것은 그 국민들에게 국민주권의 원리를 거부하는 사상을 심어주기까지 한다. 이러한 국민들은 최고 권력의 근원을 달리 설정하면서도 같은 특성을 최고 권력에 부여한다. 그들에게는 모든 중간 권력에 대한 관념은 약화되거나 말살된다. 그래서 개인에 내재하는 권리에 대한 관념은 마음속에서 급속히 사라져가고 있다. 전체 사회의 무한한 힘과 유일한 권위에 대한 관념이 그 자리를 채운다. 이러한 관념은 사회상태가 보다 평등해지고 인간이 상호 유사해질수록 그에 비례해서 뿌리를 내리고 확장된다. 즉 이 관념들은 평등에 의해서 형성되고, 그 다음에는 이 관념들이 평등의 발전을 촉진한다.

어떤 다른 유럽 국가보다 내가 말하는 혁명이 진척된 프랑스에서는 이 관념들이 대중의 마음을 완전히 사로잡고 있다. 우리가 프랑스에 있는 여러 당파의 말을 주의깊게 경청해 볼 때, 그러한 관념을 갖고 있지 않는 단체는 하나도 없음을 알게 된다. 이들 당파의 대부분은 정부의 행위를 비난하지만, 동시에 이들은 정부가 항상 모든 일을 수행하고 관여해야 한다고 주장한다. 최고 권력의 통일성과 무소부재성(無所不在性)과 전능성, 그리고 그 규범의 획일성이야말로 현대에 나타난 모든 정치체제의 주요한 특징을 이룬다.

만약 이러한 관념이 개인의 마음속에 자연발생적으로 나타나게 되면, 또한 군주의 마음에도 억지로라도 나타나게 된다. 유럽사회의 고대조직이 변경 해체되는 사이에, 각 군주는 그들의 권한과 의무에 대해 새로이 인식하게 되었다. 우선 그들은 그들이 대표하는 중앙권력은 그 자체의 기능과 일정한 계획에 따라 전체 사회에 관계되는 모든 일을 처리할 수 있고 또 처리해야 한다는 것을 배우게 된다. 지난날에는 유럽의 전제군주들이 상상도 할 수 없었던 이러한 견해가 이제는 모든 군주의 마음속에 깊이 자리잡게 되었고, 사상의 불안한 동요 속에도 그대로 존속하고 있다.

따라서 현대인들은 보통 생각하는 것보다는 훨씬 분열되어 있지 않다.

이들은 최고통치권이 부여되어야 할 손에 관해서 끊임없이 논쟁을 해오고 있지만 최고통치권의 의무와 권리에 대해서는 의견의 일치를 쉽게 보고 있다. 이들의 정치에 관한 관념은 바로 유일하고 단순하고 신의(神意)에 입각해 있고 창조적인 권력에 대한 관념이다.

정치상의 모든 부차적인 견해는 불안정한데, 바로 이 관념만이 변함없이 고정되어 있다. 이것은 정치가와 정치철학자에 의해 채택되고 있으며, 대중에 의해서도 열렬한 지지를 받고 있다. 통치를 하는 사람도, 또 통치를 받는 사람도 똑같은 열정으로 이것을 추구하는 데 합의하고 있다. 이것은 그들에게 가장 먼저 떠오르는 관념이며, 바로 태어날 때부터 갖게 된 관념처럼 보인다. 따라서 이것은 인간 지성의 변덕스러움에 근거하는 것이 아니라, 인간의 현 상태에서의 필수적인 조건이 되고 있다.

3. 민주국가에서의 국민감정은 정치권력의 집중에 관한 그들의 견해와 완전히 일치한다

만약 평등의 시대에는 인간이 거대한 중앙집권에 관한 관념을 쉽게 수용하는 것이 사실이라면 다른 한편으로 그들의 습관이나 감정 또한 그들로 하여금 그러한 중앙집권을 인정하게 하고 지지를 보내게 한다는 것도 의심할 수 없는 사실이다. 이것은 불과 몇 마디로 증명될 수 있는데, 이러한 사실이 발생하는 원인의 대부분이 이미 진술되었기 때문이다.

민주국가에서 사는 사람들은 그들이 하는 사업에 있어서 어떤 우월한 자나 열등한 자 및 습관적으로 꼭 참여해야 하는 사람을 인정하지 않기 때문에, 그들은 곧잘 그들 자신에게로 귀착하게 되며 스스로를 분리된 존재로 인식한다. 나는 개인주의를 취급하면서 여기에 관해 지적한 바 있다. 이런 사람들은 공적 업무에 종사하기 위해 그들의 개인적인 일에서 벗어나려면 애를 먹어야 한다. 그들의 자연스런 경향은 그들로 하여금 공적 업무는 공동체의 이익을 대표하는 영구적인 조직체 즉 국가에 맡겨버리게 한다. 그

들은 본래 공적 업무에 대한 관심이 결여되어 있을 뿐만 아니라 그것에 종
사할 시간도 없는 경우가 많다. 민주시대의 사생활은 너무나 바쁘고 흥분
되어 있으며, 또 소망과 활동으로 가득차 있기 때문에 공공생활에 바칠 수
있는 정력이나 여가가 개인에게 전혀 없다. 나는 이러한 경향들이 극복될
수 없는 것이라고는 전혀 생각하지 않는다. 그리고 이 책을 집필하는 주요
한 목적도 이러한 경향을 극복하는 데 있다. 나는 단지 오늘날 눈에 보이지
않는 힘이 이러한 경향을 촉진하고 있다고 생각할 뿐이며, 그리고 이러한
경향이 제어되지 않으면 이 보이지 않는 힘조차 압도해 버릴 것이다.

나는 또한 행복에 대한 애착심의 증대와 주인을 자주 바꾸는 재산의 성
격이 어떻게 해서 민주국가의 국민으로 하여금 모든 격렬한 소요를 무서워
하게 하는지를 밝힌 일이 있다. 공공안녕에 대한 애착심은 민주국민이 계
속 유지하고 있는 유일한 감정인 경우가 많으며, 그래서 이 감정은 다른 모
든 감정이 수그러들고 소멸해 갈수록 이에 비례해서 그들에게 더욱 활발하
고 강렬하게 나타난다. 따라서 이것은 사회구성원으로 하여금 끊임없이 중
앙권력에 새로운 권리를 넘겨주게 만든다. 그리고 이 중앙권력만이 자체
방어에 사용하는 바로 그 방법으로 그들 권리의 방어에도 관심을 쏟는 것
처럼 보인다.

평등의 시대에는 어떠한 사람도 그의 주위 사람을 도울 의무가 없음과
동시에 그들로부터 어떤 지원을 기대할 권리도 없기 때문에, 모든 사람은
독립적이며 무력하다. 분리하여 고려되어서도 안되거니와 상호 결합되어
고려되어서도 안될 이 두 가지 조건은 민주국가의 시민에게 정반대의 경향
을 불러일으킨다. 각 시민의 독립은 자신감과 긍지를 불어넣어주지만 그의
무기력은 종종 외부의 지원을 아쉬워하게 만든다. 그러나 그들 모두가 무
력할 뿐만 아니라 동정심조차 없기 때문에, 그러한 지원이란 아예 기대할
수가 없다. 이처럼 곤경에 처하게 된 나머지 그는 전반적인 무기력 속에서
홀로 당당한 모습을 나타내고 있는 정치권력에로 그의 눈을 돌리게 된다.
그의 궁핍이나 특히 그의 욕망 때문에 그는 그 정치권력을 떠올리게 되는
데, 그는 마침내 그 권력을 자신의 취약성을 지원해 주는 필연적인 유일한

수단으로 간주하게 된다.[원주1]

이것은 민주국가에서 어떤 현상이 일어나는가를 더욱 완전하게 설명해 주고 있다. 여기서는 특권계급을 그토록 싫어하는 바로 그 사람들이 주인에게는 참을성 있게 복종하면서 자부심과 노예성을 동시에 나타내 보이고 있다.

특권에 대해서 인간이 갖는 증오심은 특권이 줄어질수록 더욱 증대한다. 그래서 민주주의적 열정은 그 연료가 가장 적을 때 가장 격렬하게 불붙는 것 같다. 나는 이미 이러한 현상에 대한 이유를 설명한 바 있다. 모든 조건이 불평등할 때는, 어떠한 불평등도 눈에 거슬리는 법이 없다. 반면에 전반적인 획일 속에서는 아무리 작은 차별이라 할지라도 밉살스러운 법이다. 이러한 획일이 더욱 완전할수록 차별에 대한 인식은 더욱 참을 수 없는 일이 된다. 그래서 평등에 대한 애착은 언제나 평등 자체와 함께 증가하게 되며, 평등이 기르는 것만큼 자라게 되는 것은 당연한 일이다.

[원주1] 민주사회에서는 그 위치에 있어서 어느 정도의 안정성을, 혹은 그 사업에 있어서 어느 정도의 항구성을 가진 것은 중앙권력밖에 없다. 모든 시민들은 끊임없이 술렁대고 변화하고 있다. 그런데 모든 정부들은 그 속성상 자신들의 행동영역을 끊임없이 확대하려고 한다. 그러므로 이런 정부가 결국 성공하지 않을 수 없을 것이다. 그 이유는 정부는 사람들에게 고정된 원칙과 일관성 있는 의지를 가지고 작용하는 반면에 사람들의 위치. 사상 및 욕망은 언제나 가변적이기 때문이다.

사회구성원들은 자신들도 모르는 새에 중앙권력의 영향력을 증대시켜 주는 일이 종종 있다. 민주시대는 실험과 개선 및 모험을 시도해 보는 시기이다. 수많은 사람들이 언제나 어렵고 신기한 사업에 몰두한다. 그들은 자기 동료들에게 얽매이지 않은 채 자신들의 힘으로 밀고 나간다. 이런 사람들은 일반적인 원칙으로서 공권력은 개인의 일에 관여해서는 안된다는 사실을 인정할 것이다. 그러나 이런 원칙에 대한 예외로서, 그들은 각각 자신이 종사하는 특정한 사업에 공권력이 도움을 줄 것을 열망하며, 비록 다른 모든 경우에는 공권력을 제한하려들면서도 자신에게 유리하도록 정부의 권력을 이끌어들이려고 노력한다. 만일 수많은 사람들이 이런 특정한 예외사항을 수많은 여러 가지 목적에 적용한다면, 누구든지 중앙권력을 제한하고 싶어해도 그 권력의 영역은 모든 방향으로 눈에 띄지 않게 확대된다. 따라서 민주정부는 그 정부가 그저 항구적이라는 사실만으로도 그 권력을 증가시킨다. 시간은 민주정부 편이다. 모든 사건이 그 정부에게 유리하게 전개되며, 개인들의 감정은 무의식적으로 그 정부를 부추긴다. 또한 민주사회가 오래되면 될수록 그 정부는 더더욱 중앙집권화될 것이라고 주장될 수 있을 것이다.

　민주국가의 국민으로 하여금 아주 작은 특권에 대해서조차 반대하게 만
드는, 이 사라질 줄 모르고 타오르는 증오심은 특히 모든 정치권력이 국가
라는 대표기관의 손으로 점차 집중되게 하는 데 기여한다. 최고통치권은
다툴 여지가 없이 반드시 모든 시민 위에 존재하고 있으므로 숫제 그들의
시기를 불러일으키지도 않는다. 단지 개별 시민은 자기 동료들에게는 왕에
게 인정하는 특권을 인정할 수 없다고 생각할 뿐이다. 민주시대의 인간은
자기 이웃에 복종하는 것을 굉장히 못마땅하게 생각한다. 왜냐하면 이웃
사람은 자기와 동등한 사람이기 때문이다. 그는 이런 사람에게 어떤 우월
한 능력이 있다는 것을 인정하기를 거부한다. 그래서 그는 이런 사람의 판
단을 믿지 아니하며, 그가 가진 힘을 시기한다. 그는 그를 두려워하면서 경
멸한다. 그리고 그는 그들 모두가 같은 주인에게 의존하고 있다는 것을 끊
임없이 일깨우고 싶어한다.

　모든 중앙권력은 그 타고난 경향을 따르면서 평등의 원리를 옹호한다.
왜냐하면 평등이야말로 중앙권력의 영향력 행사를 특별히 쉽게 해주면서
이를 확대·보장해 주기 때문이다.

　같은 방법으로 모든 중앙정부는 획일성을 숭상한다고 말할 수 있을 것이
다. 획일성은 중앙정부로 하여금 무한한 세부사항을 조사하지 않아도 되게
해준다. 그러나 만약에 모든 사람을 동일한 규범에 무차별하게 복종시키는
대신에 여러 가지 규범을 여러 사람에게 다르게 적용시켜야 한다면, 이러
한 조사가 반드시 수반되어야 할 것이다. 이와 같이 중앙정부는 시민이 좋
아하는 것을 좋아하며, 시민이 싫어하는 것을 싫어한다. 민주국가에서 최
고통치권과 사회의 모든 구성원을 하나의 동일한 신념으로 항상 결합시켜
주는 이 공통의 감정은 그들 사이에 어떤 보이지는 않지만 지속적인 애정
같은 것을 형성하고 있다. 정부의 실수 같은 것은 그 의도가 좋은 이상 국
민으로부터 용서받는다. 정부가 월권을 행사하거나 중대한 잘못을 저질렀
을 때에만 대중은 신임을 마지못해서 철회한다. 그러나 한번 요구한 후에
는 다시 신임이 되살아난다. 민주국가의 국민은 중앙권력을 부여받고 있는
사람을 미워하는 경우가 많지만, 중앙권력 자체는 언제나 좋아한다.

따라서 두 가지 다른 방법을 통해 나는 같은 결론에 이르렀다. 나는 앞서 평등의 원리는 인간에게 단일의 획일적이고 강력한 정부에 대한 관념을 불어넣어 준다는 점을 밝혔다. 이제 나는 또 평등의 원리는 이러한 정부에 대한 욕구를 인간에게 불러일으킨다는 점을 지적했다. 현대사회의 국민들은 이러한 종류의 정부를 좋아하는 경향이 있다. 인간감정의 자연스러운 경향에 의해 그 방향으로 이끌리게 되기 때문에, 구태여 감정을 제어하는 일만 없으면 저절로 그러한 결과에 도달할 수 있다.

나로서는 우리가 살고 있는 민주시대에는 개인의 독립과 편협한 자유는 기술의 산물이라는 견해를 가지고 있다. 그러나 중앙집권화 현상은 자연적인 추세라고 생각한다.

4. 중앙집권화를 촉진하든가 아니면 중앙집권화를 방해하는 몇 가지 특수한 원인에 관하여

만약 모든 민주주의 국가가 그 본능에 따라 중앙집권화하게 된다면, 상이한 방법을 통해서 이러한 결과에 이르게 될 것이다. 이것은 그 사회상태에 자연스럽게 수반될 필연적인 결과의 발생을 촉진하든가 아니면 방해할 특수한 사정에 의존한다. 이러한 사정은 대단히 많기도 한데, 그 중에서 몇 가지만을 골라 언급하고자 한다.

사회가 평등해지기 훨씬 전부터 자유스럽게 살아온 사람들에게 있어서는 자유로운 제도에서 생겨난 몇 가지 경향과 평등의 원리에 의해 부수적으로 발생한 몇 가지 경향 사이에는 상당한 마찰이 일어난다. 그리고 이러한 나라에서 중앙권력이 그 특권을 증대한다 할지라도 사회구성원들이 완전히 자기의 개인적 독립을 상실하지는 않을 것이다. 그러나 자유가 무엇인지를 한번도 알았던 적이 없거나 혹은 현재는 모르고 있는 국민에 있어서 사회의 평등화가 성숙되었을 때는(유럽대륙이 이와 같은 경우이다), 그 국가의 전 시대의 관습이 새로운 사회상태에 의해 야기되는 새로운 관습이나 원칙과 갑작스럽게 결합하게 되므로, 모든 권력은 저절로 중앙으로 집중되게 된다. 이러한 권력은 놀랄 만한 속도로 중앙에 축적되어, 국가는 즉각 최대로 강력한 권력을 장악하게 되는 반면, 개인은 갑자기 가장 약한 존재로 전락한다.

300년 전에 신세계로 건너와 해변가에 민주국가를 건설한 영국인들은 그들이 모국에 있을 때에 이미 공공업무에 참여하는 법을 모두 배웠다. 그래서 그들은 배심원에 의한 재판에 정통했으며, 언론 및 출판의 자유와 사생활의 자유 및 권리에 대한 관념과 그것을 주장하는 행위에 익숙해 있었다. 그들은 이러한 자유로운 제도와 당당한 관습을 아메리카로 옮겨왔으며, 그리고 이러한 제도를 통해 그들은 국가의 침해로부터 보호를 받았다. 이와 같이 아메리카인들에 있어서 자유는 이미 오래 전부터 있어온 것이고, 평등은 상대적으로 나중의 일이었다. 유럽에서는 이와 반대되는 현상이 발생했는데 여기서는 자유에 대한 관념이 국민의 사고 속으로 유입되기 훨씬 전에 평등사상이 절대권력을 장악하고 있는 군주에 의해 소개되었다.

민주국가에서 정부에 대한 관념은 자연히 단일한 중앙권력의 형태로 나타날 뿐 중앙권력을 인정하는 관념은 익숙하지 못하다는 것을 나는 앞에서 지적했다. 이러한 견해는 특히 과격한 혁명에 의해서 평등의 원리가 승리하는 것을 목격한 민주국가에는 그대로 적용된다. 지방사무를 관장하던 계급이 혁명에 의해 갑자기 물러나버렸고, 또 혼란상태의 민중은 아직 이러한 사무를 떠맡는 데 적합할 만한 조직이나 관습을 형성하지 못하고 있기 때문에, 국가만이 모든 세부적인 정책사항까지 책임을 맡게 된다. 그래서 필연적으로 중앙집권화의 현상이 초래된다.

나폴레옹이 프랑스의 모든 행정권력을 장악한 데 대해서는 비난도 칭찬도 할 수 없을 것이다. 왜냐하면 귀족과 중산층의 상류계급이 갑자기 사라진 후, 정치권력은 자연스럽게 그의 손에 들어오게 되었다. 그래서 그 권력을 거부한다는 것은 떠맡는 것만큼이나 어려웠을 것이다. 그러나 아메리카인들에게는 이러한 필요성이 전혀 느껴지지 않았는데, 왜냐하면 이들은 어떤 혁명을 거친 것도 아니었으며, 또 국가로 하여금 그들의 감시자가 되도록 요구한 적도 없었기 때문이다. 이와 같이 민주국가에서 중앙집권화과정은 사회적 평등이 확립되는 과정에도 의존하지만, 이 평등이 확립되는 방법에도 의존하게 된다.

거대한 민주혁명의 초기에 사회의 상이한 계급 사이에 전쟁상태가 발발했을 때는, 국민대중은 귀족계급으로부터 지방사무의 관할권을 뺏아내기 위해 행정권력을 중앙정부에 집중시키려고 노력한다. 이와는 반대로 혁명 말기에는 보통 정복당한 귀족계급이 모든 공공업무의 관할을 국가에 맡기려고 노력한다. 왜냐하면 이 귀족계급들은 자기와 동등한 자가 되었거나, 혹은 자기의 주인노릇까지 하는 경우가 있게 된 민중이 폭정을 할 우려가 있다고 보기 때문이다. 이와 같이 정부의 특권을 증대시켜 온 것은 어느 특정계급에 한정되어 있지는 않다. 그러나 민주혁명이 지속되는 한, 고유한 감정이나 이해관계에 이끌려서 공공행정을 중앙집권화하려는 하나의 계급이 언제나 있게 마련이다. 그들은 수에 있어서나 부에 있어서 강력하다. 또한 이런 추세는 이웃에게 통치를 당하기 싫어하는 민주국민의 일반적이고 항구적인 감정과는 아무런 관계도 없다.

오늘날 영국의 하층계급들은 지방정부의 독립을 파괴하고 행정권의 중앙집권화를 위해 최선의 노력을 경주하고 있는 반면, 상층계급들은 이 행정권이 계속 각 지방에 분산되어 있도록 하려고 노력하고 있다. 그런데 이와 정반대되는 현상이 앞으로 분명히 나타나리라 믿는다.

위와 같은 사실에서 우리가 알 수 있는 것은 왜 그 시민들이 처음부터 평등했던 민주사회보다 평등한 상태에 이르기 위해 길고 열정적인 투쟁을 거쳐나온 민주사회에서 최고통치권은 더욱 강력한데 개인은 더욱 취약한가 하는 것이다. 아메리카인들은 이 사실을 완전히 증명해 보이는 본보기가 된다. 아메리카합중국 주민들은 어떠한 특권에 의해서도 분화되어 있지 않으며, 주인과 하인의 관계에 대해서 전혀 알지도 못했다. 그래서 그들은 서로 두려워하거나 미워할 필요가 없기 때문에 최고통치권으로 하여금 그들의 문제를 처리하게 할 필요성을 느끼지 않았다. 아메리카인들의 운명은 특이하다. 그들은 영국 귀족계급으로부터 개인적 권리에 대한 관념과 지방분권적 사상을 배웠다. 그런데 타도해야 할 귀족계급이 그들에게는 없었기 때문에 이 양자를 그대로 유지할 수가 있었다.

인간이 교육을 통해서 자기의 독립을 유지할 수 있다고 한다면, 이것은 민주시대에 더욱 알맞을 것이다. 모든 인간이 평등할 때는 단순한 본능의 도움만으로도 쉽게 단일의 절대적인 정부를 구성할 수 있을 것이다. 그러나 동일한 상황 아래서 부차적인 권력들을 조직하고 유지하기 위해서나, 그리고 시민의 독립과 개인적 취약성 속에서 공공의 질서를 파괴함이 없이 독재권력에 대항하여 싸울 수 있을 만한 자유로운 결사들을 창설하기 위해서는 많은 지혜나 지식과 기술을 필요로 한다.

따라서 민주주의 국가에서 권력집중과 개인복종의 현상은 사회적 평등의 진척뿐만 아니라 국민의 무지의 정도에 비례해서 증대한다. 불완전한 문명시대에는 국민이 전제정치를 거부하는 데 필요한 지식을 제대로 갖지 못하고 있는 것만큼, 정부 또한 국민에게 전제정치를 펴는 데 필요한 지식을 제대로 갖지 못하고 있는 경우가 많은 것이 사실이다. 그러나 양쪽에 같은 결과가 발생하는 것은 아니다. 민주국가의 국민이 아무리 무식하다 할지라도, 그들을 지배하는 중앙의 정치권력도 완전히 무식한 것은 아니다. 왜냐하면 그 나라에서 찾을 수 있는 아무리 작은 지식이라 할지라도 정치권력은 그것을 자기의 필요에 따라 쉽게 이용할 수 있고, 또 필요하다면 다른 곳으로부터의 도움도 청할 수 있기 때문이다. 그러므로 민주적이긴 하지만 무지한 상태에 있는 국민에게는 통치자의 지적 능력과 국민의 지적 능력 사이에는 놀랄 만한 차이가 급속히 발생한다. 바로 이러한 사정으로 말미암아 통치자에게 권력이 쉽게 집중된다. 국가만이 행정능력을 갖추고 있기 때문에 국가의 행정기능은 계속 확장된다.

귀족국가에서는 국민이 아무리 개화되지 못했다 할지라도 위와 같은 양상은 나타나지는 않는데 왜냐하면 여기서는 군주와 사회지도층 간에 거의 동등한 교육이 보급되기 때문이다.

오늘날 이집트를 통치하고 있는 파샤(Pasha)는 그 나라의 국민이 지극히 무지하면서 평등한 상태에 있음을 간파하고, 그들을 통치하기 위해 유럽의 학문과 기술을 도입했다. 이와 같이 군주의 재능이 국민의 무지 및 민주적 취약성과 결합되어 있기 때문에 가장 강력한 권력집중이 아무런 방해도 받지 아니하고 이루어진다. 그래서 파샤는 그의 나라는 공장으로 삼고 그 주민은 자기의 직공으로 삼고 있다.

이와 같이 권력의 지나친 집중은 마침내 사회를 무기력하게 만들고, 이것이 오래 계속되면 정부 자체가 약화될 것이다. 그러나 집중된 권력이 거대한 사업을 주어진 시간 내에 쉽게 수행할 수 있으리라는 것은 부인할 수 없을 것이다. 이것은 전쟁의 경우에 있어서 더욱 적중될 수 있다. 전쟁에서의 성공은 국가가 지닌 자원의 크기에 의존한다기보다 그 자원을 어떤 특수한 목적을 위해 동원할 수 있는 능력에 의존하기 때문이다. 이러한 이유때문에 전쟁상태에서는 주로 국민들이 중앙정부의 권력을 증대시키기를 바라고, 또 사실상 그렇게 할 필요가 있기도 하다. 군사적인 재능이 있는 사람은 누구나 권력의 집중을 바라는데 권력의 집중을 통해 그들의 힘을 증대시킬 수 있다. 그리고 권력집중의 능력을 가진 사람은 누구나 전쟁을 좋아하는데, 이 전쟁을 통해 국민이 지닌 모든 권력을 정부의 통제하에 결합시킬 수 있기 때문이다. 이와 같이 국가의 특권을 확대하면서 개인의 권리를 제한하도록 만드는 이러한 민주주의적 경향은 다른 어떤 나라보다 큰 전쟁이 빈번하게 일어나는 민주국가에 훨씬 심하게 나타난다.

나는 앞에서 민주국가의 국민이 어떻게 해서 소요를 두려워하고 행복에 집착한 나머지, 무질서상태로부터 그들을 보호해 줄 수 있을 만한 강력하고 안정된 유일한 수단으로서 중앙정부의 기능을 강화시키게 되었는가를 검토한 바 있다. 여기서는 민주사회를 소란스럽고 위험스럽게 하는 경향이 있는 모든 특수한 상황으로 말미암아 이러한 일반적 경향이 더욱 강화되며, 동시에 개인은 더욱더 그들의 평온을 위해 그들이 가진 권리를 희생시키려 한다는 것을 첨가해 두고자 한다.

따라서 혁명이 발발하여 귀족들의 재산을 탈취할 뿐 아니라 모든 신념을 거부하고 나라 전체를 격렬한 증오와 상충하는 이해관계 그리고 상극하는 파벌로 가득 차게 하는 오랜 기간의 참혹한 혁명의 말기에 처했을 때만큼,

국민이 중앙정부의 기능을 강화하고 싶을 때는 없을 것이다. 이러한 시기에는 공공안녕을 바라는 마음이 절대적인 열정으로 나타나며, 그래서 사회의 구성원들은 질서에 대해 너무 지나치게 집착하는 경향이 있다.

나는 이미 권력의 중앙집권화를 촉진하는 몇 가지 원인들을 검토한 바있지만, 아직 그 중요한 원인은 검토하지 않았다. 민주국가에서 권력집중을 가져오는 원인 중에서 가장 중요한 것은 통치자 자신의 출신성분과 성향에 있다. 평등의 시대에 살고 있는 사람들은 본래 중앙집권화를 좋아하고, 정부의 특권이 확대되는 것을 바란다. 그런데 만약 이 중앙의 권력이 그들의 이익을 충실히 대변해 주고 그들의 의사를 정확히 나타내 주는 일이라도 있으면, 그들의 중앙권력에 대한 신뢰는 끝이 없으며, 그들이 중앙권력에 부여하는 것은 무엇이든지 자기 자신이 되돌려 받는다고 생각하게된다.

행정권력의 중앙집권화 현상은 아직도 어떤 면에서 옛날의 귀족주의적질서와 관련돼 있는 왕정하의 경우가, 그 출생이나 편견·성향·관습 등으로 인해 평등의 원리에 강하게 얽매여 있는 새로운 강자들이 지배하는 곳에서보다 완만하게 진행할 것이다. 민주시대에 살지만 귀족가문의 출신인군주가 중앙집권화를 시도하지 않을 것이라고 말하는 것은 아니다. 내가믿기로는 그들도 다른 어떤 사람 못지 않게 그 목적에 충실히 적응하고 있다. 그들에게 평등사상이 가져다주는 유일한 이점은 그 방향에 있다. 그러나 그들이 그렇게 할 수 있는 기회는 훨씬 적은데, 왜냐하면 그 사회가 그들의 욕망에 자발적으로 순응하기보다 마지못해서 그들에게 복종하는 경우가 빈번하기 때문이다. 민주사회에서는 통치자가 덜 귀족적일수록 중앙집권화의 경향은 더욱 강해진다는 법칙이 성립될 수 있다.

고대의 왕족이 귀족계급의 우두머리가 될 때는 군주의 본래 선입관과 귀족계급의 본래 선입관은 완전히 일치하기 때문에 귀족사회에 내재해 있는악덕은 제멋대로 성장하여 어떤 구제책을 강구할 수가 없다. 그런데 봉건영주의 후손이 민주국가의 우두머리가 될 때는 정반대의 경우가 나타난다. 통치자는 끊임없이 그가 받은 교육이나 관습 및 그가 소속한 집단 등의 영향을 받아 불평등한 사회상태가 만들어낸 감정에 따라 행동하게 된다. 그런데 국민은 역시 끊임없이 그들의 사회적 조건으로 말미암아 사회적 평등에 의해 야기되는 관습에 따라 행동하게 된다. 이러한 때에는 시민들은 중앙권력을 귀족계급의 권력으로 취급하기보다 독재권력으로 취급하여 훨씬 덜 제어하려 하는 현상이 발생하며, 또 그들은 자유로운 상태에 놓여 있을 뿐만 아니라 평등한 상태를 유지하고자 결심하고 있기 때문에 그들의 독립을 확고하게 견지하고자 하는 현상이 발생한다.

민주국가의 우두머리에 새로운 사람을 앉히기 위해 고대왕족을 물러나게 하는 혁명이 발생할 경우 이것은 일시적으로는 중앙권력을 약화시킬 것이다. 그러나 이러한 혁명이 초기에는 아무리 무질서하게 보인다 할지라도, 그 최종적인 결과는 반드시 중앙권력의 특권을 확장하는 것으로 나타날 것이다.

민주국가에서 최고통치권을 중앙에 집중시키는 데 성공하기 위해서 요구되는 가장 중요하면서도 유일한 조건은 평등에 대해 애착을 갖는 것이라든가, 혹은 사람들로 하여금 당신이 평등에 애착을 갖고 있다고 믿도록 하는 것이다. 이와 같이 옛날에는 아주 복잡했던 전제정치의 기술이 이제는 단순화되어서, 말하자면 하나의 간단한 원리로 압축되어버렸다.

5. 오늘날 유럽 국가들에서 통치권력은 강화되고 있는데도 통치자의 지위는 더욱 불안정한 상태에 놓여 있다

지금까지 언급된 것들을 종합해서 판단해 볼 때, 유럽에서는 모든 일들이 정부의 특권을 무한히 확장함과 동시에 개인의 독립성은 점점 약화·예속 내지는 위험한 상태에 처하게 하는 방향으로 작용하고 있음을 알고서, 독자들을 저으기 놀라지 않을 수 없을 것이다.

유럽의 민주국가들은 아메리카인들로 하여금 중앙집권화의 길로 나아가게 하는 일반적이고 항구적인 경향을 모두 지니고 있다. 그런데 여기다가

이 국가들은 아메리카인들로서는 알지도 못하는 부차적이고도 일시적인 원인까지를 대단히 많이 지니고 있다. 그래서 유럽의 민주국가들이 평등을 향해 한발 한발 내딛는 발걸음은 마치 전제주의로 나아가는 듯이 보일 정도이다.

그런데 사실상 우리 주변을 둘러보기만 할 때는 그것이 사실이라는 확신을 가지게 된다. 현대 이전의 귀족시대에 유럽의 군주들은 그들의 권력에 내재하는 권리 중 많은 것을 박탈당하든가 혹은 포기했다. 불과 몇백 년 전만 해도, 대다수 유럽 국가에서 많은 개인이나 자치기구는 법의 집행, 군대의 조직 및 유지, 세금의 징수, 심지어 법률의 제정이나 해석에 이르기까지 많은 사무를 관장할 만큼 충분히 독립된 상태에 있었다. 그러나 그후 국가는 여러 방면에서 이러한 주권의 본래적인 속성들을 국가 자체에 회복시키게 되었던 것이다. 그래서 모든 정치문제에 있어서 국가는 국가와 국민 사이에 어떠한 중재자가 존재하는 것을 인정하지 않는다. 즉 모든 문제에 있어서 국가가 독자적으로 국민을 지휘·감독하게 된 것이다. 나는 여기서 이러한 권력의 집중현상을 비난할 생각은 추호도 없고, 단지 이것을 지적하고자 할 뿐이다.

그 당시 유럽에는 지방의 이익을 대변하면서 지방행정을 처리했던 많은 부차적인 권력이 존재했다. 이러한 지방행정당국의 대부분은 이제 사라졌다. 즉 그 모든 것이 급속히 사라져가고 있든가, 혹은 중앙정부에 의존해 가고 있다. 전유럽에서 귀족의 특권이라든가, 도시의 자유, 지방자치단체의 권력은 파괴되든가 혹은 파괴되기 직전에 놓여 있다.

지난 반세기 동안 유럽은 수많은 혁명과 반혁명을 겪었는데, 이것들은 상충하는 방향으로 유럽을 소란스럽게 만들었다. 그러나 이것들이 한 가지 점에서는 서로 닮은 점이 있다. 즉 이것들은 다 같이 부차적인 정치권력을 파괴했다는 점이다. 프랑스인들이 정복한 국가에서 프랑스인들이 없애지 않았던 지방적 특권은 마침내 프랑스인들을 정복한 군주들의 정책에 굴복하고 말았다. 이 군주들은 권력의 중앙집중 이외에는 프랑스혁명에 의한 모든 개혁조치를 거부했다.

내가 말하고자 하는 목적은 우리가 사는 이 시대에 있어서 여러 계층의 계급이나 조합 및 개인으로부터 강제로 뺏아낸 이 모든 권리들이, 보다 확고한 민주주의의 기반이 되는 부차적인 권력의 형성에 도움을 주지 못하고 오히려 통치자의 손으로 집중되었다는 것을 지적하는 데 있다. 여러 방면에서 국가는 국민에 대한 직접적인 지배력을 강화하였으며 아주 작은 일에 대해서조차 각 개인을 간섭할 수 있게 되었다.[원주2]

지난날에는 유럽의 모든 자선기관들이 개인이나 동업조합의 수중에 있었으나 오늘날은 정부에 의존하고 있다. 그래서 국가가 거의 독점하여 가난한 자에게는 빵을, 병든 자에게는 도움과 안식처를 또 실직자에게는 일거리를 제공함으로써 모든 불행의 유일한 구제자로서 자처하게 된다.

교육도 자선사업과 마찬가지로 오늘날 거의 모든 나라에서 국가적인 관심사가 되었다. 국가는 어린아이를 공직자에게 넘겨주기 위해 그 부모로부터 인수를 받든가 아니면 강제로 빼앗는 경우도 있다. 그래서 국가가 어린이들의 교육을 장악한다. 다른 모든 부문에 있어서와 마찬가지로 국민교육에 있어서도 획일주의가 지배하며, 다양성이라든가 자유라는 것은 하루하루 사라져가는 상태에 있다.

또한 오늘날 카톨릭이든 혹은 개신교이든 거의 모든 기독교국가에서 종교는 정부의 손으로 넘어갈 위험에 직면해 있다. 통치자들이 교리를 개정하거나 새로이 제정할 수 있는 권리를 확보하려고 애쓰지는 않는다. 그 대

[원주2] 사회 전체와 관련하여 이처럼 개인이 점차적으로 약화되어가는 추세는 수많은 일에서 추적할 수 있다. 이들 사례 가운데 유언법에서 나온 한 가지 사례를 골라보았다.

귀족체제에서는 임종하는 사람의 마지막 유언에 대단한 존경심을 보이는 것이 상례이다. 이런 정서는 때로는 유럽의 오래된 나라들에서는 미신으로 발전하기까지 했다. 다시 말해서 국가권력은 임종하는 사람의 변덕에 간섭하기는커녕 그의 유언의 하찮은 것까지도 존중했고 그에 대한 항구적인 보증을 주었다.

살아 있는 모든 사람들이 약할 경우, 죽은 자의 유언은 별로 존경되지 않는다. 유언은 좁은 범위 안에서 제한되고 그 범위 너머에서는 법률이라는 통치권력에 의해서 무효화되거나 억제당한다. 중세에는 유언의 힘이 말하자면 무한했다. 오늘날 프랑스에서는 국가의 개입없이는 자기 재산을 자기 자녀들에게 분배할 수 없다. 법률은 한 인간의 전생애를 지배한 뒤에도 그의 마지막 행위까지도 규제하려 드는 것이다.

신에 교리를 해석하는 사람들의 의지를 장악해 가고 있다. 그래서 성직자들의 재산을 빼앗고 그들에게 보수를 지급한다. 통치자들은 성직자의 영향력을 그들의 필요에 따라 이용하며, 성직자들을 그들 자신의 전도자 내지는 하인으로 삼는다. 그래서 종교와의 이러한 연합을 통해서 통치자들은 인간 영혼의 내면에까지 간섭한다.[원주3]

그러나 이것은 아직 문제의 한 면에 불과하다. 정부의 권위는 우리가 방금 살펴본 바와 같이 기존의 모든 권력의 영역을 지배할 뿐만 아니라, 지금까지 개인의 독립에 의지하고 있던 영역까지 침범하게 되었다. 지난 시대에는 행정력이 전혀 미치지 못하던 많은 부문이 이제 행정의 통제하에 놓이게 되었으며, 그 수는 끊임없이 증가하고 있다.

귀족국가에서는 최고의 권력자는 흔히 직접적으로 그리고 표면상으로 국가의 명예와 관계된 문제에서만 그 사회를 지휘 감독하는 것으로 만족해하며, 그 이외의 다른 면에 있어서는 국민이 개인의 자유로운 의지에 따라 행동하도록 내버려둔다. 이러한 귀족국가에서는 개인의 과오와 고통이 국가 전체의 발전과 관련이 된다는 점을 정부가 잊어버리고 있는 듯한 경우가 많으며, 또 개인의 파멸을 막는 것이야말로 공공행정이 수행해야 할 중요한 업무라는 것을 잊어버리는 때도 가끔 있는 듯하다.

오늘날의 민주국가들은 정반대의 경향을 띠고 있다. 대부분의 통치자들이 분명히 국민을 집단적으로 다스리는 것을 만족스럽게 생각하지 않는다. 마치 그들은 국민의 모든 행동과 그 개인적 조건에 책임을 지고 있다고 생각하는 것 같으며, 또 생활상의 여러 가지 문제에서 국민을 지도함은 물론 국민 자신의 동의와는 상관없이 그들의 행복을 확보해 주겠다고 나서는 것처럼 보인다. 다른 한편으로 국민 개개인도 정치권력을 위와 같은 관점에

[원주3] 중앙권력이 강화되는 것과 비례해서 그 권력을 대표하는 공직자의 수는 역시 증가할 것이 틀림없다. 그들은 한 나라 안에 하나의 나라를 형성한다. 그래서 정부가 안정되면 될수록, 그들은 더더욱 귀족체제의 자리를 채워간다. 유럽의 거의 전역에서 정부는 두 가지 방법으로 지배한다. 한쪽 시민들에 대해서는 그들이 관리들에 대해서 느끼는 공포감을 통해서 다스리고, 다른 쪽 시민들에 대해서는 관리가 되고자 그들이 품는 희망을 통해서 다스린다.

서 파악하려는 경향을 띠고 있으며, 그들의 모든 일상적인 생활에서 정부가 도와줄 것을 바라면서 행정부를 그들의 상담역이나 지도자로 간주하려 한다.

지난 시대의 통치자는 그가 가진 토지로부터의 수입이나 조세수입에 의존해서 살았다. 그러나 권력의 확대와 더불어 욕망 또한 증대한 오늘날은 그렇지 아니하다. 옛날 같으면 군주로 하여금 새로운 세금을 징수하지 않을 수 없도록 만든 바로 그 상황이 이제는 통치자로 하여금 빚에 의지하게 한다. 이와 같이 국가는 점차 그 사회 대부분의 부호들에게 빚을 지고 있으며, 가장 많은 자본을 스스로 장악하게 된다.

작은 자본도 다른 방법에 의해 통치자의 수중으로 들어오게 된다. 사람들이 서로 혼합되어 있고, 사회적 조건이 보다 평등해짐에 따라 가난한 사람들도 보다 많은 자원과 교육과 욕망을 가지게 되었다. 즉 이들은 그들의 생활조건을 향상시킬 생각을 품게 되었으며, 이로 말미암아 저축하는 방법을 알게 된다. 이러한 저축은 매일 무한한 수의 소자본을 창출해내며 완만하고 점진적인 노동의 산물인 이러한 소자본은 항상 증대하고 있다. 그러나 이런 자본의 상당부분은 소유자의 수중에 분산된 상태로 있으면 비생산적일 것이다. 이러한 사정으로 말미암아 아마 가장 중요한 정치적인 제도 중의 하나가 될 것이 틀림없는 자선단체가 발생했다. 동정심이 많은 사람들이 이 가난한 사람들의 저축을 모아서 이자를 붙여 늘리려고 생각했다. 어떤 국가에서는, 이 자선단체들이 아직 국가와는 완전히 구분되지만, 거의 대부분의 나라에서 이 단체들이 정부와 거의 동일시되어가고 있음이 명백하다. 이 가운데는 정부가 이들 단체를 대체하고서는 수백만의 노동자들이 매일 저축한 돈을 한군데로 모아서 정부의 뜻에 따라 증식하려는 나라도 있다.

이와 같이 국가는 부자의 큰 돈은 차용에 의해, 그리고 가난한 사람의 작은 돈은 저축은행을 통해 제멋대로 사용할 수 있도록 만든다. 국가의 전체 부가 정부를 중심으로 이동하며, 정부의 손을 거치지 않는 것이 없게 된다. 이러한 자본의 축적은 사회의 평등화가 실현될수록 증대한다. 왜냐하면 민주국가에서는 정부만이 개인들에게 신용을 얻을 수 있으므로 힘과 지속성을 가지는 것처럼 보이기 때문이다.[원주4]

이와 같이 통치자는 공공재산의 처리에만 머무르지 않고 개인의 금전문제에까지 간섭한다. 말하자면 그는 사회구성원의 감독자이자 주인이다. 그리고 이에 덧붙여서 통치자는 국민의 사무원(steward)이자 회계원(paymaster)이기도 하다.

중앙권력은 지난 시대에 여러 기관이 수행하던 직무의 전부를 인수하여 확대 수행할 뿐만 아니라 전보다도 훨씬 더 빈틈없이 강력하게 수행한다. 오늘날의 모든 유럽 국가들은 그 행정능력을 눈에 띄게 향상시켰다. 즉 적은 비용으로 훨씬 더 질서있고 신속하게 모든 일을 처리한다. 그런데 이러한 행정능력은 개인의 경험에서 나온 것이 많다. 매일 유럽의 군주들은 자기의 직무를 엄격히 관장하면서 적은 노력으로 보다 세밀하게 수행하는 새로운 방법을 모색하고 있다. 부하들이 모든 사무를 처리하는 것에 만족하지 못하고 부하들의 행동을 하나하나 감독한다. 그래서 공공행정은 한 사람의 권력에 의존할 뿐만 아니라 그의 손으로 집중된다. 정부는 공직자의 특권을 증대시키면서 동시에 이것을 중앙으로 집중시킨다. 이렇게 해서 이중으로 중앙권력이 강화된다.

대부분의 유럽 국가에서 사법권의 고전적 구조를 점검해 볼 때, 두 가지 사실이 매우 인상적이다. 사법권의 독립이 그 하나이고, 다른 하나는 그 기능의 확장이다. 법원은 개인 상호간의 모든 분쟁을 해결할 뿐만 아니라, 많은 경우 법원은 개인과 국가 사이의 중재자로서의 역할을 감당하게 된다.

나는 여기서 몇몇 나라에서 법원이 강탈한 정치적이고도 행정적인 기능에 대해 언급하려는 것은 아니고, 모든 법원에 공통되는 사법부의 직무에

[원주4] 한편으로는 현세적인 행복을 바라는 취향이 끊임없이 증가한다. 다른 한편으로는 정부는 그런 행복의 원천들을 더욱 완벽하게 장악한다. 따라서 사람들은 두 가지 따로 떨어진 길을 따라 예속으로 이른다. 자신들의 행복을 추구하는 취향 때문에 그들은 공무에 참여하지 않으며 바로 그 행복에 대한 집착 때문에 그들은 다스리는 자들에게 더욱 긴밀하게 의존하지 않을 수 없다.

대해 언급하고자 한다. 대부분의 유럽 국가에서는 과거에도 그러했지만 지금도 재산에 대한 일반적인 권리와 관련되어 있으면서 법원의 보호를 받고 있는 많은 개인적인 재산이 있다. 그리고 이러한 재산에 대해서는 국가가 법원의 재가가 없이는 침해할 수 없다. 유럽식의 법원이 다른 종류의 법원과 구분되는 것은 바로 어느 정도의 정치권력을 법원이 장악하고 있다는 점에 있다. 왜냐하면 모든 국가에 재판관이 존재하지만, 유럽에서와 같은 특권을 부여받고 있는 재판관은 없기 때문이다.

다른 나라도 마찬가지이지만 자유로운 국가라고 불리는 유럽의 민주주의 국가에서 지금 발생하고 있는 일들을 관찰해 보건대, 특별관할에 의해서 정부와 개인 사이에 발생하는 소송문제를 판결하려는 특수한 목적을 지닌 종속적인 법원이 옛날의 법원에 첨가되어 여러 곳에서 새로이 생겨나고 있음을 발견할 수 있다. 옛날의 사법부는 계속 그 독립성을 유지하고 있지만 그 관할구역이 좁아졌다. 그것은 개인 사이의 분쟁을 판결하는 중재자로 국한되어가는 경향이 증대하고 있다.

이러한 특별재판소의 수는 계속 늘고 있으며, 그 기능 또한 증대하고 있다. 이와 같이 정부는 그 정책이나 권리를 다른 기관의 권력에 예속시킬 필요성을 없애가고 있다. 재판관이 없이 그냥 넘어갈 수는 없기 때문에, 적어도 국가는 재판관을 뽑기는 하되 국가의 통제하에 그들을 장악하려고 한다. 그래서 재판관들은 정부와 개인 사이에 정의가 실현되도록 하는 것이 아니라 정의가 실현되는 것처럼 보이도록 하는 역할을 한다. 국가는 모든 사건을 국가로 귀속시키는 데 만족하지 아니하고 그 모든 사건을 아무런 제한이나 이의 제기도 없이 결정할 수 있는 힘을 증대시키고 있다.[원주5]

현대의 유럽 국가에 있어서는 이미 지적한 모든 이유들과는 별개로 정부

[원주5] 이 문제에 관해서 프랑스에서는 이상한 궤변이 나타났다. 어느 개인 사이에 소송이 벌어질 경우, 그 사건은 일반법관에게 맡겨져서는 안된다는 것이다. 행정권과 사법권을 뒤섞는 일이 없도록 하기 위한 것이라는 것이 그들의 말이다. 그러는 것이 마치 그 두 가지 권력을 뒤섞지 아니하고 또한 가장 위험하고 억압적인 방식으로 정부에게 행정과 사법 업무를 동시에 맡기지 아니하는 것인 양 말이다.

기관의 기능을 확장하거나 최고통치권의 특권을 강화해주는 한 가지 큰 원인이 존재한다. 즉 사회적 평등의 발전에 의해 촉진된 공업의 성장이라는 것이다. 일반적으로 공업은 한 장소에 많은 사람이 모이게 하는데, 여기서 새롭고 복잡한 관계가 형성된다. 이 사람들은 그들의 직업상 갑자기 빈부의 심한 변동에 직면하게 되는데, 이러는 사이에 공공안녕은 위협을 받는다. 공장노동으로 인해 노동자들은 건강 내지는 심지어 생명까지 희생당하는 일이 발생하기도 한다. 이와 같은 상태에서 공업종사자들은 사회의 어떤 다른 계층보다 통제와 감독을 더 많이 필요로 하는데, 여기서 정부권력의 증대가 요청된다.

이것은 일반적으로 적용될 수 있는 사실로서, 여기에 수반하는 특수한 문제들이 유럽 여러 나라와 관계된다. 현대 이전의 몇 세기 동안은 귀족계급이 토지를 소유하고 있었으며, 그것을 지킬 능력이 있었다. 따라서 토지재산은 충분히 보호받을 수 있었으며 그 소유자는 마음껏 독립성을 누릴 수 있었다. 이것은 토지의 세분화와 귀족의 몰락에도 불구하고 지속적인 법률과 관습을 형성시켰다. 그래서 오늘날도 토지소유자와 농민들이 그 사회에서 통치권력의 지배를 가장 쉽게 벗어날 수 있는 사람들이다.

이와 같은 귀족시대에 동산은 별로 중요시되지 못했으며, 그 소유자는 약한 존재로서 경멸당하기까지 했다. 공업에 종사하는 계급은 이 귀족사회에서 예외적인 존재였다. 그리고 이 계급은 보호받을 수 있는 아무런 권리도 소유하고 있지 못했기 때문에, 공식적으로 보호받지는 못했으며 또 스스로도 보호할 수 없는 경우가 가끔 있었다. 바로 여기서 공업에 관계되는 재산에 대해서는 일반적인 재산에 있어서와 같은 존경이나 보호의 가치를 부여하지 않는 습관이 생겨났다. 그래서 공업인은 사회의 계급구조에서 하위계급으로 간주되었으며, 그들의 독립성 또한 별로 중요시되지 않았고 군주가 적당히 기분내키는 대로 처리하면 되었다. 중세의 법률을 보면 놀라지 않을 수 없는 일이 있다. 즉 그 개인적인 독립이 보장되던 시대에 공업인들은 아주 사소한 일에 있어서까지 군주의 끊임없는 제약에 의해서 간섭을 받아왔다. 이러한 점에서 중앙집권화의 영향이 가장 크게 그리고 가장 사소한 문제에까지 미쳤다.

그후 세계적으로 하나의 거대한 혁명이 발발했다. 그 당시 아주 미약한 상태에 있던 공업재산이 전유럽을 뒤덮을 만큼 증대했다. 공인계급이 다른 계급으로부터 떨어져나온 사람들에 의해 배로 불어나면서 부유하게 되었다. 즉 공인계급은 그 수나 비중이나 부에 있어서 끊임없이 증가해왔고 지금도 증가하고 있다. 공인계급에 속하지 않는 사람일지라도 거의 모든 사람이 공인계급과 적어도 한 가지 점에서는 관계를 맺고 있다. 사회에서 예외적인 존재에 불과했던 것이 이제 최상의 계급은 아니라 할지라도 중요한 계급이 되려 한다. 그럼에도 불구하고 지난날 이 계급에 관한 관념이나 정치적 관습은 그대로 계속되고 있다. 이러한 관념이나 관습은 그것이 오래되었다는 이유와 동시에 현대의 새로운 관념이나 일반 습관과 완전히 조화를 이룰 수 있다는 이유에서 변함없이 존속한다.

그런데 공업인의 재산은 그 비중에 비례해서 그 권리를 신장시키지 못한다. 공인계급은 그 수가 늘어난다고 해서 종속적인 지위를 면하지 못하고 있다. 오히려 이와는 반대로 전제주의가 그 속에 잠복하고 있어서 공인계급의 성장과 더불어 전제주의도 자연스럽게 성장하는 듯이 보인다.[원주6]

[원주6] 이 문제를 뒷받침하기 위해서 몇 가지 사실을 인용하려다. 광산은 공업재산의 자연적인 원천이다. 유럽에서 공업이 성장하고, 광산물이 더욱 전반적인 중요성을 가지게 되며, 사회 조건의 평등화로 인한 재산의 세분화 때문에 유리한 광산채굴이 더 어려워짐에 따라서, 대부분의 정부들은 광산이 소재하는 토지의 소유권과 광산업무 감독권을 주장했다. 이런 사실은 어떤 다른 종류의 재산에는 해당되는 것이 아니었다.

그러므로 사유재산으로서 모든 다른 토지재산과 같은 의무조항을 따르고 또한 같은 보장조항에 의해서 보호받던 광산들이 국가의 통제 아래 들어갔다. 국가가 광산들을 경영하거나 임대한다. 광산주들은 임차인에 불과하게 되었고 임차권을 국가에서 얻는 것이다. 더욱이 국가는 거의 어디에서나 광산운용감독권을 주장한다. 다시 말해서 국가는 규칙을 정하고 특정한 채굴방법을 택할 것을 강요하고 광부들을 언제나 감시하에 둔다. 만일 법을 어기는 사람이 생기면, 그들은 정부의 법정에 의해서 도태된다. 그리고 정부는 다른 사람과 계약을 체결한다. 그러므로 정부는 광산을 소유할 뿐 아니라 광산을 경영하는 모든 사람들을 장악하고 있다. 그럼에도 불구하고 산업이 확대됨에 따라 오래된 광산의 굴착도 증가한다. 또한 새로운 광산이 개척된다. 광업인구가 확대 증가한다. 날이 갈수록 정부는 지하자원에 대한 영유권을 증대시키고 정부의 관리들을 광업에 충원한다.

한 나라가 공업에 더욱 몰두하게 될수록 부의 취득을 용이하게 해주는 도로나 운하, 항구, 기타 반(半) 공공적 성격을 지닌 시설의 결핍이 중요한 문제로 등장한다. 그리고 한 나라가 더욱 민주적이 되어갈수록, 그러한 대규모의 사업을 추진하는 데 있어서 개인은 더욱 무력해지고 국가만이 그 일을 할 수 있게 된다.

다른 한편으로 국가의 권력이 강화되고, 그 필요성이 증대할수록 그에 비례해서 공업생산품에 대한 국가수요는 더욱 증가한다. 그런데 이러한 상품은 보통 정부의 병기공장이나 공공시설물에서 만들어진다. 이와 같이 어느 나라에서나 통치자가 가장 으뜸가는 공업인이 된다. 즉 통치자가 가장 많은 수의 기계기술자와 건설기술자·기계수리공 및 수공업자를 장악하고 있다.

통치자는 으뜸가는 공업인일 뿐만 아니라 다른 모든 공업인들의 우두머리 내지는 주인이 되어가는 경향이 있다. 개인은 평등화와 더불어 더욱 무력해졌기 때문에 개인 상호간의 결합이 없이는 공업에서 어떠한 것도 이루어낼 수가 없다. 그러나 정부는 본래부터 이러한 결합체들을 자기의 통제 아래 두려고 한다.

회사(Company)라고 불리는 이 집합적인 존재는 지금까지의 어떤 개인 보다 더 강력한 힘을 지니고 있다는 것을 인정하지 않을 수 없으며, 그런데도 이것은 자신의 행위에 대한 책임은 거의 지지 않는다는 것도 인정하지 않을 수 없다. 그러므로 이러한 집합적인 존재는 개인에게 부여되는 것만큼의 독립성을 정부로부터 부여받지 말아야 하는 것이 합리적인 것처럼 보인다.

통치자들은 그들 자신의 생각 때문에도 더욱더 이러한 정책을 추구하는 경향이 있다. 민주국가에서 정부에 대한 국민의 저항이 나타날 수 있는 길은 오직 결사(結社)에 의한 방법뿐이다. 그러므로 정부는 자기의 통제력을 벗어나 있는 결사에 대해서는 언제나 좋지 않게 생각한다. 그리고 민주국가의 국민들 자신도 이러한 결사에 대해 공포와 질투의 감정을 은밀하게 가지고 있는 경우도 가끔 있다는 것을 지적해 둘 필요가 있겠는데, 이것은 이 결사들이 시민이 필요로 하는 제도를 유지하는 데 방해가 될 때도 있기 때문이다. 취약하고 불안정한 전체 사회 속에 자리잡고 있는 이 소규모의 사적인 집단들의 존속과 그 세력은 국민들에게 놀라움과 두려움을 동시에 주고 있다. 그리고 각 집단들이 그 고유한 세력을 자유롭게 사용할 수 있다고 하는 것은 위험스러운 특권으로 인식되고 있다. 더욱이 오늘날 출현하고 있는 모든 결사는 새로운 법인단체인 바, 그 권리가 지금까지 인정되지 못하고 있다. 즉 이들 단체는 사적인 권리에 대한 관념이 취약하고 정부의 권력이 무한히 큰 시기에 출현한 것이다. 그러므로 이러한 단체들은 출현할 당시부터 이미 자유를 상실하고 있다는 것은 놀랄 만한 사실이 못된다.

지금도 모든 유럽 국가에는 국가가 결사에 관한 규칙을 검토한 후 그 존재를 공식화해주기 전에는 구성될 수 없는 결사나 회사가 있다. 또 몇몇 나라에서는 이러한 규칙을 모든 결사에 확장해서 적용하려는 시도가 이루어지고 있다. 이러한 정책의 결과는 만약 그것이 성공적이라면 쉽게 예견될 수 있다.

만약 최고통치권자가 어떤 조건에 따라 이 모든 종류의 결사를 공인할 권리를 지니고 있다면, 그는 머지않아 이들 결사가 자신이 규정한 규칙에서 이탈하는 일이 없도록 하기 위해 감독할 수 있는 권리를 요구하게 될 것이다. 이와 같은 방법으로 국가는 결사를 구성하고자 하는 모든 사람을 국가에 종속시킨 후 나아가 이미 구성된 결사에 소속해 있는 모든 사람을 국가에 종속시킨다. 말하자면 현재 살고 있는 모든 사람을 국가에 종속시킨다.

이와 같이 정부는 오늘날 공업에 의해 나타난 이 새로운 결사의 대부분을 장악하고서는 정부의 목적에 이용하려 한다. 결국 공업이 현대인을 지배하고, 통치자는 공업을 지배한다.

지금까지 이 책을 읽어온 독자로서는 지난 반세기 동안 여러 곳에서 수천 가지의 형태로 중앙집권화가 촉진되어 왔다는 것을 알게 될 것이다. 전쟁이나 혁명·정복 등이 이러한 현상을 더욱 촉진했다. 같은 기간 동안 인간의 관념과 이해관계와 열정 또한 무한히 다양화해왔다. 그러나 어떠한 방법에 의해서건 모든 것이 중앙으로 집중되어왔다. 이러한 본능적인 집중현상은 지극히 변덕스러운 생활과 관념 속에서 유일하게 안정된 현상이었다.

지금까지 인간사의 세부적인 면까지 관찰해 온 독자로서 만약 사물을 전체적으로 파악하려고 한다면, 그는 거기서 강한 인상을 받게 될 것이다. 즉 한편으로는, 아무리 안정되어 있는 왕조라 할지라도 동요하거나 전복되었으며, 도처에서 국민은 폭력적인 방법에 의해 통치자나 군주의 지배로부터 벗어나면서 그들의 권위를 약화시키거나 혹은 부인해버리며, 비록 소란스러운 혁명을 직접 경험하고 있지는 않는 국민일지라도 그 모두가 혁명적인 정신에 고무되어 있는 것이다. 다른 한편으로 이러한 무질서상태에서도 그리고 이처럼 다루기 어려운 국민 속에서도, 중앙정부의 특권은 계속적으로 증대하면서 더욱더 중앙집권화되면서 보다 절대적이고 강력해져 왔으며, 국민은 행정부의 통제를 받게 되고 무의식적으로 개인적인 독립성의 대부분을 정부권력에 예속시켜버리며, 마침내 왕권을 타도하고 왕족을 짓밟을 때도 있었던 바로 그 사람들이 일개 서기의 하찮은 명령에도 갖은 아첨을 다 해가며 복종하는 경향이 있게 된다. 이와 같이 오늘날은 두 가지 상반된 혁명이 진행되고 있는 것 같은데, 하나는 끊임없이 중앙정부의 권력을 약화시켜 나가는 것이고, 다른 하나는 같은 정도로 끊임없이 중앙정부의 권력을 강화시켜 나가는 것이다. 역사상 다른 어느 시기에 있어서보다 중앙정부의 권력은 취약해 보이기도 하고 동시에 강력해 보이기도 하는 기이한 현상이 벌어지고 있다.

그런데 이 세상을 좀더 주의깊게 관찰해보면 이 두 가지 혁명이 아주 긴밀한 관계를 맺고 있고 또 동일한 입장 위에 서 있으며 그리고 각기 상이한 길을 가고 있기는 하지만 마침내 인간이 같은 결과에 도달하도록 만든다는 것을 알 수 있을 것이다.

나는 앞서 말한 것을 다시 한번 언급해 두고자 한다. 즉 평등의 원리 자체와, 평등의 원리를 사회적 조건과 국법체계 속에 확립시키는 혁명을 혼동하지 않도록 많은 주의를 기울여야 한다. 바로 여기에 우리들을 가끔 놀라게 만드는 모든 현상의 원인이 놓여 있다.

유럽의 지난날의 모든 정치권력은 그것이 크든 작든 간에 귀족주의 시대에 확립된 것으로, 그 경중의 차이는 있을지라도 불평등과 특권의 원리를 대변하거나 그것을 수호해 왔다. 평등의 원리가 발전함에 따라 나타난 새로운 욕구와 이익이 정치에서 우세한 지위를 확보할 수 있도록 하기 위해서, 현대인들은 기존의 정치권력을 전복하거나 통어해야만 했다. 이렇게 해서 사람들은 혁명의 길로 나아가게 되었으며, 그들 중 많은 사람들이 그 목적이 무엇이든 모든 혁명에 항상 수반되는 소요와 개인의 독립에 대한 강한 애착심을 느끼게 되었다.

내가 믿기로 유럽에는 평등화가 이루어지는 과정에서 재산상으로나 인물상으로 격렬한 변화가 일어나지 않은 나라는 단 한 나라도 없는 것 같다. 그리고 이러한 변화에는 항상 무질서와 방종이 수반되었던 바, 이것은 이러한 변화가 가장 개화된 사람들을 반대하는 가장 미개한 사람들에 의해 일어나기 때문이다.

바로 여기서 내가 방금 지적한 두 가지의 정반대되는 경향이 나타났다. 민주주의적 혁명이 불타오르고 있는 동안 혁명에 적의를 품고 있는 옛날의 귀족세력을 파괴하는 데 전념하고 있는 사람들은 강한 독립심을 나타냈다. 그러나 평등의 원리가 더욱 완전한 승리를 거두게 됨에 따라, 그들은 사회의 평등에 수반하는 고유한 성향을 지니게 되었고, 그래서 정부의 권력을 강화하고 동시에 중앙집권화가 도래하도록 했다. 그들은 평등하기 위해서는 자유로워야 한다고 생각했다. 그러나 자유의 도움을 받아 평등이 실현됨에 따라 그에 비례해서 자유 자체는 더욱 성취하기가 어렵게 되었다.

이러한 두 가지 상태가 동시에 존재하는 경우가 가끔 있었다. 즉 프랑스의 지난 세대는 그들이 귀족의 권위를 무시하고 왕권에 맞서 싸우며 그리고 전세계를 향해 자유를 획득하는 방법과 또 자유를 잃게 되는 방법을 가르치고 있던 바로 그때에, 엄청난 폭정을 준비해가고 있었음을 보여주었다.

오늘날 우리는 기존의 권력이 모든 방면에서 무너져내리는 것을 볼 수 있다. 그리고 모든 오래된 권위는 사라져가며 오래된 장벽도 모두 허물어지고 그리고 아무리 현명한 사람이라 할지라도 이 광경을 보고는 판단하기가 어려워진다. 즉 사람들이 그들의 눈앞에서 전개되는 혁명에만 집착하게 되며, 그래서 인류가 곧 영구적으로 무질서상태로 전락할 것처럼 생각한다. 만약 이러한 혁명의 최종적인 결과를 보게 된다면, 아마 이들의 공포는 다른 양상을 띠게 될 것이다. 나의 경우 솔직히 고백하건대, 현대인을 고무하기 위해 나타나는 자유의 정신에 대해 아무런 신뢰감을 갖지 않는다. 나로서는 이 시대의 모든 국가들이 소란스러운 상태에 있다는 것은 분명히 알고 있을지언정, 자유로운 상태에 있다고는 생각하지 않는다. 그리고 왕권의 기초를 흔드는 이러한 혼란이 끝날 무렵에는 그 어느 때보다도 통치자의 지배가 더욱 강력하게 나타나지 않을까 걱정이 되기도 한다.

6. 어떤 종류의 전제정치를 민주국가가 두려워해야 할까

아메리카합중국에 체류하는 동안 나는 아메리카와 같은 민주적인 사회상태는 전제정치의 확립에 특별히 도움이 될 수도 있다는 점을 지적한 바 있다. 그리고 내가 유럽으로 돌아왔을 때는 이미 대부분의 통치자들이 그들의 권력의 범위를 넓힐 목적으로 이와 같이 민주적인 사회상태로 말미암아 생겨난 관념이나 감정 및 욕구를 대단히 많이 이용했음을 알게 되었다. 그래서 나는 기독교국가들도 종국에 가서는 몇몇 고대국가가 겪었던 것과 같은 억압상태를 겪게 되리라고 생각하게 되었다.

5년간에 걸쳐 더 생각하면서 이 문제에 관해 더 주의깊게 검토해 본 결과 나의 근심은 줄어지지 않았으며 단지 근심의 대상이 변했을 뿐이다.

지난 시대에는 중간권력자의 도움이 없이 통치자 자신이 직접 관장하는 행정기관에 의해 방대한 제국의 전역을 다스릴 수 있을 만큼 절대적이고 강력한 권력을 소유한 통치자가 있었던 적이 없다. 그 어느 누구도 그의 모든 신민을 엄격하고 획일적인 법규에 예속시켜서 한 사람 한 사람 지도할 생각을 가질 수 없었다. 도대체 그렇게 해볼 생각이 머릿속에 떠오르지도 못했다. 그리고 설사 어떤 사람이 그러한 생각은 가져보았다 할지라도, 정보의 결핍과 행정조직의 미비 그리고 무엇보다도 사회의 불평등으로 말미암아 발생하는 자연적인 장애요소로 말미암아 그러한 거창한 계획의 실행은 곧 불가능할 수밖에 없었다.

로마황제들이 권력의 정상에 있었을 때조차도 제국 내의 각 민족은 다양한 관습을 그대로 유지하고 있었다. 그들이 비록 동일한 군주에 예속되어 있을지라도, 대부분의 지방이 개별적으로 통치되었다. 즉 그들은 강력한 자치제를 실시하고 있었다. 그리고 비록 제국의 모든 정치권력이 황제 한 사람의 손에 집중되어 있으며, 그는 필요한 경우 언제라도 최고의 중재자로서 모든 문제를 처리할 수 있을지라도, 사회생활과 개인의 직업에 관한 사소한 문제는 대부분 황제의 통제를 받지 않았다. 황제는 무제한의 거대한 권력을 소유하고 있었으며, 이로 말미암아 그는 기분대로 행동할 수 있었다는 것도 사실이다. 황제들은 국가권력을 남용하여 신민의 재산과 생명을 빼앗기도 했다. 그러나 황제의 폭정은 소수에게는 지극히 귀찮게 느껴졌으나, 많은 사람들이 그렇게 느끼지는 않았다. 폭정은 어떤 소수의 중요한 대상에 국한되었으며, 그 나머지와는 별 상관이 없었다. 폭정은 물론 폭력적인 수단이 동원되었다지만, 그 범위가 제한되어 있었다.

만약 현대의 민주국가에 폭정이 실시된다면, 그것은 다른 성격을 지니게 될 것 같다. 즉 보다 광범위하게 영향을 미치면서 동시에 유연한 형태를 취할 것이다. 인간을 가혹하게 다루지는 않으면서 품위를 떨어뜨릴 것이다. 오늘날과 같은 교육과 평등의 시대에 있어서는 군주들이 옛날의 어떤 군주보다 더 쉽게 모든 정치권력을 수중에 장악하고서 사적인 이해관계의 영역을 일상적으로 철저히 간섭할 수 있으리라는 것은 의심의 여지가 없다. 그러나 이처럼 전제정치를 용이하게 해주는 바로 이 평등의 원리는 그 혹독성을 완화시켜 준다. 우리는 앞에서 인간이 보다 평등해지고 동일해질수록 사회적인 관습은 더욱 인간적이 되고 부드러워진다는 것을 알아보았다. 사회의 어느 구성원도 강한 권력과 큰 부를 소지하지 않기 때문에, 말하자면 폭정이 강하게 실시될 기회도 없거니와 그 영역을 확보하지 못한다. 모두가 가난하기 때문에 인간의 열정은 제한되며 상상력은 한정된 범위 내에 머무르고 쾌락은 단순한 형태를 취한다. 이처럼 전반적으로 팽배해 있는 절제의 정신은 통치자 자신에게도 미치며 그의 지나친 욕망을 제어한다.

사회적인 성격 자체에서 비롯된 이러한 여러 가지 이유와는 관계없이, 주제의 범위를 벗어나더라도 많은 이유를 첨가해서 설명하고 싶지만 이미 설정한 범위 내에서 멈추고자 한다.

민주국가의 정부도 극도로 흥분하거나 위험한 상태에서는 폭력적이 되거나 심지어 잔인해지기도 한다. 그러나 이러한 위기는 드물게 발생하며 짧은 기간에 끝나버린다. 현대인의 사소한 열정이나, 그들의 온유한 생활 태도, 광범위한 교육열, 순수한 신앙, 유순한 도덕성, 규칙적이고 근면한 관습, 그리고 선행에 있어서나 악행에 있어서나 항상 견지하는 자제심 등을 생각해 볼 때, 나는 현대인이 폭정에 직면하게 되리라는 생각은 들지 않고 오히려 통치자가 그들의 보호자로서의 역할을 하는 정부를 가지게 되리라는 생각이 든다.

그런데 민주국가에게 위협이 될 억압의 종류는 지난 시대에 존재했던 것과는 다를 것이다. 현대인의 기억 속에는 그 표본이 될 만한 것이 없을 것이다. 내가 방금 말한 모든 개념을 정확하게 표현할 만한 단어를 찾아내려고 한다면 그것은 헛된 일이 될 것이다. 옛날말인 전제정치(despotism)나 폭정(tyranny)이라는 말은 적합하지 못할 것이다. 즉 위와 같은 사실은 새로운 사실이기 때문에 나로서는 그것을 어느 정해진 단어로 명명할 수는 없겠고, 단지 어떤 정의를 내리도록 해야 할 것 같다.

나는 전제정치가 이 세상에 나타날 수 있게 된 상황의 새로운 특징들을 추적해보고자 한다. 첫번째로 눈에 띄는 것은 모두 평등하고 동일한 수많은 군중의 생활 속에서 싫증이 나도록 겪게 되는 사소한 쾌락을 확보하기 위해 끊임없이 노력하고 있다는 사실이다. 그들 각자는 서로 분리되어 생활하기 때문에 다른 사람의 운명에 대해서는 무관심하다. 그의 자녀, 개인적인 친분을 가진 사람들이 그에게는 전체 인류에 해당한다. 그 이외의 다른 동료시민들의 경우 가까이서 생활은 하지만 알지는 못하며, 접촉은 하면서도 피부로 느끼지는 않는다. 요컨대 자기 자신에게만 집착해 있으며 혼자의 힘으로 생활하려 한다. 그리고 설사 그에게 친척은 존재한다 할지라도 국가는 그에게 아무런 의미를 지니지 못한다고 말할 수 있을 것이다.

이러한 부류의 사람들에게 보호자격의 거대한 권력이 군림하게 되는데, 이 권력은 스스로 이들을 만족스럽게 해주고 또 이들의 운명을 감시해 주려고 나선다. 이 권력은 절대적이며 세심하며 절도가 있으며 신중하고 그리고 유순하다. 만약 그 목적이 인간으로 하여금 성인으로서의 능력을 준비하게 하는 데 있다면, 그것은 양친의 권위와 마찬가지일 것이다. 그러나 이와는 반대로 권력은 인간을 계속 어린아이의 상태에 묶어두려고 한다. 만약 국민이 환희만을 생각한다면 아마 아주 만족스럽게 환희에 찰 수도 있을 것이다. 이러한 정부는 국민의 행복을 위해서 노력을 하지만, 이 행복의 유일한 대리인이요 중재자가 되려고 한다. 정부는 국민의 안전을 보장해 주고 생활필수품을 공급해 주며 오락시설을 제공하고 중요관심사를 처리해 주고 산업활동을 감독해 주고 재산의 상속을 조정해 주고 유산을 분배해 준다. 국민에게서 모든 근심거리와 생활상의 어려움을 없게 해주니 그밖에 무엇이 남겠는가?

이와 같이 정부는 매일 인간의 자유로운 행위가 별 쓸모가 없도록 만듦으로써 자유로운 행위의 빈도를 줄여버린다. 그래서 정부는 인간의 의지를 아주 좁은 범위 내에다가 제한시켜 버리며, 점차 인간으로부터 스스로 활동하고자 하는 의욕을 박탈해 버린다. 이미 평등의 원리가 인간으로 하여금 이 모든 사실을 맞이하도록 준비시켜 왔다. 즉 평등의 원리로 말미암아 인간은 이미 이 모든 것을 참고 견뎌야 하도록 조건지어졌으며, 가끔 이러한 것들을 자기에게 이익이 되는 것으로 간주하기도 한다.

이와 같이 사회의 각 구성원을 자기의 수중에 장악하고서는 그들을 마음대로 다루게 된 후, 그 다음으로 최고의 통치권력은 그 세력을 전체 사회로 확장하게 된다. 통치권력은 사회의 전 표면을 사소하고 획일적이면서도 복잡한 작은 규칙의 그물로 뒤덮고 있어서, 아무리 독창적이고 정력적인 사람일지라도 군중을 초월하여 이 그물을 관통할 수가 없다. 인간의 의지가 분쇄당하지는 않지만, 약화되고 굴절하며 종속적이 된다. 인간이 정부에 의해 행동을 강요당하는 일은 별로 없다. 그러나 끊임없이 행동에 제한을 받고 있다. 이러한 권력은 구태여 생존을 파괴하지는 않지만 방해한다. 폭정화하지는 않지만, 국민을 억압하고 생기를 잃게 하며, 우둔하게 만든다. 그래서 마침내 개개 국민은 한 떼의 겁많고 근면한 동물로 전락하게 되며 정부는 그 목자(牧者)가 되는 것이다.

나는 항상, 지금 막 설명한 질서정연하고 조용하며 유순한 종류의 노예상태가 겉으로 보기로는 자유라는 형태를 취하는 어떤 것에, 보통 생각하기보다는 훨씬 더 쉽게, 결합되리라는 생각을 해왔다. 그리고 동시에 이러한 노예상태는 국민주권의 이름 아래 성립할 것이라는 생각을 해왔다.

현대인들은 끊임없이 두 가지 상반되는 열정에 사로잡혀 있다. 즉 이들은 한편으로 지배되기를 바라며, 다른 한편으로 자유로운 상태에 머무르기를 원한다. 그들은 이 상반되는 성향의 어느 한쪽도 완전히 무시할 수가 없기 때문에 두 가지를 모두 동시에 충족시키려고 한다. 그들은 단일의 지도적이고 막강한 정부형태를 고안해 내고, 이것이 국민에 의해 선출된 사람으로 구성되어야 한다고 생각한다. 그들은 중앙집권화의 원리와 국민주권의 원리를 결합시킨다. 이것은 그들에게 잠깐의 휴식을 제공해 준다. 즉 그들은 자신들의 지도자를 스스로 선택했다는 생각에서 그들이 보호받고 있다고 자위한다. 모든 사람은 속박당하는 것을 허용하는데, 이것은 그들을 속박하는 사람이 한 개인이나 어떤 한 계급이 아니라 전체 국민이라고 알고 있기 때문이다.

이러한 제도를 통해서 국민들은 그들의 주인을 뽑고 난 다음 한동안 의존상태를 털어버리다가 다시 의존상태로 빠져든다. 오늘날 많은 사람들이 전제권력과 국민주권 사이의 이러한 타협에 완전히 만족해버린다. 그리고 그들은 개인의 독립은 국민 전체를 대표하는 국가권력에 의탁하고서, 개인의 독립을 보호하기 위한 모든 조치를 강구했다고 생각한다. 여기에 나는 만족할 수 없다. 즉 나에게 내가 복종해야 할 사람의 성격이 의미하는 바는 복종이 강요된다는 사실보다는 비중이 크지 않다.

그러나 나는 이러한 정치체제가 모든 정치권력을 집중시킨 후 그것을 무책임한 어떤 개인이나 집단에 넘겨주어버리는 점을 부인할 수 없다. 민주국가에서 나타날 수 있는 전제정치의 형태 중에서 지금 말한 이것이 가장 나쁜 형태일 것이다.

통치자가 선거로 뽑히고 그리고 실제로 독립적인 지위에 있는 입법부에 의해 철저한 감시를 받을 때, 바로 이때 개인에 대한 통치자의 억압은 더욱 강할 수도 있다. 그러나 이 경우에는 언제나 그 억압이 덜 비열하게 느껴진다. 왜냐하면 이 경우 모든 사람이 자기 자신에게 복종하고 있다고 느끼기 때문이며, 그리고 자기의 의사 중의 어느 일부에 다른 모든 사람이 복종하고 있다고 생각하기 때문에 더욱 그러하다. 이와 같은 입장에서 통치자가 국가를 대표하고 국민에게 의존해 있을 때, 모든 시민으로부터 빼앗아낸 권리와 권력은 국가의 우두머리뿐만 아니라 국가 자체에도 도움을 준다. 그래서 개인은 공중의 목적을 위해 희생한 자기의 독립에 대한 보상을 받아낸다. 따라서 중앙집권화된 국가에서 국민의 이익을 대변하는 길은 극단적인 중앙집권화로 말미암아 빚어지는 해독을 줄이는 데 있지 그것을 완전히 제거하는 데 있지 아니하다.

이러한 점에서 아직도 개인이 보다 중요한 업무에 관여할 수 있는 여지가 남아 있다는 점을 인정하지 않을 수 없다. 그러나 사소하고 보다 사적인 업무에 있어서 억압을 면하지 못했다. 일상생활의 사소한 문제에서 인간을 노예화하는 것은 아주 위험한 일이라는 것을 잊어서는 안된다. 나의 경우, 자유라는 것은 큰 일에 있어서보다 작은 일에 있어서 더욱 필요하다고 생각한다.

사소한 문제에 있어서의 복종은 매일 나타나는 일로서, 이것은 전체 사회가 예외없이 느끼는 문제가 된다. 이것은 인간으로 하여금 저항도 할 수 없게 하면서 끊임없이 방해한다. 그래서 마침내 그들 자신의 의지에 의한 활동을 포기하게 만든다. 이와 같이 인간정신은 점점 마멸되고 성격은 무기력해진다. 이와는 반대로 중요하지만 그러나 드물게 발생하는 사건의 경우에만 복종을 하는 것은 간헐적으로만 예속상태에 놓이게 하며, 그리고 이것은 소수의 사람에게만 부담이 된다. 이처럼 중앙의 권력에 지나치게 의존하도록 길들여진 사람들에게 간혹 가다 그 권력의 대표자를 선출하도록 불러내는 것은 헛된 일이다. 이와 같이 그들의 자유로운 선택권을 이따금씩 행사하는 것으로는 그것이 아무리 중요하다 할지라도, 그들이 독자적으로 사고하고 행동할 수 있는 능력을 점차 상실해가는 것을 막을 수 없을 것이다. 그래서 마침내 인간성 이하로 전락하는 것이 불가피한 것이다.

나는 또 머지않아 그들이 그들에게 남아 있는 유일하게 큰 특권을 행사할 수 없게 되리라는 점을 첨가해 두고자 한다. 행정체제상의 전제주의적인 성격을 강화해 온 것과 동시에 그들의 정치체제에 자유를 도입하게 된 민주국가들은 이상한 자기모순에 빠졌다. 상식만 가지고서도 처리되는 사소한 문제의 처리에 일반국민이 부적합한 것으로 간주된다. 그러나 한 나라의 정치가 위험스러운 상태에 놓이게 될 때는 국민은 거대한 권력을 부여받게 된다. 그래서 그들은 번갈아가면서 통치자의 장난감이 되기도 했다가 또 통치자의 주인이 되기도 한다. 즉 왕보다도 더 높았다가 또 하인보다도 더 보잘것없는 신세가 되기도 한다. 모든 종류의 선거형태를 다 치러보고서도 자기들의 목적에 적합한 것을 발견해내지 못한 채, 아직도 들떠 있는 상태에서 새로운 방법을 여전히 추구하고 있다. 마치 그들이 깨달은 폐단이 선거인단의 체제에서는 물론 국가의 체제에서 비롯되지 않은 것처럼 말이다.

자치적인 습관을 완전히 포기해버린 사람들이 그들의 통치자를 적절히 선출할 수 있으리라고 생각하기란 실로 어려운 일이다. 그리고 어느 누구도 비굴할 정도로 복종만 일삼는 국민의 선거에 의해서 자유롭고 지혜로우며 정력적인 정부가 탄생할 수 있으리라고는 믿지 않을 것이다.

그 머리부분은 공화정을 표방하면서 다른 모든 부분에 있어서는 완전히 군주정의 성격을 지닌 헌법은 금방 사라질 하나의 괴물에 불과했던 것 같다. 통치자의 악덕과 국민의 어리석음으로 말미암아 곧 그 파멸이 도래할 것이다. 그래서 국민은 그 대표자와 스스로에게 지친 나머지, 보다 더 자유로운 정치제도를 만들어내든가 아니면 곧 한 사람의 주인 밑으로 되돌아가 복종해버릴 것이다.

7. 앞에서 서술한 내용에 덧붙여서

다른 어떤 나라보다 사회적 조건이 평등해진 나라에 절대적이고 전제적인 정부가 더 쉽게 확립될 수 있다고 생각한다. 그리고 만약 그러한 정부가 일단 세워지면, 그 정부는 국민을 억압함은 물론, 종국에 가서는 국민의 가장 고귀한 인간성의 일부를 박탈해 버릴 것이다. 따라서 전제주의는 민주주의 시대에 더욱 무섭게 나타날 수 있는 것 같다. 항상 내가 자유를 사랑했어야 했겠지만, 우리가 살고 있는 이 시대에 있어서는 자유를 숭배할 마음까지 나는 가지고 있다.

다른 한편으로 나는 우리가 접어들고 있는 이 시대에 있어서 귀족적 특권 위에 자유의 기초를 마련하려는 사람은 누구나 실패할 것이라는 확신을 가지고 있다. 또한 어느 단일 계급의 권위를 계속 유지하려고 시도하는 사람도 반드시 실패하리라고 확신한다. 오늘날 어떠한 통치자라도 영속적인 계급제도를 재정립함으로써 전제정치를 실현할 수 있을 정도의 기술이나 능력을 지닐 수는 없다. 또한 어떠한 입법자라도 만약 그가 평등을 그의 제일의 원리나 좌우명으로 받아들이지 않는다면 자유로운 정치제도를 보존할 지혜나 능력을 갖추지 못할 것이다. 인간의 독립과 존엄을 확보하고자 하는 모든 현대인들은 스스로 평등의 동반자임을 확인해야 한다. 그리고 이것을 확인할 수 있는 유일한 방법은 바로 평등의 동반자가 되는 것뿐이다. 여기에 그들의 신성한 목적의 성패가 달려 있다. 이와 같이 문제는, 어떻게 하면 귀족사회를 다시 건설할 수 있느냐 하는 데 있는 것이 아니고, 어떻게 하면 신이 우리 인간에게 부여한 이 민주적인 사회상태에서 자유가 계속 발전해나갈 수 있도록 하느냐 하는 데 있다.

이 두 가지 사실은 그 결과가 간단명료하게 밝혀질 것 같다. 그리고 이 사실들은 자연히 나로 하여금 사회의 여러 조건이 평등한 국가에서는 어떠한 종류의 자유스러운 정부가 수립될 수 있을까 하는 문제를 생각해보도록 만든다.

민주국가의 정치권력이 다른 어떤 나라에 있어서보다 더욱 획일적이고 중앙집권적이며, 포괄적이고 탐색적이며, 효율적이어야 하는 것은 바로 민주국가의 헌법 자체에서 비롯됨과 동시에 국가적 필요에서 비롯되는 것이다. 자연히 전체 사회는 더욱 강력해지면서 활동적이 되는 반면 개인은 더욱 종속적이 되면서 약해진다. 전자는 더 많은 일을 하게 되는 반면 후자는 더욱 할 일이 없어진다. 그런데 이것은 불가피한 현상이다.

따라서 민주국가에서 개인독립의 영역이 확대되리라고 예상해서는 안되며 바라서도 안된다. 귀족사회에서는 대중이 개인을 위해 희생하는 일이 가끔 발생하며, 다수의 번영이 소수의 위대성을 위해 희생되기도 한다. 민주국가의 정부가 활동적이 되고 강력하게 되는 것은 필요한 일이기도 하거니와 바람직스러운 일이기도 하다. 그리고 우리의 목적은 정부가 허약하거나 나태하도록 하는 데 있지는 않고, 단지 정부가 그 속성이나 권력을 남용하는 일이 없도록 하는 데 있다.

귀족주의 시대에 개인의 독립을 보장하는 데 가장 공헌했던 일은 바로 최고의 통치권자가 그 사회의 정치와 행정을 독점하려 하지 않았던 점이었다. 그러한 기능이 부분적으로는 반드시 귀족계급의 구성원들에게 속했다. 그래서 통치권이 언제나 분산되어 작용했으므로 큰 힘으로 내리누르는 일이 없었으며, 개인에게도 크게 부담스럽게 느껴지지 않았다.

정부가 국가기관을 통해 직접적으로 모든 업무를 수행하지도 않았을 뿐만 아니라, 의무를 이행하는 대리인 대부분의 권력이 국가로부터 나온 것이 아니라 그 가문으로부터 나온 것이기 때문에 대리인들이 계속적으로 정부의 통제를 받을 필요도 없었다. 정부가 이들을 마음대로 임명하거나 해임할 수가 없었으며, 위정자의 변덕에 따라 그들을 획일적으로 통제할 수도 없었다. 이것이 개인독립을 보장하는 부수적인 조건이 되었다.

오늘날은 이러한 방법에 의지할 수 없다는 것을 나는 쉽게 인정하지만,

이것에 대체할 수 있을 만한 어떤 민주적인 방법을 찾아낼 수 있을 것 같다. 동업조합(guilds)이나 귀족으로부터 빼앗은 모든 행정권력을 정부에만 맡기지 아니하고 그 일부를 개인 자격의 시민으로 구성된 잠정적인 하위 공공집단에 맡길 수 있을 것이다. 이렇게 함으로써 개인의 독립은 보다 안정된 상태에서 보장될 수 있을 것이며, 평등도 후퇴하지 않을 것이다.

프랑스인들보다 말에 대해 별로 관심이 없는 아메리카인들은 아직도 카운티(County)라는 명칭을 가지고 그들의 가장 큰 행정구역을 표시하고 있다. 그러나 백작(Count)이나 주지사(lordlieutenant)의 임무는 부분적으로 지방의회에 의해서 수행되고 있다.

현대와 같은 평등의 시대에 공직자를 세습제로 임명하는 것은 정당하지도 못하고 불합리할 것이다. 그러나 우리가 선거에 의해서만 공직자를 뽑을 수 없는 어떤 부분이 있다. 선거는 민주적인 방법이고, 이것은 정부와의 관계에 있어서 귀족국가에서 세습적인 공직자의 독립을 보장하는 것 이상으로 공직자의 독립을 보장해 준다.

귀족국가에는 자급자족할 수 있을 뿐만 아니라, 쉽게 그리고 비밀리에 탄압을 받지는 않게 되는 부유하고 권세 있는 사람이 많다. 이러한 사람들은 정부가 관습적으로 절제하지 않을 수 없도록 만든다. 민주국가에는 본래 이러한 사람이 없다는 것을 나는 잘 알고 있다. 그러나 그러한 사람들에 버금가는 것이 인위적인 방법에 의해 만들어질 수는 있을 것이다. 다시는 이 세상에 귀족계급이 형성될 수 없을 것이라고 나는 확신하지만, 그러나 개인 자격의 시민들이 서로 결합함으로써 귀족계급과 유사할 만큼 거대한 부와 영향력과 세력을 지닌 조직체를 형성하게 되리라는 생각은 든다. 이러한 방법에 의해서 귀족주의가 지닌 가장 훌륭한 장점 중의 많은 것이 아무런 불의나 위험을 수반하지 않고 확보될 수 있을 것이다. 정치적인 · 상업적인 혹은 공업적인 목적을 위한 결사나, 심지어 과학이나 문학적인 목적을 위한 결사가 사회의 강력한 구성요소가 될 것이다. 이러한 단체는 그 구성원들이 각성되어 있으므로 통치자 마음대로 다루어질 수가 없을 것이며, 만약 탄압을 받으면 반드시 항의하게 될 것이다. 그리고 이러한 결사가

정부의 탄압에 저항하면서 자신의 권리를 방어함으로써 그 나라의 일반적인 자유를 수호하게 될 것이다.

귀족주의 시대에는 모든 사람이 동료시민과 너무나 밀접한 관계를 맺고 있었기 때문에 만약 어떤 개인이 공격을 받게 되면 반드시 다른 사람의 도움을 받게 되었다. 평등의 시대에는 모든 사람이 본래 고립되어 있다. 그들은 협력을 요구할 수 있을 만한 세습적인 친구가 없으며, 동정을 얻어낼 수 있는 계급도 없다. 그들은 쉽게 권리를 박탈당하며, 짓밟혀도 별다른 일이 없이 지나간다. 따라서 현재 상태에서 억압받는 사람이 취할 수 있는 자구책은 오직 한 가지가 있다. 즉 전체 국민에게 호소하는 것이다. 그리고 만약 전체 국민이 그의 불평에 눈을 감으면, 그는 인류에게 호소할 수 있다. 이러한 호소를 할 수 있는 유일한 수단은 신문이다. 이와 같이 언론의 자유는 다른 어떤 국가에 있어서보다 민주국가에서 더욱 값진 가치를 지니고 있다. 이것이 평등으로 말미암아 야기될 수 있는 해악에 대한 유일한 구제책이다. 평등은 인간을 분리시키고 약화시킨다. 그러나 신문이 모든 사람이 이용할 수 있는 가장 강력한 무기가 되는데 아무리 취약한 사람이거나 고립되어 있는 사람일지라도 이것을 이용할 수 있을 것이다. 평등은 인간으로 하여금 다른 사람으로부터 지원을 받을 수 없도록 만든다. 그러나 신문을 통해서 모든 동료 국민이나 동료 인간의 도움을 받을 수 있게 된다. 인쇄물로 말미암아 평등은 놀라운 발전을 이룩했다. 그런데 이 인쇄물은 평등의 부작용을 바로 잡아주는 가장 좋은 수단이 되기도 한다.

엄격하게 말해서 귀족사회에서 사는 사람들은 언론의 자유 없이도 살아갈 수 있을 것이다. 그러나 민주국가에서는 그렇지가 못하다. 개인적인 독립의 보호를 거대한 정치집회나 의회의 특권이나 국민주권의 논리에 맡길수는 없다. 이러한 것은 모두 어느 정도까지는 개인의 노예화에 어울릴 것이다. 그러나 만약 신문이 자유로울 때, 이러한 노예화는 완성될 수가 없을 것이다. 신문이야말로 자유를 보장하는 가장 중요한 민주적인 수단이 될 것이다.

사법권에 대해서도 비슷한 말을 할 수 있을 것이다. 개인의 이익을 보호하고 사소한 사건에 대해서 어떤 애정을 가지고 임하는 것이 사법권의 본질적인 내용을 이룬다. 사법권의 또 다른 본질은 억압받는 사람에 대해 자발적으로 나서서 돕는 데 있는 것이 아니라, 언제나 사법부의 판결을 청구하는 사람의 의사에 달려 있는 점이다. 그 불평사항이 아무리 하찮은 것이라 할지라도 그것은 재판관의 경청과 판결을 강요할 수 있는데, 이것은 사법부 체제의 본질적인 사항이기 때문이다.

따라서 이러한 종류의 권력은, 정부의 눈과 손이 끊임없이 개인의 사소한 문제에까지 간섭해 들어오고 그리고 개인은 너무나 힘이 없어서 자신을 보호할 수가 없거니와 너무 고립되어 있어서 동료들의 도움도 청할 수 없을 때에, 자유를 보장하기 위해서 특별히 필요한 것이다. 법정의 힘은 언제나 개인의 독립에 기여할 수 있는 가장 중요한 안전장치가 되어왔다. 그런데 민주주의 시대에는 더욱더 그러하다. 만약 사법권이 사회의 평등화에 보조를 맞추어 보다 강화되지 못한다면 개인의 권리와 이익은 계속 중대한 위험에 처하게 될 것이다.

평등은 인간으로 하여금 자유에 지극히 위험한 몇 가지 경향을 나타내게 하는데, 입법자는 이 점을 각별히 유의해야 한다. 필자는 그 가운데 가장 중요한 것만을 골라 독자의 주의를 환기시켜 두고자 한다.

민주주의 시대에 사는 사람은 형식의 효용에 대해서 쉽게 이해하지 못한다. 즉 이들은 형식에 대해 본능적으로 경멸한다. 형식은 이들의 멸시를 불러일으키며, 간혹 증오심을 불러일으킬 때도 있다. 이들은 보통 안이하고 현실적인 쾌락만을 추구하기 때문에 그들의 욕망의 대상을 향해 돌진할 뿐이다. 그래서 약간만 지체되어도 그들은 심히 불쾌해 한다. 그들의 정치적인 생활에서도 그대로 나타나는 이와 같은 기질로 말미암아 그들은 형식을 싫어하는 바, 이 형식은 그들의 계획 중의 어떤 것에서는 그들을 지체시키거나 방해하는 역할을 하기 때문이다.

그렇지만 민주국가의 국민이 형식에 대해 이처럼 반대하는 것 자체는 형식이 자유에 무척 유용하도록 만든다. 즉 형식의 중요한 장점은 이것이 강자와 약자, 통치자와 국민 사이에 어떤 장벽역할을 담당하는 데 있는 것으

898

로, 이것은 전자 즉 강자인 통치자를 지체하게 해서 후자 즉 약자인 국민으로 하여금 통치자를 경계하면서 살펴볼 시간을 가질 수 있게 하기 때문이다. 개인이 더욱 무기력해지고 취약해지는 반면 정부가 더욱 활동적이 되면서 강력해지는 데 비례해서 형식은 더욱 필요한 것이 된다. 이와 같이 민주국가는 본래 다른 어떤 종류의 국가보다 형식을 필요로 하면서도 형식에 대한 존경심은 낮은 편이다. 이것은 대단한 주의를 요하는 문제이다.

대부분의 현대인들이 형식에 관한 문제에 대해 오만할 정도로 경멸하는 것만큼 가증스러운 일은 없을 것이다. 왜냐하면 오늘날 형식에 관한 문제는 그것이 아무리 하찮은 것이라 할지라도 이전에는 볼 수 없었던 중대한 의미를 지니게 되었다. 인류의 가장 중대한 이익 중에서 많은 것이 이 문제에 달려 있다. 내가 생각할 때는, 귀족시대의 정치가가 종종 형식을 대수롭지 않게 경멸한 것이 별 문제가 되지 않는다 할지라도, 오늘날 정부를 담당하고 있는 정치가는 아무리 작은 형식이라 할지라도 성의를 가지고 취급해야 하며, 또 중대한 필요성이 없는 한 이를 무시하는 일이 없어야 한다고 본다. 귀족시대에는 형식의 준수가 미신에 불과했다. 그러나 오늘날은 깊은 사려와 밝은 지혜로서 이를 존중해야 한다.

민주국가의 국민에 고유한 성향으로서 지극히 위험스러운 것은 그들이 개인의 권리를 경멸하거나 과소평가하는 점이다. 일반적으로 인간이 어떤 권리에 대해 느끼는 애착과 그것에 대한 평가는 그 권리의 중요성과 그것을 향유해 온 시간의 길이에 비례한다. 민주국가에서 개인의 권리는 보통 중요하지도 않으며 그 향유기간도 짧거니와 지극히 불안정한 상태에 있다. 따라서 이 민주국가에서 개인적인 권리는 아무런 양심의 가책이나 후회가 없이 침해되는 일이 많다.

그러나 개인의 권리에 대해서는 경멸하는 바로 이 민주국가에서 전체 사회의 권리는 확대·강화되고 있다. 바꾸어 말하면, 국민에게 극히 적은 양밖에 남아 있지 않은 이 개인의 권리를 유지·방어하는 일이 아주 절실히 요청되는 바로 이때, 그것에 별로 애착을 느끼지 않고 있는 것이다. 따라서 인간의 자유와 존엄의 진정한 동반자들이 정치권력의 개인적 권리침해를 막기 위해 경계심을 가져야 할 때는 바로 이 현재의 민주주의 시대이다. 이러한 시기에는 어떤 시민도 억압당해도 상관없을 만큼 신분이 낮지는 않다. 어떠한 개인 권리도 그것이 정부의 자의대로 침해되어도 좋을 만큼 보잘것없지는 않다. 그 이유는 간단하다. 즉 만약 개인적인 권리의 중요성과 존엄성에 대해 충분한 관심이 집중되고 있을 때에 이 개인적인 권리가 침해를 받는다면, 이 침해는 권리의 침해를 받은 당사자 개인에게만 국한되겠지만 오늘날과 같은 시대에 이 개인적인 권리에 대한 침해는 국민의 관습을 심히 타락시킬 뿐만 아니라 전체 사회를 위험한 상태에 처하게 하는 것이 될 것이다. 왜냐하면 오늘날은 이러한 종류의 권리에 대한 관념이 끊임없이 희박해져가고 있기 때문이다.

혁명의 성격이나 혁명의 목적 그리고 혁명 발생의 배경이 무엇이든지 간에, 혁명상태에 특별히 존재할 뿐만 아니라 장기간의 혁명에는 반드시 수반하게 되는 특정의 관습이나 관념과 폐단이 있다. 어떤 국가라도 짧은 기간 내에 반복해서 그 통치자나 그 견해, 그 법률 등을 변경하게 될 때, 국가의 구성원들은 마침내 변화에 대한 욕구를 가지게 되며 갑작스런 폭력에 의해 변화가 발생하는 것을 보는 데에도 익숙해진다. 이와 같이 그들은 자연스럽게 매일 그 무효가 입증되어가는 여러 가지 형식적인 사항들에 대해 경멸하는 태도를 취하게 될 것이다.

공평성이나 도덕성에 관한 일반적인 관념으로는 더이상 혁명으로 초래되는 모든 혁신적인 조치들을 설명하거나 정당화할 수가 없기 때문에, 공공사업의 원리나 정치적 필요성의 논리가 동원되며 그리고 국민들은 공공의 목적을 더욱 신속하게 달성하기 위해서 개인의 이익과 권리를 아무런 주저함도 없이 짓밟는 데 익숙하게 된다.

모든 혁명에 수반되기 때문에 혁명적인 관습과 관념이라고 부르는 이러한 관습과 관념은 민주국가에서뿐만 아니라 귀족국가에서도 발생한다. 그러나 귀족국가에서는 이러한 관습이나 관념이 힘이 없고 오래가지 않는 경우가 대부분이다. 왜냐하면 귀족국가에는 이것들에 맞서는 관습이나 관념, 결점 및 장애 요소가 있기 때문이다. 따라서 여기서는 혁명이 끝나자마자 이것들이 사라지고 혁명 이전의 정치상태로 되돌아간다. 민주국가에서는 이와 같지 않다. 여기서는 이 혁명적 성향들이 사회에서 완전히 사라지지 않고 보다 유연해지고 질서정연해져서 점차 행정부에 예속되는 관습으로 바뀌어져 갈 것이다. 내가 알기로는 민주국가에서의 혁명이 다른 어떤 종류의 국가에 있어서의 혁명보다 위험스러운 것 같다. 민주국가에서의 혁명은 일반적으로 혁명에 수반하는 일시적이고 우연한 폐단과는 별도로 항구적이고 끝이 날 줄 모르는 폐단을 반드시 야기시키기 때문이다.

정당화될 수 있는 저항과 합법화될 수 있는 폭동이 있다고 믿는다. 따라서 나는 민주국가의 국민은 절대로 혁명을 일으키지 말아야 한다고 주장하지는 않는다. 그러나 혁명을 일으키기 전에 이를 기피하도록 노력해야 할 이유가 있으며, 그리고 이처럼 위험한 수단에 호소하기보다는 현재의 상태에서 많은 어려움을 극복하는 것이 훨씬 더 좋은 일일 수 있다는 생각이 든다.

필자는 하나의 일반적인 개념으로 결론을 맺으려고 하는데, 이것은 이 장에서 서술한 모든 특수한 개념뿐만 아니라 이 책이 취급하는 개념의 대부분을 포함하고 있다. 현대 이전의 귀족주의 시대에는 대단한 세력을 지닌 개인이 존재한 반면 사회의 권리는 지극히 미약했다. 사회 자체의 모습은 쉽게 인식될 수도 없었고, 언제나 그 사회를 지배하는 여러 종류의 세력과 혼합되어 있었다. 최고통치권력을 강화하고 유지하기 위해서는 이 시대 사람들의 중요한 노력이 요구되었다. 그런데 다른 한편으로 개인의 독립을 좁은 범위 내에 제한하고, 개인의 이익을 공중의 이익에 종속시키기 위해서도 중요한 노력이 요구되었다. 이와는 다른 위험과 근심거리가 현대인에게 나타난다. 대부분의 현대 국가에서는, 정부는 거의 전지전능한 상태로 접어들고 개인은 더욱더 무기력과 의존의 상태로 전락하고 있다.

옛날 사회에서는 이와는 달랐다. 단결이니 획일이니 하는 것은 어떤 곳에서도 찾아볼 수 없었다. 현대사회에서는 모든 것이 무서울 정도로 똑같이 되어가서 각 개인의 특징은 머지않아 세계의 일반적 양상 속에 완전히 매몰되어버릴 것이다. 우리의 조상들은 개인의 권리가 존중되어야 한다는 관념을 항상 부당할 정도로 많이 활용하는 경향이 있었다. 이와는 달리 오늘날 우리들은 개인의 이익은 언제나 다수의 이익에 종속되어야 한다는 관념을 과대 평가하는 경향이 있다.

정치적인 세계는 항상 변화한다. 그러므로 새로운 무질서에 대해서는 새로운 대응책이 모색되어야 한다. 정부의 행동에 광범위하면서도 명확하고 안정된 한계를 설정하는 것, 개인에게 특정의 권리를 부여하고 그 권리를 확고히 향유할 수 있도록 보장하는 것, 개인으로 하여금 그가 지닌 어떠한 독립과 세력과 창의력도 유지할 수 있도록 하는 것, 전체 사회와 나란히 개인의 지위를 높여주고 그 지위를 유지할 수 있게 하는 것 등, 바로 이러한 것들이 나에게는 우리가 지금 맞이하고 있는 시대에 있어서 입법자들이 염두에 두어야 할 중요한 목적으로 여겨진다.

마치 오늘날의 통치자들은 사물을 위대하게 만들기 위해 인간을 이용하려 하는 것 같다. 내가 바라는 바는 다음과 같다. 즉 그들이 위대한 인간을 형성해내기 위해 좀더 노력을 하고, 일에 대해서는 가치를 적게 부여하는 대신 일하는 사람에게 더 큰 가치를 부여하며, 국가의 각 구성원이 무기력해질 때는 국가도 강력해질 수 없다는 것을 잊지 말며, 지금까지 어떠한 사회체제도 무기력하고 허약한 시민으로 구성된 사회에서 정력적인 국민을 배출해내는 방법을 고안해내지는 못했다는 것을 깨닫는 것 등이다.

나는 현대인에게서 똑같이 해로운 두 가지 상반된 관념을 발견하게 된다. 일부 사람들은 평등이 야기하는 무질서한 경향 이외에는 평등의 원리에서 아무런 가치도 찾아내지 못한다. 이 사람들은 자신들의 자유로운 행위를 염려할 뿐만 아니라 스스로를 두려워한다. 또 다른 사람들은 수는 적지만 보다 각성된 사람들인데, 이들은 다른 견해를 취한다. 즉 평등의 원리로부터 출발하여 무질서상태에서 끝나는 그러한 논리와는 달리 이들은 마침내 인간이 반드시 노예상태에 들어가는 그러한 길을 발견해냈다. 이들은 미리 이러한 필연적인 상황에 맞추어 그들의 정신자세를 형성한다. 그리고 자유로운 상태로 존재하는 것은 불가능하다고 단정하고 곧 나타나게 될 통치자에게 복종할 준비를 마음속으로 갖추고 있다. 전자의 경우는 자유란 위험한 것이기 때문에 이를 포기하는 것이고, 후자의 경우는 자유 자체가 불가능하다고 생각하는 것이다.

내가 만약 후자의 경우를 따랐다면, 이 책을 저술하지 않았을 것이다. 그러나 나는 인류의 운명에 대해 남모르게 개탄하기만 했다. 나는 지금까지 평등의 원리가 인간의 독립에 끼치는 위험성을 지적하려고 노력해 왔는데, 이것은 이러한 위험이 미래에 나타날 수 있는 모든 위험 중에서 가장 예견하기 힘들면서도 가장 무서운 것이라고 보기 때문이다. 그러한 것이 극복될 수 없는 것이라고 생각하지는 않는다.

우리가 맞이하고 있는 민주시대에 살고 있는 사람들은 본래 독립에 대한 욕구를 지니고 있다. 그들은 천성적으로 통제를 참아낼 수가 없으며, 그들 스스로가 선택한 조건의 영속화마저도 몹시 싫어한다. 그들은 권력을 좋아하지만 권력을 휘두르는 사람을 경멸하고 증오하는 경향이 있다. 그리고 그들은 주거지를 자주 옮긴다는 점과 유명인이 아니라는 점을 이용하여 쉽게 권력의 손길로부터 벗어날 수 있다.

이러한 경향은 언제나 나타나는데, 그것은 이러한 경향이 어떠한 변화도 겪지 않는 사회의 근저에서부터 비롯되기 때문이다. 이러한 경향으로 말미암아 오랫동안 전제정치가 확립될 수 없을 것이며, 인류의 자유를 옹호하여 투쟁하는 각 세대는 이러한 경향에서 새로운 무기를 얻어낼 수 있을 것이다. 그러면 우리는 인간을 침울하고 무기력하게 만드는 무의미한 공포심을 떨쳐버리고 자유를 위해 부단히 경계하게 해주는 건전한 경각심을 지니면서 미래를 기다려보기로 하자.

8. 결론

지금까지 논술해온 주제를 끝내기에 앞서, 나는 현대사회의 다양한 특징에 대한 마지막 정리와 함께 평등의 원리가 인류의 운명에 미치는 일반적인 영향에 대한 평가를 해두고 싶지만, 이 일이 너무나 어려워 그만두지 않을 수 없다.

　내가 지금까지 그 설명을 추구해오면서 평가하고자 하는 현대사회는 이제 막 세상에 그 모습을 드러낸 데 불과하다. 아직 이 사회가 완성된 형태를 취할 수 있을 정도로 시간이 경과하지 못했다. 이 사회를 만들어내는 거대한 혁명은 아직 끝나지 않았으며, 그리고 현재의 여러 가지 현상 가운데서 어떤 것이 혁명을 통해 사라지고, 또 어떤 것이 혁명이 끝나도 계속 존재할 것인가를 알아내기가 거의 불가능하다. 지금 부상하고 있는 세계는 아직도 쇠퇴해가는 세계의 잔재에 의해 상당히 방해를 받는다. 대단히 혼돈된 인간사 가운데서 옛날의 제도나 관습 중에서 얼마만큼이나 남고, 또 얼마만큼이나 완전히 사라지게 될지를 어느 누구도 정확히 말할 수 없다.

　인간의 사회적 조건과 법률과 견해와 감정을 변화시키는 혁명이 아직도 끝날 단계에 이르지 않았지만, 그 결과는 이미 전 시대의 어떠한 변화와도 비교가 안될 정도이다. 가장 오래된 시대까지 거슬러 올라가 보아도, 현재 진행되고 있는 것과 같은 것은 찾아볼 수가 없다. 과거를 통해 미래를 투시할 수가 없게 됨으로써 인간은 불확실성 속에서 헤매고 있다.

　그럼에도 불구하고 이토록 광범위하고 신기하고 혼돈된 광경 속에서도 몇 가지 분명한 특징은 이미 밝혀진 바 있다. 인간생활상의 좋은 점과 나쁜 점이 똑같이 이 세상에 나타났다. 즉 큰 재산은 사라져가는 경향이 있는 대신 작은 재산의 수가 증가하고 있으며, 욕망과 만족은 격증하는데도 비약적인 번영과 최악의 빈곤은 다 같이 찾아볼 수가 없게 되었다. 야심은 널리 퍼져 있지만, 그 범위가 별로 크지 못하다. 각 개인은 외롭고 무력한 상태에 있지만 전체 사회는 활동적이고 신중하며 강력한 힘을 지니고 있다. 개인의 활동은 중요하지 않지만, 국가의 활동은 어마어마할 정도로 중요하다.

　정력적인 인물은 별로 없지만, 관습은 부드러워지고 법률은 인간적이 된다. 숭고한 영웅심이나 고귀하고 순진한 성격의 덕성을 나타내는 사례는 별로 없지만, 인간의 관습은 질서가 있으며 폭력과 잔인한 행위는 보기 드물게 된다. 인간의 수명은 길어지고 재산은 보다 안정적이 된다. 인생이 화려한 전승기념비로 장식되지는 않지만, 지극히 안락하고 평온하다. 매우 고상한 쾌락도 별로 없지만 매우 조잡한 쾌락도 없다. 그리고 세련된 관습이나 야수와 같은 욕망이 다 같이 드물다. 학식이 많은 사람도 없거니와 사회적으로 아주 무식한 상태도 아니다. 천재는 보기 드물고, 정보는 넓게 퍼진다. 예술작품에 있어서는 불완전한 것이지만 그 양은 많다. 종족이나 계급 및 국가를 한데 묶는 끈은 느슨해지고 인간성에 기초한 인류의식은 더욱 강화된다.

이 모든 다양한 종류의 특징 중에서 가장 일반적이고 쉽게 눈에 띄는 것을 찾아내려고 할 때, 나는 지금 인간의 운명 속에서 발생하고 있는 것은 수천 가지의 다른 형태로 나타날 수 있음을 알 수 있다. 극단적인 것은 거의 다 완화되거나 무디어진다. 즉 가장 잘 눈에 띄는 것은 세상에 나타난 어떤 것보다 더 고상하지도 더 저속하지도 않으며, 또 더 화려하지도 더 음침하지도 않은 어떤 중간 정도의 것으로 대체된다.

서로 닮은 형태를 취하고서 그 어느 것도 부상하거나 전락하지도 않는 이 무수한 존재들을 관찰하게 되면 전체적으로 그 획일적인 모습에 나는 슬픔과 실망에 사로잡히며, 지나간 사회상태를 아쉬워하게 된다. 이 세상이 중요한 사람과 하찮은 사람, 부자와 빈자, 유식한 사람과 무식한 사람으로 가득차 있을 때, 나는 후자는 무시하고 전자에 대해서만 주시했고, 이 사람들이 나의 기분에 맞았다. 그러나 이러한 기분이 나 자신의 무력함에서 나온 것임을 나는 인정한다. 그토록 많은 사람들 중에서 내가 좋아하는 대상만을 분리 선택하게 된 것은 내 주위에 있는 모든 것을 동시에 볼 수 없기 때문이다. 전지전능하고 영원한 하느님은 이렇지 아니하시다. 하느님은 반드시 피조물 전체를 응시하시며, 비록 한꺼번에 모든 것을 통찰함에도 불구하고 인류 전체와 개별 인간을 명확하게 통찰하신다.

인간의 창조자요 수호자인 하느님의 눈에 가장 기쁜 것은 소수의 특이한 번영이 아니라 인류 전체의 복지라는 것을 우리는 알고 있다. 나에게 인간의 쇠퇴로 비치는 것이 하느님의 눈에는 발전이다. 나를 괴롭히는 것이 하느님에게는 기쁜 것일 수 있다. 평등한 상태는 아마 고상하지는 못하겠지만 보다 정의로운 것이다. 그리고 평등에 의한 정의는 그 위대함과 아름다움을 지니고 있다. 그래서 나는 이 하느님의 관점까지 내 자신을 끌어올리며, 이 하느님의 관점에서 인간사를 관찰하고 판단하려고 노력하고자 한다.

지구상의 어느 누구도 아직 새로운 세계가 지나간 세계보다 더 좋다고 단언할 수가 없다. 그러나 이미 이 새로운 세계가 특이하다는 것만은 쉽게 알 수 있다. 어떤 악덕과 덕성은 귀족국가에 고유한 것으로서 현대 국가의 성격에 너무나 상반되기 때문에 그것들이 현대 국가에 주입될 수가 없다. 또 지난 시대에는 전혀 알려지지 않았던 어떤 선행과 악습이 현대 국가에 반드시 나타나는 것도 있다. 어떤 사람에게 자연발생적으로 나타나는 관념 중에는 다른 사람에게는 완전히 역겨운 것도 있다. 이들은 서로 완전히 분리된 종족과 같아서, 각자 스스로의 장점과 결점을 지니고 있다. 따라서 새로이 등장하는 사회를 구시대의 관념으로부터 판단하지 않도록 주의해야 한다. 왜냐하면 이 새로운 사회는 그 구조상 매우 특이하기 때문에, 구시대와의 공정한 비교가 불가능하다. 지난 세대의 특수한 덕성을 현대인에게 요구하는 것은 불합리할 것이다. 왜냐하면 그러한 덕성은 이미 그 사회적 기초와 함께 사라져버렸기 때문이다.

그런데 아직도 다음과 같은 사실이 존재하는 것은 이해하기 어렵다. 즉 아주 많은 현대인들이 귀족사회에 근거하는 제도나 견해나 관념을 그대로 채택하는 일이 있다. 이러한 것들 중에서 일부는 기꺼이 폐기해버리지만 상당한 부분을 계속 유지하면서 새로운 세계에 이식한다. 이러한 사람들은 덕성스럽기는 하지만 아무런 성과가 없는 일에 시간과 힘을 낭비하고 있다는 생각이 든다. 사회의 불평등으로 말미암아 인간이 얻을 수 있는 특수한 이익을 계속 유지하려 할 것이 아니라, 평등이 공급하는 새로운 이익을 획득하도록 노력해야 할 것이다. 우리의 조상과 같아지려고 노력할 것이 아니라 우리 자신의 위대성과 행복을 창조해내기 위해 분투해야 할 것이다.

지금 이 책을 끝내면서 되돌아볼 때, 멀긴 해도 지금 현재 벌어지고 있고 좀더 주의깊은 관찰을 요구하는 여러 가지 사실들을 바라보는 나로서는 불안과 희망에 가득차 있다. 나는 예방할 수 있는 거대한 위험과, 회피하거나

경감할 수 있는 무서운 폐단을 파악하고 있다. 그리고 나는 민주국가가 덕
성스럽고 번영하기 위해서는 적어도 국민이 그것을 바랄 필요가 있다는 신
념에 강하게 집착하고 있다.

현대인들 중에 많은 사람들이 이 세상에 있는 어떠한 국가도 결코 그들
의 주인이 아니며, 그들은 지난 시대의 사건이나 그들의 종족 혹은 국토나
환경에서 발생하는 어떤 극복할 수도 없고 지각할 수도 없는 힘에 반드시
복종해야 한다고 주장하고 있음을 나는 알고 있다. 이러한 원칙은 잘못된
것이며 어리석은 것이다. 그리고 이러한 원칙에 의해서는 약한 국민과 무
기력한 국가 이외에는 어떤 것도 형성될 수가 없다. 신은 인간을 완전히 독
립되거나 혹은 완전히 자유로운 존재로 창조하지는 않았다. 모든 인간에게
는 초월할 수 없는 어떤 숙명적인 한계가 설정되어 있다는 것이 사실이다.
그러나 그 한계의 범위 안에서는, 그는 힘을 사용할 수 있으며 자유롭다.
사회의 경우도 인간의 경우와 마찬가지이다. 현대 국가는 인간의 조건이
평등화하는 것을 막을 수 없다. 그러나 이 평등의 원리가 인간으로 하여금
노예상태와 자유, 지혜와 야만, 번영과 고통 중에서 어느 길로 나아가게 할
것인가 하는 것은 전적으로 인간 자신에게 달려 있다.

□ A. 토크빌 연보

1805년 7월 29일 파리에서 출생하다.

1812년 아베 레쉬에르(Abbé Lesueur)에게 개인지도를 받다. 이후 메츠(Metz)에 있는 왕립학교에 입학하다.

1823년 1827년까지 파리에서 법학을 공부하다. 1822년부터 1823년에 걸쳐 언론계와 정부 내에서 진행되었던 대논쟁(Great Debate)은 토크빌의 기본적 사유범주 형성에 도움이 되다.

1826년 그의 형 에두아르(Edouard)와 함께 이탈리아와 시칠리아를 여행하다. 『시칠리아 여행기』(*Voyage en Sicile*)를 저술하다.

1827년 아버지가 새로 부임해간 베르사유의 법원에서 '배석 판사'(juge auditeur)로 근무하다.

1828년 영국인 메리 모틀리(Mary Mottley)와 약혼하다. 기조(Guizot)의 유럽사와 역사철학 강의를 청강하다.

1830년 루이 필리프 왕과 7월 왕정에 충성을 맹세하다.

1831년 미국의 행형(行刑)제도를 공부하기 위해 귀스타브 드 보몽과 함께 미국을 여행하다. 5월에 뉴욕에 도착한 토크빌은 전례없는 사회적 평등과 신분적 차별의 부재, 제약없는 상업활동 등에 큰 충격을 받다.

1833년 『미국의 행형제도와 프랑스에서의 적용에 대하여』(*Du système*

*pénitentiaire aux États-Unis et de son application en France)*를 보몽과 함께 출간하다. 영국을 처음 여행하다.

1835년 『미국의 민주주의』(*De la démocratie en Amérique*) 제1부를 출간하다. 영국과 아일랜드를 방문하다.

1836년 메리 모틀리와 결혼하다. 존 스튜어트 밀의 호의로『런던 앤 웨스트민스터 리뷰』(*London and Westminster Review*)에 논문을 기고하다.

1837년 노르망디에서 제3공화국 하원의원 선거에 출마하였으나 패배하다.

1839년 발로뉴(Valognew)에서 하원의원에 선출되다. 의회에 프랑스 식민지에서의 노예제도 폐지를 주장하는 보고서를 제출하다.

1840년 『미국의 민주주의』 제2부를 출간하다.

1841년 프랑스 아카데미에 선출되다. 보몽과 알제리를 여행하다. 인도 학문에 대해 연구하기 시작하다.

1842년 라망슈(La Manche) 주의 의회 의원에 선출되다. 프랑스 정치에서 공적 참여의 부족을 비판하는 연설을 하원의회에서 하다.

1843년 하원의회에 행형제도 개혁을 주장하는 보고서를 제출하다.

1844년 진보적인 신문『르 코메르스』(*Le Commerce*)를 지원하는 선도적 세력이 되다.

1846년 셰르부르 도시역사에 관한「셰르부르에 관한 소개」(Notice sur Cherbourg)를 쓰다. 아내와 함께 알제리를 방문하다.

1847년 하원의회에 알제리 식민지 문제와 현주민의 처우 문제에 관해 보고서를 제출하다.

1848년 5월 다시 의회에 진출하다. 5월 15일 파리 노동계급에 의한 소요가 진압된 후, 새 헌법의 초안작성을 위해 위촉되었으나 지방분권화 조치를 지지하도록 동료들을 설득하지 못하고 직접 선출된 대통령은 단임으로 제한한다는 원칙에만 동의하다.

1849년 루이 나폴레옹에 의해 외무대신에 임명되지만 바로(Barrot) 내각의 해체로 4개월 후 사임하다.

1850년 2년에 걸쳐 의회 활동을 회고한 『회상록』(*Souvenirs*)을 쓰다.

1851년 입법 의회의 다른 의원과 함께 쿠데타에 반대하다가 체포되어 케 도르세(Quai d'Orsai)에 하루동안 수용되다.

1853년 구체제에 대해 연구하기 시작하다.

1854년 독일을 여행하다.

1856년 『구체제와 혁명』(*L'Ancien Régime et la Révolution*)을 출간하 다.

1857년 프랑스혁명에 관련된 대영박물관의 소장물을 조사하기 위해 영국 런던을 방문하는데 앨버트 황태자의 만찬에 초대받는 등 대대적 인 환대를 받다.

1859년 체력이 쇠약해져 그전 해 11월에 의사의 권유로 칸으로 여행을 떠났다가 4월 16일 그곳에서 폐결핵으로 세상을 떠나다.

□ 찾아보기

914

916

ㅊ

HANGIL GREAT BOOKS **25**

미국의 민주주의 II

지은이 A. 토크빌
옮긴이 임효선 · 박지동
펴낸이 김언호

펴낸곳 (주)도서출판 한길사
등록 1976년 12월 24일
주소 10881 경기도 파주시 광인사길 37
홈페이지 www.hangilsa.co.kr
전자우편 hangilsa@hangilsa.co.kr
전화 031-955-2000~3 **팩스** 031-955-2005

인쇄 오색프린팅 **제본** 경일제책사

제1판 제 1 쇄 1997년 7월 30일
제1판 제15쇄 2024년 4월 25일

값 25,000원

ISBN 978-89-356-0196-7 94340
ISBN 978-89-356-0197-4 (전2권)
ISBN 978-89-356-6427-6 (세트)

• 잘못 만들어진 책은 구입하신 서점에서 바꿔드립니다.

한길그레이트북스 인류의 위대한 지적 유산을 집대성한다

● 한길그레이트북스는 계속 간행됩니다.